이 책에서 소개하는 스마트스토어 운영 과정 한눈에 보기

01 스마트스토어 개설

이 과정을 계속 반복해 나가요!

▼

03 상품 선정 및 공급처 소싱

▼

04 상세페이지 제작

구매로 이어지는 핵심 단계예요!

▼

05 상품 등록 및 체험단 모집

▼

06 쇼핑검색 광고 집행

▼

07 숏폼 마케팅

선택 사항이지만 강력히 추천해요!

▼

08 정산 관리

일러두기

- 이 책의 화면은 2025년 9월을 기준으로 합니다. 책을 보는 시기에 따라 화면이 달라질 수 있으니 구입한 뒤 바로 따라 하기를 권장합니다.
- 네이버 스마트스토어의 정책은 계속 바뀔 수 있습니다. 비용, 혜택 등 변동 사항은 네이버 스마트스토어센터에서 확인할 수 있습니다.
- 이 책에서 다루는 용어나 메뉴 이름은 네이버 화면에 맞춰 사용했습니다. 책에 사용한 표현이 공식 표기 규범과 다를 수 있습니다.

능력과 가치를
높이고 싶다면
된다!

상위 노출되는 상품 키워드 골라
꾸준히 팔리는 숏폼 마케팅까지!

왕초보 사장도 월 1,000만 원 번다!

된다!

네이버
스마트
스토어

3년 연속 빅파워 셀러
팜피디 이경근 지음

매출 관리가 쉬워지는
장부 템플릿 제공!

이지스 퍼블리싱

능력과 가치를 높이고 싶다면
된다! 시리즈를 만나 보세요.
당신이 성장하도록 돕겠습니다.

된다! 네이버 스마트스토어
Gotcha! Naver SmartStore

초판 발행 • 2025년 10월 1일

지은이 • 이경근
펴낸이 • 이지연
펴낸곳 • 이지스퍼블리싱(주)
출판사 등록번호 • 제313-2010-123호
주소 • 서울특별시 마포구 잔다리로 109 이지스빌딩 3층 (우편번호 04003)
대표전화 • 02-325-1722 | **팩스** • 02-326-1723
홈페이지 • www.easyspub.co.kr | **Do it! 스터디룸 카페** • cafe.naver.com/doitstudyroom
인스타그램 • instagram.com/easyspub_it | **엑스(구 트위터)** • x.com/easys_IT
페이스북 • facebook.com/easyspub

총괄 • 최윤미 | **기획 및 책임편집** • 이수경 | **기획편집 1팀** • 임승빈, 이수경, 지수민 | **교정교열** • 박명희
표지 디자인 • 김근혜 | **본문 디자인** • 김근혜, 트인글터 | **인쇄** • 미래피앤피 | **마케팅** • 권정하
독자지원 • 박애림, 이세진, 김수경 | **영업 및 교재 문의** • 이주동, 김요한(support@easyspub.co.kr)

• 잘못된 책은 구입한 서점에서 바꿔 드립니다.
• 이 책에 실린 모든 내용, 디자인, 이미지, 편집 구성의 저작권은 이지스퍼블리싱(주)와 지은이에게 있습니다.

 이 책을 저작권자의 허락 없이 무단 복제 및 전재(복사, 스캔, PDF 파일 공유)하면 저작권법 제136조에 따라 **5년 이하의 징역 또는 5천만 원** 이하의 벌금을 부과할 수 있습니다. 무단 게재나 불법 스캔본 등을 발견하면 출판사나 한국저작권보호원에 신고해 주십시오(불법 복제 신고 https://www.copy112.or.kr).

ISBN 979-11-6303-771-2 13000
가격 24,000원

당신이 할 수 있다고 믿는다면,
이미 반을 이룬 것입니다.
Belive you can and you're halfway there.

_ 미국 제26대 대통령 **시어도어 루즈벨트**
(Theodore Roosevelt)

머리말

3년 연속 빅파워 스토어를 달성한 필살 공식 4가지!
시작의 불안감과 어려움을 해소해 드릴게요!

안녕하세요, 저는 유튜브 및 여러 강의에서 스마트스토어 노하우를 전해 드리고 있는 '팜피디'입니다. 현재는 스마트스토어로 수익을 꽤 내고 있지만 당연히 시작은 만만치 않았습니다. 열심히만 하면 무조건 잘될 거라고 기대했던 것과 달리, 하루에 14시간씩 쇼핑몰에만 몰두했는데도 첫 수익이 10만 원도 채 되지 않았거든요. 하지만 지금은 스마트스토어를 똑똑하게 운영하는 방법을 터득하고 훨씬 더 여유롭게 돈을 벌고 있습니다.

똑같이 열심히 해도 성과가 다른 이유는 노력이 부족해서가 아니라 방법을 몰라서입니다. 노하우를 터득하고 단기간에 스마트스토어로 월 매출 4천만 원을 찍은 성공 비결을 모두 공개합니다. 어려운 이론보다 지금 당장 실행할 수 있는 알짜배기 팁만 모아 알차게 정리했습니다.

첫 창업이라도 걱정하지 마세요!
사업자 등록부터 초보자를 위한 사업 추천까지!

평생 회사를 다닌 직장인이라면 창업이라는 단어부터 부담스러울 텐데요. 이 책에서는 처음 시작하는 분들도 쉽게 접근할 수 있도록 홈택스에서 사업자를 등록하는 방법부터 어떤 방식으로 판매해야 하는지 사업 형태까지 추천해 드립니다. 책을 따라 하기만 하면 판매 경험이 없어도, 사무실이 따로 없어도 스마트스토어의 시작점에 설 수 있습니다.

시행착오를 줄여 주는 스마트스토어 운영 비결!
상품이 팔리는 4가지 공식 대공개!

여러 차례 실패를 맛보면서 성공할 수밖에 없는 스마트스토어의 4가지 공식을 발견했습니다. 인기는 많지만 경쟁자가 적은 상품을 고르는 방법부터 상품을 클릭한 고객이 구입할 수 있도록 유도하는 상세페이지를 만드는 방법, 검색에 잘 걸리는 상품명을 작성하는 방법, 적은 돈으로도 검색광고에서 효과를 보는 방법까지 단계별로 직접 실습하며 익숙해져 볼 거예요. 이 4가지만 순서대로 지키면 빅파워 스토어는 따놓은 당상입니다.

외부 고객까지 끌어오는 방법?
정답은 바로 숏폼 영상 마케팅!

상품을 올리고 광고를 돌리기만 해도 수익을 내는 데 문제가 없지만, 결국 상품 경쟁력을 높이려면 네이버 외부에서도 경쟁해야 합니다. 마케팅이라곤 일절 모르던 저도 스마트폰 하나로 영상을 촬영하고 올리면서 숏폼의 효과를 톡톡히 보았습니다. 그래서 네이버의 외부 고객까지 끌어올 수 있는 숏폼 마케팅 비법을 이 책에 담았습니다. 무료 영상 편집 프로그램인 캡컷으로 편집하면 단돈 0원으로 내 상품을 널리널리 알릴 수 있으니 차근차근 따라 해보세요.

상품 판매 후처리까지 철저하게!
정산 관리 방법과 고객 문제 해결까지 배워요!

하루이틀 하려고 시작한 것이 아닌 만큼, 판매를 장기적으로 이어 가려면 후처리까지 완벽해야 합니다. 매출/매입 내역을 꼼꼼하게 관리하고 공급처에 세금계산서를 발행해 달라고 요청하는 방법도 모두 알려 드려요. 복잡하게만 느껴지는 세금신고 방법과 세금을 최소화할 수 있는 절세 노하우도 놓치지 마세요. 또, 사장님이 되면 종종 마주하는 고객의 불만에 대처하는 몇 가지 팁과 단골 고객을 만들 수 있는 할인 쿠폰 발급 방법도 실습으로 다룹니다. 하나씩 따라 하다 보면 전반적인 운영 관리를 직관적으로 이해할 수 있습니다.

이 책은 시작조차 못 하고 망설이는 분들, 노하우를 알지 못해 성과가 나지 않는 분들, 그리고 과거에 아무것도 모르면서 열정만 가득했던 저에게 바치는 지침서입니다. 독자 여러분이 이 책으로 스마트스토어에서 수익을 내고 스스로의 삶을 책임질 수 있는 힘을 얻을 수 있기를 진심으로 바랍니다.

팜피디 이경근 드림

추천사

기초부터 심화까지 아우르는 성공 지침서!
실전에서 바로 적용할 수 있는 든든한 길잡이 같은 책!

 평범한 직장인, 엄마인 저도 성공했어요!

평범한 직장인이었던 저도 팜피디 님의 노하우를 듣고 실천했더니 놀랍게도 첫 달부터 주문이 들어왔습니다. 반 년 만에 네이버 빅파워 스토어를 달성했고, 지금은 육아를 하면서 틈틈이 병행하는 것만으로도 판매가 꾸준히 이어지고 있습니다.
아직 망설이고 있다면 팜피디 님의 노하우가 고스란히 담긴 이 책을 꼭 읽어 보길 권합니다. 저처럼 차근차근 따라 하기만 해도 성과를 얻을 수 있을 거라 확신합니다. 강력 추천해요.

▶ 육아하며 하루 2~3시간으로 순수익 월 300만 원 달성에 성공한
네이버 빅파워 스토어 대표 **미림** 님

 기초부터 심화까지 모두 아우르는 성공 지침서!

스마트스토어를 시작할 무렵, 아무런 방향성도 없이 상품 업로드에만 초점을 맞춘 나머지 이렇다 할 매출이 없어서 1달 만에 포기하려고 했습니다. 그러다 우연히 듣게 된 팜피디 님의 강의는 유튜브나 블로그에서 접하던 자극적인 내용과 달랐습니다. 완전 기초부터 심화까지 실전에서 바로 적용할 수 있는 내용을 전부 들을 수 있었습니다. 배운 내용을 바탕으로 적용한 결과 3개월 만에 빅파워를 달성하고 연 5억 매출을 내는 사업가가 되었습니다. 실용성 있는 스마트스토어 노하우를 찾고 있다면 이 책을 강력히 추천합니다!

▶ 시작한 지 1년 만에 연 매출 5억 사업가로 변신!
네이버 빅파워 스토어 대표 **승호** 님

우리 동네 사장님이 들려주는 친절한 성공담

뛰어난 능력이나 스킬이 없어서 고민스럽지만 성실함 하나는 자랑하고 싶은 초보자라면 팜피디 님의 노하우를 온전히 적용할 수 있을 겁니다. 팜피디 님도 여러분처럼 아무것도 모르는 왕초보로 시작해 스마트스토어로 작은 성공을 계속해서 만들어 왔으니까요.
이 책에 담긴 친절한 노하우가 여러분이 성공에 조금씩 다가갈 수 있도록 힘이 되어 주기를 진심으로 응원합니다.

▶ 유튜브 우리동네씨이오TV 제작진 일동

헤매는 분들에게 훌륭한 길잡이가 되어 줄 거예요!

팜피디 님의 강의를 하나하나 따라가다 보니, 불과 1달 만에 월 매출 2천만 원을 달성하고 지금도 계속 성장하고 있습니다. 이 책은 팜피디 님이 실제 현장에서 부딪히며 얻은 노하우를 그대로 담았습니다. 처음 시작하는 분들에게는 길잡이가 되어 주고, 이미 도전한 분들에게는 성장을 가속화할 수 있는 나침반이 될 거라 생각합니다.

▶ 인생 첫 스토어로 1달 만에 월 매출 2천만 원을 달성한
40대 사업가 세찬 님

내 힘으로 월급 이상으로 수익을 내는 방법

이 책에는 팜피디 님이 실제 스마트스토어를 운영하며 쌓아 온 경험과 데이터를 바탕으로 시행착오를 최소화할 수 있는 실천 전략이 담겨 있습니다. 재고 부담 없이 사업을 안정적으로 시작할 수 있는 구조, 그리고 단계별 성장 방법까지 구체적으로 설명해서 '정석'이라는 표현이 아깝지 않습니다.

▶ 회사를 퇴직한 후 6개월 만에 월 매출 1억을 달성한
네이버 프리미엄 스토어 대표 민철 님

차례

첫째마당 | 스마트스토어 일단 시작하기

01 누구에게나 열려 있는 스마트스토어!

01-1 스마트스토어를 해야 하는 이유 … 21
- 점점 더 커지는 온라인 쇼핑몰 시장! … 21
- 그중에서도 스마트스토어를 왜 추천하나요? … 22
- 네이버에서 검색만 했다고요? 이제는 '판매'하세요! … 26

01-2 초보자도 가능한 스마트스토어 시작하기 … 27
- 판매를 위한 첫 단추, 사업자 등록 준비하기 … 27
- 하면 된다!} 국세청 홈택스에서 사업자 등록하기 … 29
- 하면 된다!} 사업자등록증 & 사업자등록증명원 발급하기 … 34
- 온라인 판매를 하려면 필수! 통신판매신고 … 36
- 하면 된다!} 스마트스토어 가입하기 … 37
- 하면 된다!} 정부24에서 통신판매업 신고하기 … 39
- 판매하려면 영수증 발행은 기본! 현금영수증 가맹 … 43
- 하면 된다!} 현금영수증 가맹 신청하기 … 44

✅ 사장님 체크리스트 스마트스토어 창업에 필요한 서류 체크하기 … 46

02 스마트스토어 개업을 축하합니다

02-1 온라인 판매로 할 수 있는 3가지 사업 형태 … 49
- 다른 사람의 상품을 대신 판매하는 '위탁판매' … 49
- 해외 직구를 도와주는 '해외구매대행' … 50
- 내 상품을 직접 판매하는 '사입 및 제조' … 52
- 이제 시작하는 분들에게 추천하는 건 '위탁판매!' … 54

02-2 스마트스토어에 첫 상품 올려 보기 … 55
- 하면 된다!} 스마트스토어에 상품 등록하기 … 55
- 하면 된다!} 상품 추가 정보 입력하기 … 60
- 상품 등록 후 잊지 마세요! 네이버 연동과 반품안심케어 … 65
- 하면 된다!} 네이버 서비스 연결해서 스토어 노출 늘리기 … 67
- 하면 된다!} 반품안심케어 신청하기 … 68

02-3 스마트스토어센터 메뉴 샅샅이 파헤치기 … 70

02-4 미리캔버스로 나만의 쇼핑몰 꾸미기 78
  하면 된다!} 브랜드를 상징하는 로고 디자인하기 78
  하면 된다!} 스마트스토어 페이지 디자인하기 82
  하면 된다!} 홈 화면에 프로모션 배너 추가하기 87

02-5 발주부터 환불까지 주문처리의 모든 것 91
  하면 된다!} 주문이 들어왔을 때 발주처리하기 91
  하면 된다!} 고객에게 발송처리 안내하기 94
  단순 변심에는 주문취소, 품질 문제에는 반품처리! 95
  하면 된다!} 발송 전 주문취소 처리하기 95
  하면 된다!} 상품 하자 문제에는 반품처리하기 96
  하면 된다!} 구매 확정 이후 일어난 환불 요청 처리하기 97

  ☑ 사장님 체크리스트 사업 형태 정하고 스토어 상호 고민하기 99

둘째마당 | 성공하는 스토어의 4가지 필살 공식

03 실패 확률을 낮추는 상품 고르기

03-1 잘 팔리는 상품은 고객으로부터 나온다 103
  고객이 원하는 상품은 정답지처럼 다 나와 있어요! 103
  경쟁자가 적은 상품 골라내기 105
  '잘 팔리는 상품'만 골라서 판매하세요! 109

03-2 월 매출 1,000만 원을 달성할 베스트셀러 상품 찾기 110
  초보에게 추천하는 상품 분야? 시즌성 상품! 110
  하면 된다!} 네이버 데이터랩에서 인기 상품 키워드 찾기 114
  하면 된다!} 아이템스카우트에서 블루오션 키워드 골라내기 116
  하면 된다!} 키워드 데이터 통합하고 분석하기 122

03-3 매출이 0원일 때도 성공하는 공급처 섭외 노하우 129
  상품 공급처의 종류 2가지 129
  신선식품 공급처의 종류 4가지 131
  생산자보다 유통사를 먼저 섭외하세요! 133
  하면 된다!} 유통사 채널에서 상품 소싱하기 134
  하면 된다!} 생산자 채널에서 상품 소싱하기 136
  소싱이 성사되면 확인해야 할 5가지 — 신선식품 전용 140

  ☑ 사장님 체크리스트 상품 선정하고 공급처 알아보기 143

04 고객의 지갑을 여는 상세페이지 기획

04-1 고객은 언제 지갑을 열까? 145
- 초보자가 빠지기 쉬운 2가지 착각 145
- 고객의 불편함을 해소해 주는 것이 1순위! 147

04-2 스마트스토어에서 먹히는 상세페이지 기획 노하우 148
- 구매로 이어지는 상세페이지의 핵심 3가지 148
- 상세페이지에 들어갈 내용 기획하기 152
- 하면 된다!} 내 상품 상세페이지에 들어갈 내용 구상하기 153
- 하면 된다!} 챗GPT로 돋보이는 카피 쓰기 154

04-3 구매 욕구를 부르는 사진 촬영 가이드 156
- 문제점 vs 해결책에 집중하세요 156
- 메시지를 효과적으로 담는 촬영 노하우 3가지 157
- 스마트폰 하나로 내 상품 촬영하기 159
- 차별화하기 어렵다면 '벤치마킹' 하세요 159

04-4 미리캔버스로 상세페이지 & 섬네일 완성하기 163
- 하면 된다!} 핵심 메시지가 담긴 상세페이지 도입부 디자인하기 163
- 도입부 이후는 템플릿을 적극 활용하세요! 170
- 상품의 클릭 여부를 결정하는 건 섬네일! 172
- 하면 된다!} 부족한 섬네일 이미지 개수 보강하기 173

☑ 사장님 체크리스트　핵심을 고려하여 상세페이지 기획하기　176

05 검색을 부르는 상위 노출 상품 등록

05-1 네이버에게 100점 맞는 상위 노출 공식 178
- 고객의 방문은 상위 노출로부터! 178
- 네이버의 3가지 채점 기준! 적합도, 인기도, 신뢰도 179

05-2 검색이 잘 되는 상품으로 등록하기 183
- 노출이 잘 되는 키워드를 먼저 배치하세요! 183
- 하면 된다!} 노출률을 높이는 상품명 순서 정하기 184
- 하면 된다!} 실제 경쟁 상품수와 총 검색수 비교하기 187
- 하면 된다!} 상위 노출을 최적화하여 상품 등록해 보기 189

05-3 첫 상품도 상위 노출 성공! 체험단 마케팅 197
- 체험단 마케팅이 필수인 이유 2가지 198
- 하면 된다!} 네이버 폼으로 체험단 신청서 만들기 198
- 하면 된다!} 하루 만에 100명이 신청하는 체험단 모집하기 203
- 하면 된다!} 상품 링크 만들어 체험단에게 구매 요청하기 205

☑ 사장님 체크리스트　내 상품이 상위에 노출되도록 등록하기　209

06

고객을 끝없이 끌어오는 광고 세팅

06-1 광고는 선택이 아닌 필수입니다	211
광고는 왜 해야 할까?	211
이제 누구나 광고를 쉽게 운용할 수 있어요!	212
네이버 광고의 종류, 그리고 쇼핑검색 광고!	213
06-2 내 상품 노출은 키워드 입찰부터!	217
쇼핑검색 광고는 '키워드 경매' 방식으로 운영됩니다	217
입찰 목표는 최소 3위로 잡으세요!	218
{하면 된다!} 광고 상위 노출을 위한 키워드 입찰가 조사하기	219
06-3 쇼핑검색 광고 세팅 3단계 필승 법칙	222
무적의 광고 세팅 3단계	222
{하면 된다!} 키워드별 쇼핑광고 캠페인 생성하기	224
{하면 된다!} 판매 효율을 높이는 광고그룹 설정하기	227
{하면 된다!} 고객의 눈에 띄는 광고소재/키워드 더하기	231
{하면 된다!} 광고그룹 세팅 복사해서 반복 작업 줄이기	237
06-4 수익률을 높이는 광고효율 최적화	243
'노출 → 유입 → 전환'으로 이어지는 개선 3단계	243
{하면 된다!} 쇼핑광고 검색 노출 개선하기	249
{하면 된다!} 유입을 늘리는 상품의 첫인상 개선하기	250
{하면 된다!} 구매를 부르는 전환 개선하기	252
✅ **사장님 체크리스트** 광고 세팅에 필요한 항목 정리하기	256

셋째마당 | 꾸준한 수익의 원천! 마케팅 & 운영 관리

07 0원으로 유입량 폭발! 숏폼 마케팅

07-1 고객에게 가장 빠르게 접근하는 숏폼 마케팅 … 261
- 광고비 제로! 수십만 고객에게 '숏폼'으로 다가가세요 … 261
- 밑져야 본전! 부담 갖지 말고 촬영하세요! … 263

07-2 캡컷으로 10분 컷 영상 편집하기 … 264
- 하면 된다!} 캡컷 설치하고 단축키 설정하기 … 265
- 하면 된다!} 불필요한 영상 지우고 자막 삽입하기 … 267

07-3 원 소스 멀티 유즈! 영상 1개를 최대한 퍼뜨리자 … 273
- 원 소스 멀티 유즈의 필요성 — 쇼츠, 릴스, 틱톡 … 273
- 하면 된다!} 유튜브 쇼츠로 마케팅 영상 올리기 … 274
- 하면 된다!} 인스타그램 릴스로 마케팅 영상 올리기 … 276
- 하면 된다!} 틱톡에 마케팅 영상 올리기 … 279
- 네이버의 최종 숏폼 무기, 숏클립! … 283
- 하면 된다!} 네이버 숏클립 업로드하기 … 283

☑ 사장님 체크리스트 내 상품을 소개하는 숏폼 영상 구상하기 … 287

08 1인 사업자라면 꼭 알아야 할 정산 및 고객 관리

08-1 사업은 지속성! 장기적인 판매를 위한 정산 관리 … 289
- 일일 장부로 매출/매입을 기록하세요 … 289
- 하면 된다!} 매출/매입 내역을 장부에 정리하기 … 290
- 세금 폭탄 피하는 세금계산서 발행 요청하기 … 293
- 하면 된다!} 공급처에 세금계산서 발행 요청하기 … 295

08-2 불이익을 면하는 세금신고 방법 총정리! … 298
- 부가가치세와 종합소득세 이해하기 … 298
- 정당하고 합리적인 절세 노하우 … 302

08-3 단골을 유치하는 고객 관리 노하우 … 305
- 악착같이 살아남을 수 있는 CS 4대 원칙 … 305
- 단골 고객에게 제공하는 할인 쿠폰의 힘 … 308
- 하면 된다!} 상세페이지 상단에 알림받기 쿠폰 설정하기 … 308
- 하면 된다!} 마케팅메시지 보내기 형태로 쿠폰 생성하기 … 311

☑ 사장님 체크리스트 10년, 20년… 망하지 않는 스토어로 관리하기 … 317

찾아보기 … 319

스마트스토어 운영 계획표

스마트스토어를 끝까지 운영할 수 있도록 수행할 날짜를 기록해 가며 시작해 보세요.

구분	해야 할 일	범위	수행 날짜
1회 차	• 사업자 등록하기 • 온라인 사업 형태 살펴보고 고민하기	01-2, 02-1	___월 ___일
2회 차	• 스마트스토어 가입하기 • 통신판매업 신고하기 / 현금영수증 가맹 신청하기 • 상품 등록해 보기 • 네이버 연동 및 반품안심케어 신청하기	01-2, 02-2	___월 ___일
3회 차	• 미리캔버스로 스토어 꾸미기	02-4	___월 ___일
4회 차	• 네이버 데이터랩에서 인기 상품 키워드 찾기 • 아이템 스카우트에서 블루오션 키워드 골라내기 • 데이터 통합해서 분석하기	03-2	___월 ___일
5회 차	• 공급처 알아보고 섭외 연락하기	03-3	___월 ___일
6회 차	• 경쟁 스토어 1점 리뷰 찾으며 상세페이지 기획하기	04-2	___월 ___일
7회 차	• 내 상품 사진 촬영하기 / 상세페이지 디자인하기	04-3, 04-4	___월 ___일
8회 차	• 잘 노출되는 상품명으로 등록하기 • 체험단 마케팅 모집하기	05-2, 05-3	___월 ___일
9회 차	• 쇼핑검색 광고에 사용할 키워드 입찰가 조사하기	06-2	___월 ___일
10회 차	• 검색광고 캠페인 → 광고그룹 → 소재/키워드 만들기	06-3	___월 ___일
11회 차	• 내게 맞는 광고효율 최적화 개선하기	06-4	___월 ___일
12회 차	• 숏폼 촬영하고 유튜브/인스타그램/틱톡에 올리기	07-2, 07-3	___월 ___일
13회 차	• 공급처에 세금계산서 발행 요청하기	08-1	___월 ___일
14회 차	• 상세페이지 상담에 알림받기 쿠폰 설정하기	08-3	___월 ___일

활용 안내

▶ 주문이 발생한 경우 02-5절의 주문처리를 진행하고 08-1절의 장부를 기록하세요.

▶ 만약 1월, 7월에 이 책을 읽는다면 먼저 08-2절을 참고하여 세금신고부터 시작하세요! 세금신고와 관련된 내용은 08-2절에서 자세히 다룹니다.

자주 묻는 질문 TOP 7

강의할 때 반복해서 받은 질문을 모아 두었습니다. 스마트스토어를 시작하기 전에 가볍게 읽어 보고 넘어가길 추천합니다. 막연해서 자신이 없던 분도 마음을 다잡을 수 있을 거예요!

 사업자 등록은 꼭 해야 하나요?

네, 필수입니다. 물론 사업자 등록 없이 개인으로 판매할 수 있지만, **월 20건**으로 제한됩니다. 하루에 1건만 팔아도 한 달이면 30건인데 월 20건은 너무 큰 제약이 되겠죠? 그러므로 **사업자 등록은 필수**로 해야 합니다.

▶ 사업자 등록과 관련된 내용은 01-2절에서 자세히 다룹니다.

 마진률은 얼마나 나오고 광고비는 어느 정도 드나요?

절대적인 값은 없습니다. 다만 '위탁판매' 형태는 수수료와 광고비를 제외한 마진률이 20% 내외인 경우가 많습니다. 그리고 **광고비는 매출의 10% 내외**인 경우가 많으니 참고해 주세요.

▶ 광고를 세팅할 때 필요한 비용은 06장에서 다루는 입찰가에서 살펴볼 수 있습니다.

 자본금이 많이 필요한가요?

처음에는 50만 원만 있어도 충분합니다. 특히 위탁판매 형태의 스마트스토어는 **재고를 미리 사둘 필요가 없어서 주문이 들어온 만큼 공급처에 주문하면 되므로, 실제로는 그보다 더 적은 자본으로도 시작할 수 있습니다.** 다만 자본금을 모은 다음에 하겠다는 생각으로 차일피일 미루다 보면 영영 시작하지 못할 수도 있어요. 소자본도 가능하니 바로 실천하길 추천합니다.

▶ 위탁판매 등 사업 형태와 관련된 내용은 02-1절에서 자세히 다룹니다.

하루에 몇 시간 정도 투자해야 수익을 낼 수 있을까요?

솔직히 하루 1~2시간 일하는 건 속도를 내기 어렵고, 현실적으로 수익을 내기까지 훨씬 많은 시간이 소요될 수 있습니다. 초기 3개월 정도는 3~4시간씩 집중하는 것을 추천하며, 수익이 나면 그 이후에는 업무 시간을 줄여도 수익이 크게 줄지 않습니다. 오히려 그 시기에 템포를 유지하거나 시간을 더 투자해 수익을 늘려 봐도 좋습니다.

 반품 및 CS 처리가 어렵지 않나요?

어렵지 않습니다. 주문 및 반품 요청이 들어오면 공급처에 CS 내용을 공유하고 택배 요청을 하면 알아서 처리해 줍니다. 사이클을 한두 번만 돌면 누구나 할 수 있으니 막연함에 걱정하지 않아도 됩니다.

▶ 환불 규정과 관련된 내용은 02-5절에서, CS와 관련된 내용은 08-3절에서 다룹니다.

 촬영용 카메라 등 전문 장비가 필요한가요?

저는 스마트폰과 구매한 지 12년 된 미러리스 카메라로 사진을 촬영해 상품의 상세페이지를 만듭니다. 특히 최신 스마트폰은 웬만한 카메라보다 기능이 더 좋아서 전문 장비를 따로 준비하지 않아도 됩니다.

▶ 상품 사진 촬영과 관련된 내용은 04-3절에서 자세히 다룹니다.

 회사를 다니며 부업으로 할 경우 문제가 될 수 있나요?

회사의 영업기밀을 유출해서 스마트스토어를 하는 것이 아니라면 겸업 금지 조항이 계약서에 있더라도 법적으로 아무 책임도 없습니다. 무엇보다 내가 주변에 소문을 내지 않는 한 회사에서는 내가 사업자를 운영하거나 스마트스토어를 하는 걸 알 수 없습니다. 단, 공무원 등 국가직이나 공무직에 종사하는 경우에는 영리 목적으로 하는 겸직이 법적으로 금지되어 있어서 자신의 명의로 운영하는 것은 어렵습니다.

이 책을 200% 활용할 수 있는 방법

▶ 저자의 유튜브 강의와 함께 보세요!

책 곳곳에 있는 동영상 강의 QR코드를 스캔하면 관련 유튜브 강의로 연결됩니다. 사업자 등록부터 세금신고 방법까지 스마트스토어 창업과 관련된 저자의 노하우를 이곳에서 살펴보세요!

▶ 유튜브 채널 '팜피디' 링크: youtube.com/@farmpd

QR코드를 스캔해서 강의를 시청하세요!

✏️ 손으로 직접 쓰며 실행하세요!

장이 끝날 때마다 〈사장님 체크리스트〉에서 체크 표시하며 미션을 하나하나 수행해 보세요. 매일 기록해야 하는 장부 파일은 이지스퍼블리싱 홈페이지의 [자료실]에서 내려받을 수 있습니다.

⬇ 장부 파일 내려받기: bit.ly/easys_smartstore_account

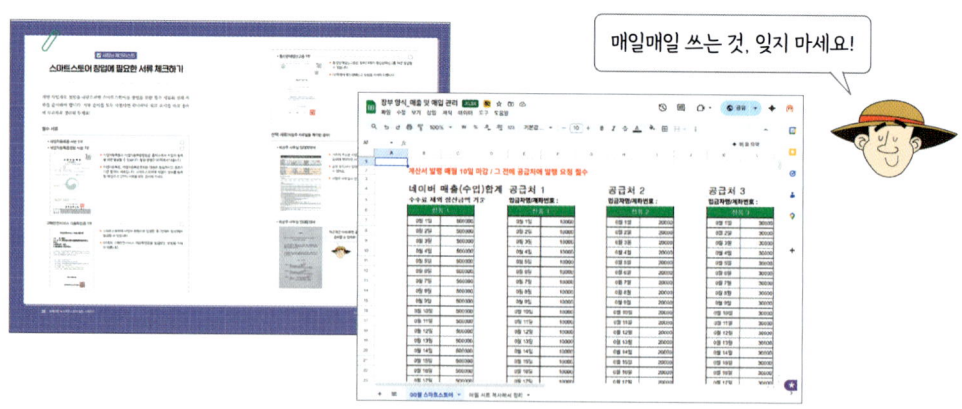

매일매일 쓰는 것, 잊지 마세요!

독자 커뮤니티 소개

✅ 'Do it! 스터디룸'에 방문하세요!

'Do it! 스터디룸'에서 이 책으로 공부하는 독자들을 만나 보세요. 혼자 시작해도 함께 끝낼 수 있어요. '두잇 공부단'에 참여해 책을 완독하고 인증하면 이지스퍼블리싱에서 출간한 책을 선물로 받을 수 있답니다!

☕ Do it! 스터디룸:
cafe.naver.com/doitstudyroom

✅ 이지스퍼블리싱 블로그에서 정보를 얻어 가세요!

이지스퍼블리싱 블로그에서 책과 관련한 다양한 이야기를 만나 보세요! 실무에 도움되는 내용은 물론, 실생활에 필요한 정보까지 모두 얻어 갈 수 있습니다.

📝 이지스퍼블리싱 블로그:
blog.naver.com/easyspub_it

✅ 인스타그램을 팔로우하고 이벤트에 참여해 보세요!

이지스퍼블리싱 공식 인스타그램 계정에서 다양한 소식과 이벤트를 만나 볼 수 있습니다. 이지스퍼블리싱 계정을 팔로우하고 서평 이벤트, 스터디 등 각종 이벤트에 참여할 수 있는 기회를 놓치지 마세요!

📷 이지스퍼블리싱 인스타그램:
instagram.com/easyspub_it

온라인 독자 설문 | 보내 주신 의견을 소중하게 반영하겠습니다!

오른쪽 QR코드를 스캔하여 이 책에 대한 의견을 보내 주세요.
독자 여러분의 칭찬과 격려는 큰 힘이 됩니다. 더 좋은 책을 만들도록 노력하겠습니다.

의견을 남겨 주신 분께 드리는 혜택 6가지!
1. 추첨을 통해 소정의 선물 증정
2. 이 책의 업데이트 정보 및 개정 안내
3. 저자가 보내는 새로운 소식
4. 출간될 도서의 베타테스트 참여 기회
5. 출판사 이벤트 소식
6. 이지스 소식지 구독 기회

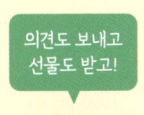

첫째마당

스마트스토어 일단 시작하기

01 누구에게나 열려 있는 스마트스토어!
02 스마트스토어 개업을 축하합니다

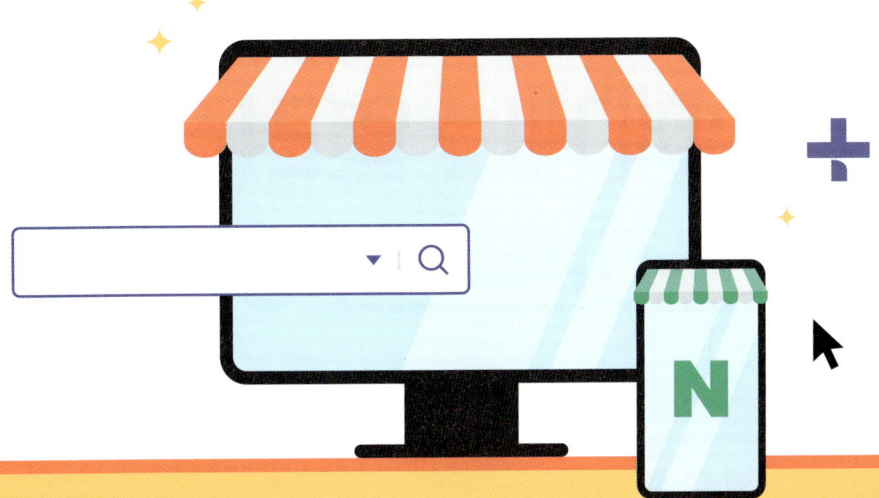

회사를 다니는 직장인, 육아를 하느라 정신없는 젊은 부부, 취업을 준비하는 학생, 은퇴를 준비하는 장년층까지 항상 화두가 되는 것은 '어떻게 하면 수익을 좀 더 늘릴 수 있을까'일 겁니다. 하고 싶은 일, 이루고 싶은 목표는 많은데 경제적인 이유로 못 하는 것만큼 속상한 일은 없으니까요. 최근 우리 사회에서는 투잡, 쓰리잡, 재택 부업 등 추가 수익을 만드는 활동에 관심이 높습니다. 그렇지만 무엇을 먼저 어떻게 해야 할지 방법을 몰라 막막하고, 막상 시작했더라도 작심삼일 실천해 보다가 포기하기 일쑤죠.

그런 여러분을 위해 **혼자서도 쉽게 시작해서 수익을 낼 수 있는 스마트스토어**를 소개합니다. 아마 "내가 스마트스토어를 할 수 있을까?"라고 생각하는 분도 있고, "많이 들어는 봤지만 이미 경쟁자가 많지 않나?" 하고 걱정하는 분도 있을 텐데요. 여러분의 기대는 현실로 이뤄 주고 걱정은 없앨 수 있도록 사업자를 내는 방법부터 스마트스토어를 개설해서 상품을 찾고 판매하는 방법까지 전부 차근차근 알려 드리겠습니다. '정해진 월급'을 벗어나 '한계 없는 수익'을 실현할 수 있도록 힘차게 시작해 볼까요?

01

누구에게나 열려 있는 스마트스토어!

스마트스토어 하면 다들 "레드오션이다", "이제 포화상태!"라며 용기를 내지 못하는데요. 스마트스토어가 처음 생겼을 때부터 지금까지 단 한 번도 "예전보다 경쟁자가 줄어 더 쉬워졌어요"라는 말이 나온 적이 없습니다. 그리고 이 상황을 반대로 생각하면 그만큼 이전보다 매출을 잘 내고 성장하는 판매자도 더 많아졌다는 뜻이기도 합니다.

즉, 판매자와 소비자가 한데 모인 시장이라서 우리는 더더욱 스마트스토어를 시작해야 합니다. 평생 쇼핑몰 업무라고는 일절 몰랐던 저도 해낼 수 있었던 방법을 모두 알려 드리겠습니다. 누구나 도전할 수 있는 스마트스토어와 함께 소비자의 삶을 넘어 판매자의 삶을 시작해 보세요!

01-1 스마트스토어를 해야 하는 이유
01-2 초보자도 가능한 스마트스토어 시작하기
✅ 사장님 체크리스트 스마트스토어 창업에 필요한 서류 체크하기

01-1

스마트스토어를 해야 하는 이유

⭐ 점점 더 커지는 온라인 쇼핑몰 시장!

온라인 쇼핑몰 시장이 발달하면서 이제는 오프라인 매장보다 온라인에서 주문하는 게 더 익숙해졌습니다. 육아용품부터 식품, 가전 등 온갖 상품을 매장에 가지 않고 택배로 받아 보는 온라인 쇼핑몰이 없는 삶은 더 이상 상상할 수 없습니다.

최근 네이버는 '플러스스토어'라는 이름으로 쇼핑 전용 플랫폼을 출시했습니다. 또한 로켓배송으로 하루 만에 상품을 받을 수 있는 쿠팡은 이미 강력한 쇼핑 플랫폼으로 자리잡았죠. 이 외에도 지마켓, 옥션, 11번가, 카카오스토어, 컬리 등 다양한 쇼핑몰 플랫폼이 존재합니다. 모바일 앱으로 쇼핑을 손쉽게 즐길 수 있다는 장점 때문에 온라인 쇼핑몰 시장은 더더욱 커지고 있습니다.

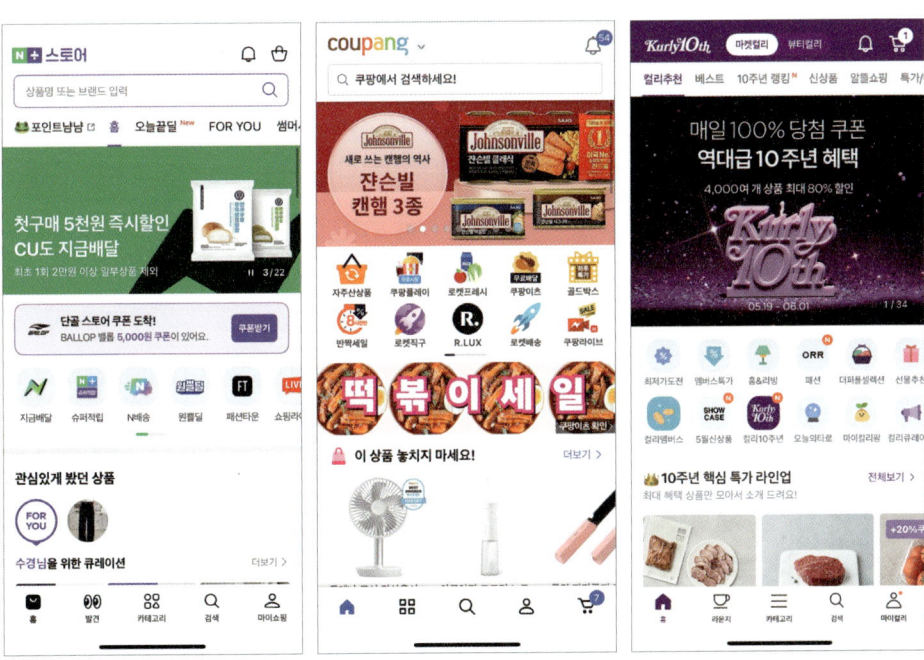

네이버플러스 스토어의 모바일 앱 화면   쿠팡의 모바일 앱 화면   컬리의 모바일 앱 화면

남녀노소 할 것 없이 온라인 쇼핑몰을 애용하는 사람이 늘어나다 보니 판매자의 범위도 훨씬 넓어졌는데요. 처음에는 전문 기업이나 브랜드가 판매자의 필수 조건이었다면, 이제는 수많은 고객을 위해 상품을 소개하고 판매해 줄 개인 판매자 역시 우후죽순 생겨나고 있습니다. 평범한 주부부터 회사원, 학생까지 누구나 직접 상품을 중개하고 판매해서 수익을 낼 수 있는 시대가 되었습니다.

네이버 쇼핑 라이브에서 개인이 상품을 판매하는 모습

★ 그중에서도 스마트스토어를 왜 추천하나요?

그렇다면 수많은 쇼핑몰 플랫폼 가운데 왜 스마트스토어를 하라고 할까요? 그 이유는 바로 **초보자가 시작하기 좋은 채널**이기 때문입니다. 3가지로 나눠 자세히 살펴보겠습니다.

❶ 누구나 쉽게 시작할 수 있습니다

스마트스토어를 추천하는 가장 큰 이유는 브랜드가 아니어도, 몇억 대의 자본력이 없어도 시작할 수 있는 **낮은 진입장벽** 때문입니다. 스마트스토어는 1세대 쇼핑몰 플랫폼이면서도 쿠팡, 알리 같은 대형 쇼핑 플랫폼 사이에서 1~2위를 다툴 정도입니다. 그렇기에 니즈와 연령대가 다양한 고객층이 모여 있고 그 덕분에 대규모의 자본금을 보유한 회사나 고급스러운 브랜드가 아니어도 고객에게 필요한 것을 최적의 시기에 제대로 연결해 줄 수만 있다면 충분히 내가 가져갈 파이가 있는 시장입니다. 따라서 누구나 쉽게 도전할 수 있다는 점에서 스마트스토어를 강력히 추천합니다.

❷ 상품 노출 기회가 많고 흐름이 자연스럽습니다

두 번째 이유는 스마트스토어가 국민 검색 사이트 '네이버'의 쇼핑 채널이기 때문입니다. 다른 플랫폼은 목적 자체가 '쇼핑'이다 보니 정보 공유 등의 교류가 없고 오로지 쇼핑을 위한 소비자와 판매자만 모여 있어 경쟁이 굉장히 치열합니다. 그래서 유료 광고 없이는 내 상품을 노출하기가 쉽지 않습니다. 이에 반해 스마트스토어는 꼭 구매 행위가 아니더라도 다양한 이유로 접속한 수많은 잠재 고객이 모여 있죠. 그래서 광고뿐 아니라 카페, 블로그 등 네이버의 다른 채널에 노출할 기회도 더 많습니다.

한편 블로그 글에서 쇼핑 페이지로 연결될 때 스마트스토어로 넘어가는 것과 쿠팡으로 넘어가는 것 중 어떤 게 덜 불편한가요? 쿠팡은 광고 느낌이 강한 반면, 스마트스토어는 블로그와 마찬가지로 네이버에서 제공하는 서비스이므로 흐름이 비교적 자연스럽습니다.

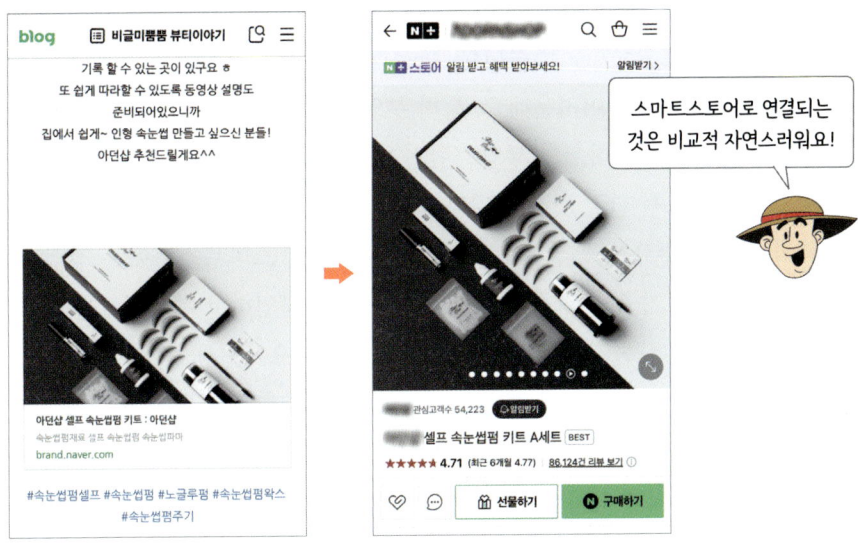

블로그에서 스마트스토어로 넘어가는 모바일 화면

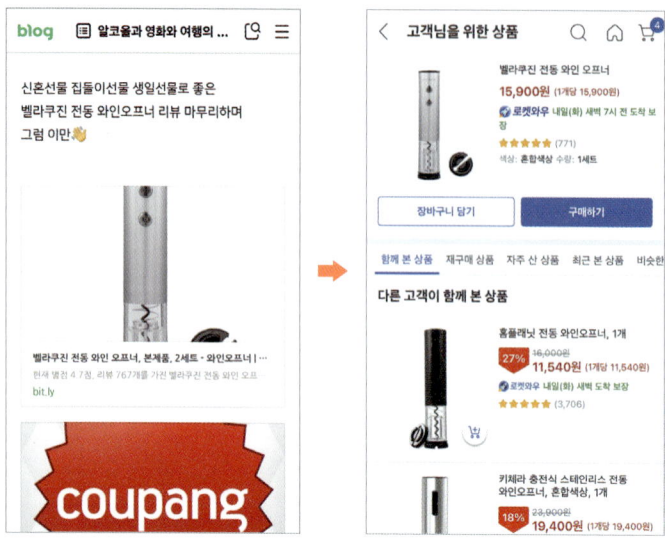

블로그에서 쿠팡으로 넘어가는 모바일 화면

❸ 수수료가 낮고 정산 주기가 빠릅니다

세 번째 이유는 스마트스토어가 판매자 친화적인 채널이기 때문입니다. 더 노골적으로 표현하자면 수수료가 업계 최저 수준이고 정산 주기는 최대 2주 내외라서 결제 대금을 빠르게 내 통장으로 받을 수 있습니다. 아무래도 처음 시작하는 분들은 자본금을 많이 준비해서 시작하기가 어려운데요. 특히 부업이나 사이드 프로젝트 정도로 생각한다면 더더욱 큰돈을 투자하기가 부담스럽기 마련인데, 수수료가 낮고 정산이 빠르다는 점은 도전 난이도를 한결 낮춰 줍니다.

다른 플랫폼의 판매 수수료가 통상 10~15%로 높은 반면, 스마트스토어는 창업 첫해 지불해야 하는 수수료가 6.63%에 불과합니다. 게다가 창업하고 세금신고를 한 후에는 매출 규모에 따라 더욱 저렴한 수수료로 책정되는데요. 연 매출이 3억 미만인 사업자는 창업 이듬해부터 4.98%에 해당하는 수수료만 내면 되고 연 매출이 3~5억을 달성하면 5.59%, 5~10억이라면 5.75%의 수수료가 책정됩니다. 다른 플랫폼 대비 절반 수준인 수수료 덕분에 부담을 훨씬 낮추고 시작할 수 있는 것이죠.

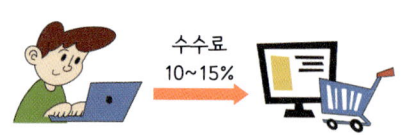

타사 쇼핑몰에 지불하는 판매 수수료

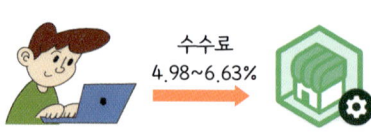

스마트스토어에 지불하는 판매 수수료

이와 아울러 쇼핑몰 판매자로 활동하며 가장 중요한 게 정산 주기인데요. 일반적으로 쇼핑몰의 판매는 '고객이 우리 쇼핑몰에서 결제 → 고객 주문 내역에 맞춰 판매자가 도매업체 또는 제조사에 상품 발주' 순서로 진행됩니다. 즉, 고객에게 상품을 보내려면 판매자도 공급처에 결제해야 하는 구조이죠. 그런데 고객이 결제한 돈이 내 통장으로 바로 들어오지 않는다면 어떨까요?

예를 들어 쿠팡은 최종 정산까지 2달 가까이 소요되고 다른 플랫폼도 보통 2~4주 걸립니다. 그럼 고객으로부터 주문이 들어와도 정산 주기가 돌아오기 전까지는 내 통장의 자본금으로 상품 구매 대금을 결제해야 하죠. 매출이 몇십만 원일 때는 몰라도 수백수천 만 원으로 규모가 커지는데도 정산이 오래 걸리면 돈이 없어 고객의 주문을 처리하지 못하고 페널티만 잔뜩 받는 최악의 사태가 벌어질 수 있습니다.

그런데 **스마트스토어는 이 정산 주기가 혁신적으로 빠릅니다.** 고객이 상품을 수령한 후 구매 확정 또는 리뷰를 작성하면 바로 다음날 판매 대금이 정산됩니다. 구매 확정을 하지 않더라도 배송이 완료된 후 8일이 지나면 자동으로 진행되므로 상품 발송 이후 10일 안에 내 통장에 수익금이 들어옵니다.

▶ 페널티(penalty)란 주문처리 및 발송이 지연되거나 품절 등 재고관리 실패로 고객이 주문을 취소하는 경우 받는 벌점을 뜻해요. 페널티가 누적되면 상품 노출이 제한되기도 하고 여러 차례 반복될 경우에는 쇼핑몰 계정이 정지되는 등 제재를 당할 수 있어요.

주기가 2~8주인 일반적인 쇼핑몰의 정산 구조

주기가 최대 2주인 스마트스토어 정산 구조

이뿐만 아니라 판매를 시작하고 3개월 동안 거래 건수가 월 20건 이상이고 월간 상품 반품률이 20% 미만이면 **빠른정산**을 신청할 수 있는데요. 빠른정산을 신청하면 택배 집화 처리 +1 영업일 후에 바로 정산받을 수 있습니다. 고객이 구매한 날 기준으로 길어야 4일 안에 수익금이 정산되는 것이죠.

따라서 스마트스토어를 운영한다면 처음 시작했을 때를 기준으로 2주치의 상품 구매 대금을 준비해 두면 됩니다. 3개월 차에는 4일치의 상품 구매 대금만 가지고 있으면 전혀 무리가 없습니다. 이렇게 현실적인 자금 운영 측면에서도 스마트스토어는 독보적인 장점이 있어서 초보자가 지속성을 갖고 사업을 시작하기에 가장 좋은 플랫폼입니다.

★ 네이버에서 검색만 했다고요? 이제는 '판매' 하세요!

물론 스마트스토어의 엄청난 장점을 알아도 대부분 네이버에서 '검색'만 할 것입니다. 판매를 시작하는 게 훨씬 쉬워졌다고 해도 일반인이 판매자로서의 삶을 경험할 기회가 부족하고 방법도 잘 모르기 때문입니다. 그런데 이미 무려 60만 명의 판매자가 네이버라는 플랫폼에서 판매 활동을 하고 있다는 걸 아시나요? 심지어 브랜드가 아니어도, 자신이 직접 제작하거나 제조한 상품이 없어도 말이죠.

그럼 그 판매자들은 스마트스토어에서 어떻게 판매를 잘 이어 가고 있을까요? 핵심은 상위 노출, 수익률 1,000% 광고 따위의 기술적인 요소가 아닙니다. 기술은 판매 촉진을 위한 도구일 뿐 핵심은 고객이 '원하는 때'에 '원하는 상품'을 제공하는 겁니다. 그럼 네이버라는 검색 플랫폼에서 고객이 원하는 상품은 어떻게 찾는지, 그 상품을 고객이 필요할 때에 제공하려면 어떻게 해야 하는지 하나씩 알아보겠습니다.

🏁 이것만 기억하세요!

1. 기업처럼 브랜드를 갖고 있지 않아도 스마트스토어를 쉽게 시작할 수 있다.
2. 스마트스토어는 네이버를 이용하는 수많은 잠재 고객이 머무르는 공간이다.
3. 스마트스토어의 정산 주기는 최대 2주로 타 쇼핑 플랫폼에 비해 매우 빠르다.
4. 스마트스토어는 조건에 따라 빠른정산 서비스를 신청할 수 있다.

01-2
초보자도 가능한 스마트스토어 시작하기

스마트스토어를 시작하려면 **사업자 등록**이 필수입니다. 회사 생활만 해본 평범한 직장인이라면 사업자 등록 자체를 어렵고 무겁게 생각할 수 있는데요. 사업자 명의는 판매를 위한 기본 사항으로 별도의 교육이나 자격 없이 누구나 신청할 수 있습니다. 또, 스마트스토어는 '온라인 쇼핑몰' 사업이므로 **통신판매신고**까지 반드시 진행해야 합니다.

동영상 강의

이때 도매 및 소매업(전자상거래 소매업) 업종으로 사업자를 등록하는 경우 현금영수증 가맹이 의무이므로 **현금영수증 가맹**을 신청하는 방법도 함께 살펴보겠습니다. 복잡해 보이지만 길어도 2주면 모두 해낼 수 있으니 차근차근 따라 해보길 추천합니다.

▶ 판매할 상품을 고르는 방법은 03장에서 자세히 다룹니다.

⭐ 판매를 위한 첫 단추, 사업자 등록 준비하기

사업자 명의가 없어도 스마트스토어를 개설할 수는 있습니다. 하지만 사업자 등록을 하지 않으면 월 거래 건수가 20건 이상 발생하는 경우 판매불가 조치로 더 이상 운영할 수 없고, 무엇보다 네이버 광고 시스템을 사용할 수 없습니다. 따라서 수익화에 제한이 생기지 않으려면 사업자 등록을 꼭 해야 합니다.

사업자 유형은 크게 '간이 사업자'와 '일반 사업자'로 나뉘는데요. **간이 사업자**는 연 매출이 1억 4천만 원 이하인 경우에 신청할 수 있습니다. 일반 사업자가 연 2회 신고하는 부가세(부가가치세의 줄임말) 신고를 연 1회만 하면 되고, 일반 과세자 대비 1.5~4% 낮은 부가세 세율 적용 혜택을 받을 수 있어 유리합니다. 단, 세금계산서를 발행할 수 없어서 기업이나 단체 고객을 상대하는 업종이라면 곤란할 수 있습니다. 반면 **일반 사업자**는 부가세를 연 2회 신고해야 하고 감면 혜택도 받기 어렵지만, 세금 계산서를 발행하는 등 매입매출을 관리하는 데 편리하다는 이점이 있습니다.

다음은 간이 사업자와 일반 사업자를 정리한 표입니다. 두 경우의 장단점을 이해하고 자신의 상황에 맞게 선택하면 됩니다.

구분	간이 사업자	일반 사업자
조건	• 연 매출 1억 4천만 원 이하	• 연 매출 1억 4천만 원 초과
장점	• 부가세를 연 1회 신고한다. • 부가세 감면 혜택을 받을 수 있다.	• 세금 계산서를 발행할 수 있어서 개인 소비자와의 거래뿐 아니라 기업과의 거래도 용이하다.
단점	• 세금계산서를 발행할 수 없다.	• 부가세를 연 2회 신고해야 한다. • 부가세 감면 혜택을 받을 수 없다.

 질문 있어요! 간이 사업자인데 판매 금액이 연중에 1억 4천만 원을 초과하면 어떡하죠?

연 소득이 1억 4천만 원보다 적을 것이라 예상하고 간이 사업자를 냈는데, 기대 이상으로 상품을 잘 팔아서 그 이상의 소득을 얻을 수도 있겠죠? 이런 경우 매출이 초과하자마자 즉시 전환되는 건 아니고 **다음 해 7월 1일부터 일반 과세자로 자동 전환**됩니다. 만약 2025년 8월에 매출이 5천만 원을 달성하더라도 2026년 7월 1일부터 일반 과세자로서 의무를 다하면 됩니다. 세금 납부와 관련된 내용은 08-1절에서 자세히 다룹니다.

한편 사업자 등록을 하려면 반드시 사무실 주소를 증명해야 하는데요. 만약 집 주소를 사무실 주소로 사용한다면 서류를 별도로 첨부할 필요 없이 주민등록지상 주소로 사업자를 신청하면 됩니다.

하지만 쇼핑몰에 집 주소가 노출되는 게 부담스럽거나 임대 주택이라서 사업자 주소지로 활용하기 어렵다면 비상주(非常住) 사무실 서비스를 이용하는 걸 추천합니다. 비상주 사무실은 말 그대로 상주하지 않고 주소만 이용하는 사무실을 말하는데요. 연간 20~30만 원의 임대료로 주소지만 임대할 수 있고, 이 주소를 사업자 등록에 활용할 수 있습니다. 비상주 사무실을 이용하려면 임대차계약서, 전대동의서 서류를 미리 준비해 두고 사업자 등록을 시작해 보세요!

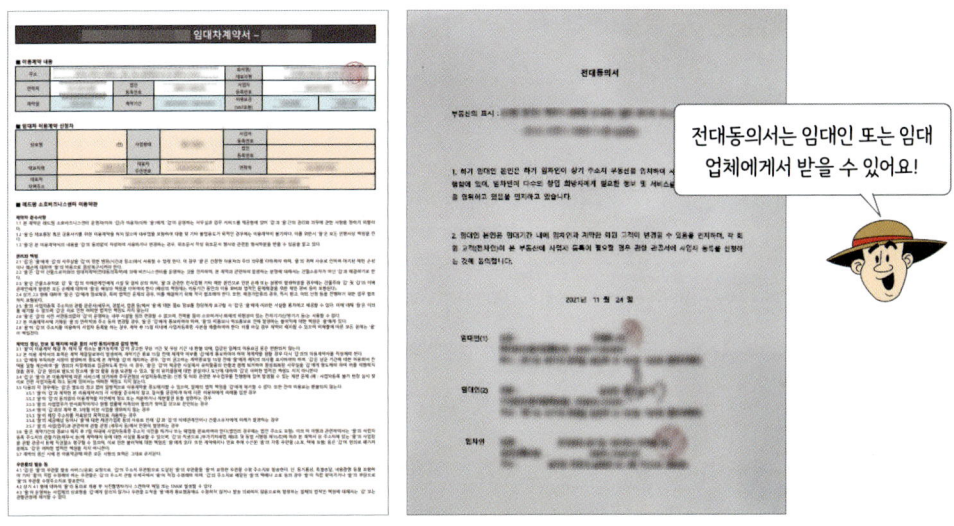

임대차계약서   전대동의서

하면 된다!} 국세청 홈택스에서 사업자 등록하기

국세청 홈택스에서 스마트스토어 개업을 위한 사업자 등록을 진행해 보겠습니다.

01 국세청 홈택스(hometax.go.kr)에 접속한 후 ❶ [로그인]을 클릭합니다. ❷ 인증 방법 중에서 [간편 인증]을 선택하고 ❸ [간편인증]을 클릭해 로그인합니다.

02 ❶ 메뉴에서 [증명·등록·신청]을 클릭하고 ❷ [사업자등록 신청·정정·휴폐업]을 선택한 다음, ❸ [개인 사업자등록 신청 → 개인 사업자등록 신청]을 선택하면 사업자 등록을 시작할 수 있습니다.

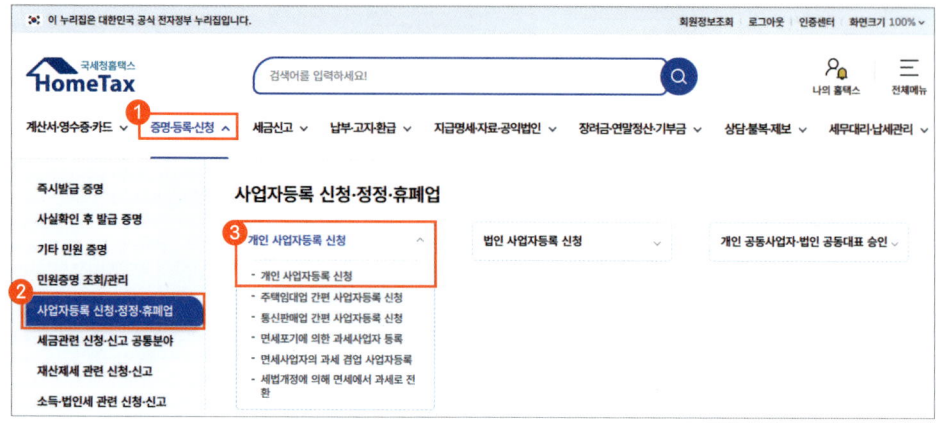

03 신청하는 도중에 프로그램 설치 안내가 나오면 납세자 개인정보 및 정보 보안을 위해 보안 프로그램을 모두 설치합니다.

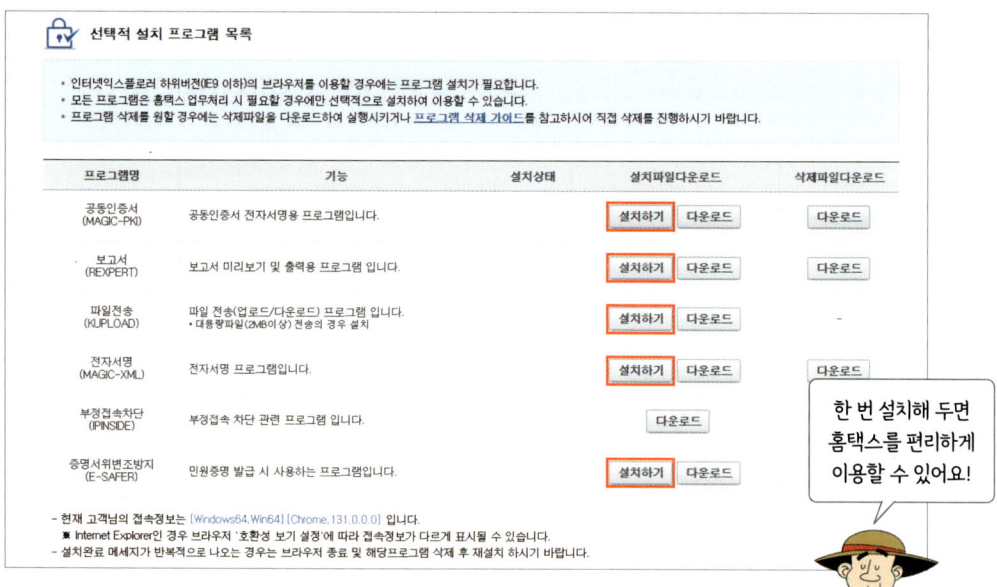

04 ❶ 사업자 등록신청 화면에 접속되면 [인적사항 입력] 항목을 입력하고 ❷ [사업특성 선택사항]에서 6번 통신판매 항목만 [예]로 선택합니다. ❸ [다음]을 클릭합니다.

05 ❶ 상호명, 개업일자 등 사업장의 기본정보와 ❷ 사업장(단체) 소재지를 입력합니다. 이때 상호명은 직관적이고 간단한 이름으로 작성하고 개업일자는 사업자등록신청일자로 입력하면 됩니다.

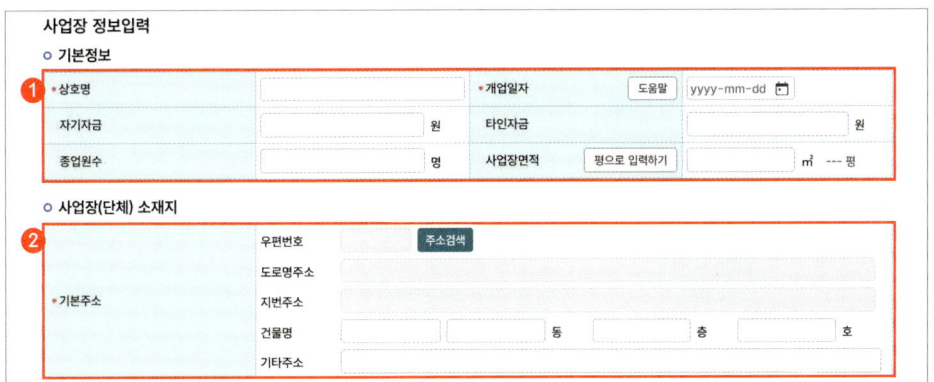

▶ 상호명과 개업일자는 사업자의 고유 정보로, 스마트스토어 정보와 별개로 취급합니다. 따라서 사업자 등록신청 화면에서 입력하는 상호명은 스마트스토어에서 사용할 상호명과 달라도 됩니다!

06 ❶ [업종 입력/수정]을 클릭하고 ❷ 업종 선택 창이 나타나면 업종코드로 525101을 검색합니다. ❸ [도매 및 소매업(전자상거래 소매업)]에 체크 표시한 뒤 ❹ [업종 등록]을 클릭합니다. ❺ 업종 추가설명에는 **스마트스토어, 쿠팡 온라인 쇼핑몰** 등 간단하게 언급하면 되고 ❻ 사업자 유형은 [일반] 또는 [간이]를 선택합니다.

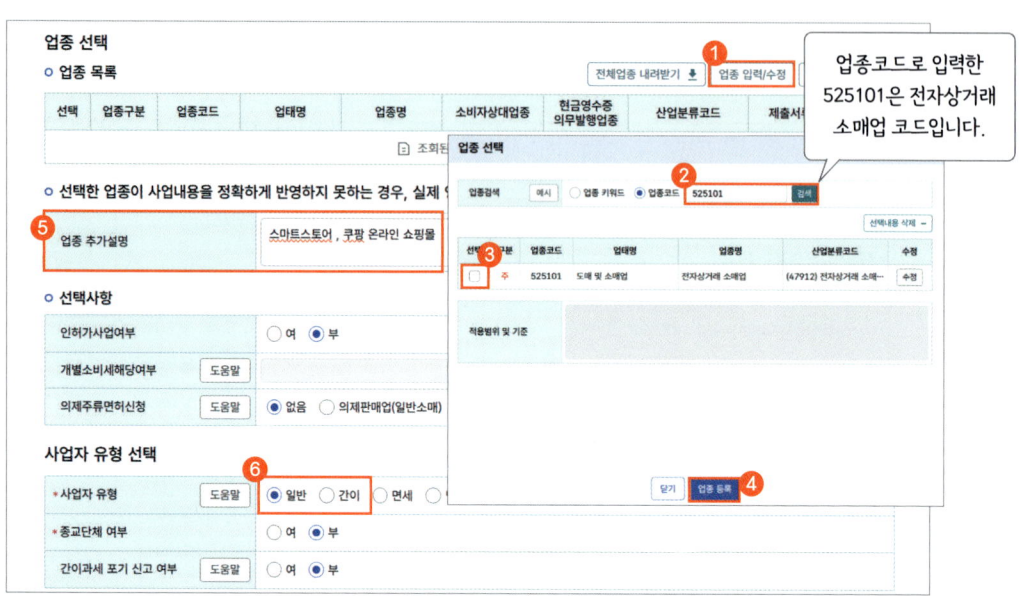

❓ 질문 있어요! 사업자 유형은 어떤 걸 추천하나요?

사업자 유형은 27~28쪽에서 설명한 대로 간이 사업자와 일반 사업자 각각 장단점이 뚜렷하므로 혜택과 자신의 상황에 맞춰 정하면 됩니다. **간이 사업자**로 신청하면 부가세를 감면받을 수 있고 원래 연중 2회 진행하는 부가세 신고를 1회만 해도 된다는 점은 유리하지만 계산서를 발행할 수 없어서 단체 주문을 받지 못한다는 아쉬움이 있습니다. 이런 특징 때문에 거래처에서도 간이 사업자를 초보로 보는 경우가 많죠. 반면 **일반 사업자**는 세금이나 부가세 신고 횟수의 혜택은 없지만 계산서를 발행할 수 있어서 단체나 기업의 주문도 처리할 수 있고 간이 사업자보다는 초보로 보이지 않는 게 큰 장점입니다.

따라서 개인 사업자와 일반 사업자 중에 압도적으로 **어느 한쪽이 유리하다거나 정답이라고 말할 수 없습니다.** 일단 간이 사업자로 등록하더라도 언제든 홈택스에서 일반 사업자로 변경 신청을 할 수 있다는 점도 알아 두세요.

07 ❶ [저장 후 다음 이동]을 클릭하면 제출서류 선택 팝업 창이 나타납니다. ❷ 비상주 사무실을 임대한 경우 [파일찾기]를 눌러 임대차계약서와 전대동의서를 업로드한 후 ❸ [다음]을 클릭합니다.

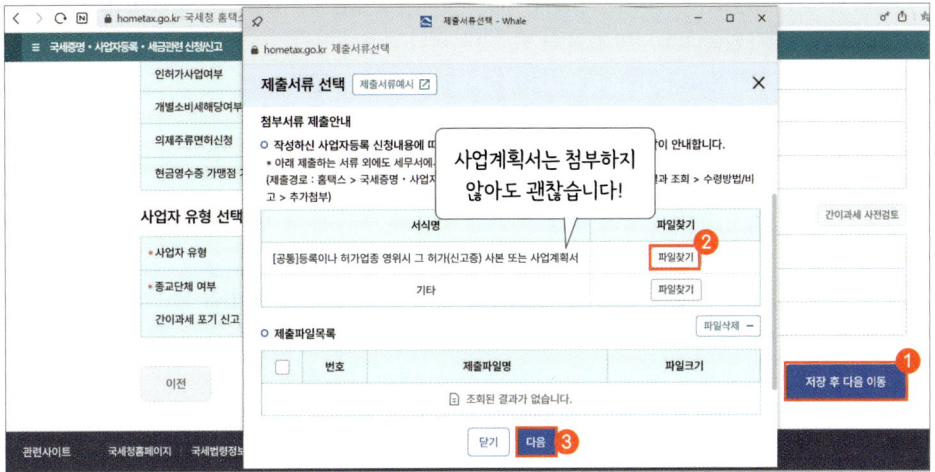

▶ 집 주소로 사업자를 등록하는 경우에는 서류를 첨부하지 않고 바로 [다음]을 클릭합니다.

08 최종확인 팝업 창이 나타나면 ❶ [제출서류 확인하기]를 클릭하고 ❷ [신청서 제출하기]를 누릅니다. 사업자 등록 신청을 완료했습니다. 사업자 승인은 영업일 기준 1~2일 정도 소요됩니다.

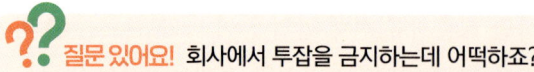 질문 있어요! 회사에서 투잡을 금지하는데 어떡하죠?

개인 사업자로 등록해도 현재 다니는 회사에서는 확인할 수 없습니다. 근로계약서에 겸업 금지 조항이 명시되어 있더라도 **업무에 지장을 주거나 회사 기밀을 활용해 부업을 하는 것이 아니라면 법적으로 문제되지 않습니다.** 다만 법을 어기는 것은 아니더라도 회사 내규와 분위기상 불이익을 당할 수 있으니 주변 동료나 지인에게 부업을 하고 있다는 사실을 공개하는 것은 추천하지 않습니다. 겸업이 적발되어 회사에서 불이익을 당한 경우를 보면 대부분 당사자가 회사 동료나 지인에게 부업으로 수익을 내고 있다고 자랑하다 걸려서 그렇게 되더라고요.

하면 된다!} 사업자등록증 & 사업자등록증명원 발급하기

사업자 승인이 났다면 이제 사업자등록증과 사업자등록증명원을 발급받을 차례입니다. 네이버 스마트스토어에 사업자 회원으로 가입하려면 두 서류를 제출해야 하기 때문입니다. 사업자 등록을 신청했던 홈택스에서 간단히 발급받을 수 있습니다.

01 사업자등록증 발급하기

❶ 국세청 홈택스(hometax.go.kr)에 접속하여 로그인한 뒤 ❷ 메뉴에서 [증명·등록·신청]을 클릭합니다. ❸ [즉시발급 증명]을 누른 다음 ❹ [사업자등록증 재발급]을 선택합니다.

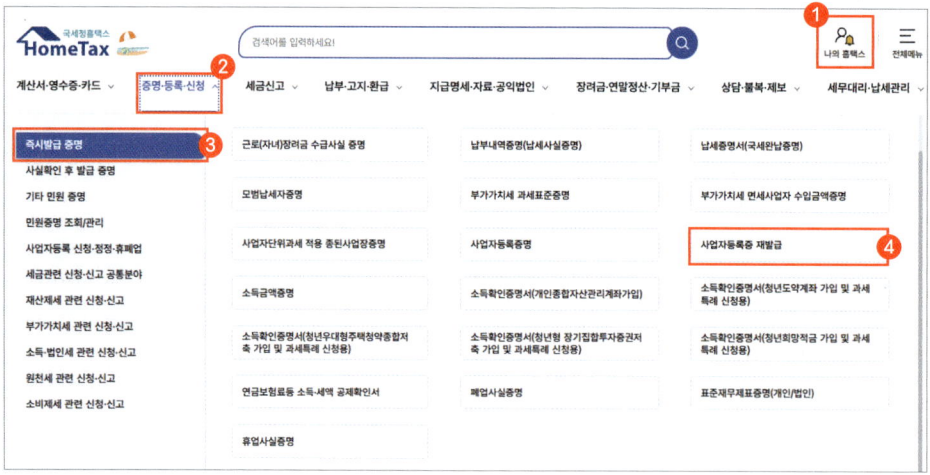

02 ① 사업자등록증 재발급 신청 화면에서 사업자등록번호를 선택하고 ② 발급사유에 **제출용**이라고 입력한 뒤 ③ [신청하기]를 클릭합니다.

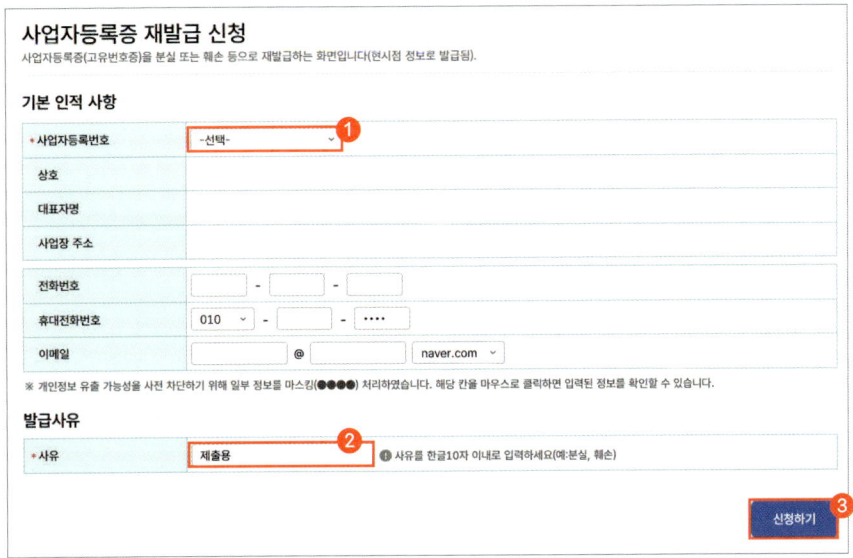

03 **사업자등록증명원 발급하기**

① 메뉴에서 [증명·등록·신청]을 클릭하고 ② [즉시발급 증명]을 선택합니다. ③ 이번에는 [사업자등록증명]을 클릭합니다.

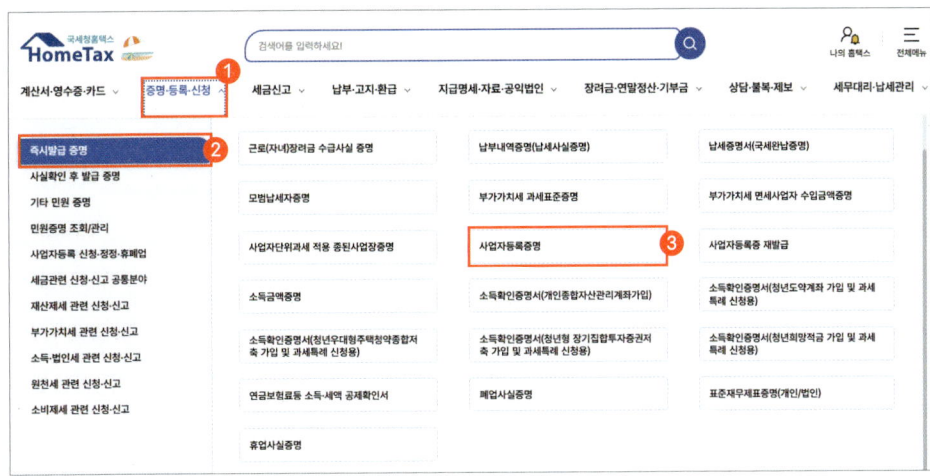

04 ❶ 사업자등록번호를 선택하고 ❷ 사용용도와 ❸ 제출처를 선택한 뒤 ❹ [신청하기]를 클릭합니다.

⭐ 온라인 판매를 하려면 필수! 통신판매신고

통신판매란 전화 또는 온라인 등 통신으로 판매업을 하는 것을 일컫습니다. 우리가 운영할 스마트스토어는 온라인 쇼핑몰이니 **통신판매신고**가 법적으로 필수입니다. 통신판매신고는 사업자 소재지 지역별로 차이가 있으나 **1년 기준으로 몇만 원 정도 비용**이 드는데, 한 번 신청하면 해마다 연간 비용을 내고 갱신할 수 있습니다.

간이 사업자일 경우 법적으로는 통신판매신고가 면제되지만 스마트스토어 등 대부분의 쇼핑몰 채널에서는 통신판매업신고증을 필수 서류로 받습니다. 그러므로 간이 사업자를 냈더라도 통신판매신고를 하는 것이 좋습니다. 통신판매신고를 하려면 **구매안전서비스 이용확인증**이라는 서류를 사전에 발급받아야 하는데, 이 서류는 스마트스토어를 개설해야만 받을 수 있습니다. 먼저 스마트스토어를 만든 후 통신판매신고까지 진행해 보겠습니다.

질문 있어요! 뭘 팔지 아직 결정하지 못했는데 스마트스토어를 무작정 개설해도 되나요?

스마트스토어가 개설되어 있어야 판매하기로 결정한 상품을 바로 업로드할 수 있습니다. 02-1절에서 사업 형태를 정하고 03장에서 상품을 찾는 방법을 알려 드리니 일단 편한 마음으로 스마트스토어를 개설하면 됩니다.

하면 된다!} 스마트스토어 가입하기

통신판매신고를 진행하기 위해 스마트스토어에 가입하고 구매안전서비스 이용확인증까지 발급받아 보겠습니다.

01 스마트스토어 회원 가입하기

스마트스토어 회원가입 페이지(accounts.commerce.naver.com/signup)에 접속한 후 [이메일 아이디로 가입하기]를 클릭해 회원 가입을 합니다. 네이버 아이디로 가입하면 스토어 하단에 내 네이버 메일 주소가 노출되므로 업무용 메일을 따로 만들어 관리하는 것을 추천합니다.

02 사업자 인증하기

❶ 스마트스토어센터 가입하기 화면이 나타나면 판매자 유형을 [사업자]로 선택하고
❷ [다음]을 클릭합니다. 개인 회원으로 가입하면 구매안전서비스 이용확인증이 발급되지 않으니 꼭 사업자 회원으로 가입해야 합니다.

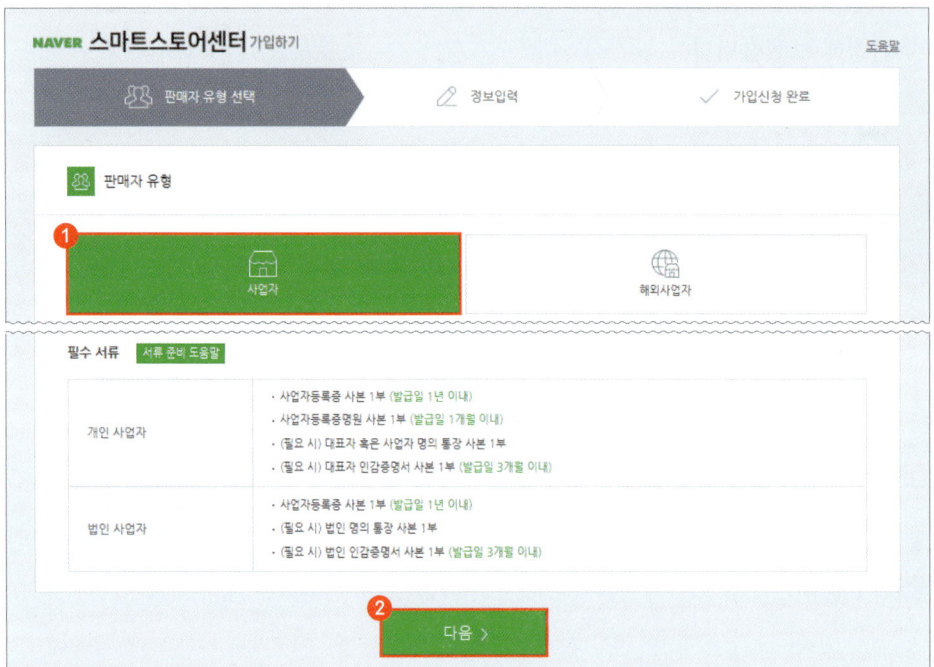

03 ❶ 홈택스에서 발급받은 사업자등록증에 기재된 사업자등록번호를 입력하고 ❷ [다음]을 클릭해 사업자 정보를 입력하면 회원 가입이 완료됩니다.

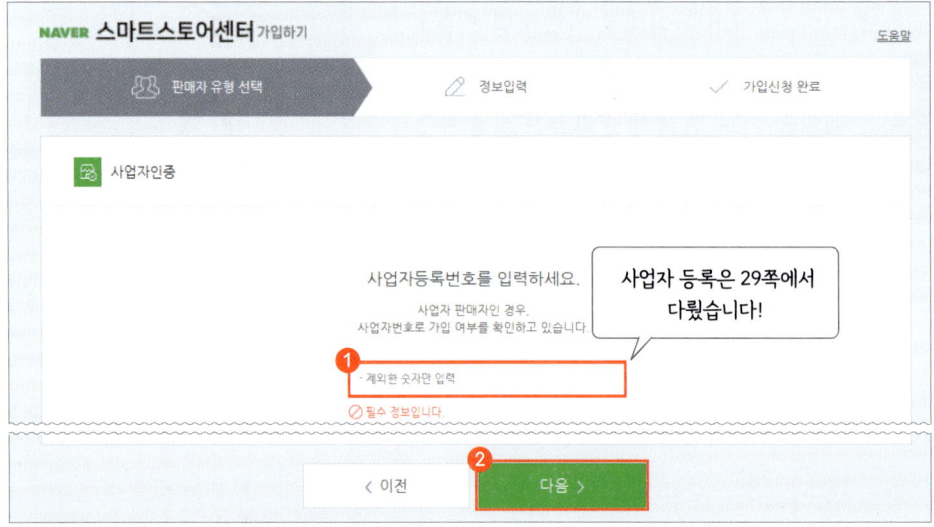

04 ① 가입을 완료한 뒤 스마트스토어센터 메뉴에서 [판매자 정보 → 판매자 관리 → 판매자 정보]를 클릭합니다. ② 오른쪽 상단에서 [구매안전서비스 이용확인증]을 클릭하면 '구매안전서비스 이용확인증' 파일이 다운로드됩니다. 구매안전서비스 이용확인증은 정부24에서 통신판매업 신고를 할 때 사용됩니다.

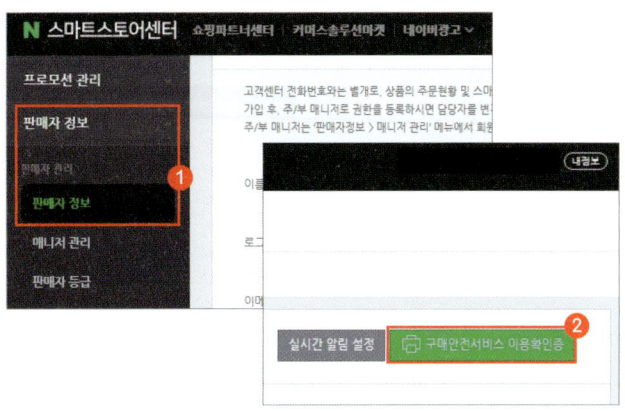
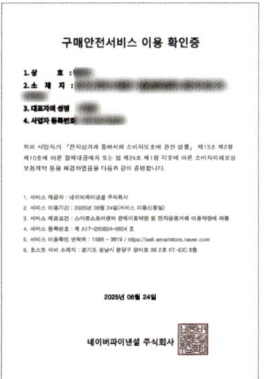

하면 된다!} 정부24에서 통신판매업 신고하기

스마트스토어에 입력할 통신판매업신고 번호를 승인받기 위해 정부24에서 통신판매 신고를 할 차례입니다. 정부24에서는 따로 회원 가입을 하지 않아도 간편한 인증만으로 진행할 수 있습니다.

01 ① 정부24(gov.kr)에 접속해서 [로그인]을 클릭하고 ② [간편인증]을 선택해 본인인증을 합니다.

▶ 개인정보 수집 동의 화면이 나타나면 전부 [동의합니다]를 선택하고 넘어가세요.

02 로그인을 마쳤다면 ❶ 검색 창에 **통신판매신고**를 입력하고 ❷ [**관련 서비스 → 통신판매업신고-시.군.구**]를 클릭합니다.

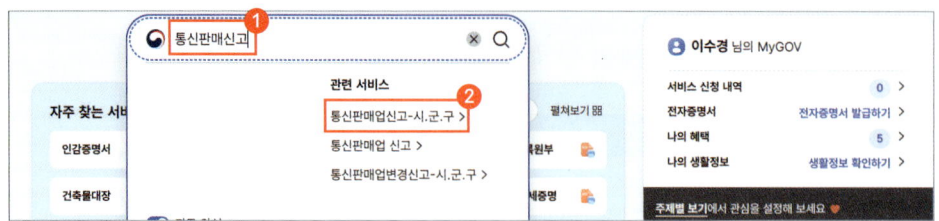

03 통신판매업신고 페이지로 이동하면 [**발급하기**]를 클릭해 발급을 시작합니다.

04 발급 페이지에서 상호 정보를 입력합니다. ❶ 상호, ❷ 사업자등록번호, ❸ 연락처, ❹ 주소를 사업자등록증에 있는 정보와 동일하게 입력합니다. 정보는 임의로 수정하거나 사업자 주소지가 아닌 다른 개인 주소를 기재하면 안 됩니다.

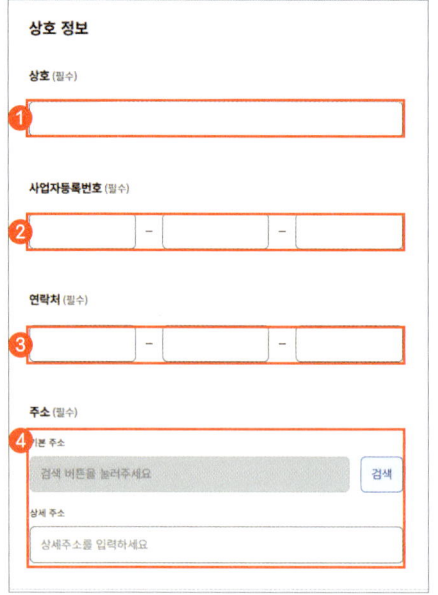

05 ❶ 다음으로 대표자 정보를 입력하는 화면이 나타나면 대표자 성명부터 이메일 주소까지 입력합니다. 이메일 주소는 스마트스토어에 회원 가입을 할 때 개설한 스마트스토어용 이메일 주소를 입력합니다. ❷ 판매 정보 화면이 나타나면 판매방식을 [인터넷]으로, ❸ 취급품목을 [종합몰]로 선택합니다.

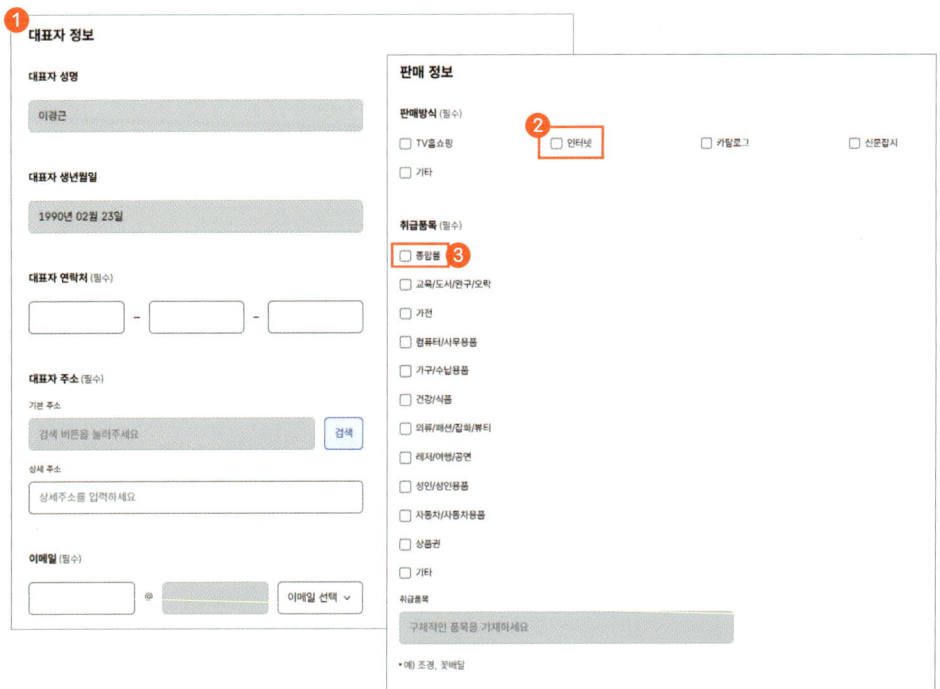

06 구비서류에는 사전에 스마트스토어센터에서 내려받은 '구매안전 이용확인증' 파일을 첨부하면 됩니다. ❶ 제출방법으로 [파일첨부]를 선택하고 ❷ 파일을 첨부하는 칸을 더블클릭해서 '구매안전 이용확인증' 파일을 업로드하세요.

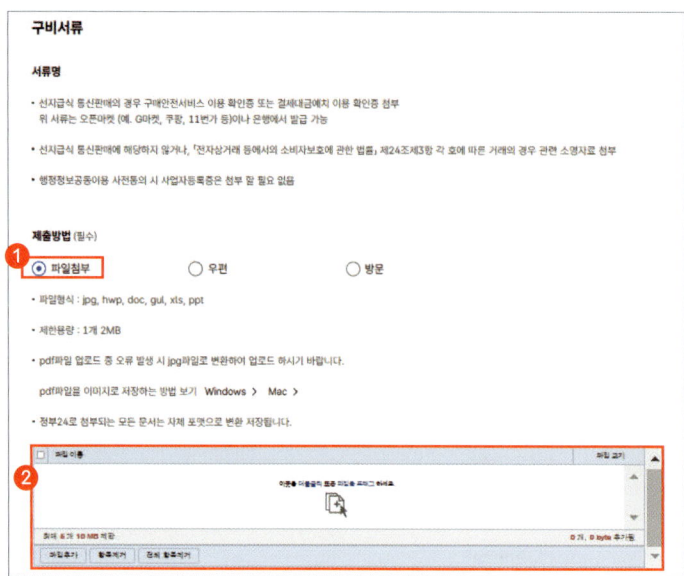

07 ❶ 마지막으로 수령방법은 [온라인발급(본인출력)]을 선택하고 ❷ [신청하기]를 눌러 통신판매신고를 마칩니다. 통신판매신고 승인은 사업자등록증을 발급받을 때와 마찬가지로 영업일 기준 2~3일 정도 소요됩니다.

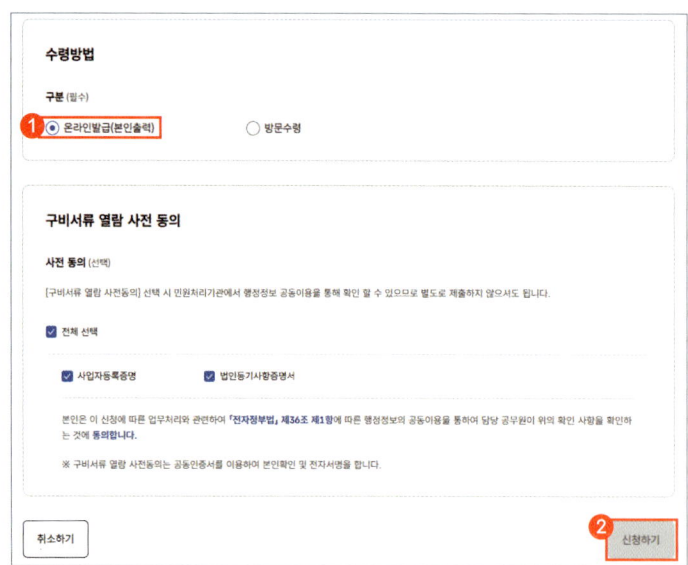

08 통신판매업신고증을 발급받으면 스마트스토어센터에 다시 접속하고 ❶ 왼쪽 메뉴에서 [정보변경 신청]을 눌러 ❷ 통신판매업신고 번호를 입력합니다. 통신판매신고 과정이 모두 끝났습니다.

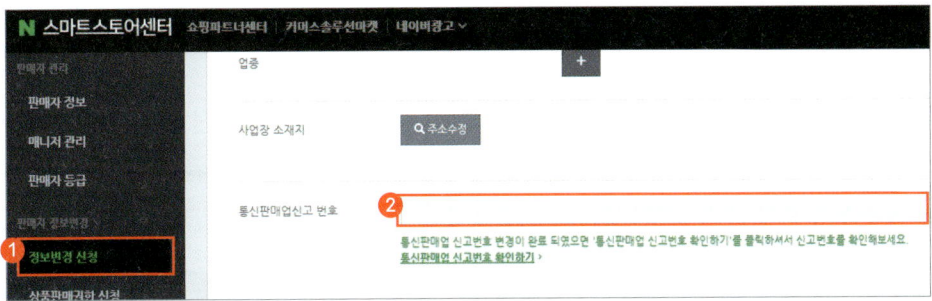

⭐ 판매하려면 영수증 발행은 기본! 현금영수증 가맹

사업자 등록 및 통신판매신고를 완료했다면 이제 여러분도 온라인 쇼핑몰의 사장님입니다. 다만 정식으로 판매 활동을 해나가려면 마지막으로 챙겨야 하는 게 있습니다. 가게에서 물건을 사거나 온라인으로 상품을 주문할 때 고객이 받는 것 말이죠! 바로 영수증입니다. 그럼 온라인 판매를 위한 마지막 승인 단계, 현금영수증 가맹을 신청해 볼까요?

일반적으로 발급받는 현금영수증

B2B 거래에서 발급받는 현금영수증

현금영수증 가맹점 표시 로고
(출처: 국세청)

하면 된다!} 현금영수증 가맹 신청하기

현금영수증 가맹을 신청하는 방법은 매우 쉽습니다. 앞서 발급받은 사업자등록증의 정보를 홈택스에 등록하기만 하면 되는데요. 따라서 사업자 등록과 통신판매신고를 먼저 해야 이 실습을 따라 할 수 있습니다.

01 홈택스(hometax.go.kr)에 로그인한 후 ❶ 오른쪽 상단에서 [전체메뉴]를 클릭합니다. ❷ 전체메뉴가 나타나면 [계산서 · 영수증 · 카드 → 현금영수증(가맹점) → 발급 → 현금영수증 발급 사업자 신청 및 수정]을 순서대로 선택하세요.

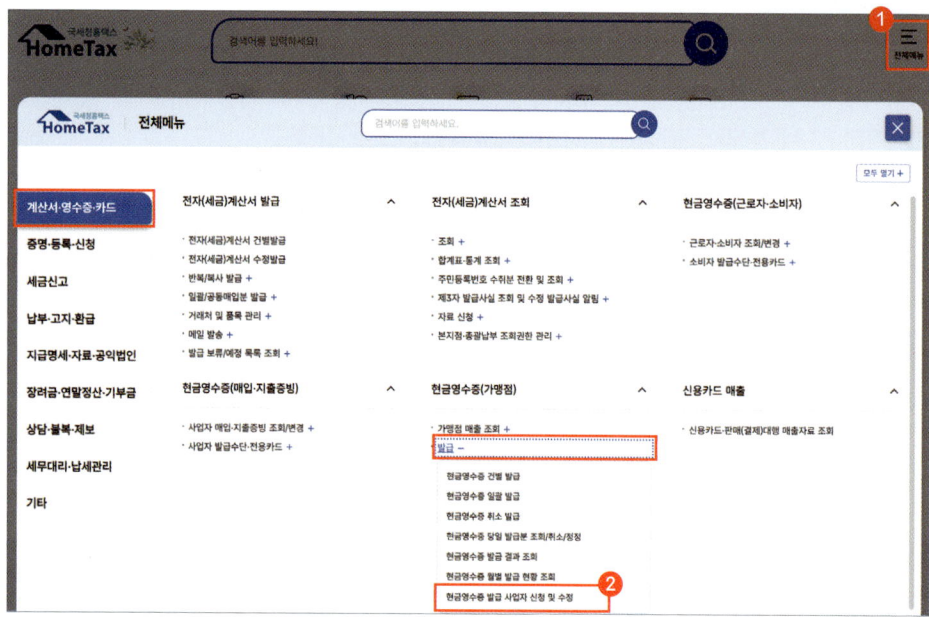

02 ❶ 가맹점 정보와 ❷ 가맹점 현금영수증 담당자 정보에 내가 발급받은 사업자등록증의 정보를 입력한 후 ❸ [신청하기]를 클릭하면 현금영수증 가맹이 완료됩니다.

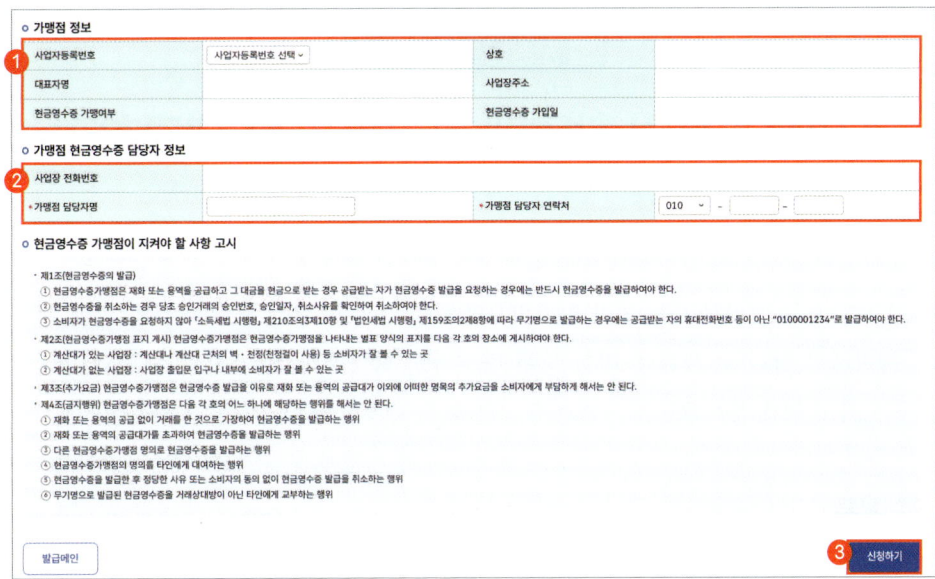

자, 이제 사업자 등록도 했고 스마트스토어도 개설했으며 통신판매신고와 현금영수증 가맹점 등록까지 판매를 위한 모든 준비를 마쳤습니다. 생각보다 간단하죠? 이제 본격적으로 스마트스토어를 꾸미고 상품도 올려 보겠습니다.

다음 페이지에 있는 〈사장님 체크리스트〉를 확인하며 놓친 부분은 없는지 다시 한번 점검해 보세요.

이것만 기억하세요!

1. 홈택스에서 사업자 등록을 할 수 있다.
2. 온라인 판매를 하려면 정부 24에서 통신판매신고를 해야 한다.
3. 본격적으로 판매하려면 현금영수증 발급 사업자로 신청해서 현금영수증 가맹점으로 등록해야 한다.

✅ 사장님 체크리스트

스마트스토어 창업에 필요한 서류 체크하기

개인 사업자로 첫발을 내딛으려면 스마트스토어 창업을 위한 필수 서류와 선택 서류를 준비해야 합니다. 서류 준비를 모두 마쳤다면 하나하나 체크 표시를 하고 폴더에 차곡차곡 정리해 두세요!

필수 서류

- 사업자등록증 사본 1부 ☐
- 사업자등록증명원 사본 1부 ☐

▶ 사업자등록증과 사업자등록증명원은 홈택스에서 사업자 등록을 하면 발급할 수 있습니다. 발급 방법은 34쪽에서 다룹니다.

▶ 사업자등록증, 사업자등록증명원은 내용은 동일하지만 종류가 다른 별개의 서류입니다. 스마트스토어에 사업자 정보를 등록할 때 반드시 2가지 서류를 모두 준비해 주세요.

- 구매안전서비스 이용확인증 1부 ☐

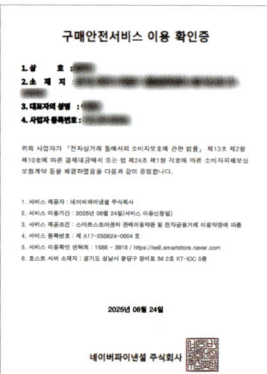

▶ 스마트스토어에 사업자 회원으로 입점한 후 [판매자 정보]에서 발급할 수 있습니다.

▶ 39쪽에서 구매안전서비스 이용확인증을 발급받는 방법을 자세히 다룹니다.

- 통신판매업신고증 1부 ·· ☐

▶ 통신판매업신고증은 정부24에서 통신판매신고를 하면 발급할 수 있습니다.

▶ 39쪽에서 통신판매신고 방법을 자세히 다룹니다.

선택 서류(비상주 사무실을 계약한 경우)

- 비상주 사무실 임대계약서 ·· ☐

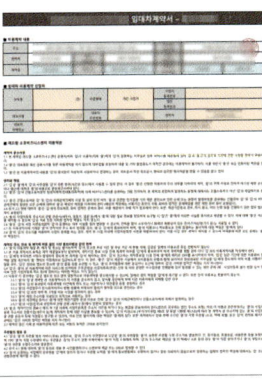

▶ 거주지 주소로 사업자 등록을 하지 못할 경우 비상주 사무실을 임대해 계약하면 사업자 등록을 할 수 있어요.

▶ 공유 오피스나 임대업체 등과 계약할 때 발급해 달라고 요청할 수 있어요.

▶ 비상주 사무실과 관련된 자세한 내용은 28쪽에서 다룹니다.

- 비상주 사무실 전대동의서 ·· ☐

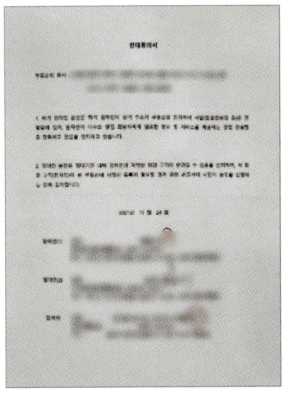

차근차근 따라 하면 금방 준비할 수 있어요!

02

스마트스토어 개업을 축하합니다

시작이 반이라고 하죠. 사업자 등록부터 현금영수증 가맹까지 번거로움을 이겨내고 무사히 스마트스토어를 개업한 여러분, 축하드립니다! 여기까지 오는 사람도 불과 60만 명뿐입니다. 이미 우리나라 국민 가운데 4천만 명은 생각지도 실행해 보지도 못한 스토어 입점까지 모두 마친 거예요.

그럼 본격적으로 스마트스토어의 성공 공식 4가지를 알아보기 전에 여러분의 막연함과 두려움을 없앨 수 있는 시간을 가져 보려 합니다. 우리가 스마트스토어로 어떤 형태의 사업을 할 수 있는지부터 상품 등록과 주문처리는 어떻게 하는지 살펴보겠습니다.

02-1 온라인 판매로 할 수 있는 3가지 사업 형태
02-2 스마트스토어에 첫 상품 올려 보기
02-3 스마트스토어센터 메뉴 샅샅이 파헤치기
02-4 미리캔버스로 나만의 쇼핑몰 꾸미기
02-5 발주부터 환불까지 주문처리의 모든 것
✅ 사장님 체크리스트 사업 형태 정하고 스토어 상호 고민하기

02-1
온라인 판매로 할 수 있는 3가지 사업 형태

스마트스토어 개설까지는 완료했지만 과연 진짜 고객에게 내 상품을 판매하고 성과를 낼 수 있을까 걱정이 들 텐데요. 스마트스토어로 여러분이 운영할 수 있는 사업 형태는 무려 3가지나 된다는 사실, 알고 있나요? 별 다른 전문 지식이 없어도, 디자인 능력이나 기술이 뒷받침되지 않아도 거뜬히 할 수 있는 스마트스토어의 3가지 사업 형태를 소개합니다.

★ 다른 사람의 상품을 대신 판매하는 '위탁판매'

처음으로 소개할 형태는 '위탁판매'입니다. 이커머스에 관심 있는 분이라면 익히 들어 보았을 텐데요. 위탁판매는 말 그대로 '위탁'+'판매'로, 생산자나 제조업체, 벤더사 등 다른 사람의 상품을 대신해서 판매하는 겁니다.

좀 더 쉽게 말하자면 생산자, 제조업체, 벤더사는 도매업체인 것이고 판매자인 우리는 그 상품을 떼다 판매하는 소매업자인 셈이죠. 이 경우 생산부터 포장, 택배 발송까지 상품을 제작하고 고객에게 전달하는 과정은 모두 공급업체에서 담당합니다. 우리는 단지 상품 기획, 광고, 마케팅 등 홍보와 마케팅 일체를 담당한다고 보면 됩니다.

▶ 벤더사(vender company)란 다른 회사의 제품을 매입하여 온라인과 오프라인 유통망에 공급하거나 판매하는 업체를 말합니다.

위탁판매는 수백 개의 재고를 미리 구매하거나 택배 포장부터 발송까지 직접 해내야 하는 금전적, 시간적 부담 없이 누군가의 상품을 대신 판매하면 된다는 엄청난 장점이 있습니다. 심지어 **자본금이 100만 원 안쪽이어도 도전**할 만하죠. 그래서 스마트스토어의 사업 형태 중에서 가장 대중적으로 알려져 있기도 합니다.

다만 상품의 생산과 공급에 주도권이 없다는 단점도 분명히 인지해야 합니다. 위탁판매 형태는 판매자가 아무리 잘 판매하더라도 업체에서 공급을 끊어 버리면 바로 판매를 중단해야 하는 위기에 처하기 쉽습니다. 게다가 다른 사람의 상품을 판매하는 것이므로 공급받는 상품 원가 자체가 네이버 최저가 등과 비교하면 높은 편이라서 현실적으로 순이익을 20~30% 정도 남기면 잘 운영하는 것이라고 봐도 무방합니다.

해외 직구를 도와주는 '해외구매대행'

두 번째 사업 형태는 '해외구매대행'입니다. 구매대행이란 고객이 구매하고 싶은 상품을 스토어에 주문하면 고객 대신 판매자가 그 상품을 구매해 오는 겁니다. 이때 대상이 되는 고객층은 해외 직구로 상품을 싸게 사고 싶긴 한데 상품을 해외 쇼핑몰에서 찾거나 배송 대행지를 직접 등록해야 하는 구매 과정을 번거로워하는 분들입니다. 따라서 구매대행은 보통 해외 상품을 대신 구매하는 **해외구매대행**을 말합니다. 중국, 미국, 일본 등 해외 국가에서 우리나라에 비해 매우 저렴하게 판매하는 상품을 내 스마트스토어에 등록해 두고, 고객이 주문하면 해당 국가 쇼핑몰에서 해외 직구를 대행해 주는 것이죠.

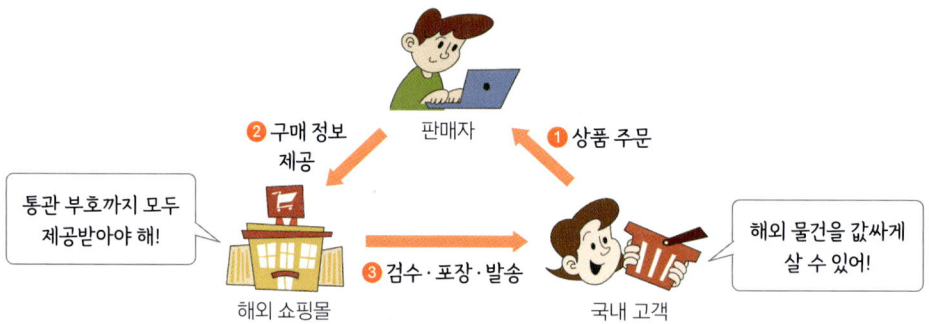

판매자가 직구 사이트에 수령자 정보로 고객의 정보를 입력하면 상품을 포장하고 배송하는 일 처리는 해외 쇼핑몰이나 배송 대행지에서 대신합니다. 생산부터 포장, 택배 발송은 해외 쇼핑몰과 배송 대행지 업체에서 담당하고, 판매자는 마케팅과 판매만 대신하는 구조라는 점에서 위탁판매와 유사합니다. 다만 해외 직구를 해야 하므로 고객으로부터 통관 부호라는 것을 받아야 하고, 내가 해외 쇼핑몰에 직접 가입해서 구매해야 하므로 초기 세팅이 다소 번거롭습니다.

구매대행은 위탁판매와 마찬가지로 상품을 미리 구매하거나 택배 포장, 발송을 직접 하지 않아도 되어 부담 없이 시작할 수 있습니다. 그리고 무엇보다 초보 판매자가 어려워하는 상품 기획과 상세페이지 디자인에 품이 적게 들어간다는 장점이 있습니다. 해외 직구가 훨씬 저렴한 상품들은 고객이 미리 알아보고 구매하기 때문에 상세페이지를 자세하게 보지 않거든요. 고객을 설득하거나 상품의 매력을 어필하기보다 고객에게 필요한 상품인지만 확인할 수 있도록 기본 정보만 제공해도 판매가 일어날 수 있습니다. 또, 판매자의 의지에 따라 하루 10~100개 단위로 상품을 올릴 수 있어서 확장도 빠른 편입니다.

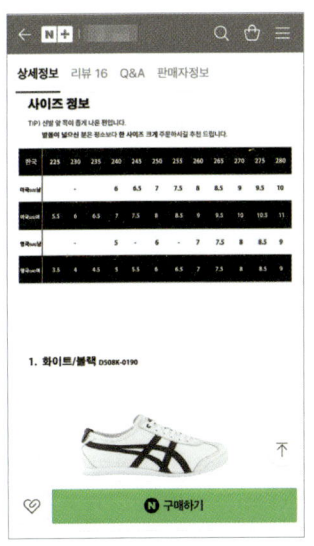
기본 상세페이지를 그대로 올린 경우

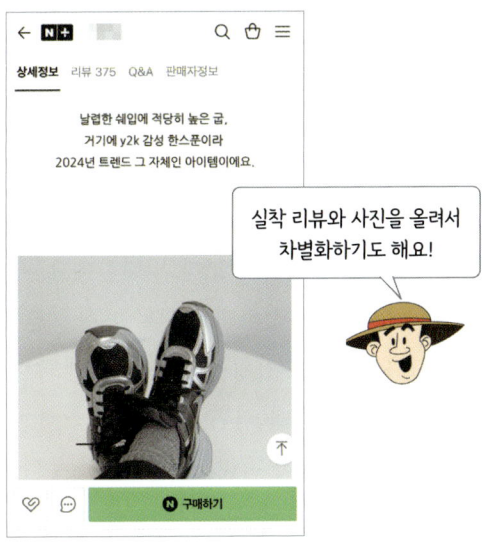
상세페이지를 직접 디자인한 경우

반면 고객을 대신해서 해외 직구를 하는 것이므로 중국, 미국, 일본 등의 해외 쇼핑몰에 회원 가입해야 하고, 고객이 상품을 구매하자마자 국내로 정상 발송될 수 있도록 배송 대행지 업체를 찾아야 하는 번거로움이 공존합니다. 게다가 해외 사이트와 얽혀 있다 보니 초보에게는 절차가 상당히 복잡하게 느껴질 수 있습니다. 이 밖에도 상세페이지 등으로 제품을 차별화하기 어려워 무작정 상품을 올리는 것만으로는 꾸준히 성과를 내기 어렵다는 한계를 고려해야 합니다.

⭐ 내 상품을 직접 판매하는 '사입 및 제조'

마지막으로 소개할 형태는 '사입 및 제조'입니다. 스마트스토어의 사업 형태 중 끝판왕이라 불릴 만큼 난이도가 높지만 그만큼 수익을 크게 창출할 수 있는 유형입니다. '사입'이란 상품을 직접 사들이는 것을 말하며 '제조'는 상품을 직접 제작하는 것을 말합니다. 제품을 나만의 패키지 상품으로 포장하거나 제품에 라벨을 붙이는 등 브랜드 가치를 더할 수 있어서 사입 및 제조는 브랜딩을 위한 필수 과정이기도 합니다.

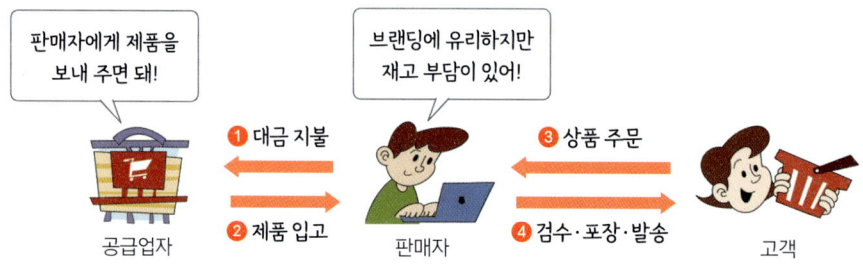

그만큼 장단점 역시 다른 사업 형태보다 뚜렷한데요. 우선 나만의 차별화를 할 수 있다 보니 위탁판매나 구매대행에 비해 마진을 높게 책정할 수 있다는 것이 장점입니다. 상세페이지와 패키지 등 상품 기획을 활용해 브랜드 가치를 잘 어필하면 꾸준히 내 상품을 구매해 주는 충성 고객을 키워 낼 수도 있죠.

한편 판매가 불확실한 상태에서 미리 재고를 쌓아 두다 보니 주문이 발생하지 않았을 때 큰 손실을 볼 수 있습니다. 더구나 브랜딩을 한다고 해도 충성 고객을 모을 수 있다고 장담할 수 없습니다. 따라서 마케팅 실력이 매우 중요하고, 자칫하면 오히려 위탁판매나 구매대행보다 고객을 끌어오기 어렵죠. 그래서 스마트스토어의 사업 형태 중에서 장점과 단점이 가장 크고 어려워서 최종 단계라고 일컫습니다.

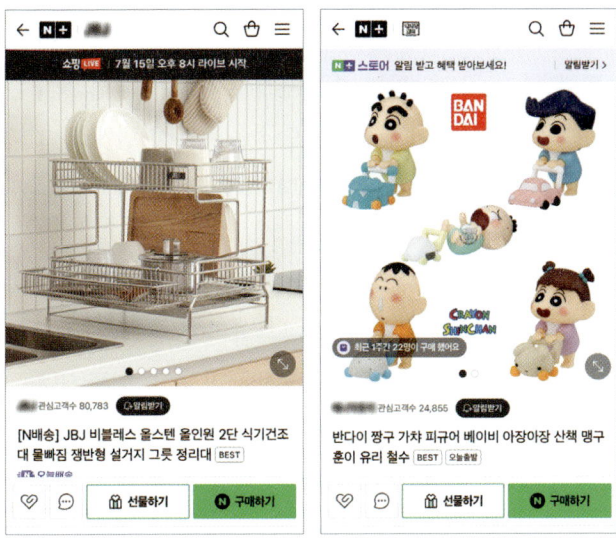

자체 제작 상품을 판매하는 경우   사입한 피규어를 판매하는 경우

지금까지 다룬 스마트스토어의 3가지 사업 형태를 정리하면 다음과 같습니다.

구분	위탁판매	해외구매대행	사입 및 제조
정의	• 다른 사람의 상품을 대신 판매하며, 상품의 제작·포장·배송은 공급업체가 담당한다. • 판매자는 마케팅과 판매에 집중한다.	• 해외직구를 번거로워하는 고객을 대상으로 해외 상품을 대신 구매한다. • 해외 쇼핑몰이나 배송 대행지에서 포장과 배송을 담당한다.	• 상품을 직접 제작(제조)하거나 구매(사입)한다. • 상품에 브랜드 가치를 부여하여 판매한다.
장점	• 재고 및 택배 포장·발송에 부담이 없다. • 적은 자본금으로 시작할 수 있어서 초보자가 시작하기 좋다.	• 재고 및 택배 포장·발송에 부담이 없다. • 상품 기획이나 상세페이지 제작에 부담이 적고, 상품 수를 비교적 쉽게 확장할 수 있다.	• 상품을 차별화할 수 있고, 마진이 비교적 높은 편이다. • 브랜드 가치를 성공적으로 구축하면 충성 고객을 확보할 수 있다.
단점	• 상품 공급 주도권이 없어서 공급이 중단될 위험이 있다. • 상품 원가가 상대적으로 높아 마진율이 통상 20~30%로 낮은 편이다.	• 해외 사이트 가입, 배송 대행지 연동 등 초기 세팅이 복잡하다. • 고객의 통관 부호 등 추가 정보가 필요하며, 상세페이지 등으로 차별화하기 어렵다.	• 재고 부담이 크고 판매가 부진하면 손실 위험이 크다. • 초기 자본 투자가 필요하며, 수준 높은 마케팅 역량이 요구된다. • 브랜딩 성공 및 시장 안착이 불확실하다.
난이도	낮음(쉬움)	중간(보통)	높음(어려움)

🏷 이제 시작하는 분들에게 추천하는 건 '위탁판매!'

"그럼 대체 나는 어떤 사업을 해야 하지?" 고민하는 분들에게 추천하는 사업 형태는 바로 **위탁판매**입니다. 위탁판매는 사입이나 구매대행의 단점을 보완하면서도 초보 판매자가 성과를 내고 지속하기에 가장 용이하기 때문입니다. 이 밖에 다른 형태에 비해 도전하기 쉬운 2가지 특징이 있습니다.

첫 번째는 사입 및 제조처럼 재고를 미리 대량으로 사들이는 **큰 위험 없이도 수익을 낼 수 있다**는 점입니다. 초보 판매자에게 가장 무서운 건 자본금과 손실인데 그 위험을 최소화할 수 있으니까요. 두 번째는 구매대행과 달리 **상세페이지 및 상품 기획에 차별화를 두어 양이 아닌 질로 성과를 꾸준히 낼 수 있다**는 점입니다. 상품을 무작정 많이 올리고 팔리기를 기다리는 것이 아니라 내 상품 기획 실력을 높여 판매를 지속적으로 일으킬 수 있죠.

그럼 위탁판매를 어떻게 해야 성과를 낼 수 있을지 단계별로 차근차근 알아보겠습니다.

📣 이것만 기억하세요!

1. 사업 형태에는 위탁판매, 해외구매대행, 사입 및 제조로 3가지 방식이 있다.
2. 사입 및 제조는 재고가 남을 우려가 있어서 처음 시작하는 사람에게 무리가 갈 수 있다.
3. 초보자가 스마트스토어를 처음으로 시작한다면 위탁판매 방식을 추천한다.

02-2
스마트스토어에 첫 상품 올려 보기

초보자 대부분이 '완벽하게 준비한 다음 시작해야지'라고 생각하면서 결국 준비만 하다 제풀에 지쳐 관둡니다. 하지만 이미 여러분은 남들이 포기하는 지점인 사업자 등록과 스토어 개설까지 전부 완료했습니다. 괜히 앞서 고민하다 좌절하지 마세요. 상품을 등록하는 과정이 얼마나 간단한지 직접 따라 해보면 알 수 있을 거예요.

상품 등록은 **스마트스토어센터**(sell.smartstore.naver.com)에서 진행합니다. 스마트스토어센터에 로그인하면 다음과 같은 화면이 나타납니다.

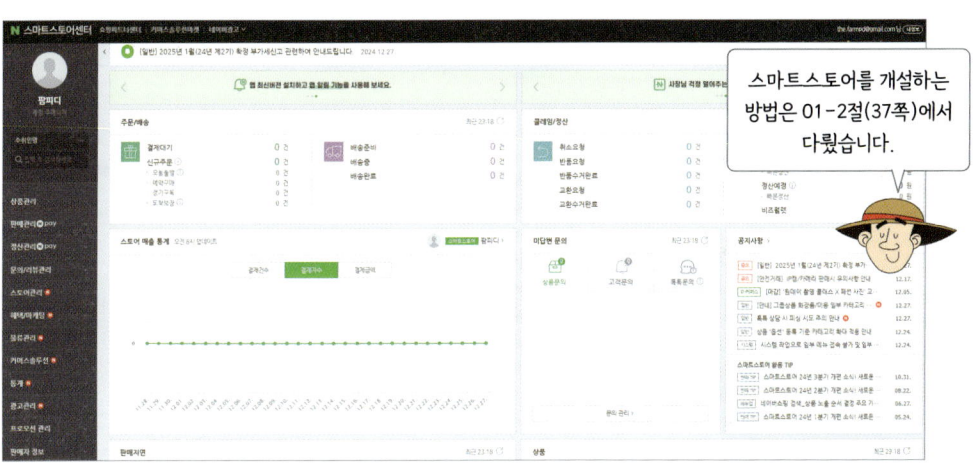

스마트스토어센터 페이지

> 스마트스토어를 개설하는 방법은 01-2절(37쪽)에서 다뤘습니다.

하면 된다!} 스마트스토어에 상품 등록하기

스마트스토어센터에서 [상품관리 → 상품 등록]을 클릭하면 새로운 상품을 바로 업로드할 수 있습니다. 상품을 등록할 때에는 항목별로 정보를 입력해야 합니다.

여기서는 기본 과정만 배우고 상위 노출 최적화 등 세부 항목은 05-2절에서 더 자세히 다룰 거예요. 우선 검색 결과에 노출되는 중요 사항을 작성해 보겠습니다.

01 카테고리 정하기

❶ 왼쪽 메뉴에서 [상품관리 → 상품 등록]을 선택합니다. ❷ [카테고리명 검색]을 선택한 상태에서 ❸ 내가 등록할 상품을 입력합니다. 바로 아래에 연관 카테고리가 나타나면 상품에 가장 적절한 것을 고르면 됩니다.

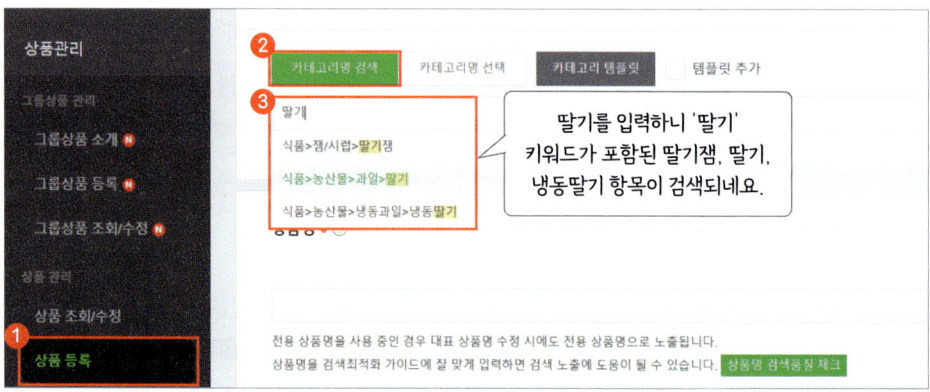

02 상품명 입력하기

상품명을 잘 작성해야 고객이 네이버에서 검색할 때 우리 상품을 쉽게 찾을 수 있으므로 이 과정은 매우 중요합니다. 그러나 이번 실습은 한번 해보는 것이므로 간단하게 입력하고 넘어가 보세요. 상품명 입력란에 내가 판매할 상품의 이름을 작성합니다.

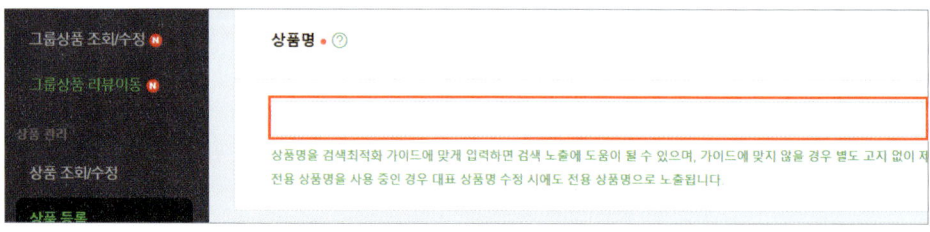

▶ 상품명을 작성할 때 잘 검색되도록 하려면 상세한 로직 분석과 노하우가 필요합니다. 검색이 잘 되는 키워드를 찾는 비결은 03장에서 자세히 살펴보겠습니다. 여기서는 상품명을 작성하는 위치만 잘 기억해 두세요!

03 판매가 입력하기

고객에게 보여 줄 내 상품의 가격을 설정해 보겠습니다. ❶ 우선 판매가에 '할인 전 정가'를 입력합니다. ❷ 즉시할인에서 [설정함]을 선택하고 ❸ 판매가에서 뺄 기본할인 금액을 입력합니다.

04 판매기간과 부가세 여부 설정하기

❶ 판매기간은 [설정안함]으로 선택하고 ❷ 부가세는 내가 판매하는 상품이 [과세상품]인지 [면세상품]인지에 따라 선택합니다.

▶ 품절 처리는 언제든 할 수 있으니 상품을 등록할 때부터 판매 기간을 지정해 둘 필요는 없습니다.

질문 있어요! 과세상품과 면세상품은 어떻게 구분하나요?

일부 면세상품이나 영세상품을 제외한 **대부분의 상품은 과세상품**이라고 생각하면 됩니다. 면세상품으로는 농산물·축산물·수산물과 같은 신선상품과 여성용품 등이 있습니다. 영세상품은 수출이나 외화 획득을 위한 상품으로 전문 수출입 기업에서 취급하며, 일반 사업자가 취급하는 경우는 거의 없다고 보면 됩니다.

05 옵션 등록하기

❶ 옵션 선택형은 [설정함]으로 선택하고 ❷ 옵션 입력방식은 [직접 입력하기]를 선택합니다. ❸ 옵션 구성타입은 [조합형]으로 선택하세요. ❹ 마지막으로 고객이 상품을 주문할 때 직접 선택하는 부분인 옵션명에는 상품의 옵션 이름을 입력하고 ❺ 옵션값에는 세부 구성을 적습니다. 예를 들어 빨간색 티셔츠를 판매한다면 옵션명으로 '빨간색'을 입력하고, 옵션값으로 'S', 'M', 'L' 같은 사이즈를 입력하면 되겠죠.

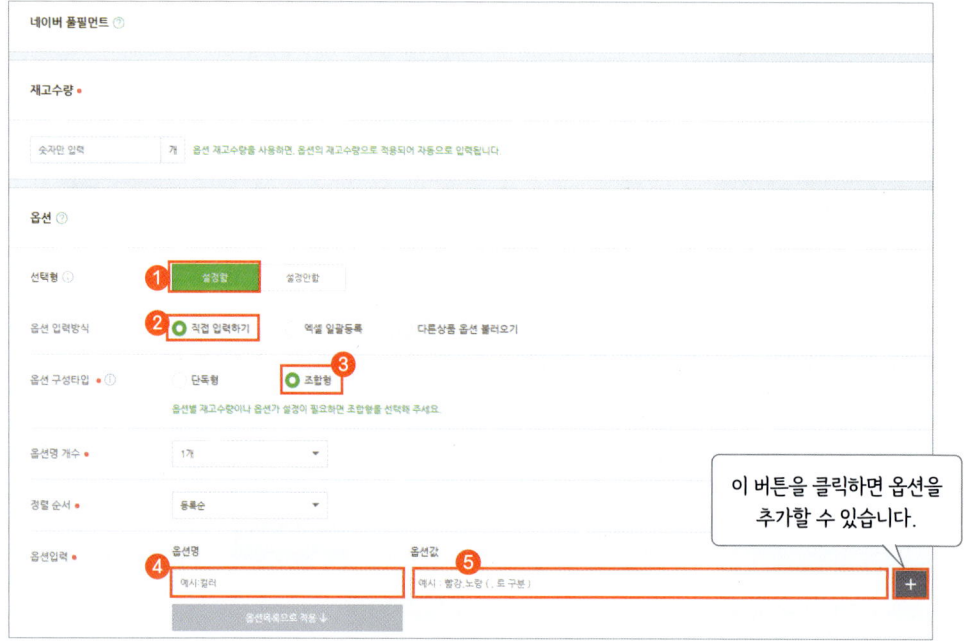

▶ [네이버 풀필먼트] 항목은 내가 사용하는 물류창고나 3PL(third party logistics) 서비스가 따로 없는 보통의 판매자는 넘어가도 무방합니다. [재고수량]은 아래의 [옵션] 항목을 입력하면 자동 적용되므로 넘어갑니다.

▶ [옵션명 개수]와 [정렬 순서]는 필요에 따라 조정해도 되지만 평소에 잘 사용하지 않습니다.

06 상품이미지 추가하기

상품이미지는 네이버 검색 결과에 노출되면서 고객에게 직접 보이므로 특히 신경 써서 선정해야 합니다. 사진은 대표 이미지와 추가 이미지에 등록할 10장을 준비해야 하는데요. 우선 [대표이미지]에 테스트용으로 PC에 있는 아무 이미지나 1장을 등록해 봅니다.

07 상세페이지 업로드하기

상세설명은 상품을 자세하게 설명하는 상세페이지를 올리는 공간입니다. 상세페이지는 04장에서 만들 것이므로 우선 [SmartEditor ONE으로 작성]을 클릭해서 임의의 테스트 사진을 올려 마무리합니다.

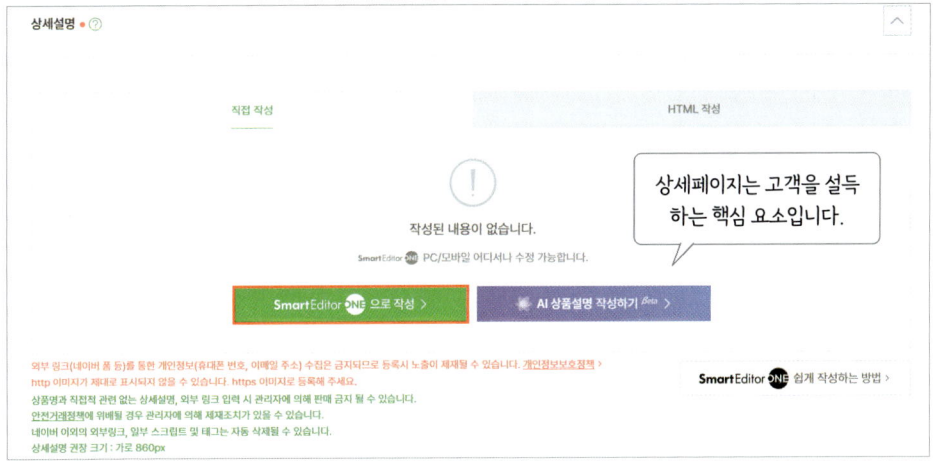

검색 결과에 노출되는 사항을 모두 입력해 보았습니다. 남은 항목은 검색 결과에서 보이는 것보다 고객이 구매를 결정할 때 살펴보는 정보성 내용으로 구성됩니다. 이어서 마저 작성해 보겠습니다.

하면 된다!} 상품 추가 정보 입력하기

고객의 클릭이 일어나기 전까지는 노출되지 않지만 상품 구매로 이어지기까지 꼭 필요한 부가 설명을 입력해 보겠습니다. 상품의 제조사, 브랜드명 등 주요정보부터 배송비 등이 이에 해당합니다.

01 상품 상세 정보 입력하기

❶ [상품 주요정보]를 클릭해 내가 판매하는 상품의 제조사, 브랜드명 등을 구체적으로 입력합니다. ❷ [사이즈] 항목은 주로 티셔츠 등 패션 상품에 한해서만 적용되므로 내가 판매하는 상품이 사이즈를 입력해야 하는 항목에 해당하는지 확인합니다. ❸ 그리고 [상품정보제공고시]를 클릭해 수량, 중량, 크기, 제조일 등 상품의 세부 설명을 입력합니다.

> **질문 있어요!** 상품 주요정보와 상품정보제공고시는 어떻게 써야 하나요?
>
> [상품 주요정보]를 입력할 땐 되도록이면 정확하고 세세하게 입력하는 것이 중요한데요. 예를 들어 다이슨 청소기를 판매한다면 단순히 '다이슨 청소기'라고 입력하는 것보다 어떤 모델인지 정확히 알 수 있도록 모델 번호나 상품 번호 등을 입력하는 거죠. 이렇게 [상품 주요정보]가 제조사나 생산 정보와 관련된 내용이라면 [상품정보제공고시]에는 수량, 중량, 크기, 제조일 등 그 상품의 세부 설명을 기재하는 것이라고 생각하면 됩니다.

02 배송 정보 입력하기

❶ [배송]을 클릭하면 배송 관련 세부 항목이 나타납니다. ❷ 우리는 위탁판매 형태로 사업할 것이므로 택배 배송이 필수입니다. 배송여부는 [배송]으로 선택합니다. ❸ 배송방법은 [택배, 소포, 등기]를 선택하고 ❹ 배송속성은 우선 [일반배송]을 선택합니다.

> [배송] 항목은 고객이 온라인으로 주문할 때 민감하게 보는 요소입니다.

03 ❶ 택배사는 [선택]을 클릭해 택배사를 선택하면 되는데, 선택한 택배사와 다른 택배사로 발송하더라도 페널티는 발생하지 않으니 걱정 말고 선택하면 됩니다. ❷ 묶음배송 항목은 [가능], [불가(개별계산)] 중 상품의 상황에 맞게 선택합니다.

▶ 묶음배송 옵션을 [가능]으로 선택하면 고객이 1개를 주문하든 3개를 주문하든 박스 하나에 다 묶어서 보내야 합니다. 묶음배송이 불가능하다면 반드시 [불가(개별계산)]를 선택합니다.

04 ① 상품별 배송비는 [무료]를 선택하고 ② 에어컨이나 가구 등 설치해야 하는 경우가 아니라면 별도 설치비는 [없음]을 선택합니다. ③ 마지막으로 [판매자 주소록]을 클릭해 출고지 주소를 입력합니다. 이때 주소는 반드시 상품의 출고지와 동일할 필요는 없으므로 내 사업자 주소로 입력해 주세요.

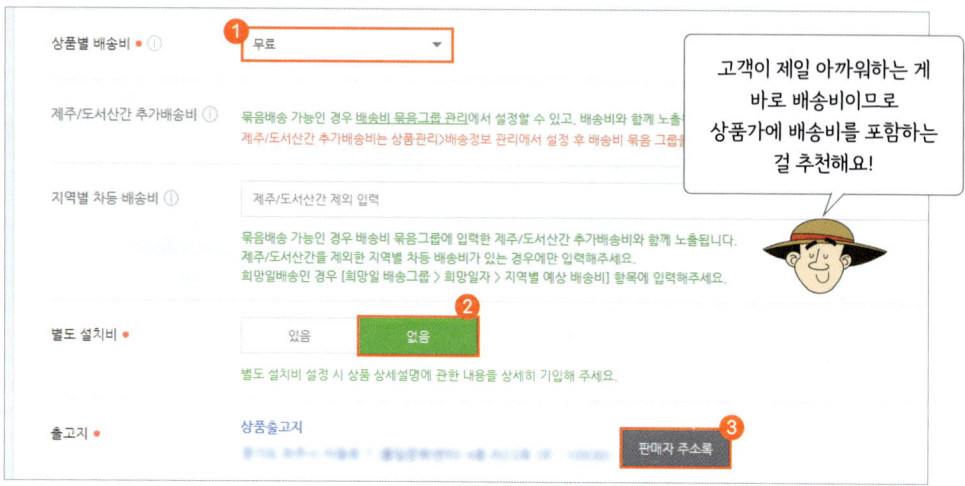

> 고객이 제일 아까워하는 게 바로 배송비이므로 상품가에 배송비를 포함하는 걸 추천해요!

05 반품/교환 항목 입력하기

① 반품/교환 택배사는 [기본 반품택배사]로 선택합니다. 실제로 반품을 수거하는 택배사가 달라도 문제없으니 편하게 선택하세요. ② 반품배송비(편도)는 4,000원, ③ 교환배송비(왕복)는 8,000원으로 기재합니다. ④ 반품/교환지는 [판매자 주소록]을 클릭해 입력하되, 반품이 발생했을 때 실제로 수령할 수 있는 주소로 입력합니다.

▶ 반품배송비를 4,000원으로 설정하는 이유는 반품안심케어 서비스를 유리하게 이용하기 위해서입니다. 반품안심케어는 이어지는 실습에서 다룹니다.

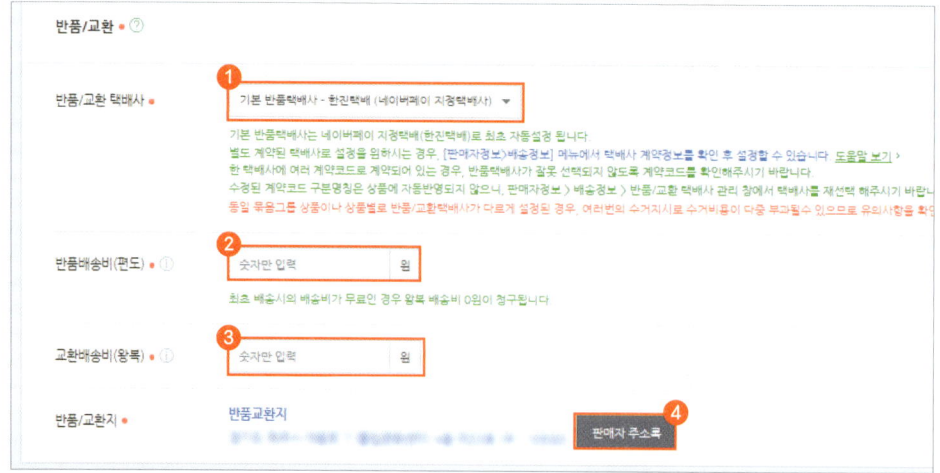

06 A/S 정보 입력하기

❶ A/S전화번호는 고객 응대를 할 수 있는 연락처를 기재하고 ❷ A/S안내에는 교환/반품 규정과 관련된 안내 글을 작성합니다.

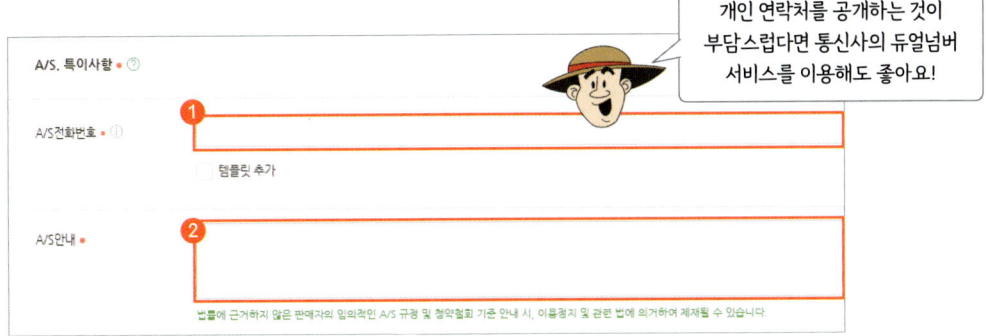

질문 있어요! A/S 안내 내용은 어떻게 구성해야 하나요?

특별한 안내 문구를 준비할 필요는 없어요. 저는 다음과 같이 A/S 안내를 제공하고 있습니다.
㉠ 품질에 문제가 있는 경우 000-000-000(고객센터 연락처)로 품질 불량이 발생한 상품 사진 1장과 송장번호가 보이는 박스 사진 1장을 남겨 주시면 확인하여 조치해 드리겠습니다. 감사합니다.

07 구매/혜택 조건 & 태그 기능 확인하기

구매/혜택 조건은 딱 2가지 항목만 챙기면 됩니다. ❶ 우선 최대구매수량은 1명의 고객이 주문을 너무 과하게 넣지 않도록 제한하는 기능입니다. 주문이 한 번에 수백 건씩 들어오면 처리하기 어려울 수 있기 때문입니다. 상품에 따라 확보할 수 있는 자원이 다르므로 일단 넘어갑니다. ❷ 포인트는 [상품리뷰 작성시 지급]에 체크 표시를 하고 100~200원 정도로 설정해 둡니다.

08 태그 기능 확인하기

태그는 검색 결과에 큰 영향을 주는 중요한 요소인데요. ❶ [태그 직접 입력]에 체크 표시를 하고 ❷ 내 상품과 관련된 태그를 작성하면 됩니다. 지금은 건너뛰고 상품을 결정한 뒤 05-2절에서 완성해 보겠습니다.

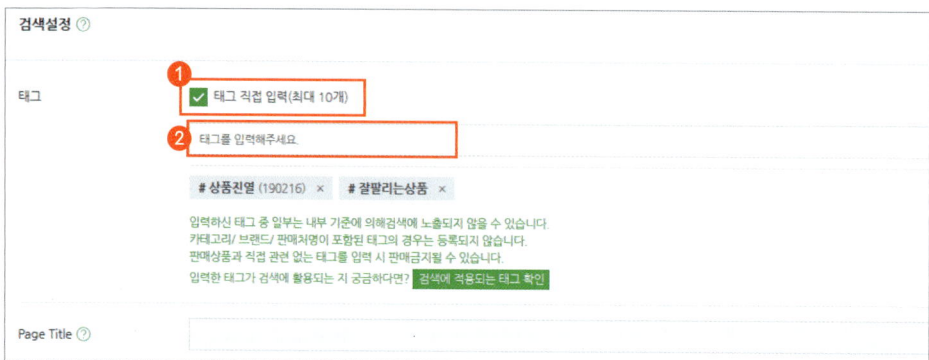

09 내 상품을 노출할 채널 설정하기

❶ 채널명에서 [스마트스토어]에 체크 표시되어 있는지 확인하고 ❷ 가격비교 사이트 등록에서 [네이버쇼핑]에도 체크 표시되어 있는지 확인합니다. ❸ 전시상태는 반드시 [전시중]으로 선택합니다. ❹ 알림받기 동의 고객 전용상품과 ❺ 공지사항은 모두 [설정안함]으로 선택합니다.

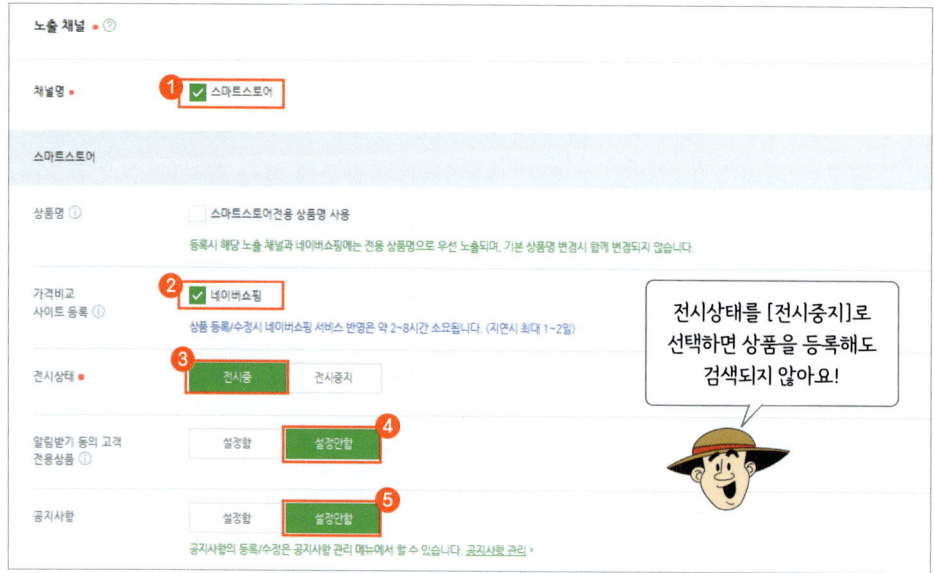

10 입력한 내용에 문제가 없는지 점검하기

❶ [쇼핑 상품정보 검색품질 체크]를 클릭하면 입력한 항목 중에 잘못된 것이 있는지 전체 내용을 점검할 수 있습니다. 빨간색으로 경보가 뜨는 항목이 없어야 정상으로 등록할 수 있습니다. ❷ 마지막으로 [저장하기]를 클릭하면 상품 등록이 완료됩니다.

처음 입력할 때는 시간도 오래 걸리고 복잡해 보이지만 1개만 잘 등록해 두면 그 이후로는 '복사 등록'을 할 수 있습니다. 기본 정보는 전부 입력되어 있고 상품명, 옵션 등 주요 정보만 변경하면 되므로 금방 올릴 수 있죠. 앞으로 수익화에 가까워지는 상품 등록 노하우를 단계별로 하나씩 알려 드릴 테니 걱정 말고 시작해 보세요.

★ 상품 등록 후 잊지 마세요! 네이버 연동과 반품안심케어

상품을 처음 등록하면 꼭 챙겨야 하는 게 있습니다. 바로 '네이버 연동'과 '반품안심 케어'인데요. 우선 네이버 연동은 우리가 등록한 상품을 네이버 검색 결과에 노출되도록 도와주는 서비스입니다. 네이버 쇼핑, 기획전에 내 스토어가 노출되고 네이버 톡톡을 사용할 수 있습니다. 또, [웹사이트 검색등록]을 활성화하면 네이버에서 스토어 이름을 검색했을 때 바로 노출되어 확인할 수 있습니다.

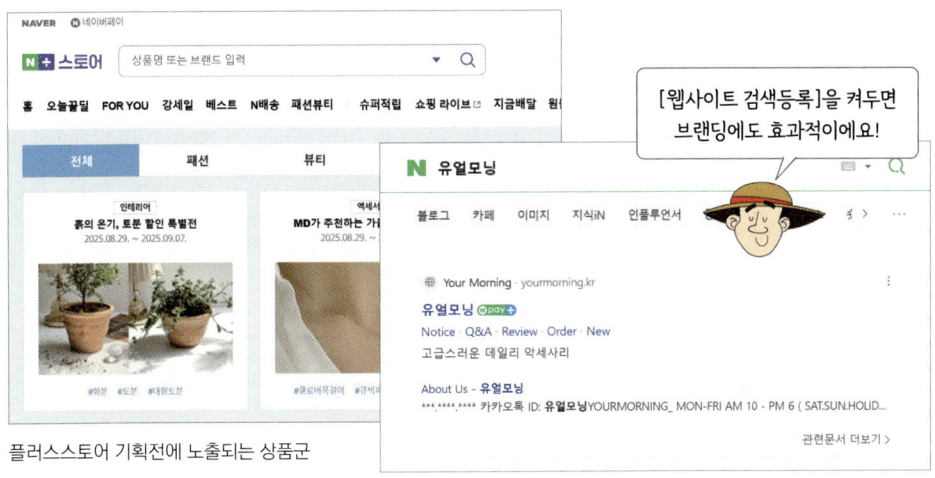

플러스스토어 기획전에 노출되는 상품군

스토어 이름을 검색했을 때 검색에 노출되는 모습 예시

두 번째로 **반품안심케어**는 상품에 문제가 있어서 반품 또는 교환이 발생했을 때 택배비를 보상해 주는 네이버의 판매자 지원 제도입니다. 주문 1건당 수수료 50~650원을 내는 대신 반품이나 교환이 발생했을 때 왕복 택배비를 네이버에서 보상해 주는 서비스로, 건당 최대 보상 금액은 무려 8,000원입니다. 바로 이것 때문에 62쪽 '스마트스토어에 상품 등록하기' 실습에서 반품 택배비를 4,000원, 왕복 택배비를 8,000원으로 설정했습니다.

주문 1건당 수수료가 비싸다고 느낄 수도 있는데 최저 수수료인 50원에 해당하는 상품을 판매하는 경우 주문 80건 중 1건만 교환·반품이 발생해도 내가 낸 수수료 이상을 보상받을 수 있습니다.

반품안심케어를 신청했을 때 주문이 들어온 경우

고객의 반품으로 반품안심케어가 실행되는 구조

특히 이 서비스는 교환·반품 신청이 들어왔을 때 실제로 내가 그 상품을 반품 수거하든 하지 않든 **보상비는 무조건 지급**된다는 점이 큰 장점입니다. 즉, 반품 신청이 들어왔는데 상품 상태가 너무 안 좋아서 우리가 반품을 받지 않고 고객에게 바로 폐기해 달라고 해도 우리가 상품 정보에 입력해 둔 택배비만큼 보상받을 수 있죠. 그러니 이제 시작하는 초보자라면 이 서비스를 적극 활용할 것을 추천합니다.

기껏 열심히 올린 상품, 이 2가지 서비스를 안 챙겼다가 검색에 노출되지 않거나 금전적 손실을 볼 수 있으니 미리미리 준비해 둡시다.

하면 된다!} 네이버 서비스 연결해서 스토어 노출 늘리기

스마트스토어에서 네이버 서비스를 연결하면 네이버에서 내 스토어를 노출할 수 있는 기회를 늘릴 수 있습니다. [네이버 쇼핑], [네이버 톡톡], [웹사이트 검색등록]을 활성화하여 내 스토어를 더 많은 고객에게 알려 보세요.

01 ❶ 스마트스토어센터에서 [스토어관리]를 클릭하고 ❷ [서비스 연결 → 네이버 서비스 연결]을 선택합니다.

02 네이버의 서비스 항목이 화면에 나열됩니다. [네이버 쇼핑], [네이버 톡톡], [웹사이트 검색등록]이 모두 연동되도록 토글을 활성화해 주세요. 이렇게 버튼만 눌러 주면 네이버 서비스를 간단하게 연결할 수 있습니다.

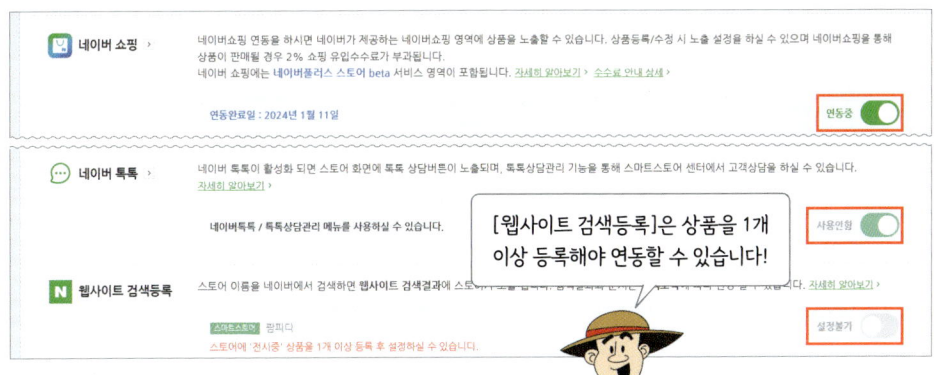

[웹사이트 검색등록]은 상품을 1개 이상 등록해야 연동할 수 있습니다!

하면 된다!} 반품안심케어 신청하기

반품안심케어를 신청하면 판매 수수료를 지급해야 하지만 종종 일어나는 반품으로 인한 배송비 손해를 한결 덜 수 있습니다. 괜한 돈이 나간다고 아까워하기보다는 초보자일수록 이 서비스를 이용하는 것을 추천합니다.

01 ❶ 스마트스토어센터에서 [판매관리]를 클릭하고 ❷ [반품안심케어]를 선택합니다.

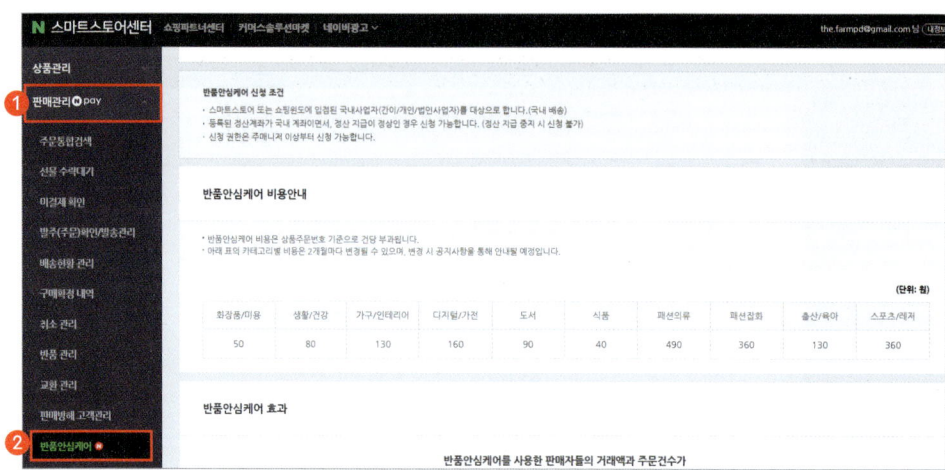

02 반품안심케어를 소개하는 화면이 나타나면 마우스로 스크롤해서 맨 아래로 내려갑니다. [반품안심케어 가입]을 클릭하면 가입이 완료됩니다.

스마트스토어에 상품도 올려보고 상품을 노출하기 위한 준비도 마쳤습니다. 혹시 모를 반품에 대비해 반품안심케어 서비스까지 알차게 신청했으니 이제 두려울 것이 없습니다. 스마트스토어의 기본을 맛보았으니 한층 더 깊은 곳으로 들어가 보겠습니다.

이것만 기억하세요!

1. 상품을 처음 등록하는 과정이 복잡해 보이고 시간이 다소 걸릴 수 있지만 한번 등록해 두면 복사해서 사용하면 되니 걱정하지 않아도 된다.
2. 상품을 등록할 때는 고객에게 직접 노출되는 정보를 특히 주의해서 작성해야 한다.
3. 네이버 서비스를 연결하면 네이버 쇼핑, 기획전, 네이버 톡톡, 웹사이트 검색등록 등과 연동할 수 있다.
4. 반품안심케어를 신청하면 수수료에 비해 더 큰 반품 배송비 혜택을 얻을 수 있어서 추천한다.

02-3
스마트스토어센터 메뉴 샅샅이 파헤치기

스마트스토어센터에서는 상품을 등록하는 것부터 주문 및 반품처리, 로고 및 배너 세팅 등 스마트스토어 운영에 관한 것을 모두 관리할 수 있는데요. 스마트스토어센터는 총 12개의 메뉴에 수십 개의 세부 메뉴로 구성되어 있습니다.

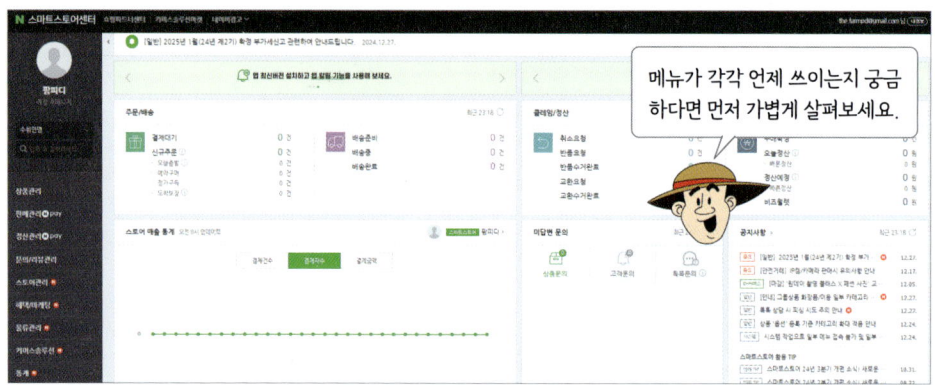

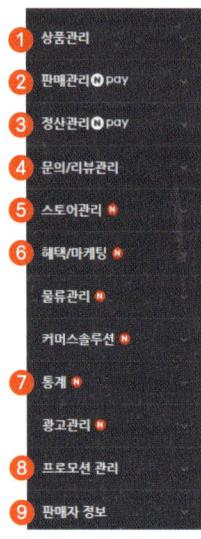

여기서는 스마트스토어센터에서 주로 사용하는 9개 메뉴를 중심으로 파헤쳐 보겠습니다.

① **상품관리**: 상품을 등록하고 관리할 수 있는 영역입니다. 소비자에게 전하는 공지사항도 이곳에서 등록합니다.

② **판매관리**: 판매, 배송, 반품 등 판매와 관련된 항목을 관리할 수 있습니다.

③ **정산관리**: 정산 내역을 한눈에 확인할 수 있습니다.

④ **문의/리뷰관리**: 고객의 문의 및 리뷰를 관리하고 톡톡 상담도 이곳에서 진행합니다.

⑤ **스토어관리**: 스마트스토어 환경과 네이버 서비스를 설정할 수 있습니다.

⑥ **혜택/마케팅**: 할인 쿠폰을 제공할 수 있습니다.

⑦ **통계**: 판매량 분석부터 고객의 유입 경로까지 살펴볼 수 있습니다.

⑧ **프로모션 관리**: 네이버의 다양한 기획전을 신청하고 관리할 수 있습니다.

⑨ **판매자 정보**: 내 정보와 판매 등급을 확인할 수 있습니다.

❶ 상품 등록부터 공지사항 관리까지, [상품관리]

[상품관리]에는 그룹상품 관리부터 구독 관리까지 상품관리와 관련된 다양한 설정이 있습니다. [상품관리]에서는 [상품 조회/수정], [상품 등록], [공지사항 관리] 메뉴만 기억하면 됩니다.

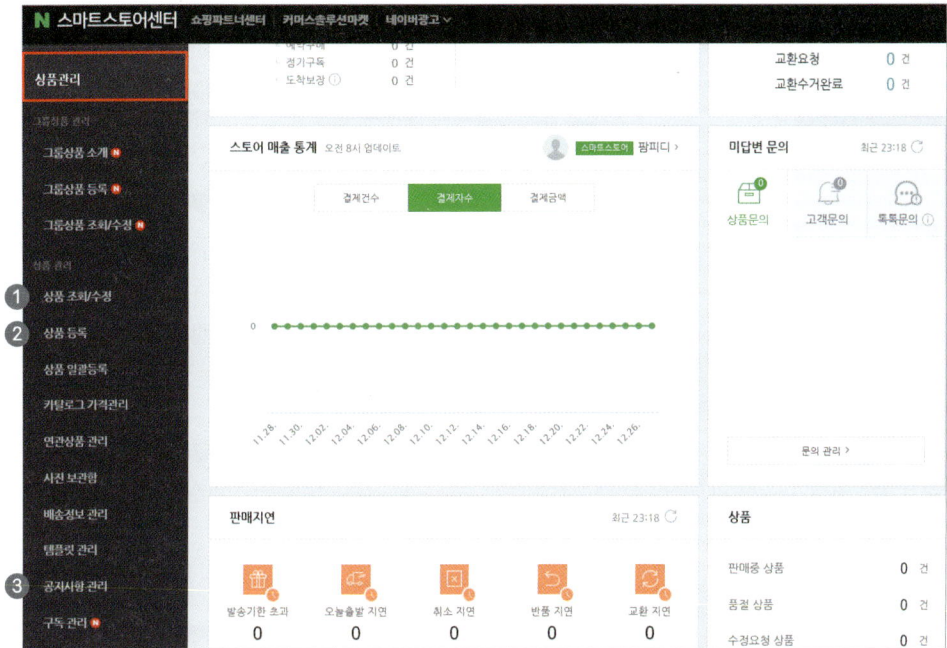

❶ **[상품 조회/수정]**: 이미 등록을 마친 상품의 정보를 수정합니다. 판매 중인 상품을 품절 처리하거나 품절된 상품을 재판매하도록 처리할 수도 있습니다.

❷ **[상품 등록]**: 새로운 상품을 등록할 때 사용하며, 02-2절에서 상품 등록을 할 때 사용한 메뉴이기도 합니다.

❸ **[공지사항 관리]**: 명절 기간 등 배송을 쉬거나 특별한 상황이 있을 때 상품 및 스토어 홈페이지 내에 공지사항을 띄우는 데 사용합니다.

❷ 모든 판매 과정을 집계하는 [판매관리]

[판매관리]에서는 [주문통합검색]부터 [반품안심케어]까지 세부 메뉴가 나타납니다. 그중 발주 및 반품과 관련된 [발주(주문)확인/발송관리], [구매확정 내역], [취소 관리], [반품 관리], [교환 관리], [반품안심케어] 메뉴를 주로 사용합니다.

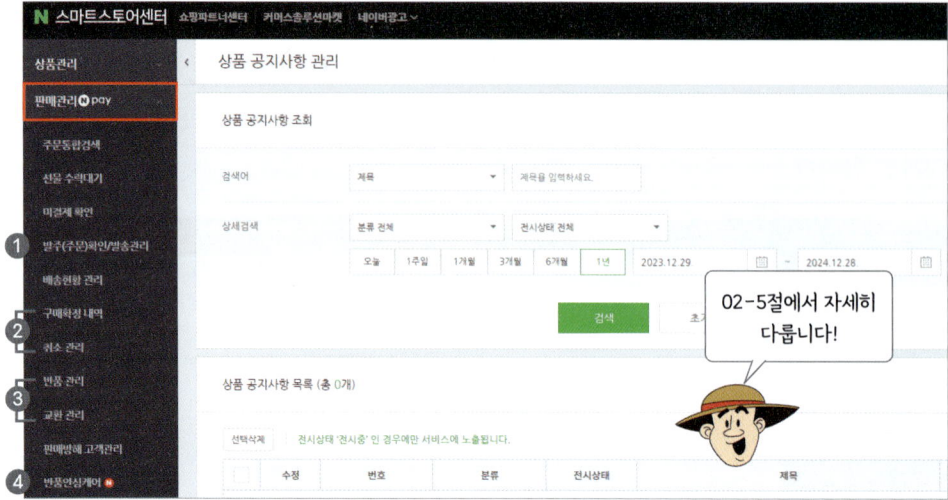

❶ [발주(주문)확인/발송관리]: 새로운 주문이 들어온 것을 확인하고 상품을 배송한 후 발송처리를 할 수 있습니다.
❷ [구매확정 내역], [취소 관리]: 주문에 대해 취소 처리를 할 때 주로 사용합니다.
❸ [반품 관리], [교환 관리]: 반품 및 교환 접수를 확인하고 승인 또는 거부 처리를 할 때 사용합니다.
❹ [반품안심케어]: 반품이 발생했을 때 상품의 왕복 배송비를 보상 처리하는 서비스를 신청하는 데 사용합니다.

❸ 판매 대금을 빠르게 확인할 수 있는 [정산관리]

[정산관리]에는 [정산 내역]부터 [우대수수료 환급내역]까지 세부 메뉴가 펼쳐집니다. 그중에서도 [정산 내역(일별/건별)], [빠른정산] 메뉴를 주로 사용합니다.

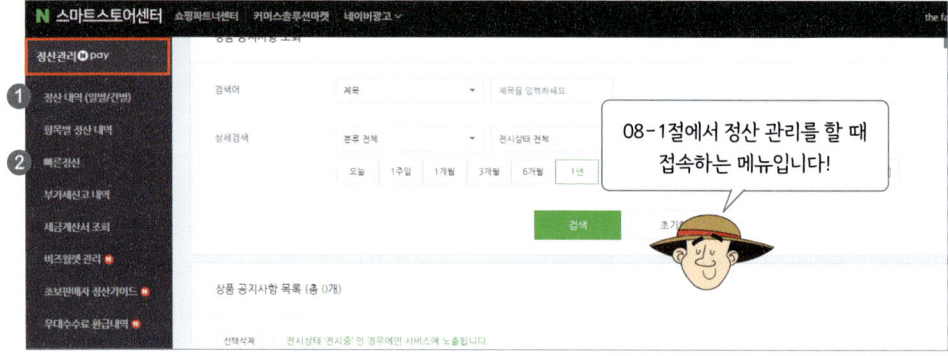

❶ [정산 내역(일별/건별)]: 일자별로 건별로 금액이 얼마나 정산되었는지 확인할 수 있으며 장부 관리에 주로 활용합니다.
❷ [빠른정산]: 3개월 동안 판매 조건을 충족했을 때 정산 주기를 2주에서 4일 이내로 줄여 주는 빠른정산 서비스를 신청할 수 있습니다.

❹ 고객과의 소통 창구, [문의/리뷰관리]

[문의/리뷰관리]를 클릭하면 [문의 관리]부터 [톡톡 상담하기]까지 세부 메뉴를 확인할 수 있습니다. [문의 관리], [고객문의 관리], [리뷰 관리], [리뷰이벤트 관리], [톡톡 상담하기]를 주로 사용합니다.

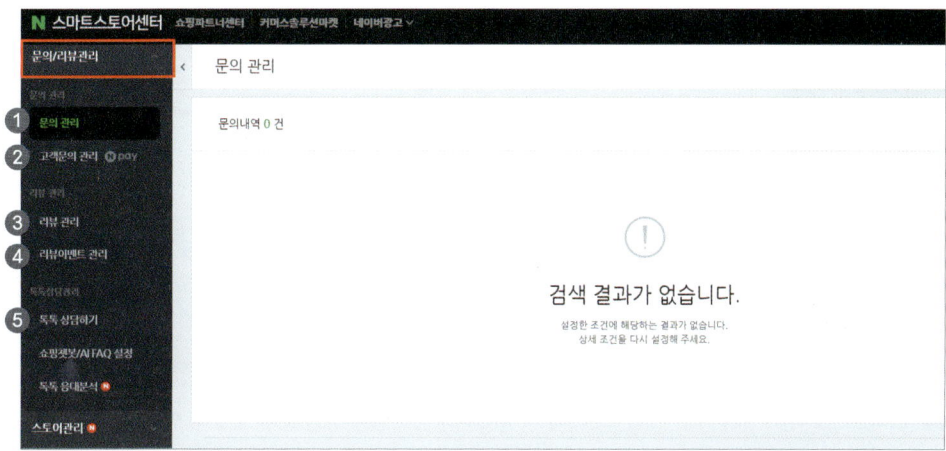

① [문의 관리]: 상품을 구매하지 않은 고객이 남긴 상품 관련 문의사항을 살펴볼 수 있습니다.
② [고객문의 관리]: 상품을 구매한 고객이 남긴 상품 관련 문의사항을 확인할 수 있습니다.
③ [리뷰 관리]: 고객이 상품을 구매한 후에 남긴 리뷰를 확인할 수 있습니다.
④ [리뷰이벤트 관리]: 베스트 리뷰 선정 및 쿠폰 지급 등 리뷰 관련 이벤트를 설정할 수 있습니다.
⑤ [톡톡 상담하기]: 스마트스토어 자체 메신저인 톡톡 상담으로 상품을 문의하는 고객을 응대할 수 있습니다.

❺ 기본 환경 설정은 [스토어관리]

[스토어관리]에 접속하면 스토어 전시관리부터 네이버 서비스 연결까지 살펴볼 수 있습니다. 로고 세팅부터 검색 결과 노출까지 내 스마트스토어의 기본 환경을 설정할 수 있죠. 여기서는 [스마트스토어], [카테고리 관리], [기본정보 관리], [네이버 서비스 연결]을 주로 사용합니다.

① **[스마트스토어]**: 스토어 메인 화면의 배너 이미지부터 상호명을 노출할 수 있으며 백지 상태인 내 스토어를 전문 쇼핑몰처럼 꾸밀 수 있습니다.

② **[카테고리 관리]**: 카테고리를 조정할 수 있습니다. 고객이 보는 스토어 화면에서 내 상품을 카테고리별로 구분하여 노출할 수 있습니다.

③ **[기본정보 관리]**: 상호명을 작성하거나 로고 사진을 설정하는 등 스토어의 기본 정보를 입력할 수 있습니다.

④ **[네이버 서비스 연결]**: 내 스토어가 네이버 검색 화면에서 정상으로 노출되도록 네이버 서비스와 연결합니다.

❻ 단골 고객을 잡아라! 이벤트를 안내하는 [혜택/마케팅]

[혜택/마케팅]에서는 내 스토어를 알림받기로 설정한 단골 고객에게 네이버 톡톡 상담을 활용해 쿠폰, 특가 등 이벤트 소식을 보낼 수 있습니다. 주로 사용하는 세부 메뉴는 [혜택 등록], [혜택 조회/수정], [마케팅 보내기]입니다.

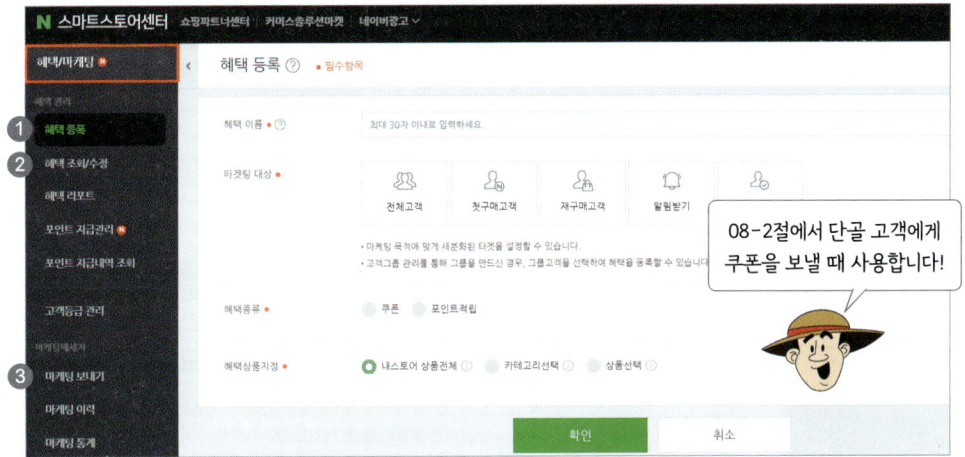

❶ [혜택 등록]: 알림받기를 신청한 고객에게 보낼 할인 쿠폰을 설정할 수 있습니다.
❷ [혜택 조회/수정]: [혜택 등록]에서 설정한 쿠폰을 수정할 때 사용합니다.
❸ [마케팅 보내기]: 미리 만든 할인 쿠폰을 첨부해 고객에게 마케팅메시지를 보낼 수 있습니다. 무엇보다 이 마케팅메시지는 일정 분량을 무료로 제공하므로 꼭 활용하는 게 좋습니다.

❼ 내 스토어의 상황을 분석해 주는 [통계]

[통계]에서는 [요약]부터 [재구매 통계]까지 각종 통계 데이터를 볼 수 있습니다. 주로 사용하는 세부 메뉴는 [판매분석]과 [마케팅분석]입니다.

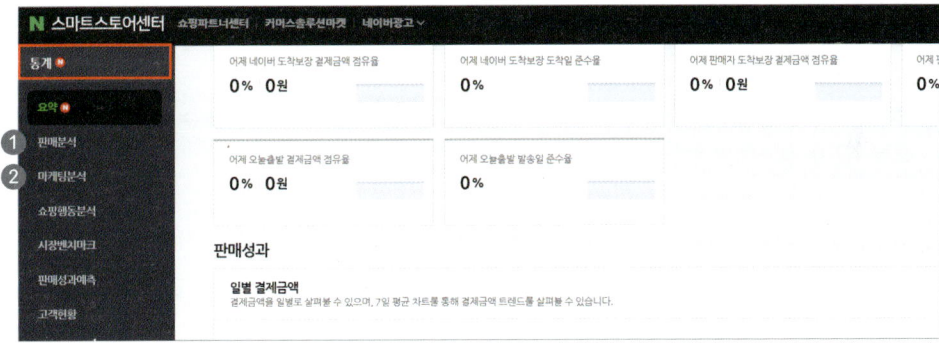

❶ [판매분석]: 고객의 결제 현황을 월별, 주별 등 기간별로 확인할 수 있습니다.
❷ [마케팅분석]: 고객이 어느 검색어를 통해 어느 채널로 들어오는지 유입 경로 등 마케팅 데이터를 한눈에 볼 수 있습니다.

⑧ 기획전 신청은 [프로모션 관리]

[프로모션 관리]에서는 네이버의 시즌별 프로모션 기획전을 신청하고 관리할 수 있습니다. 기획전을 진행하면 네이버플러스 스토어의 홈 배너, 프로모션 탭, 오늘행사 탭 등 주요 지면에 노출됩니다. 시즌별 프로모션에 참여해서 더 많은 고객에게 내 상품을 노출할 기회를 잡아보세요!

❶ [참여형 프로모션 소개]: 각 기획전의 소개와 정책을 살펴볼 수 있습니다. 기획전의 종류는 멤버십 프로모션과 시즌 프로모션으로 나뉘는데요. 멤버십 프로모션은 '슈퍼적립', '슈퍼특가' 혜택을 고객에게 매월 제공하는 마케팅 패키지이고, 시즌 프로모션은 신학기나 여름 블랙 프라이데이, 연말 블랙 프라이데이 시즌에 진행하는 '강세일'이나 설, 가정의 달, 추석, 연말 시즌 등 선물 수요가 높은 시즌에 맞춰 진행되는 '특선물' 행사 등이 있습니다.

❷ [참여형 프로모션 관리]: 네이버의 시즌별 프로모션 기획전을 신청하고 관리할 수 있습니다. 시즌별 모집 기간이 정해져 있어서 프로모션이 노출되는 기간에만 신청할 수 있습니다.

⑨ 판매자를 위한 사업자 정보 세팅, [판매자 정보]

[판매자 정보]에서는 말 그대로 내 사업자 정보를 세팅할 수 있는데요. 주로 [판매자 정보], [판매자 등급], [정보변경 신청], [판매자 지원 프로그램]을 사용합니다.

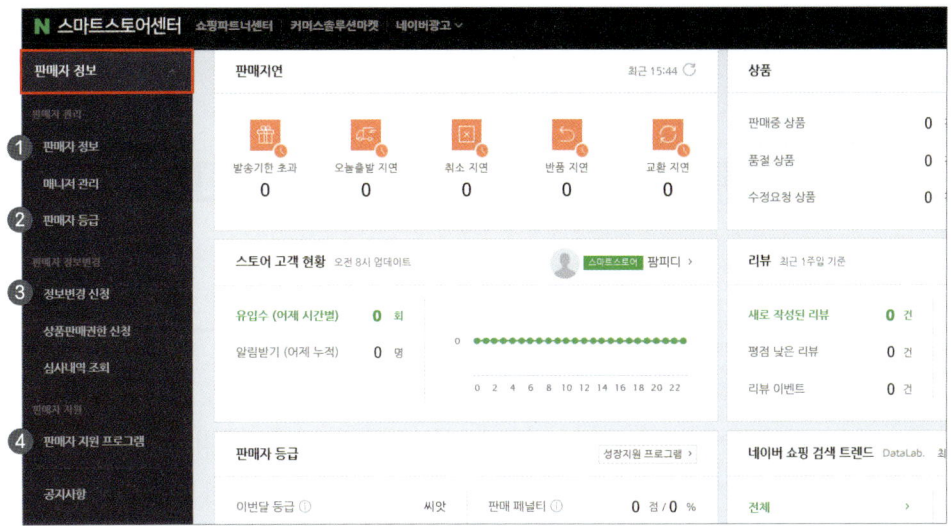

❶ **[판매자 정보]**: 정산을 받을 계좌부터 사업자 정보까지 확인할 수 있습니다. 01-2절에서 진행한 통신판매신고 과정에서 '구매안전 이용확인증'을 발급한 곳도 바로 여기예요.

❷ **[판매자 등급]**: 씨앗·새싹·파워·빅파워·프리미엄 등 스토어 등급을 확인할 수 있고, 이 등급을 참고해서 각종 지원사업과 지원 프로그램의 신청 여부를 검토할 수 있습니다.

❸ **[정보변경 신청]**: 기존에 가입한 사업자 정보나 개인 정보를 변경할 수 있습니다.

❹ **[판매자 지원 프로그램]**: 스타트제로수수료와 성장마일리지 포인트 등 네이버의 초보 판매자 지원 프로그램과 혜택을 확인해서 신청할 수 있습니다.

지금까지 스마트스토어센터에서 자주 쓰는 주요 메뉴를 모두 살펴보았습니다. 이어서 내 스토어를 사람들이 찾는 공간으로 만들어 보겠습니다.

02-4
미리캔버스로 나만의 쇼핑몰 꾸미기

식당이나 카페에 가는 상황을 상상해 보겠습니다. 음식의 맛이 비슷하다고 할 때 콘셉트에 맞게 인테리어가 정돈된 곳이 좀 더 끌리지 않나요? 마찬가지로 텅 빈 스토어보다는 스토어의 성격이 잘 드러나도록 디자인되어 있을 때 훨씬 전문적으로 보이고 고객에게 신뢰를 얻을 수 있습니다.

내 스토어를 전문 쇼핑몰처럼 꾸미려면 어떤 상품을 파는지 바로 보여주는 로고와 페이지 배너를 설정해야 합니다. 여기서는 **미리캔버스**라는 무료 디자인 웹 서비스를 활용해 로고와 배너를 아주 쉽게 디자인해 보겠습니다.

미리캔버스 로고

하면 된다!} 브랜드를 상징하는 로고 디자인하기

우선 쇼핑몰의 첫인상이자 브랜드의 상징이기도 한 로고를 디자인해 보겠습니다.

01 먼저 미리캔버스(miricanvas.com)에 접속한 후 오른쪽 상단에서 **[가입하기]**를 클릭해 회원 가입을 합니다.

▶ 미리캔버스에 회원 가입하는 방법은 따로 다루지 않습니다.

02 로고를 디자인할 캔버스 만들기

회원으로 가입하고 로그인을 마쳤다면 ❶ 미리캔버스 화면 오른쪽 상단에서 [새 디자인 만들기]를 클릭하고 ❷ [일반 디자인 만들기]를 선택합니다.

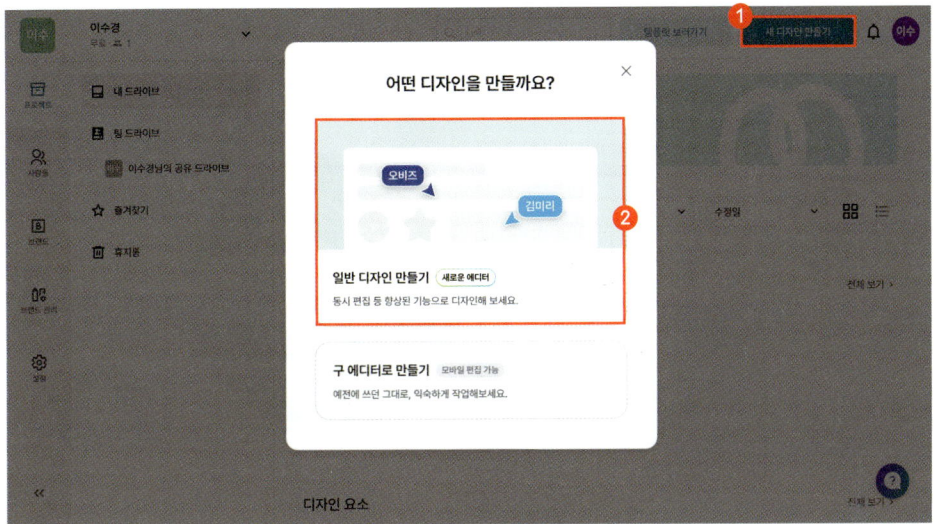

03 로고를 스마트스토어 권장 사이즈에 맞춰 제작하기 위해 ❶ [크기 조정]을 클릭하고 ❷ [직접 입력]을 선택한 뒤 ❸ 사이즈로 1300×1300px을 입력합니다. ❹ [적용하기]를 클릭합니다.

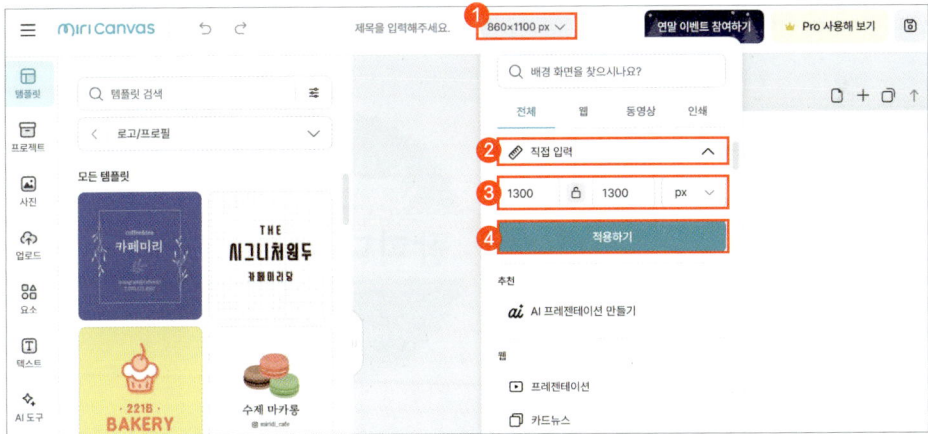

▶ 스마트스토어에 올릴 수 있는 최대 크기가 1300×1300px이므로, 로고도 이 크기에 맞춰 제작하는 것이 좋습니다.

04 ① 왼쪽 메뉴에서 [템플릿]을 클릭하고 ② 검색 창에 '내 상품과 관련된 단어+로고'를 입력해서 검색합니다. 일단 실습을 위해 농장 로고로 검색해 볼게요. ③ 관련된 템플릿이 나오면 그중 가장 어울리는 디자인을 선택하세요. ④ 캔버스 화면에 선택한 템플릿 디자인이 바로 나타납니다.

▶ 과일이나 채소를 판매한다면 '농장 로고', 문구류나 공구류를 판매한다면 '도구 이름+로고', 자연의 감성을 표현하고 싶다면 '꽃 로고' 등 특징이 돋보이는 키워드를 검색어로 활용할 수 있습니다.

05 ① 캔버스 화면에서 텍스트 상자를 누르면 내용도 바꿀 수 있고 ② 사진이나 그림도 추가할 수 있습니다.

06 로고 저장하기

로고 템플릿을 내 스토어에 어울리게 수정했다면 ❶ 오른쪽 상단에서 [다운로드]를 클릭합니다. ❷ 파일 형식은 [PNG]로 선택하고 ❸ [투명한 배경]에 체크 표시를 한 뒤 ❹ [고해상도 다운로드]를 클릭해 이미지로 저장합니다.

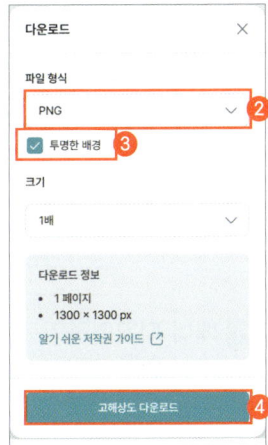

07 스마트스토어에 로고 등록하기

❶ 스마트스토어센터에서 [스토어관리 → 기본정보 관리]를 선택합니다. ❷ 스토어 관리 화면에서 스토어 대표 이미지의 [+]를 클릭하고 앞에서 만든 로고를 업로드합니다. ❸ 스토어 소개 입력란에 스마트스토어 상단에 들어갈 소개 글을 작성합니다.

하면 된다!} 스마트스토어 페이지 디자인하기

로고만 덩그러니 넣어 둔 스토어는 간판만 멋지게 달아 두고 내부 인테리어는 하나도 하지 않은 식당과 다름없습니다. 고객에게 선보이는 스토어의 분위기에서 배너 디자인은 빼놓을 수 없는데요. 이 역시 간단하게 할 수 있으니 순서대로 따라 해보세요.

이번 실습에서 만들 배너 디자인

01 배너 디자인하기

스마트스토어 페이지에 들어갈 배너를 만들어 보겠습니다. 미리캔버스에 다시 접속하고 ① 화면 오른쪽 상단에서 [새 디자인 만들기]를 클릭합니다. ② [일반 디자인 만들기]를 클릭해 빈 캔버스를 만듭니다.

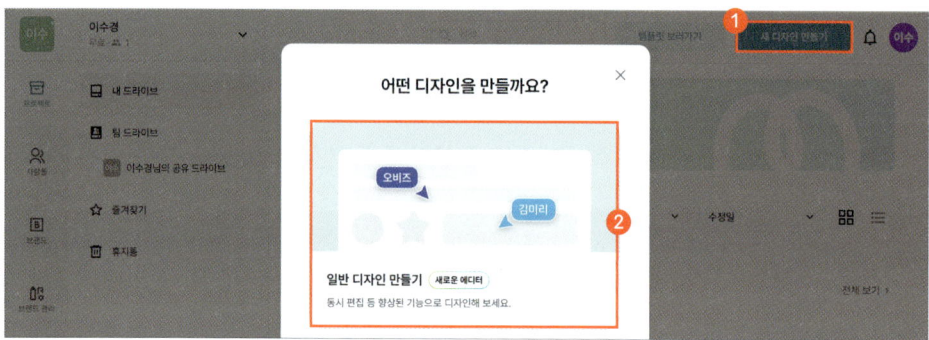

02 캔버스 화면이 나타나면 ① [크기 조정]을 클릭하고 ② 직접 입력 아래에 400×110px을 입력한 다음 ③ [적용하기]를 클릭합니다.

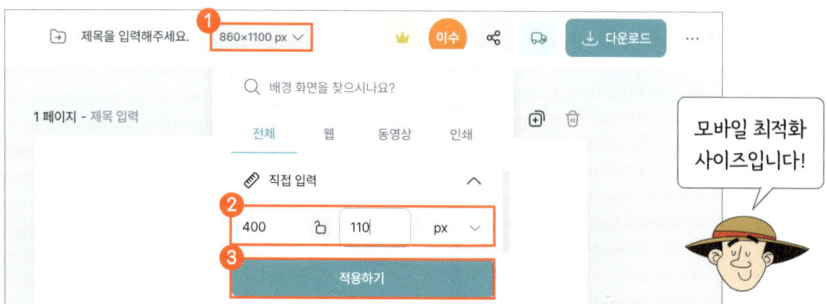

모바일 최적화 사이즈입니다!

03 ❶ 캔버스 화면이 열리면 우리가 앞선 실습에서 저장한 로고를 복사해 붙여 넣습니다. 스마트스토어 배너는 가로가 긴 직사각형 형태이므로 로고 옆에 스토어명을 한 번 더 써주는 방식으로 만들면 됩니다. ❷ 왼쪽 메뉴에서 [텍스트]를 클릭해 텍스트 상자를 추가하고 ❸ 스토어의 이름을 입력합니다.

04 ❶ 화면 오른쪽 상단에서 [다운로드]를 클릭하고 ❷ 파일 형식은 [PNG]로 설정합니다. ❸ [투명한 배경]에 체크 표시를 하고 ❹ [고해상도 다운로드]를 눌러 이미지를 내려받습니다.

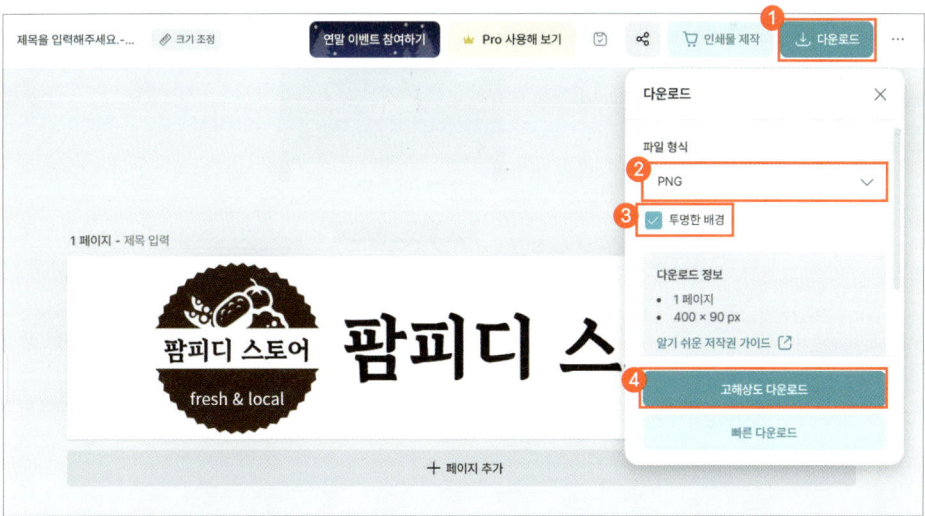

▶ PC 버전으로 업로드할 때 사용하는 400×90px 사이즈의 배너도 같은 방법으로 만들어 주세요.

05 스마트스토어 페이지는 스마트스토어센터에서 디자인할 수 있습니다. ① 스마트스토어센터 메뉴에서 [스토어관리]를 클릭하고 ② [스토어 전시관리 → 스마트스토어]로 접속합니다. 여기서는 상품이 보이는 화면을 세팅하고 앞서 만든 배너를 삽입할 거예요.

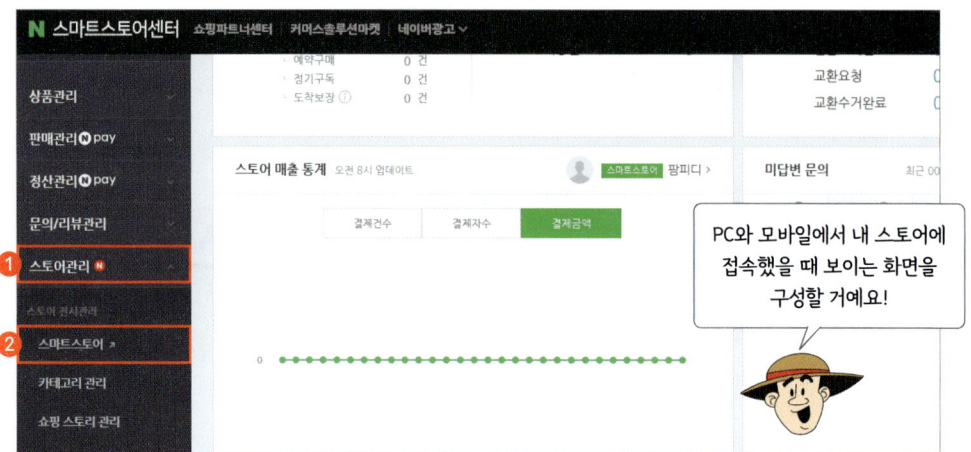

06 상품 상세페이지 화면 구성하기

① 먼저 관리 메뉴에서 [공통 관리]를 클릭한 뒤 ② [상품상세 관리]를 눌러 상품 상세페이지 관리 화면을 불러옵니다.

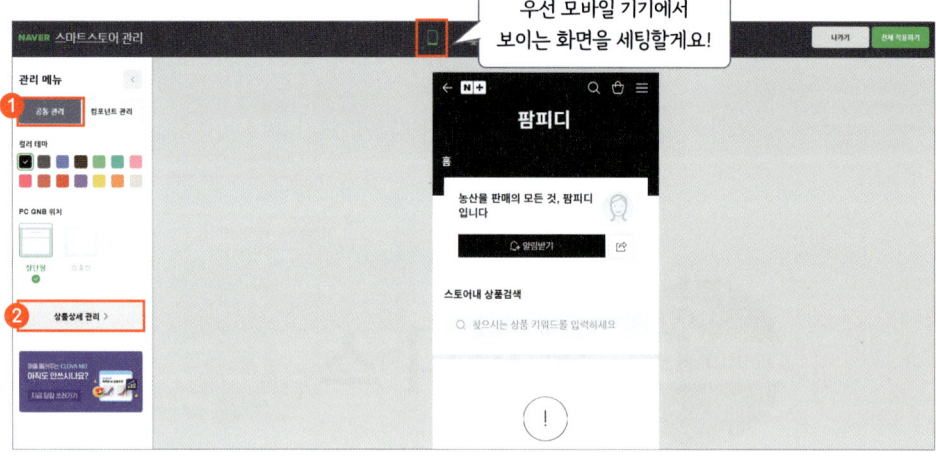

07 ❶ 대표이미지 전시 우선순위로 [이미지]를 선택합니다. [동영상]이나 [숏클립]을 선택해도 좋지만 모든 상품에 대표 영상을 완성도 있게 만들어 등록하는 것이 매우 어렵기 때문입니다. ❷ 고객이 구매를 결심하는 데 긍정적인 역할을 하는 베스트리뷰 상단 노출은 [노출함]을 선택합니다. ❸ 같은 이유로 4점 이상 리뷰 상단 노출과 ❹ AiTEMS 추천 하단 노출, ❺ 상품상세 다른구성 추천 역시 [노출함]으로 설정합니다.

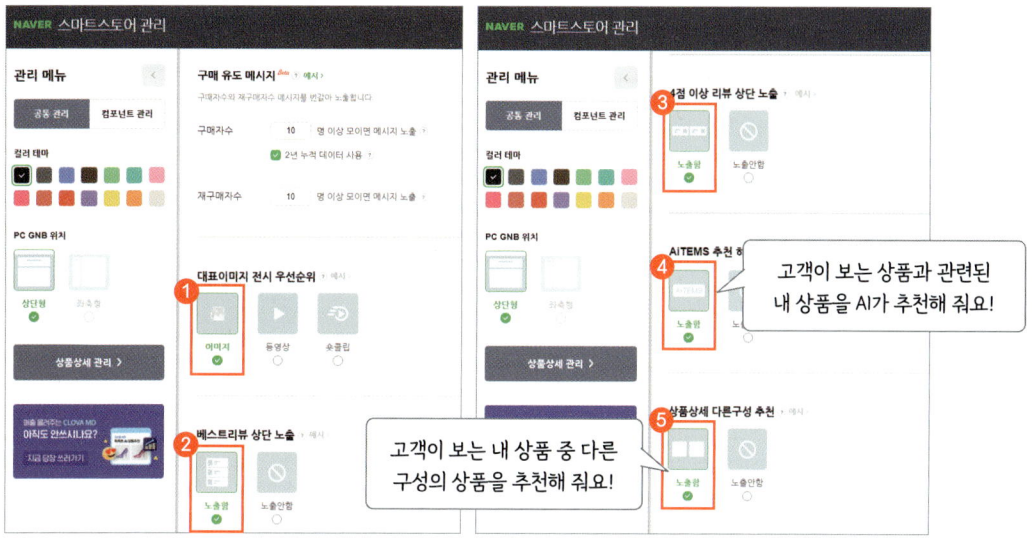

08 홈 화면에 배너 삽입하기

❶ 관리 메뉴에서 [컴포넌트 관리]를 클릭하면 홈 화면을 디자인하는 각종 항목이 나타납니다. 우리는 그중에 2가지 항목만 잘 설정하면 됩니다. ❷ 하위 메뉴에서 [스토어 이름]을 클릭하고 ❸ 스토어명을 [로고형]으로 선택합니다. 앞서 만든 ❹ 모바일 버전과 ❺ PC 버전의 배너를 각각 [등록]합니다.

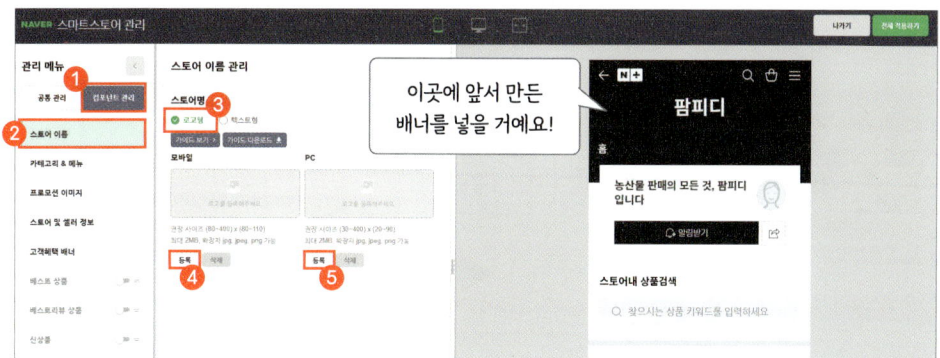

09 ① [모바일 GNB 배경 화이트 적용]을 활성화하고 ② 화면 상단에서 모바일 📱 & PC 🖥 미리 보기 아이콘을 눌러 ③ 배너가 제대로 적용되었는지 확인합니다. ④ [전체 적용하기]를 클릭해 저장합니다.

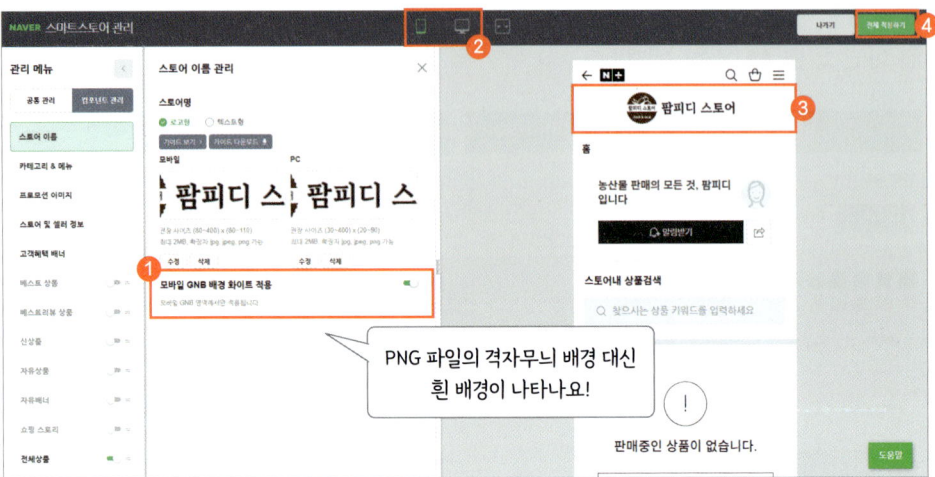

10 스마트스토어 페이지 디자인을 완료했습니다. 간단한 작업인데도 훨씬 전문적으로 보이는 걸 확인할 수 있습니다.

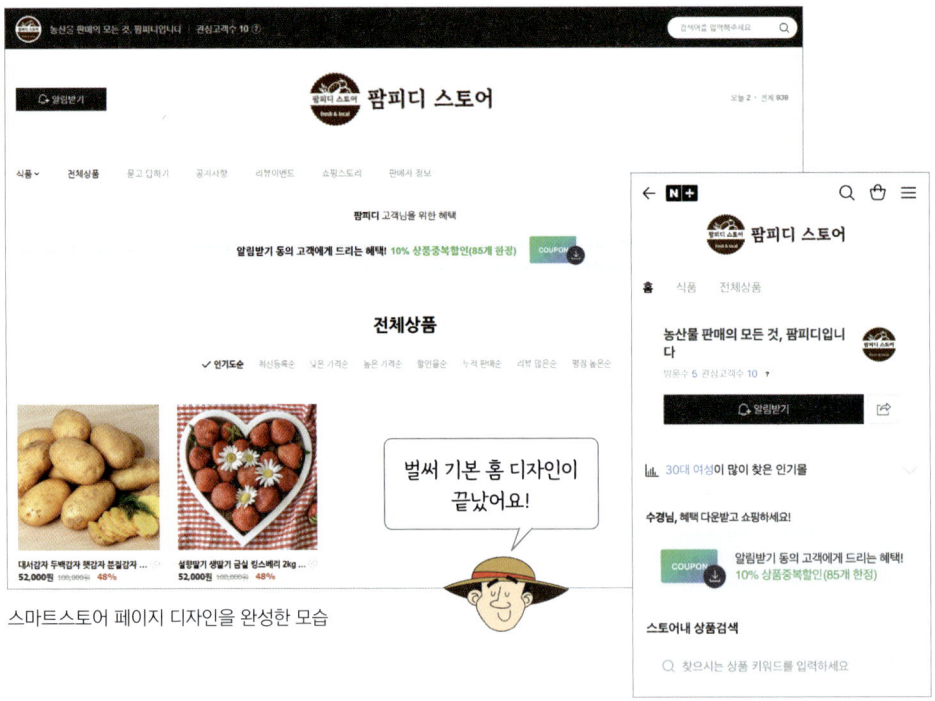

▲ 스마트스토어 페이지 디자인을 완성한 모습

하면 된다!} 홈 화면에 프로모션 배너 추가하기

소비자는 같은 상품을 여러 스토어에서 가격을 비교한 후 좀 더 저렴한 것을 선택합니다. 합리적인 소비생활을 하는 고객에게 내 상품을 '할인'하고 있다고 보여 주면 구매 의사가 없던 고객에게도 소비 욕구를 채워 줄 수 있을 거예요. 앞서 기본 세팅은 완료했으니 이번에는 시선을 끄는 프로모션 배너를 홈 화면에 추가해 보겠습니다.

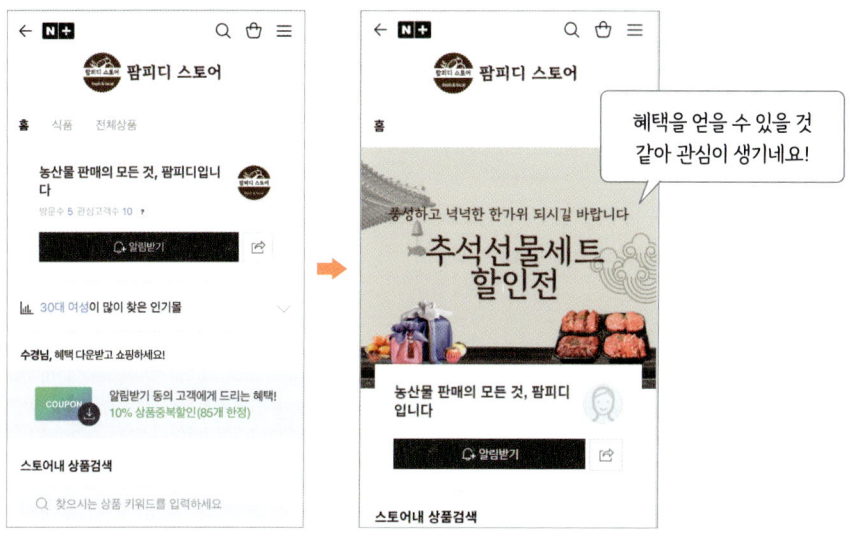

`01` ❶ 미리캔버스에서 [새 디자인 만들기]를 클릭한 후 ❷ [일반 디자인 만들기]를 클릭해 캔버스를 만듭니다.

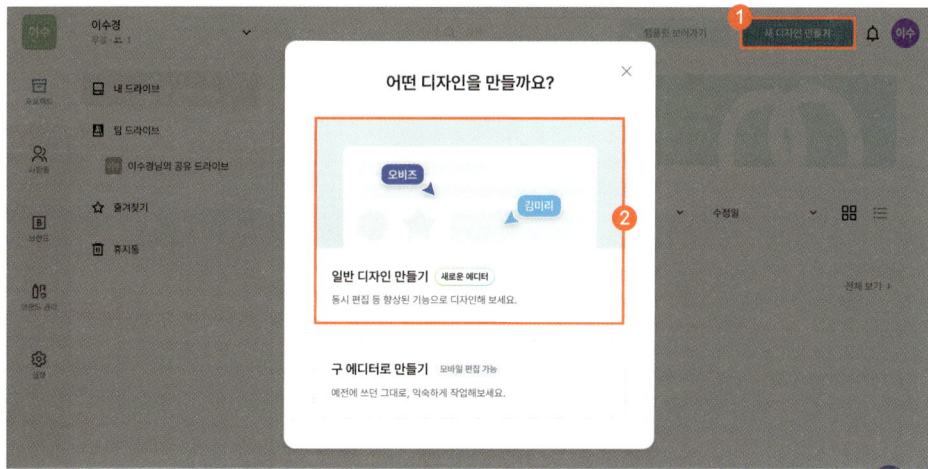

02 캔버스 화면이 나타나면 ❶ [크기 조정]을 클릭하고 ❷ 직접 입력 아래에 750×600px을 입력한 다음 ❸ [적용하기]를 클릭합니다.

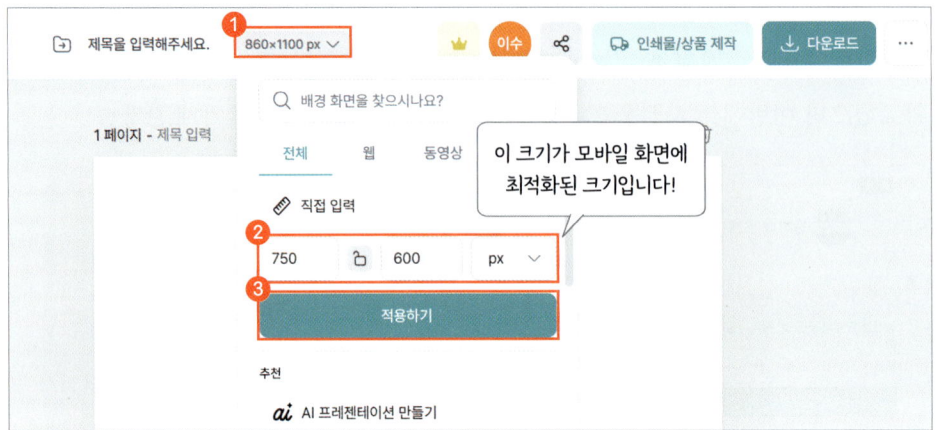

03 이번에는 내 상품을 홍보하는 이미지가 들어가야 하므로 스토어 분위기에 맞는 배너 템플릿을 찾아야 합니다. ❶ 왼쪽 메뉴에서 [템플릿]을 클릭하고 ❷ 검색창에 ○○ 가로 배너라고 검색합니다. ❸ 아직 판매할 상품이 확정되지 않았으므로 GRAND OPEN이나 시기에 맞는 시즌별 기획전 이미지를 사용하는 것을 추천합니다.

04 ① 적용한 템플릿의 글꼴을 바꾸거나 그림의 크기를 자유롭게 조정한 후 ② [다운로드]를 클릭합니다. ③ 파일 형식은 [PNG]로 선택하고 ④ [고해상도 다운로드]를 눌러 이미지를 저장합니다.

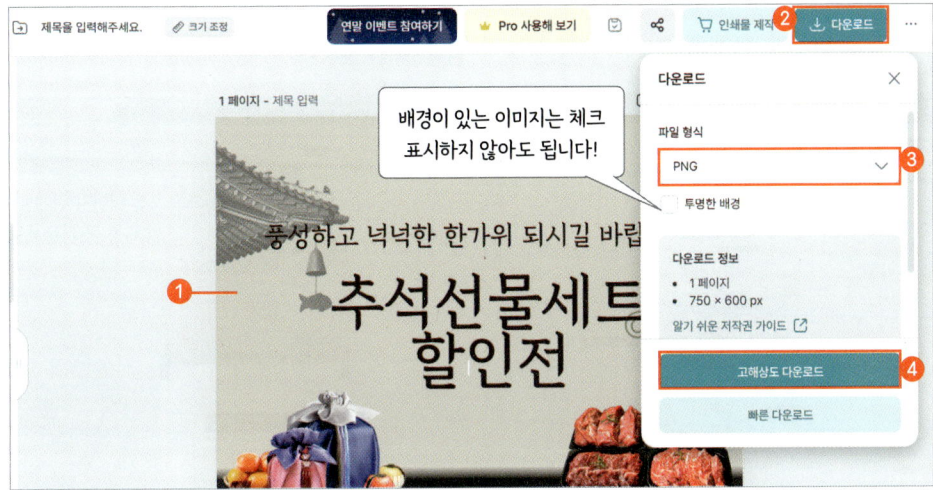

▶ PC 버전으로 업로드할 때 사용하는 400×90px 사이즈의 배너도 같은 방법으로 만들어 주세요.

05 스마트스토어 관리 화면으로 돌아와 ① 왼쪽 메뉴에서 [프로모션 이미지]를 클릭해 프로모션 이미지 관리 화면에 접속합니다. ② 모바일 버전과 ③ PC 버전의 프로모션 이미지를 각각 [등록]합니다.

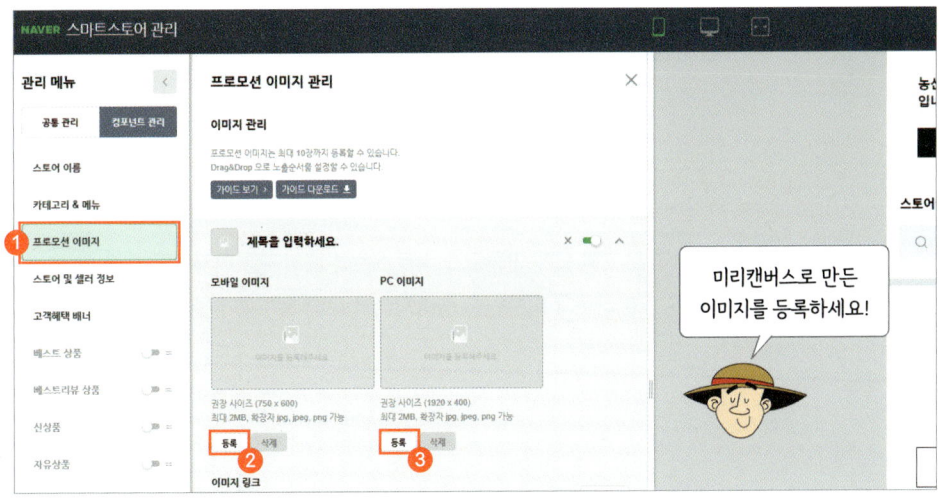

06 이미지 링크를 등록하면 프로모션 이미지를 눌렀을 때 어느 상품 페이지로 이동할지 설정할 수 있습니다. ❶ 지금은 등록된 상품이 없으므로 임시로 [링크없음]을 선택합니다. ❷ 제목 아래 입력란에 있는 '제목을 입력하세요.' 텍스트를 지웁니다. 이 텍스트를 남겨 두면 프로모션 이미지 위에 그대로 노출되는 사고가 발생할 수 있습니다. ❸ 화면 오른쪽 상단에서 [전체 적용하기]를 클릭해 저장합니다.

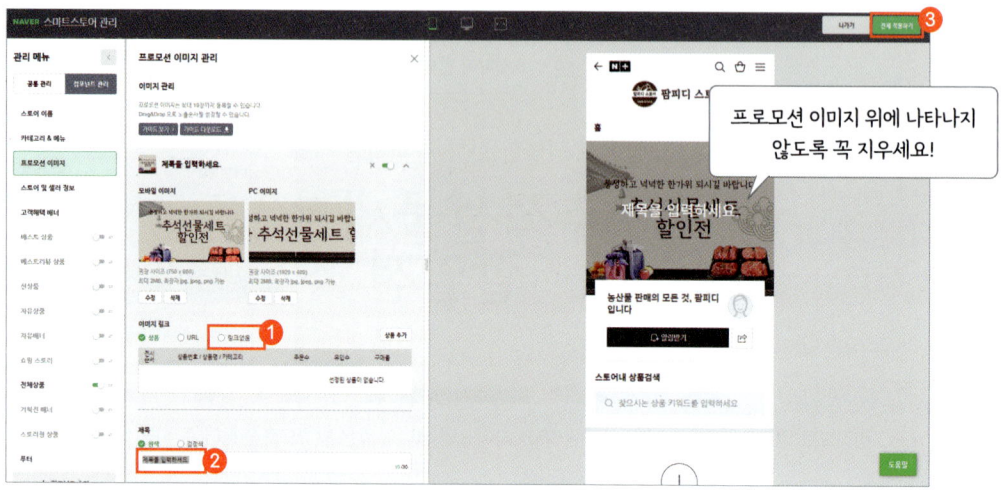

▶ 상품을 등록하고 난 후에는 이미지 링크에서 [상품]을 선택하고 [상품 추가]를 눌러 연결할 상품을 선택하면 됩니다.

지금까지 미리캔버스를 이용해 로고를 만들어 스마트스토어 페이지를 디자인하고 내 쇼핑몰의 기본 화면을 꾸며 보았습니다. 미리캔버스에서 제공하는 템플릿과 요소를 활용하면 어떤 디자인이든 금방 해낼 수 있습니다.

이것만 기억하세요!

1 미리캔버스를 활용하면 로고를 쉽게 만들고 스마트스토어 페이지를 디자인할 수 있다.
2 아무것도 꾸미지 않은 스토어보다 디자인한 페이지에서 구매 욕구를 한층 높일 수 있다.

02-5

발주부터 환불까지 주문처리의 모든 것

상품을 올리는 방법부터 스토어를 전문 쇼핑몰처럼 꾸미는 방법까지 살펴보았으니 상품을 판매할 준비는 거의 끝났습니다. 이제 고객의 주문이 들어오면 어떻게 처리해야 하는지 알아볼 차례입니다.

많은 분들이 스마트스토어에서 상품을 판매하려면 재고를 미리 준비해 두거나 직접 택배를 포장해서 발송해야 한다고 오해하는데요. 02-1절에서 이미 위탁판매 사업의 장점을 배웠죠. 우리는 **고객이 주문한 대로 공급처에 발주(주문)만 하면 택배 포장과 발송은 모두 공급처에서 대신**해 줍니다. 그저 마우스를 몇 번 클릭하여 주문처리만 하면 상품을 배송할 수 있습니다.

하면 된다!} 주문이 들어왔을 때 발주처리하기

주문이 들어오면 우선 발주 목록부터 확인해야 하는데요. 그 이유는 발주를 빠르게 확인하지 않으면 고객이 자유롭게 주문을 취소할 수 있기 때문입니다. 따라서 하루에 2~3번씩 시간을 정해 두고 발주처리를 하는 것이 좋습니다.

01 주문 발주 확인하기

❶ 스마트스토어센터를 열고 왼쪽 메뉴에서 [판매관리 → 발주(주문)확인/발송관리]를 클릭한 후 ❷ [신규주문(발주 전)]을 선택합니다.

02 ❶ 하단에 나타나는 주문 목록에 체크 표시하고 ❷ [발주확인]을 클릭합니다. ❸ 이어서 나타난 팝업 창에서 [확인]을 클릭하면 발주 확인이 완료되고 고객에게 '상품 준비중'으로 노출됩니다.

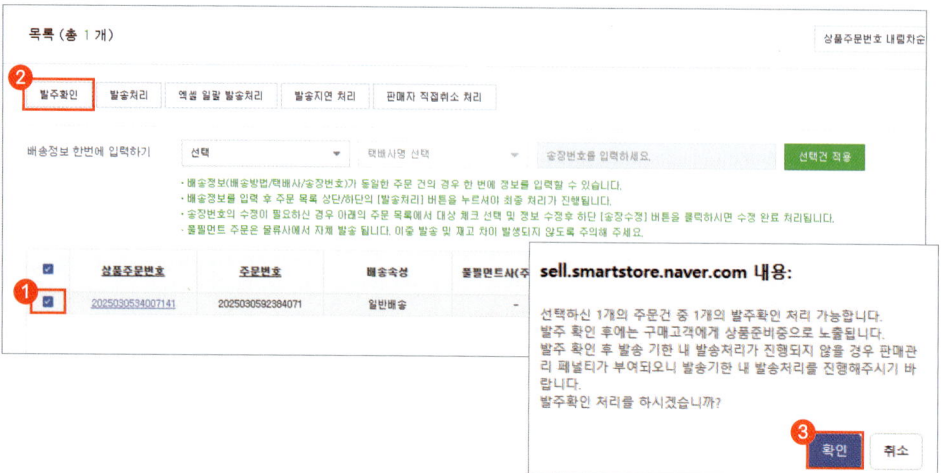

03 발주서 내려받기

❶ [신규주문(발주 후)]을 클릭하면 ❷ 발주 확인을 마친 주문 내역을 확인할 수 있습니다. ❸ 주문 목록 오른쪽 상단에서 [엑셀다운]을 클릭합니다.

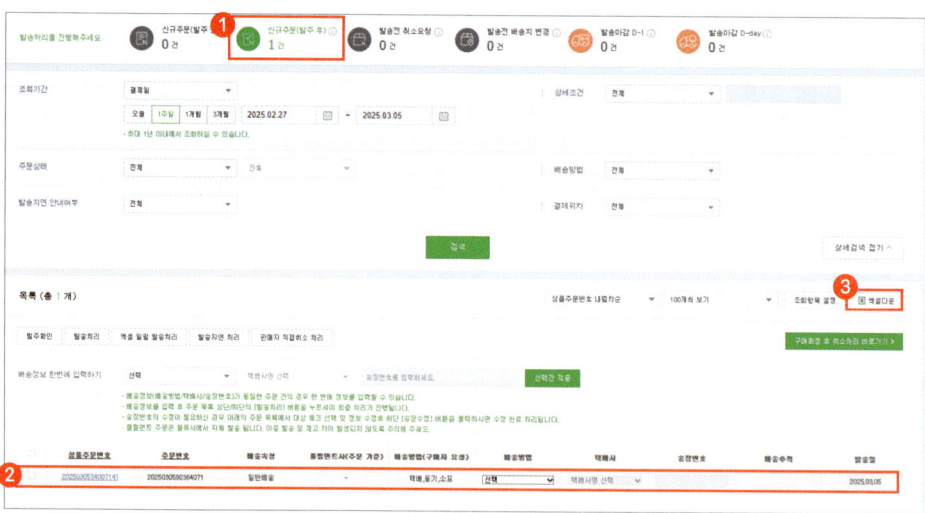

04 주문정보 다운받기 창이 나타나면 ❶ 비밀번호와 재확인에 1234와 같이 외우기 편한 비밀번호 4자리를 입력합니다. ❷ [다운로드]를 눌러 발주서를 내려받습니다.

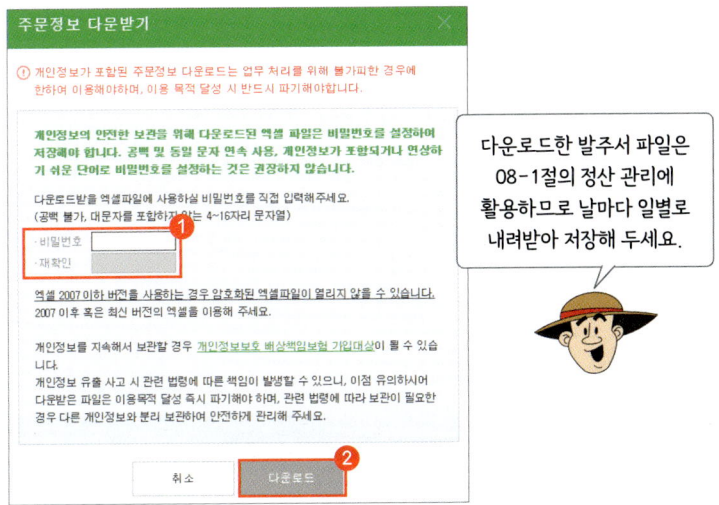

다운로드한 발주서 파일은 08-1절의 정산 관리에 활용하므로 날마다 일별로 내려받아 저장해 두세요.

05 내려받은 발주서 파일을 열면 주문자 정보가 나타납니다. 그중에 택배를 발송하는 데 필수 정보만 선별하여 작성한 발주서를 공급처에 전달하고 결제하면 발주처리가 완료됩니다.

- 필수 정보: 구매자명, 연락처, 주소, 주문옵션 및 수량, 배송메시지

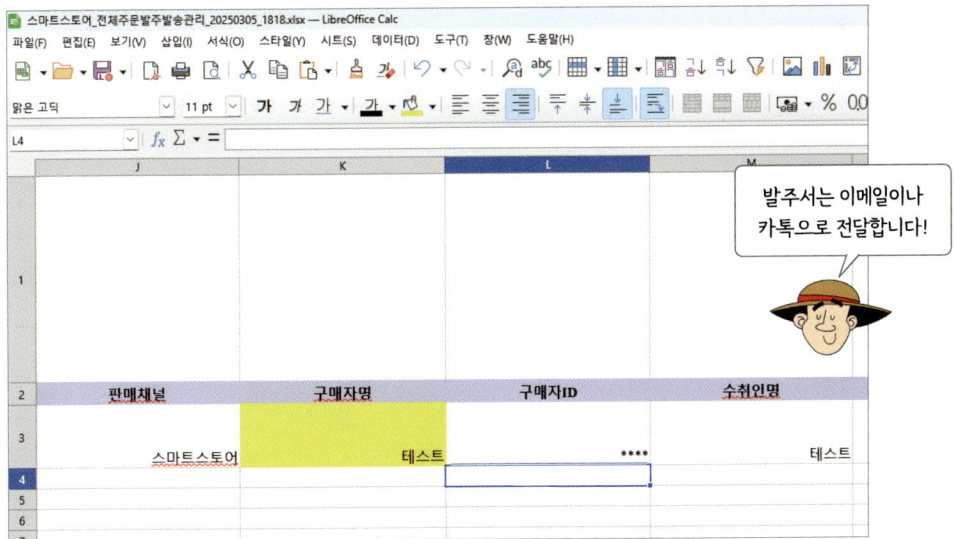

발주서는 이메일이나 카톡으로 전달합니다!

▶ 발주서는 공급처에 정해진 양식이 있는 경우 그에 맞춰 내용을 작성하면 됩니다.

하면 된다!} 고객에게 발송처리 안내하기

이후 공급처에서 주문에 맞춰 택배 발송을 마치면 송장번호를 전달해 주는데요. 고객에게도 이 송장번호를 공유해 주면 주문 취소 가능성을 줄일 수도 있고 고객이 배송 상태를 직접 확인할 수 있어서 편리합니다. 보통 B2B 홈페이지에 발주를 넣은 경우 해당 발주사의 홈페이지에서 확인할 수 있고, 이메일이나 카카오톡으로 발주하는 공급처는 답변 이메일이나 카카오톡으로 송장번호를 공유해 줍니다.

▶ B2B란 Business-to-Business의 줄임말로, 기업과 기업 간의 거래를 의미합니다.

01 ❶ 스마트스토어센터의 왼쪽 메뉴에서 [판매관리 → 발주(주문)확인/발송관리]를 클릭한 뒤 ❷ [신규주문(발주 후)]을 선택합니다.

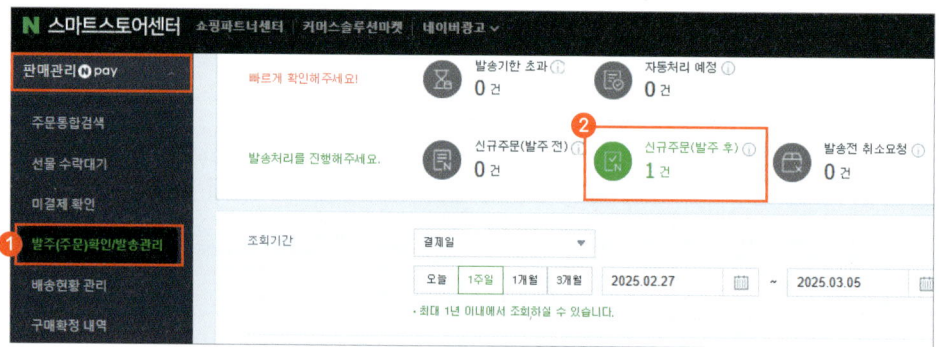

02 ❶ 하단의 주문 목록에서 발송처리할 주문 건에 체크 표시한 뒤 ❷ 배송방법을 [택배, 등기, 소포]로 설정합니다. ❸ 택배사는 공급처의 택배 정보에 맞게 선택하고 ❹ 공급처에서 전달해 준 송장번호를 입력합니다. ❺ 마지막으로 [발송처리]를 클릭하면 고객 주문처리가 완료됩니다.

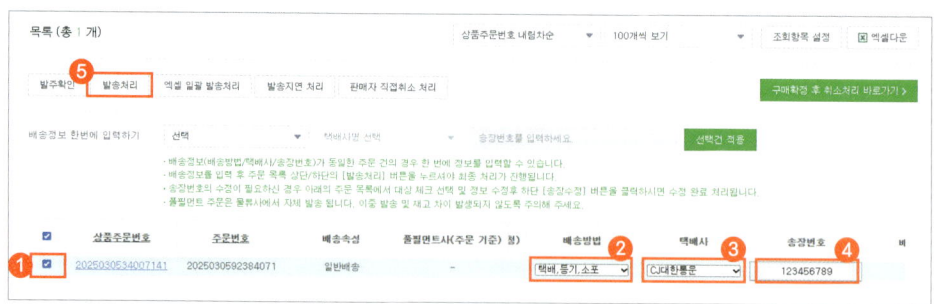

★ 단순 변심에는 주문취소, 품질 문제에는 반품처리!

혹시라도 상품 품질에 문제가 있거나 고객 문의가 들어와도 당황하지 마세요. 주문 처리보다 더 간단하거든요. 단순 주문이 아닌 고객 문의로 상품 배송을 처리하는 경우는 크게 2가지입니다.

첫 번째는 공급처에서 상품을 발송하기 전에 고객이 단순 변심으로 주문을 취소하는 상황에 해당하는 **발송 전 취소처리**입니다. 이 경우 아직 상품을 발송하기 전이므로 고객 취소 요청에 맞춰 우리도 공급처에 넣은 발주를 취소하면 됩니다.

두 번째로 품질에 문제가 있어 반품 문의가 들어오는 경우에는 **반품처리**를 해야 하는데요. 이때 상품의 불량 사진을 꼭 증거로 받아야 합니다. 상품에 불량이 있다는 증거 사진이 있어야 우리도 공급처에 환불을 받을 수 있기 때문이죠. 자세한 내용은 실습을 통해 살펴보겠습니다.

고객이 단순 변심으로 주문을 취소하는 경우

상품에 하자를 발견한 고객이 반품을 요청하는 경우

단순 변심이든 상품 품질 문제이든 주문이 취소되면 아쉽기 마련입니다. 그래도 이런 상황이 벌어질 때마다 심란해하기보다는 더 좋은 상품으로 보답하겠다는 마음으로 심기일전하고 가볍게 넘어가길 바랍니다. 그래야 어떤 속상한 경우에도 지치지 않고 판매 활동을 꾸준히 이어나갈 수 있습니다.

하면 된다!} 발송 전 주문취소 처리하기

고객이 사려고 구매했다가 단순 변심으로 취소하는 경우에는 주문취소 처리를 하는 것이 일반적입니다. 물론 이는 아직 배송이 시작되지 않은 경우에만 가능하며, 만약 배송이 시작됐다면 취소거부를 할 수 있습니다.

01 ① 스마트스토어센터의 왼쪽 메뉴에서 [판매관리 → 취소 관리]를 클릭한 뒤 ②
[취소요청]을 누릅니다.

02 ① 주문 목록에서 취소할 주문 건을 선택한 뒤 ② [취소 승인처리]를 누릅니다. 이
때 공급처에도 연락하여 해당 주문 건을 취소해 달라고 해서 상품이 발송되지 않도록
하고, 발주를 넣었을 때 결제한 상품 금액도 환불받으면 됩니다.

▶ 만약 이미 발송된 건인데 고객이 발송되지 않은 줄 알고 취소한 거라면 [취소 거부(철회)처리]를 누른 뒤 택배 송장
번호를 입력해서 발송처리 및 취소 거부를 할 수 있습니다.

하면 된다!} 상품 하자 문제에는 반품처리하기

한편 상품에 문제가 있는 경우에는 반품처리를 해야 합니다. 이때 하자가 보이는 사
진을 미리 받아 두는 것이 중요합니다. 그 증거 사진을 공급처에도 전달하여 환불 요
청을 하기 위해서입니다.

01 ① 스마트스토어센터의 왼쪽 메뉴에서 [판매관리 → 반품 관리]를 선택한 뒤 ②
[반품요청]을 클릭합니다.

02 ① 하단의 주문 목록에서 반품처리할 주문 건을 선택하고 ② [반품 완료처리]를
클릭합니다.

▶ 만약 사전에 별 다른 요청 없이 반품이 들어왔다면 [반품 거부(철회)처리]를 눌러 거절하세요. 그다음 고객 연락처를 확인하여 증거 사진을 요청하고 사진을 받아 확인한 후, 반품처리 및 환불을 해주면 됩니다.

하면 된다!} 구매 확정 이후 일어난 환불 요청 처리하기

간혹 상품을 수령한 후 바로 연락하지 않고 1점짜리 리뷰를 남기거나 며칠 지난 뒤에야 반품을 요청하는 고객이 있습니다. 스마트스토어는 고객이 상품을 수령한 뒤 리뷰를 남기거나 일주일이 지나면 자동으로 '구매확정' 처리됩니다. 만약 고객이 뒤늦게 반품을 요청하면 기존에 살펴본 반품처리와 달리 '구매확정 후 취소처리'를 해야 합니다. 주문자 성함과 상품주문번호를 미리 정확하게 확인한 뒤 실습을 진행합니다.

01 스마트스토어의 왼쪽 메뉴에서 [판매관리 → 구매확정 내역]을 클릭합니다.

02 ① 오른쪽의 상세조건에 고객의 성함이나 상품주문번호를 입력한 뒤 ② [검색]을 누릅니다. ③ 주문 목록에 해당 고객의 주문 건이 나오면 체크 표시한 뒤 ④ [구매확정 후 취소처리]를 눌러 취소 및 전액 환불을 진행합니다.

지금까지 발송 전 취소부터 환불까지 3가지 경우에 따른 처리 방법을 알아보았습니다. 이제 고객 주문도 문의도 어렵지 않게 처리할 수 있겠죠?

이것만 기억하세요!

1. 위탁판매의 경우 고객의 주문에 맞춰 공급처에 발주를 넣으면 포장과 발송은 공급처에서 담당한다.
2. 고객의 변심으로 주문 취소를 하지 않도록 방지하려면 발주처리를 하루에 2~3번씩 하는 것이 좋다.
3. 고객의 단순 변심에는 주문취소를, 상품에 하자가 있어 반품 문의가 들어오는 경우 발송 일자에 따라 반품처리 또는 환불처리를 진행한다.

✅ **사장님 체크리스트**

사업 형태 정하고 스토어 상호 고민하기

02장에서는 3가지 사업 형태를 알아보고 내 스토어를 디자인하는 방법까지 다루었습니다. 그렇다면 여러분은 어떤 방식으로 사업을 시작할 것인가요? 그리고 내 스토어에서는 어떤 상품을 판매할 것이고, 또 상호는 무엇인가요? 다음 표를 채워 가며 사장님으로서의 삶을 시작해 보세요!

구분	체크 및 작성		
사업 형태	위탁판매	해외구매대행	사입 및 제조(브랜딩)
판매할 상품			
상호			
서비스 신청 여부	네이버 서비스 연동		반품안심케어

아직 판매할 상품을 정하지 않았어도 괜찮습니다. 03장에서 블루오션 상품에는 어떤 것이 있는지 먼저 살펴보고 나서 정해도 늦지 않아요!

성공하는 스토어의 4가지 필살 공식

03 실패 확률을 낮추는 상품 고르기
04 고객의 지갑을 여는 상세페이지 기획
05 검색을 부르는 상위 노출 상품 등록
06 고객을 끝없이 끌어오는 광고 세팅

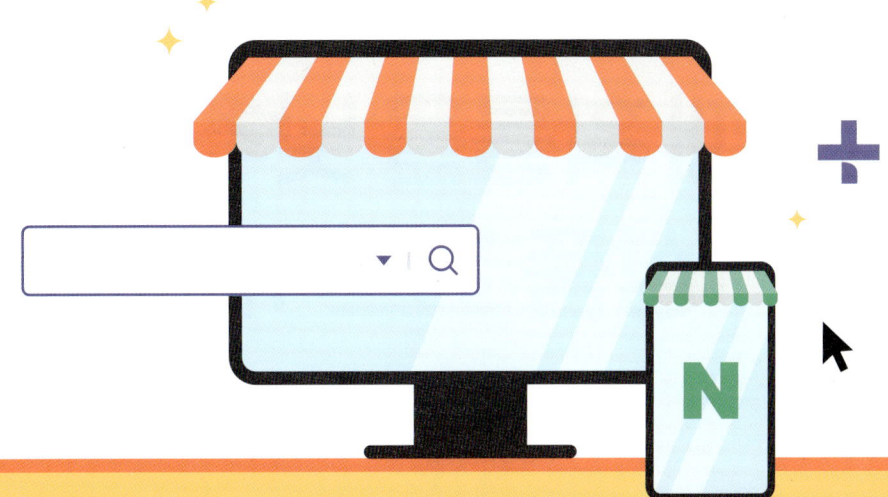

스마트스토어를 개설하고 상품을 올려 주문처리하는 것까지 모두 완료한 여러분, 정말 잘하셨습니다. 시작 선에는 섰지만 어떤 상품을 찾아 어떻게 판매해야 할지 아직 막막할 거예요. 인생 처음으로 스마트스토어에 도전하는 여러분이 수익화에 성공할 수 있도록 **수많은 시행착오 끝에 얻은 스마트스토어 성공 공식 4가지**를 전부 다 알려 드리겠습니다. 이 4가지만 적용하면 하루 3~4시간만 꾸준히 해도 충분히 수익을 낼 수 있을 겁니다.

성공 공식 4가지는 03~06장에 걸쳐 상세하게 살펴보겠습니다. 무엇보다 가장 중요한 것은 **4가지 공식을 '순서대로' 실천해야 한다**는 겁니다. 애초에 상품을 제대로 고르지 못한 상태에서는 아무리 용을 써도 결과가 좋기 어렵거든요. 또, 상품을 잘 골라도 기획을 제대로 하지 않은 채 무작정 광고를 돌리는 것도 밑 빠진 독에 물을 붓는 셈이죠. 스마트스토어를 수월하게 운영할 수 있는 방법을 기초부터 차근차근 알려 드릴 테니 이 순서를 명심해서 끝까지 따라 해보세요.

03

실패 확률을 낮추는 상품 고르기

보통 사업, 자기 계발과 관련된 글이나 영상을 보면 '내가 좋아하는 일을 해야 잘할 수 있다', '내가 관심 있어 하는 분야에서 시작해야 오래 지속할 수 있다'라고 합니다. 그러다 보니 쇼핑몰을 운영할 때에도 '내가 좋아하니까 고객도 좋아하겠지?', '내 마음에 드는 상품이니까 고객도 마음에 들겠지' 이렇게 생각하죠. 하지만 이는 상품을 판매하고 수익을 만드는 스마트스토어에서는 결코 먹히지 않습니다. 고객이 결제하는 쇼핑몰 시장에서는 '나'가 아닌 철저히 '고객'에게 초점을 맞춰야 합니다.

이번 장에서는 고객이 원하는 상품을 찾는 방법과 상품을 공급받을 수 있는 곳을 알려 드리겠습니다. 매달 꾸준히 수익을 만들어 줄 나만의 상품을 함께 찾아보죠!

03-1 잘 팔리는 상품은 고객으로부터 나온다
03-2 월 매출 1,000만 원을 달성할 베스트셀러 상품 찾기
03-3 매출이 0원일 때도 성공하는 공급처 섭외 노하우
☑ **사장님 체크리스트** 상품 선정하고 공급처 알아보기

03-1
잘 팔리는 상품은 고객으로부터 나온다

이제 여러분은 '소비자'에서 벗어나 '판매자'가 되어야 합니다. 대개 '소비자'로서의 나를 잊지 못해서 자주 하는 실수가 있는데요. 자신이 구매하고 마음에 들었던 경험을 다른 사람도 똑같이 느낄 거라고 판단하는 겁니다. '판매자'로서 수익을 만들려면 '나'라는 소비자 1명이 아니라 대다수의 실제 고객에게 어떤 상품이 필요한지 조사해야 합니다. "흠, 그래서 그건 어떻게 조사하나요?" 여러분, 스마트스토어는 하루에 수백만 명이 이용하는 대표적인 검색 플랫폼 '네이버'에서 만든 쇼핑몰이에요. 그러니 스마트스토어로 수익을 내려면 무엇보다 네이버에 방문하는 고객이 어떤 상품을 원하는지 파악해야 합니다. 그리고 그 정답은 네이버에서 찾을 수 있습니다. 누구나 쉽게 좋은 상품을 찾을 수 있는 방법, 본격적으로 알아볼까요?

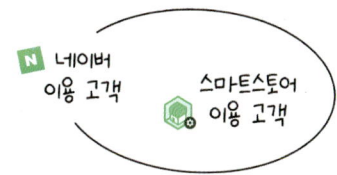

스마트스토어 이용 고객은 네이버 이용 고객에 포함된다.

⭐ 고객이 원하는 상품은 정답지처럼 다 나와 있어요!

"네이버 스마트스토어 고객이 원하는 상품을 네이버에서 찾는다고? 맞네, 네이버 고객이니 네이버에서 찾으면 되겠네!" 다들 눈이 번쩍 뜨일 겁니다. 우리 모두 궁금한 게 있거나 정보를 얻고 싶을 때 네이버에서 검색해 보잖아요. 그런데 문제는 우리는 검색할 줄만 알았지, 다른 사람들이 어떤 걸 검색하고 그 검색한 데이터를 어디서 보는지 모른단 거죠.

지금 이 책을 읽고 있는 여러분처럼 네이버에서 소비자 또는 고객으로 활동하는 것을 넘어 판매자이자 콘텐츠 생산자로 네이버를 이용하는 사람들에게 제공하는 서비스가 있습니다. 바로 네이버 데이터랩인데요. 우리가 네이버에서 상품이나 정보를 찾을 때 주로 뭘 하나요? 네, 맞습니다. '검색'이죠. 네이버 데이터랩 서비스를 이용하면 사람들이 어떤 키워드를 검색하는지 분석할 수 있습니다. 특히 이 서비스가 유용한 이유는

1~2명의 개인 고객 취향이 아니라 수백수천 만 고객이 찾은 검색어 '키워드'가 무엇이고, 그 키워드가 어느 시기에 많이 검색되는지 확인할 수 있기 때문입니다. 게다가 별도로 회원 가입을 하지 않아도 무료로 이용할 수 있어서 더욱 편리합니다.

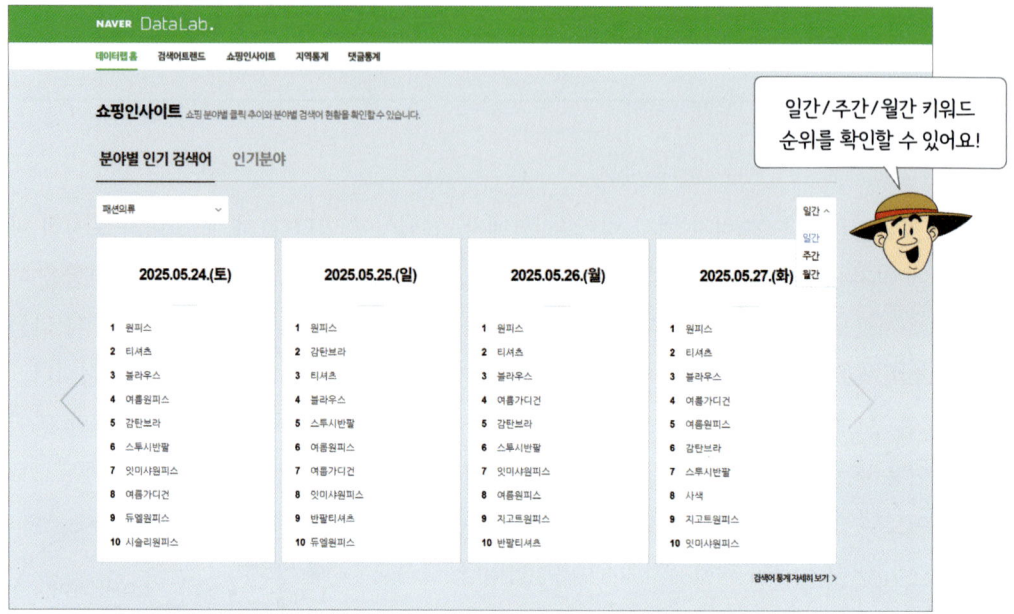

네이버 데이터랩(datalab.naver.com)

네이버 데이터랩에서는 검색어 키워드 통계 자료를 공개합니다. 패션부터 리빙, 식품, 가전 등 모든 분야의 검색어 키워드 통계를 볼 수 있어서 우리가 찾아볼 수 있는 시장도 무궁무진합니다. 이 데이터를 네이버 스마트스토어 판매자가 될 여러분이 활용하면 됩니다.

이건 말 그대로 오픈 북 시험과 같습니다. 스마트스토어를 운영하면서 겪을 가장 큰 문제인 '판매'를 해결할 정답이 그대로 나와 있으니까요. 우리는 '고객'이 어떤 상품을 어떤 시기에 검색하고 원하는지 미리 찾아보고 그에 맞춰 상품을

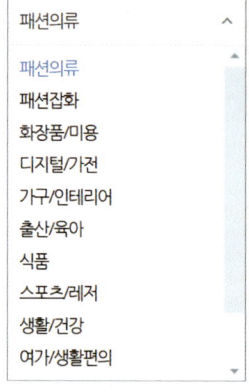

네이버 데이터랩에서 볼 수 있는 분야 키워드

준비하면 됩니다. 잘 팔리는 상품이란 결국 고객이 원하는 상품을 적재적소에 공급해 줄 때 성립되는데, 네이버 데이터랩 덕분에 그 정답을 다 알고 시작하는 거라고 할 수 있어요. 네이버 데이터랩을 사용해 잘 팔리는 상품을 알아보는 방법은 03-2절에서 자세히 살펴보겠습니다.

⭐ 경쟁자가 적은 상품 골라내기

우리는 검색어 데이터를 통해 고객에게 인기 많은 상품을 알아 내는 데서 멈추지 않고 한 단계 더 들어갈 겁니다. 물론 고객이 원하는 상품을 골라서 판매하는 것만으로도 돈을 벌 수 있습니다. 단순히 내가 좋아해서, 내가 마음에 들어서, 내 취향으로 상품을 선택한 게 아니니까요.

하지만 우리는 운 좋게 1~2건 판매하려는 게 아니므로 지속해서 팔 수 있는 상품을 골라낼 줄 알아야 합니다. 수요가 많은 상품이라도 나보다 먼저 판매하고 있는 경쟁자가 많은 상품이라면 판매가 장기적으로 이어지기 어렵거든요. 이 문제를 해결해 줄 서비스가 바로 **아이템스카우트**입니다. 이 서비스를 이용하면 클릭 몇 번으로 **쇼핑몰 시장에서 상품의 경쟁강도를 확인**할 수 있습니다. 고객이 원하는 상품을, 그중에서도 경쟁이 덜 치열한 상품을 손쉽게 찾을 수 있어서 정말 편리합니다.

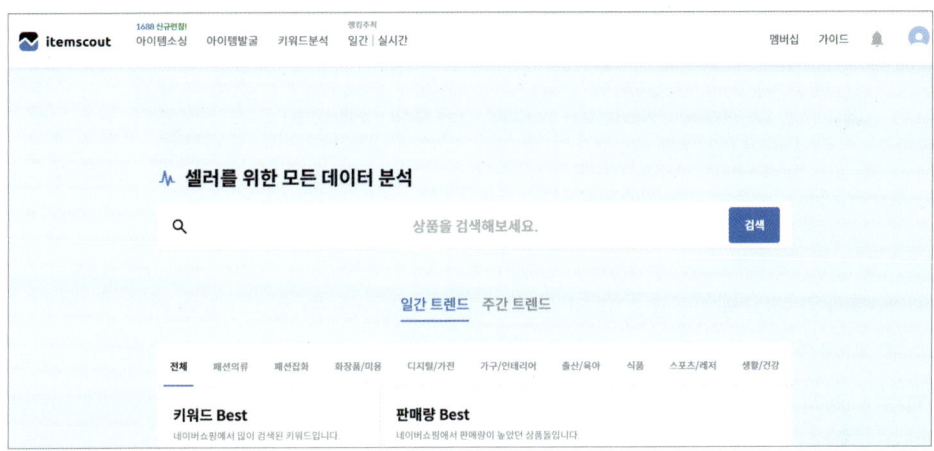

상품 경쟁 강도를 확인할 수 있는 아이템스카우트(itemscout.io)

네이버 데이터랩에서 패션 분야를 검색한 결과, 3월에 사람들이 많이 찾는 검색어 키워드로 '운동화'가 나왔다고 가정해 보겠습니다. 그렇다고 '운동화가 3월에 인기가 많구나' 하고 아무 운동화나 섭외해서 올리면 판매가 일어날까요? 그렇지 않습니다. 아무 운동화나 섭외하는 것도 문제이지만, 정확히 말한다면 운동화가 얼마나 경쟁이 치열한지 확인하지 않고 무턱대고 스토어에 상품으로 올리는 게 더 큰 문제이기 때문입니다. 실제로 아이템스카우트에서 '운동화'를 검색해 보면 다음과 같은 결과가 나옵니다.

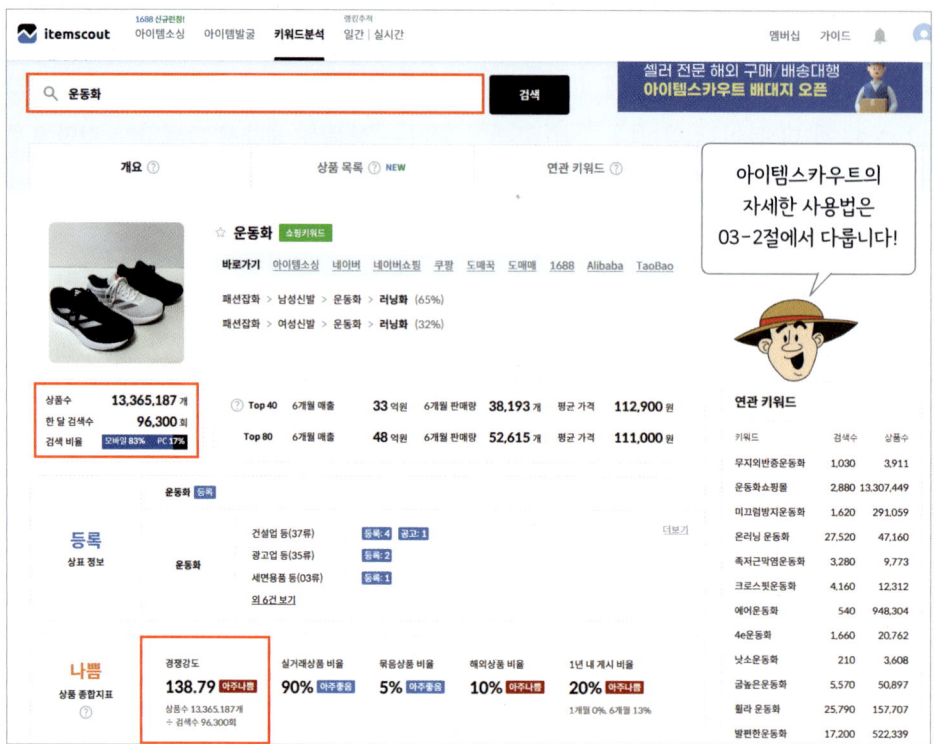

아이템스카우트에서 '운동화' 키워드로 검색한 결과

검색 결과의 개요에서 '상품수'와 '한 달 검색수'를 볼 수 있고 그 아래에서 '경쟁강도'를 확인할 수 있는데요. **상품수**는 현재 판매되는 상품의 개수를 말합니다. **한 달 검색수**는 고객이 해당 상품을 한 달간 검색한 횟수이고, **경쟁강도**는 '상품수'를 '한 달 검색수'로 나눈 값으로 경쟁이 얼마나 치열한지 검증하는 수치입니다.

경쟁강도 1은 상품수와 검색수가 같다는 것을 의미하고, 경쟁강도 10은 상품수가 검색수보다 10배 많다는 것을 의미합니다. 반대로 경쟁강도 0.1은 상품수가 검색수의 1/10일 때 나오는 수치입니다.

경쟁강도 = 상품수 ÷ 한 달 검색수
→ 경쟁강도가 낮을수록 유리하다

아이템스카우트에서 검색한 결과를 살펴보면 '운동화'의 한 달 검색수는 96,300회로 분명 많은 사람이 검색하고 찾습니다. 그러나 문제는 판매 중인 운동화의 개수가 무려 13,365,187개라서 경쟁강도가 138.79나 된다는 점입니다. 즉, 여러분이 운동화를 단순히 '운동화'라는 이름으로 판매한다면 무려 138:1이라는 경쟁률을 뚫어야 할 정도로 경쟁력이 있어야 하는 것이죠.

만약 이를 간과하고 판매를 진행한다면 아무리 좋은 상품이라 해도 주문이 들어오지 않을 확률이 높습니다. 그렇지만 실망할 필요는 없습니다. 열띤 경쟁 속에서도 틈새시장을 노려 볼 상품을 분명히 찾을 수 있으니까요.

❶ 네이버 데이터랩에서 찾은 인기 상품 검색어를 아이템스카우트에 입력한 다음, ❷ [연관 키워드]를 누르면 ❸ 해당 상품과 관련된 검색어를 한눈에 볼 수 있습니다. '운동화'의 경우 연관 키워드만 자그마치 456개가 나옵니다.

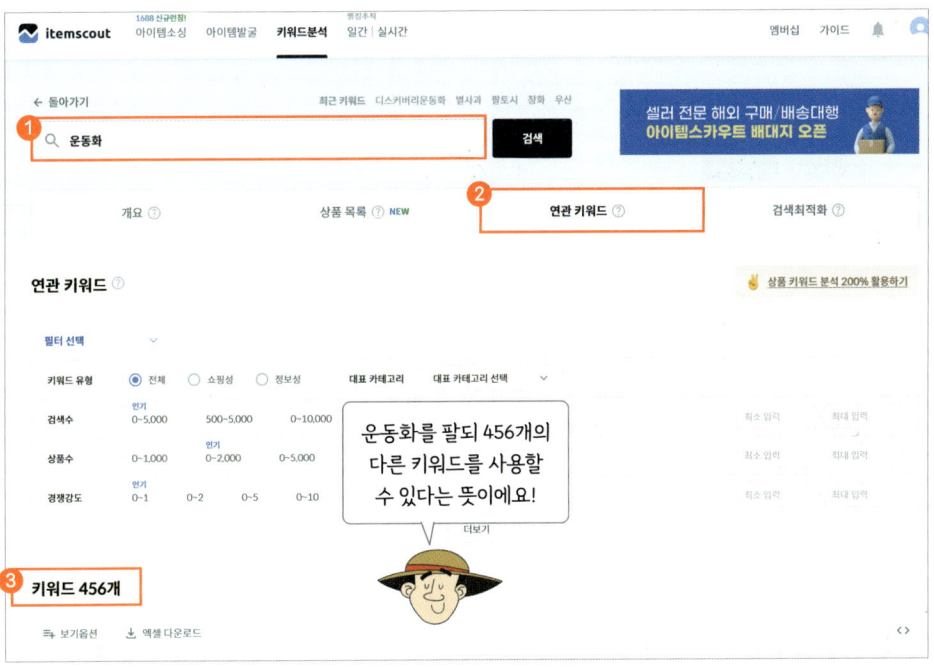

아이템스카우트에서 '운동화'를 검색했을 때의 연관 키워드 보기

바로 이 상태에서 경쟁강도 필터를 [0~1]로 선택합니다. 경쟁강도가 0~1이라는 것은 판매 중인 상품 개수가 검색수보다 적은 경우로, 이 필터를 적용하면 **경쟁강도가 낮은 상품 검색어만 걸러 내서 확인할 수 있습니다.**

실제로 운동화의 연관 키워드 456개 가운데 경쟁강도가 0~1에 해당하는 상품 키워드는 단 36개뿐입니다. 실제로 '아식스젤카야노' 키워드의 경우 한 달 검색수는 38,070회에 달하는 반면 상품수는 16,584개로, 검색한 횟수에 비해 판매 중인 상품 수가 절반밖에 되지 않습니다. '디스커버리 운동화' 키워드 역시 검색수는 21,090회인 반면 상품수는 17,112개로 비교적 적게 판매되고 있습니다.

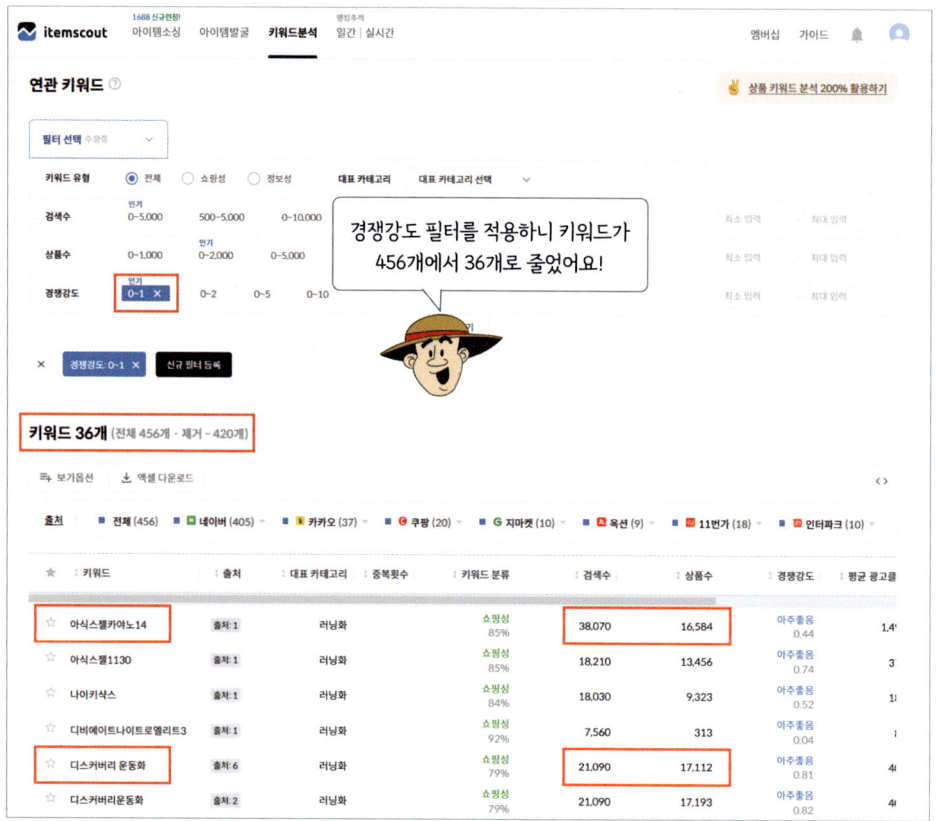

아이템스카우트의 연관 키워드에서 경쟁강도 필터를 0~1로 적용한 결과

이런 방법으로 네이버 데이터랩에서 찾은 인기 상품 가운데 판매하는 상품수가 시장의 니즈보다 적은 상품을 세세하게 찾을 수 있습니다.

⭐ '잘 팔리는 상품'만 골라서 판매하세요!

여러분이 소비자일 때는 전혀 몰랐던 세상을 알아보았습니다. 결국 스마트스토어로 판매를 잘 하려면 고객이 원하는 상품이 무엇인지, 그리고 그중에서도 수요 대비 공급이 적은 블루오션 상품이 무엇인지 잘 골라내는 것에 달려 있습니다. 초보 사장님은 이런 시장의 원리를 무시하고 자신의 취향과 직관에 의존해서 상품을 올리는 경우가 많습니다. 이러다 보면 결국 좋은 성과가 나오지 않아 금방 포기하기 마련이죠.

'잘 팔리는 상품'을 찾는 방법을 배웠으니 이제 그런 상품만 골라서 판매하는 것이 중요합니다. 네이버라는 검색 플랫폼에서 고객이 원하는 상품을 바로 찾고, 아이템스카우트를 활용해 블루오션을 찾아내세요! 세세한 노하우는 바로 다음 03-2절에서 알려 드릴 테니 집중해서 따라와 주세요.

🔖 이것만 기억하세요!

1. 좋은 상품이란 고객이 원하는 상품이다.
2. 네이버 스마트스토어 고객이 원하는 상품은 네이버 데이터랩에서 찾으면 된다.
3. 고객이 원하는 상품을 찾았다면 아이템스카우트로 경쟁강도가 낮은 상품을 골라야 한다.

03-2
월 매출 1,000만 원을 달성할 베스트셀러 상품 찾기

네이버 데이터랩과 아이템스카우트를 이용해 판매가 잘 될 만한 상품을 찾는 방법을 간단히 살펴보았습니다. 두 서비스에서 제공하는 기능을 보고 눈치챈 분도 있겠지만, 여기서 핵심은 **키워드 찾기**입니다. 네이버에서 상품을 검색하는 고객과 판매자를 연결해 주는 게 바로 키워드이기 때문이죠.

결국 사람들이 많이 검색하는 인기 키워드 가운데 블루오션 키워드를 찾아내는 게 베스트셀러 상품을 만드는 지름길입니다. 그럼 누구나 스마트스토어로 수익을 낼 수 있는 '베스트셀러 상품 키워드'를 함께 찾아보겠습니다.

⭐ 초보에게 추천하는 상품 분야? 시즌성 상품!

상품 분야는 패션부터 리빙까지 정말 다양해서 무작정 모든 분야에서 좋은 상품을 찾는다는 것은 비효율적입니다. 처음 시작하는 **초보 사장님에게 추천하는 분야는 시즌성 상품**입니다. 시즌성 상품이란 말 그대로 특정 시기에 검색이 몰리는 상품을 말하는데요. 1년 내내 인기 있고 수요가 많은 상시 상품의 경우 사시사철 계속 판매할 수 있어 유리해 보이지만, 사실 신규 판매자가 진입하기에 매우 어려운 시장입니다. 상시 상품과 시즌성 상품의 차이부터 자세히 살펴보겠습니다.

상시 상품과 시즌성 상품의 차이점

우선 상시 상품의 예시로 칫솔을 검색해 보겠습니다. 네이버에서 검색한 결과 화면에서는 상품 하단에 '리뷰수', '구매수', '찜수'가 표시됩니다. 구매수는 최신 6개월을 기준으로 책정되는데, 1페이지에 노출되는 스마트스토어만 봐도 구매수가 각각 1만 3천 개, 9천 개 이상으로 수요가 굉장히 많다는 걸 알 수 있습니다.

다만 상시 수요가 있는 상품은 예시에서 알 수 있듯이 수년 간 고수 판매자들의 스마트스토어가 독과점을 하고 있는 상태입니다. 상품 등록일을 보면 더 확실히 알 수 있는데요. 구매수가 1만 3천 개인 첫 번째 스토어는 2018년부터 판매하고 있고, 두 번째 스토어 역시 2016년부터 판매해 왔습니다. 심지어 두 스토어 모두 리뷰 수가 수만 건에 달하며, 사실 이제 시작하는 초보 판매자가 경쟁하기에는 진입장벽이 꽤 높다는 걸 알 수 있습니다.

▶ 독과점은 독점과 과점을 합친 용어로, 특정 시장에서 소수의 기업이 지배적인 점유율을 차지하여 경쟁이 제한되는 상태를 말합니다.

게다가 상시 상품은 이런 고수 판매자가 2~3명이 아니라 수십 명이라는 게 더 큰 진입장벽이 됩니다. 따라서 처음 시작하는 판매자라면 상시 상품보다 시즌성 상품을 판매해야 수익을 내기가 더 쉽습니다.

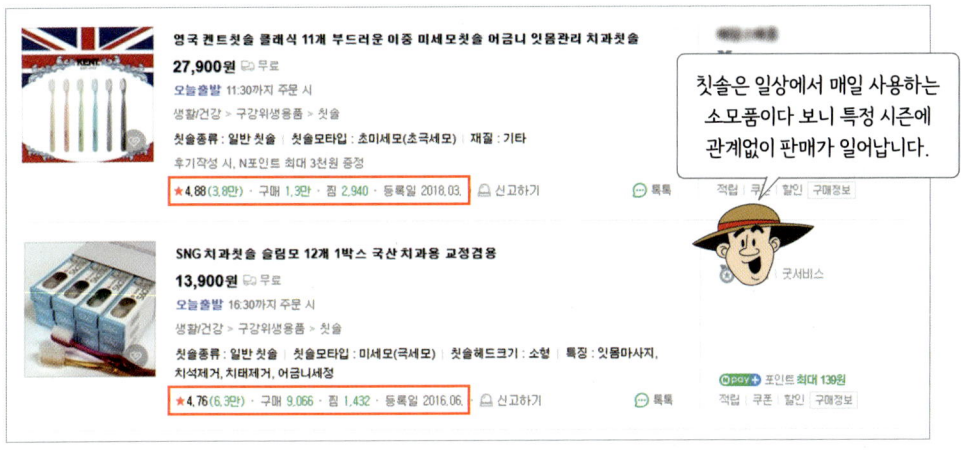

네이버에서 '칫솔'을 검색해 1페이지에 노출된 결과

그럼 흔히 떠올릴 수 있는 시즌성 상품으로 무엇이 있을까요? 패션 분야를 예로 들면 여름에는 장화, 우산 등이 있고 겨울에는 목도리, 장갑 등을 쉽게 생각할 수 있습니다. 가전 분야라면 여름에는 휴대용 선풍기, 겨울에는 전기난로 등이 있을 거예요. 식품 분야라면 여름에는 냉면, 겨울에는 탕류 등이 인기가 많은 시즌성 상품입니다.

그런데 여러분, 방금 언급한 장화, 우산, 목도리, 휴대용 선풍기, 전기난로 등 일반 공산품류는 여기서 말하는 완전한 시즌성 상품은 아닙니다. 특정 계절에 유독 인기가 많긴 해도 여름에만 선풍기나 우산을 팔 수 있는 것도 아니고, 난로나 장갑은 겨울뿐 아니라 실내 스케이트장처럼 사계절 내내 필요할 수도 있으니까요.

즉, 고객의 수요가 특정 시즌에 몰리긴 하지만 상품 자체는 1년 내내 언제든 생산·판매될 수 있고, 이는 고수 판매자가 이미 잡고 있는 상시 상품 시장과 다르지 않습니다. 결국 '공산품 - 시즌성 상품'에는 초보 판매자가 진입하기 어렵다는 한계가 절실히 드러납니다.

대표적인 공산품 - 시즌성 상품의 예시인 휴대용 선풍기와 장화, 방한용품

신선식품에 도전해 보세요

그래서 여러분에게 추천하는 시즌성 상품은 바로 **신선식품**입니다. 신선식품은 말 그대로 신선도가 생명인 농산물, 축산물, 수산물 등을 일컫습니다. 일부 과일이나 채소는 비닐하우스 온실 등에서 재배하여 연중 상시 공급되기도 하지만, 단순히 수요도만 특정 시기에 몰리는 공산품과 달리 **실제로 수확과 판매 자체가 거의 그 시즌에만 일어난다**는 특징이 두드러집니다. 실제로 9~11월에 검색량이 몰리는 '감홍사과'를 아이템스카우트에서 검색하면 다음과 같이 나옵니다.

아이템스카우트에서 9월과 11월에 '감홍사과'를 검색한 결과

9월 수확 초기에는 상품수가 3,783개인데 비해 한 달 검색수는 98,260회에 달합니다. 심지어 11월 수확이 종료된 끝물 무렵조차 상품수는 6,148개, 한 달 검색수는 13,610회입니다. 경쟁강도가 1이 안 넘는 정도가 아니라 9월에는 0.04, 11월에는 0.45에 불과합니다. 대박 블루오션인 셈이죠.

그런데 아무리 신선식품이라지만 어째서 동일한 시즌성 상품인 공산품과 이렇게 차이가 크게 날까요? 일반 공산품은 시즌성이라고 해도 고수 판매자나 이미 수년간 판매해 온 경쟁사 스토어가 1년 내내 상위권을 독식하고 있습니다. 그래서 상시 상품과 마찬가지로 초보 판매자가 끼어들 틈이 없습니다.

반면에 신선식품은 검색이 특정 시기에 몰릴 뿐 아니라 실제 수확과 판매도 특정 시기에 몰리기 때문에 계절에 맞춰서 1~3개월 주기로 상품을 올렸다가 품절시키는 걸 반복해야 합니다. 물론 이 과정이 처음에는 다소 번거로울 수 있으나 그 덕분에 기존의 고수 판매자들도 1년 내내 상위권을 독점하는 것이 거의 불가능에 가깝습니다. 이런 점에서 스마트스토어에 입문하는 여러분에게 시즌성 상품, 특히 신선식품을 강력하게 추천합니다.

물론 일반 공산품 시즌성 상품을 시도해 봐도 좋지만 경쟁이 훨씬 더 치열하다는 점은 각오해야 합니다. 그럼 우리의 베스트셀러가 되어 줄 시즌성 상품의 '키워드'를 어떻게 찾을 수 있는지 신선식품 사례를 중심으로 네이버 데이터랩과 아이템스카우트를 사용해 보겠습니다.

하면 된다!} 네이버 데이터랩에서 인기 상품 키워드 찾기

네이버 데이터랩에서 판매에 유리한 인기 키워드를 분석해 보겠습니다. 시즌성 상품 중에서도 과일과 채소를 중심으로 살펴보겠습니다. 시즌성 상품은 수요가 늘기 전에 미리 준비해야 하기 때문에 판매 예정 시기보다 2개월 미리 준비합니다.

동영상 강의

01 분야 선택하기

네이버 데이터랩(datalab.naver.com)에 접속한 후 ❶ 화면 상단에서 [쇼핑인사이트]를 클릭하고 ❷ 분야에서 [식품 → 농산물 → 과일]로 설정합니다.

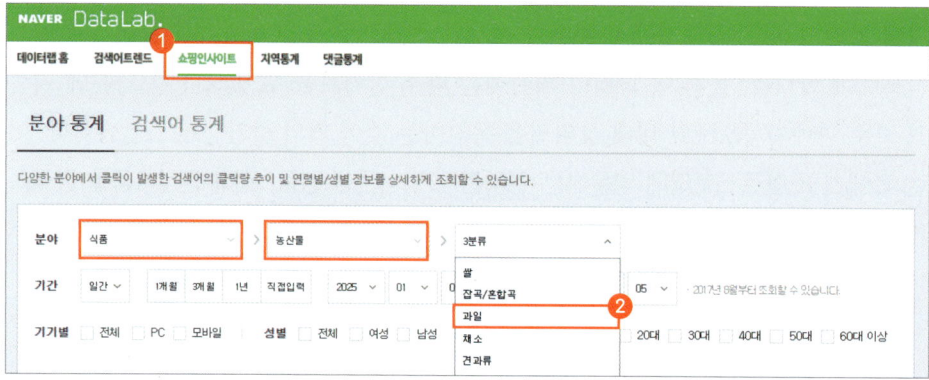

▶ 3분류는 [과일]과 [채소]를 추천합니다. 그 이유는 신선식품 중에서도 계절별 수확과 판매 기간이 가장 뚜렷하기 때문이에요. 농산물이라도 쌀이나 견과류 등은 1년 내내 판매할 수 있어서 추천하지 않습니다.

02 통계 기간 설정하기

기간은 조사하는 달의 다음 달부터 그다음 달까지 총 2개월을 기준으로 적용합니다. 1월에 상품 조사를 한다면 2~3월을 기간으로 설정합니다. 이때 연도를 조사하는 당해로 설정하면 미래의 날짜가 되므로 작년으로 선택합니다. ❶ 2025년 1월에 상품을 조사한다면 기간을 [2024]-[02]-[01]부터 [2024]-[03]-[31]로 설정하고 ❷ [조회하기]를 누릅니다. ❸ 해당 분야의 시즌성 상품 인기 검색어를 손쉽게 확인할 수 있습니다.

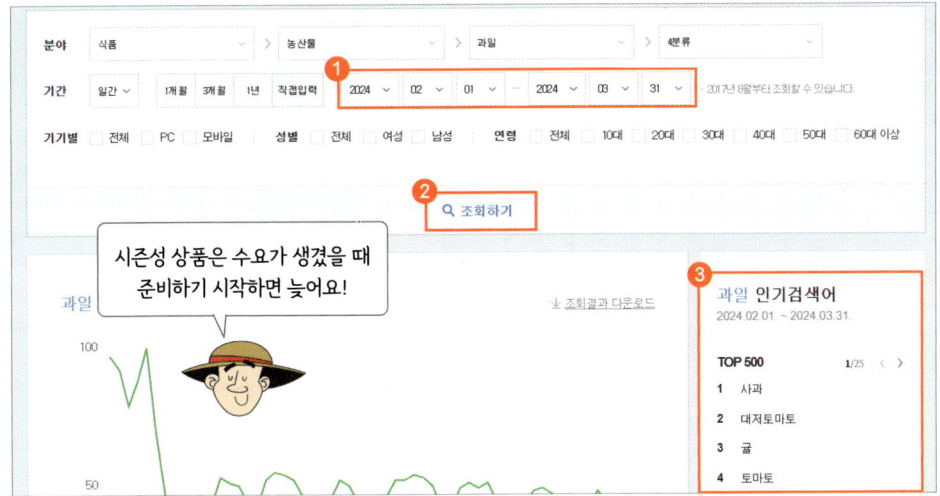

03 블루오션 상품 찾아내기

2~3월에 많이 검색하는 인기 검색어는 분야마다 500개씩 찾을 수 있습니다. 이 500개 키워드 중에서 경쟁이 덜 치열한 블루오션 상품을 찾아내야 합니다. ❶ 과일 분야에서 첫 페이지에 나오는 **키워드 1~20위**를 마우스로 드래그하여 복사하고 ❷ 메모장에 붙여 넣어 저장해 둡니다.

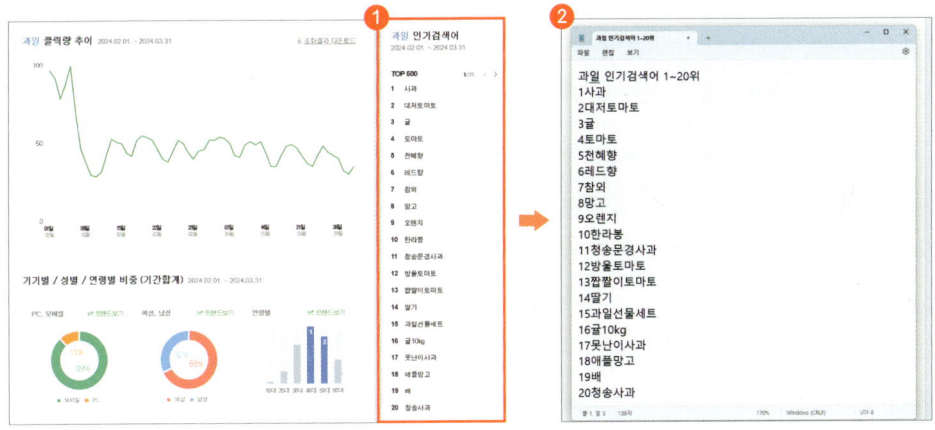

네이버 데이터랩에서 찾은 과일 키워드 TOP 20

04 다른 분야에도 적용하기

같은 방식으로 [채소] 분야의 키워드 1~20위를 조사합니다. 01 단계에서 분야를 [식품 → 농산물 → 채소]로 설정한 뒤 02 ~ 03 단계를 반복하면 됩니다.

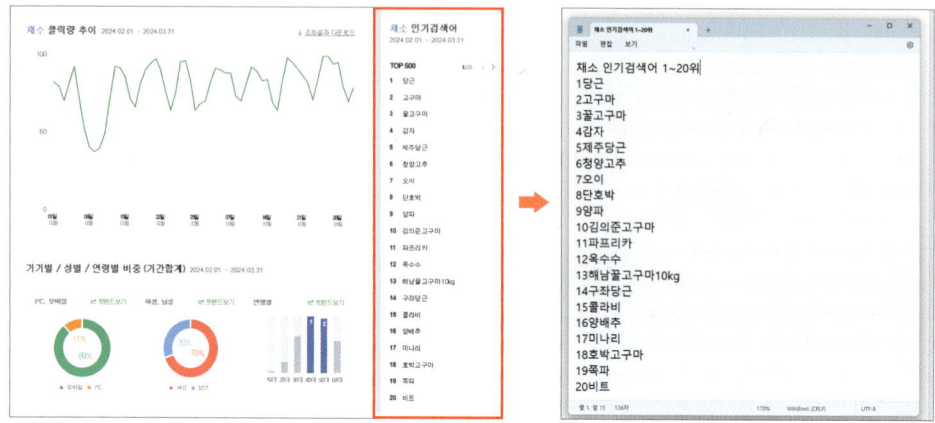

네이버 데이터랩에서 찾은 채소 키워드 TOP 20

축하드립니다. 벌써 여러분에게 수익을 만들어 줄 인기 상품 키워드를 분야별로 20개씩 총 40개나 찾았습니다! 이제 아이템스카우트에서 본격적으로 블루오션 키워드를 찾아볼 차례입니다.

하면 된다!} 아이템스카우트에서 블루오션 키워드 골라내기

아이템스카우트는 회원 가입을 해야 사용할 수 있습니다. 무료로 사용할 수도 있지만 유료로 구독해야 데이터 파일을 쉽게 내려받을 수 있어서 훨씬 편리합니다. 일단 무료체험을 신청해서 사용하다가 기간이 지나면 유료로 구독하는 것을 추천합니다.

동영상 강의

01 아이템스카우트(itemscout.io)에 접속한 후 ❶ 오른쪽 상단에서 [로그인]을 클릭합니다. ❷ 팝업 창이 뜨면 [회원가입]을 눌러 회원 가입을 진행합니다.

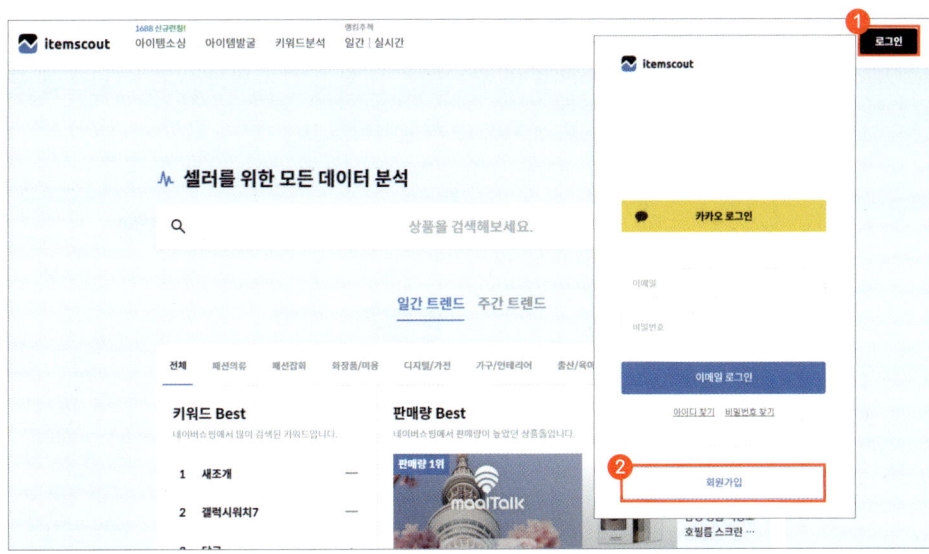

02 ❶ 화면 오른쪽 상단에서 [멤버십]을 클릭하고 ❷ 가장 저렴한 베이직에서 [무료체험]을 선택합니다.

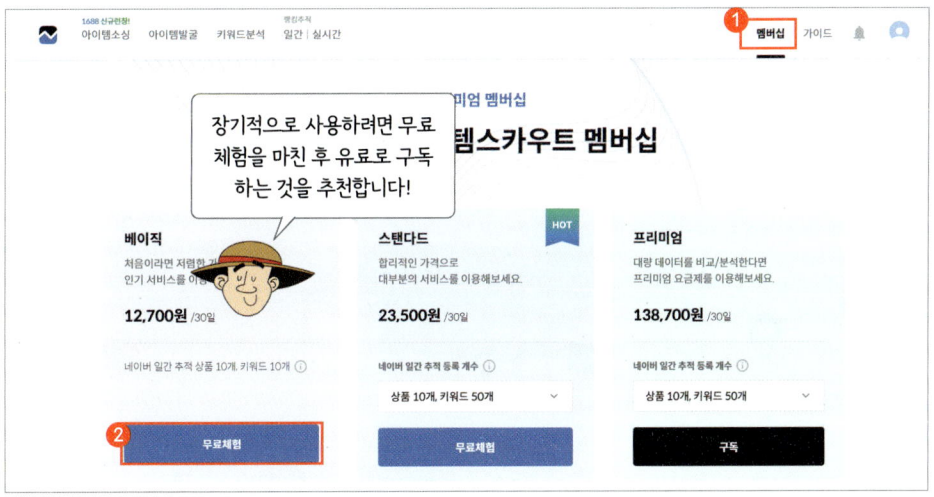

장기적으로 사용하려면 무료 체험을 마친 후 유료로 구독 하는 것을 추천합니다!

03 인기 검색어 1~20위를 적어 둔 메모장을 열고 ❶ 아이템스카우트에서 [키워드 분석]을 클릭합니다. ❷ 검색 창에 첫 번째 키워드인 사과를 검색하면 ❸ 키워드의 상품수, 한 달 검색수, 경쟁강도 등의 정보가 표시됩니다.

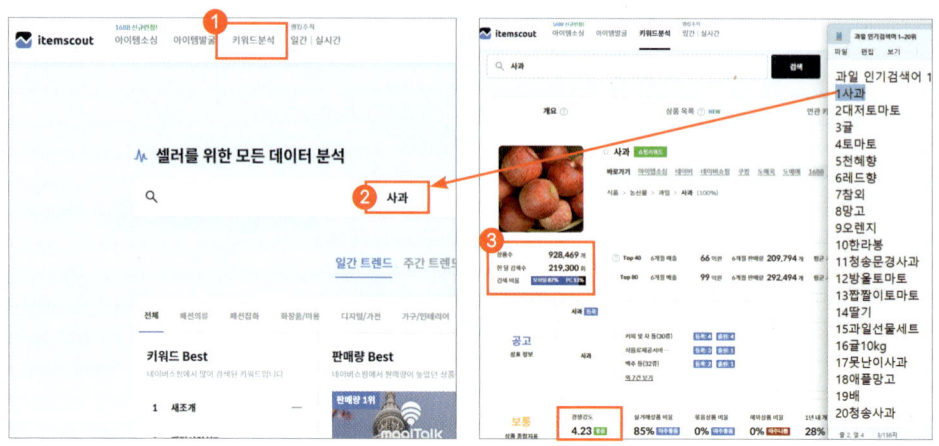

질문 있어요! 확장 프로그램을 설치하라는 화면이 나타나요!

네이버 검색 제한 조치로 아이템스카우트의 확장 프로그램을 설치하라는 화면이 나타날 수 있습니다. ❶ [확장 프로그램 설치하기]를 클릭해 chrome 웹 스토어 페이지로 이동합니다. ❷ 아이템스카우트의 [Chrome에 추가]를 클릭하고 ❸ 팝업 창이 뜨면 [확장 프로그램 추가]를 눌러 크롬 확장 프로그램을 설치합니다. 다시 아이템스카우트로 돌아와 F5 를 눌러 새로 고침을 하면 검색 결과 화면이 정상으로 나타납니다.

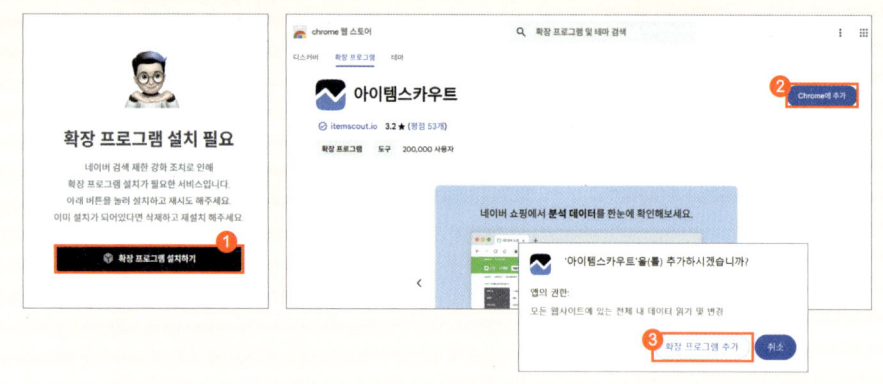

04 ❶ 화면 상단에서 [연관 키워드]를 클릭하고 조금 기다리면 ❷ 사과의 연관 키워드 362개를 확인할 수 있습니다. 하지만 362개 키워드가 블루오션 키워드인지 하나하나 확인하는 건 너무 비효율적이니 다른 방법을 강구해야 합니다.

05 필터 적용하기

조사 시간을 획기적으로 줄이기 위해 3가지 필터를 적용합니다. ❶ 먼저 키워드 유형은 [쇼핑성]을 선택하고 ❷ 대표 카테고리는 내가 검색한 키워드와 관련된 카테고리인 [사과]를 선택합니다. ❸ 마지막으로 블루오션 키워드만 골라낼 수 있도록 경쟁강도를 [0~1]로 선택합니다. ❹ 기존에 나타난 사과의 연관 키워드 362개 가운데 필터로 걸러 낸 블루오션 키워드 63개만 목록에 나타납니다.

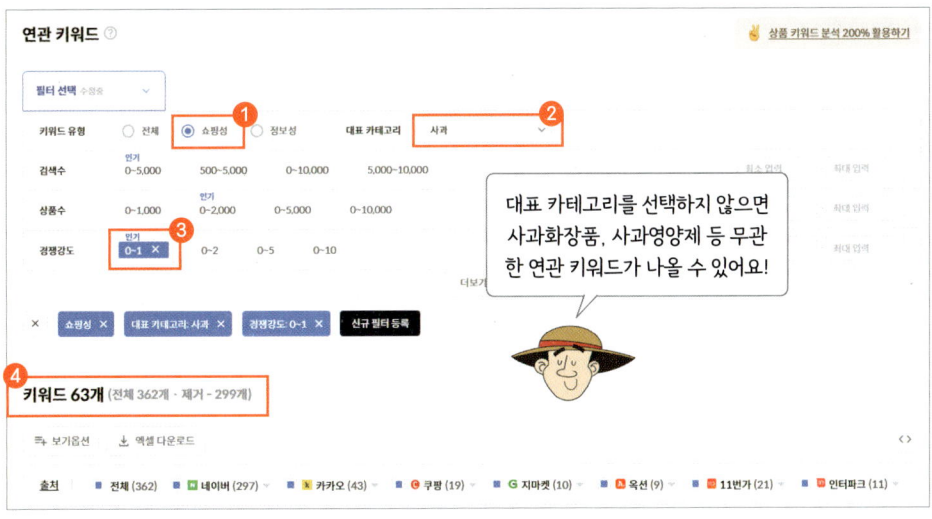

▶ 정보성 키워드를 선택하면 스마트스토어 상품이 아니라 블로그나 카페, 지식인 등 정보 관련 페이지에서 검색된 결과가 나타나므로 쇼핑성 키워드만 선별하면 됩니다.

06 데이터 저장하기

[엑셀 다운로드]를 클릭하면 키워드의 상품수, 검색수, 경쟁강도가 담긴 데이터를 엑셀 파일로 저장할 수 있습니다.

▶ 저장한 엑셀 파일은 내 컴퓨터 [다운로드] 폴더에서 찾을 수 있습니다. itemscout로 시작하는 엑셀 파일을 확인하면 됩니다.

07 엑셀 파일을 열면 우리가 검색한 '사과'의 블루오션 키워드만 정리되어 나옵니다. 여기에 있는 키워드는 모두 [쇼핑성] 유형, [사과] 카테고리, 경쟁강도 [0~1] 필터를 적용한 결과이므로 더 이상 상품수나 검색수를 따로 조사하지 않아도 됩니다.

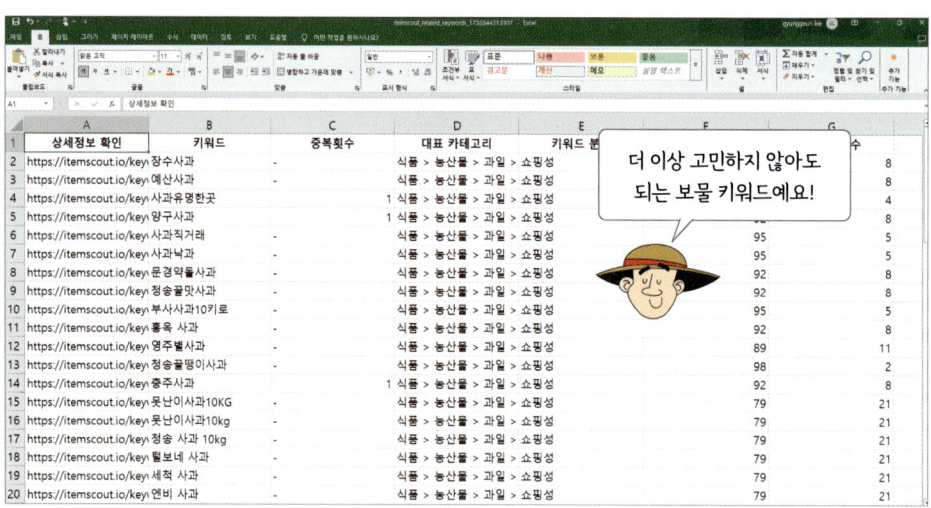

08 03~07 단계를 참고해서 아직 조사하지 않은 **과일 키워드 2~20위**와 **채소 키워드 1~20위**도 아이템스카우트에서 검색한 후 엑셀 파일로 저장합니다.

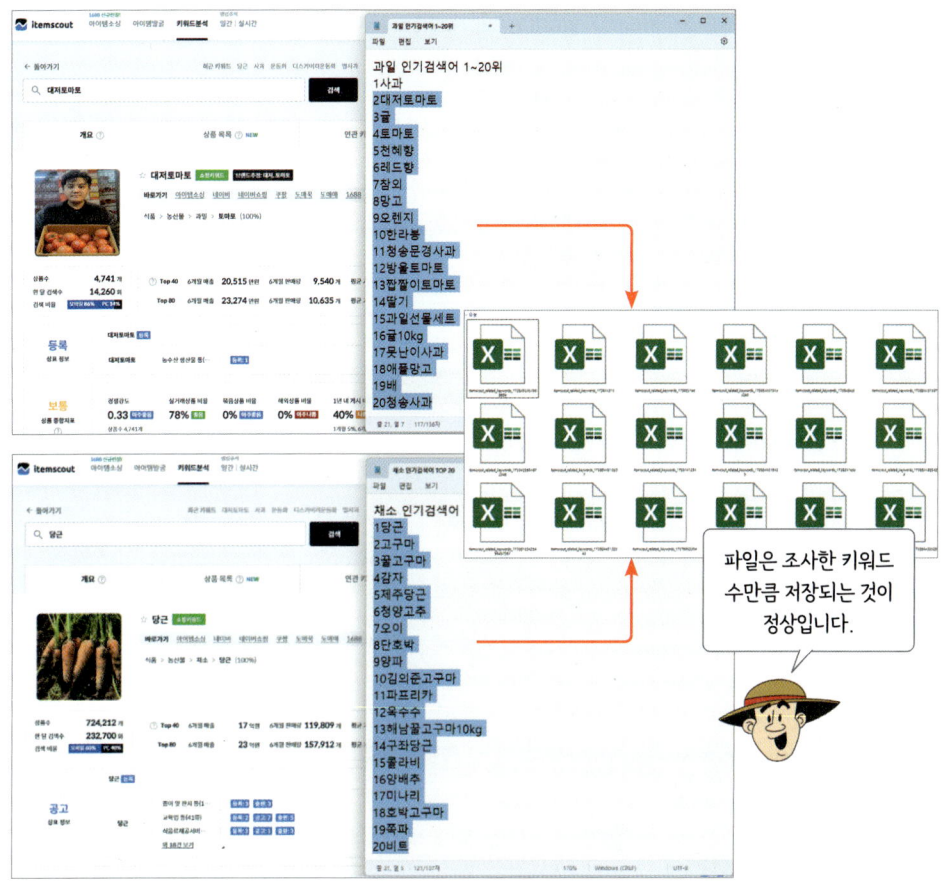

파일은 조사한 키워드 수만큼 저장되는 것이 정상입니다.

09 엑셀 파일의 이름을 키워드별로 수정합니다. 예를 들어 2~3월의 과일 인기 검색어 가운데 '사과' 키워드의 데이터가 저장된 파일이라면 **2~3월 사과 조사**라고 변경하면 됩니다.

하면 된다!} 키워드 데이터 통합하고 분석하기

걸러 낸 키워드를 한 번에 분석할 수 있도록 엑셀 파일 수십 개를 하나로 통합해 보겠습니다. 중복된 키워드는 하나만 남기고 제거하는 방법도 알아보겠습니다.

01 ❶ 어느 시기의 상품을 조사했는지 알 수 있도록 ○~○월 블루오션 상품 선별이라는 이름으로 새로운 엑셀 파일을 만듭니다. ❷ 앞서 이름을 수정한 엑셀 파일을 열어 1행부터 마지막 행까지 모든 내용을 복사한 후 방금 만든 ○~○월 블루오션 상품 선별.xlsx 파일에 붙여 넣습니다. ❸ 바로 위에 행을 하나 추가하고 2~3월 사과 조사와 같이 제목을 붙입니다.

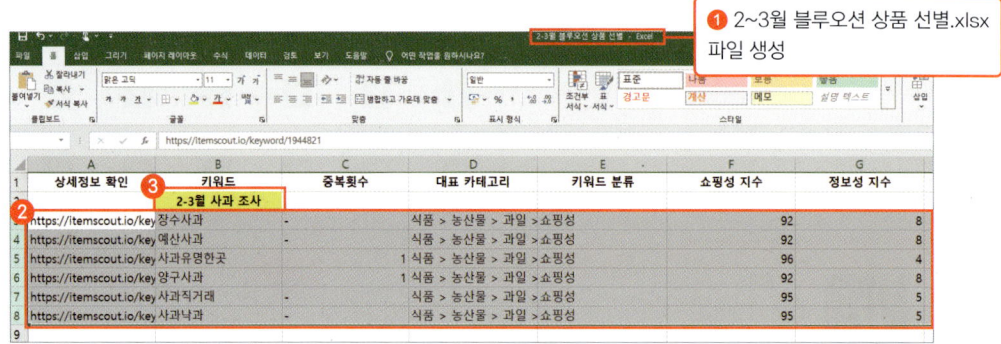

❶ 2~3월 블루오션 상품 선별.xlsx 파일 생성

02 다른 키워드 파일을 열어 **01** 단계를 반복합니다.

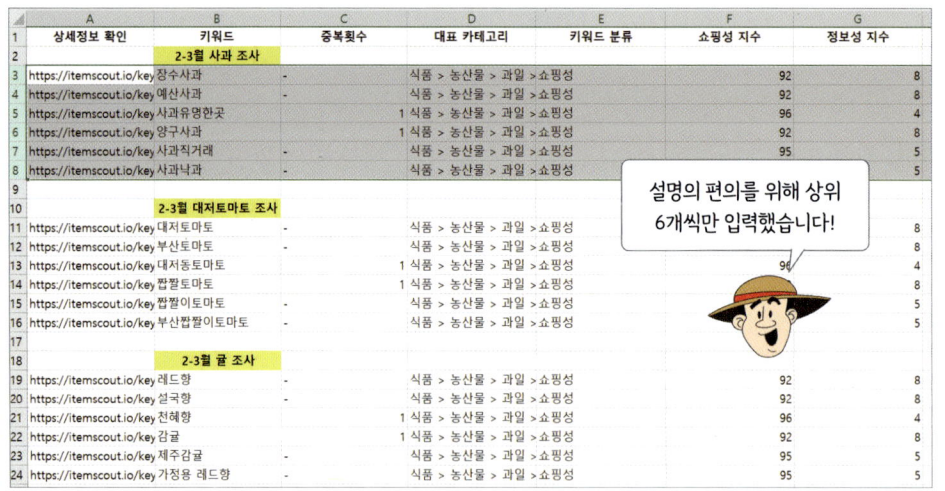

설명의 편의를 위해 상위 6개씩만 입력했습니다!

03 중복 키워드 제거하기

우리가 조사한 인기 검색어 키워드에는 중복이 굉장히 많습니다. ❶ 셀 번호 상단에 있는 ◢을 눌러 데이터를 전체 선택하고 ❷ 메뉴에서 [데이터 → 데이터 도구 → 중복 된 항목 제거]를 누릅니다.

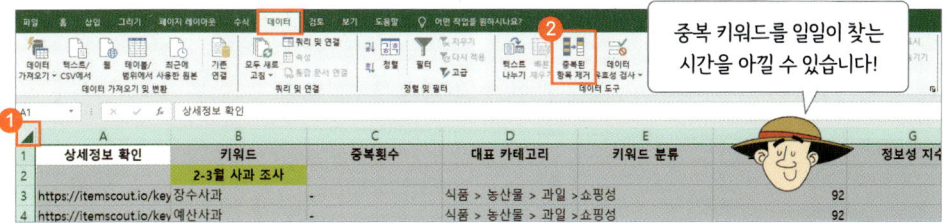

중복 키워드를 일일이 찾는 시간을 아낄 수 있습니다!

04 ❶ 중복 값 제거 대화상자가 나타나면 [키워드] 항목에 체크 표시하고 나머지 항목은 모두 체크 표시를 해제한 뒤 ❷ [확인]을 클릭합니다.

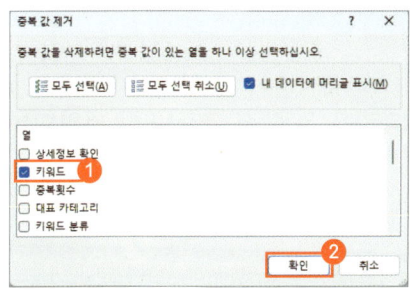

05 '중복 값 ○○개가 발견되어 제거되었습니다'라는 안내 문구와 함께 중복 키워드가 시트에서 제거됩니다. [확인]을 클릭합니다. 이제 우리는 계절별 인기 검색어 상품 중에서도 경쟁강도가 1 미만이고 대표 카테고리와 쇼핑성이 적용된 최정예 상품 키워드만 확인할 수 있습니다.

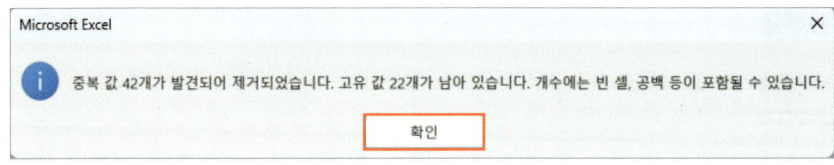

06 키워드 검토하기

시트에 정리된 키워드가 정말 그 계절(월)에 인기가 많은 상품인지 검토해 보겠습니다. ① A열을 클릭해 내용을 모두 선택하고 Delete 를 눌러 삭제합니다. ② [A1] 셀에 **검색량이 가장 높은 시기**라고 입력한 뒤 ③ Ctrl + S 를 눌러 저장합니다.

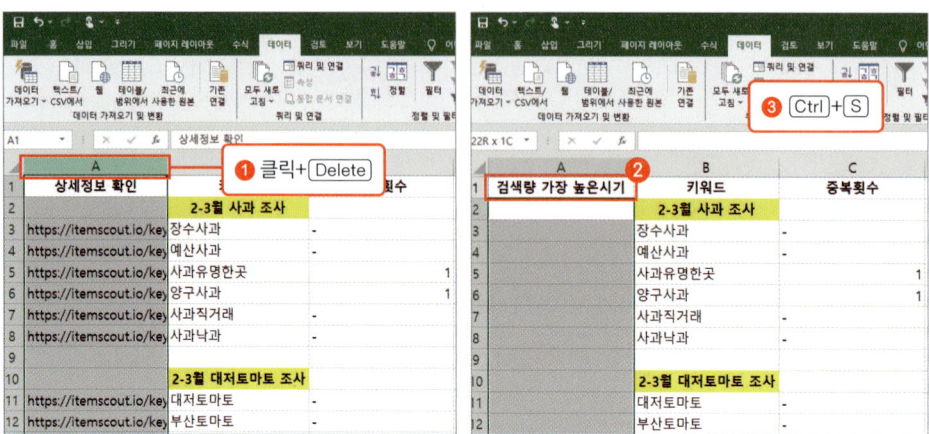

07 ① 다시 아이템스카우트에 접속해 [키워드 분석]을 누른 뒤 ② 정리한 키워드를 하나씩 검색하세요.

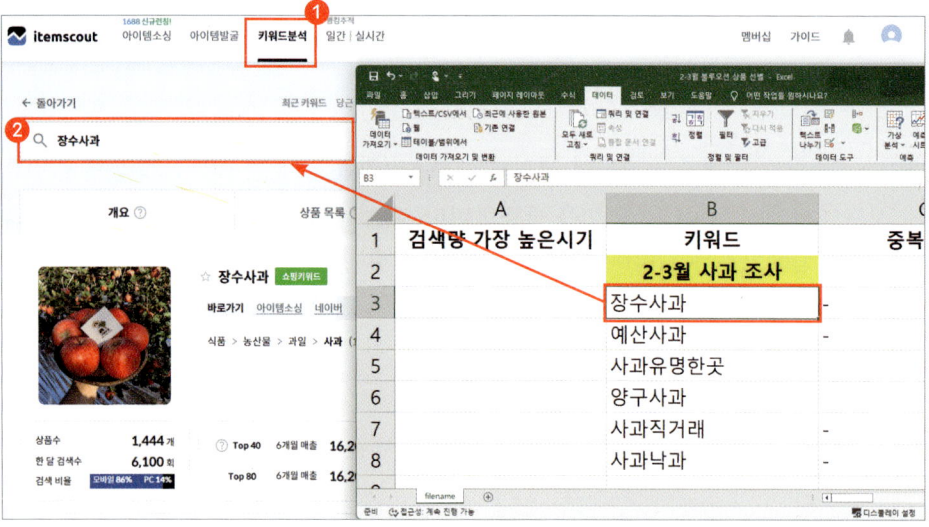

08 검색 결과 화면에서 마우스를 아래쪽으로 스크롤하면 종합 차트가 표시됩니다. 차트의 필터를 [주간 → 3년]으로 설정해서 해당 키워드 수요가 3년 동안 몇 주 차에 가장 많았는지 확인할 수 있습니다.

09 차트에서 급격히 상승하는 구간이 여러 곳 나타납니다. 이 중에서도 유난히 높게 상승하는 구간을 주목하세요. 상승 지점에 마우스 커서를 갖다 대면 어느 시기에 검색량이 높아졌는지 정확하게 확인할 수 있습니다.

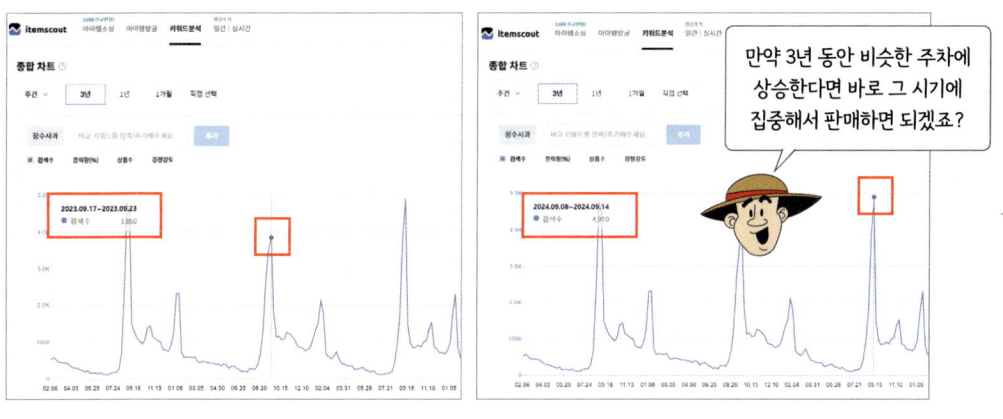

10 ○~○월 블루오션 상품 선별.xlsx 파일을 열어 해당 키워드 A열에 ○월 ○주 차라고 기입합니다.

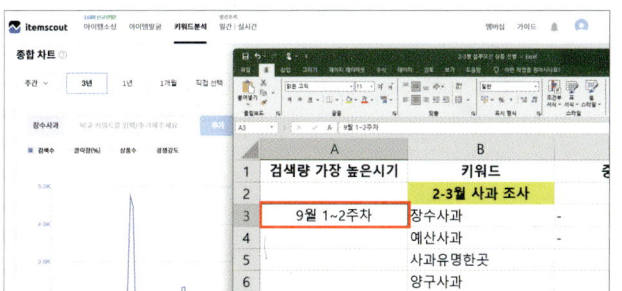

질문 있어요! 검색량 상승 구간이 나타나는 기간이 일정하지 않아요!

신선식품은 기후에 예민하다는 특성 때문에 검색량이 높아지는 시기가 9월 1주 차, 9월 2주 차, 9월 3주 차 등 1~2주 정도 차이가 날 수 있습니다. 이럴 땐 '9월 1~3주 차'라고 기재하면 됩니다. 만약 검색량이 뛰는 시기가 몇 주 차이 수준이 아니라 천차만별로 나타나는 경우 신선식품이라도 시즌성이 약하다고 보는데요. 다음 2가지 경우에는 키워드를 아예 삭제합니다.

첫 번째는 검색량이 가장 높은 시기가 8월 1주 차, 9월 3주 차, 10월 2주 차와 같이 **연도별로 완전 다른 경우**입니다. 두 번째는 검색량이 높아지는 시기가 **자주 반복되는 경우**입니다. 2월, 3월, 5월, 7월 등 거의 매달 차트가 상승한다면 특정 시기에 인기 있는 시즌성 상품이 아니라 1년 내내 수요가 있는 상시 상품이라 해도 무방합니다.

11 ○~○월 블루오션 상품 선별.xlsx 파일에 있는 나머지 키워드로 실습 **07** ~ **10** 단계를 반복합니다. 2개월치 인기 키워드 1~20위를 카테고리별로 조사했다면 저장된 키워드가 어마어마하게 많을 텐데요. 막막해 보이더라도 지금 당장은 물론이고 매해 매월 쓸 수 있는 잘 팔리는 상품 정답지를 만드는 작업이므로 꼼꼼히 조사해 두는 걸 추천합니다.

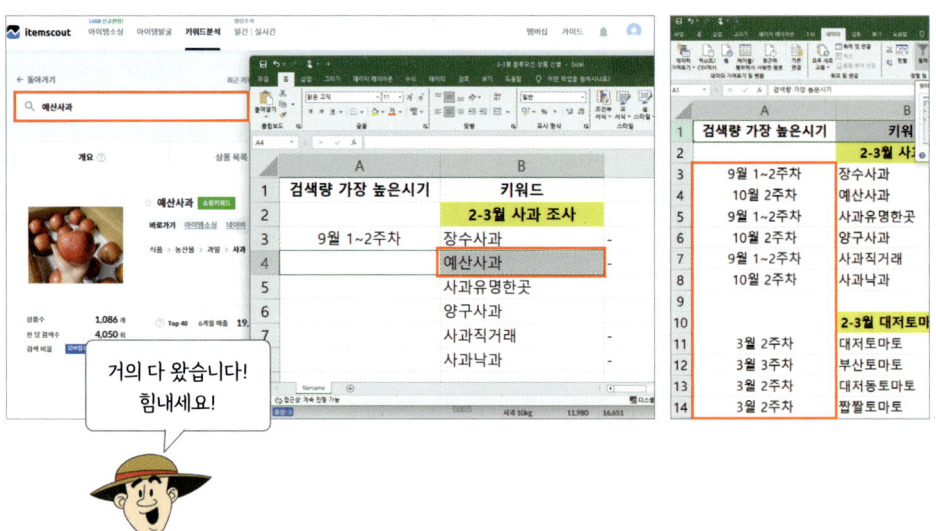

거의 다 왔습니다! 힘내세요!

12 판매 시기 필터 만들기

남들보다 유리한 판매 구조를 만들려면 소비자들이 원하는 시점보다 미리 판매를 시작해야 합니다. 만약 1월에 상품 준비를 시작한다면 2~3월에 인기 있는 상품을 찾아야 해요. ❶ 1행을 클릭해서 머리글을 전체 선택하고 ❷ 메뉴에서 [데이터 → 정렬 및 필터 → 필터]를 누릅니다.

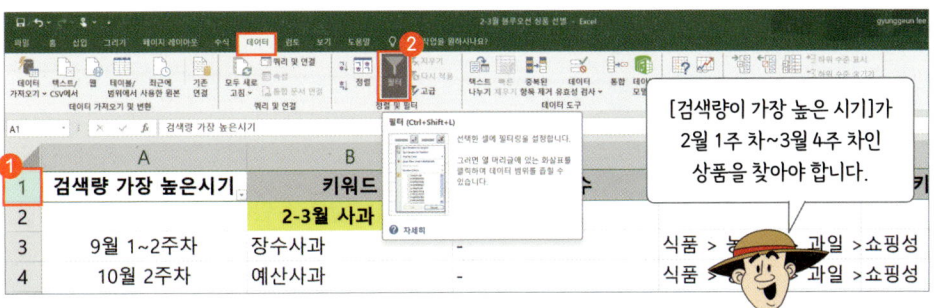

13 ❶ [A1] 셀의 오른쪽 하단에서 화살표 아이콘을 클릭하면 [검색량 가장 높은 시기] 데이터가 주차별로 나타납니다. ❷ 내게 필요한 [○월 ○주 차] 항목에만 체크 표시하고 ❸ [확인]을 클릭합니다.

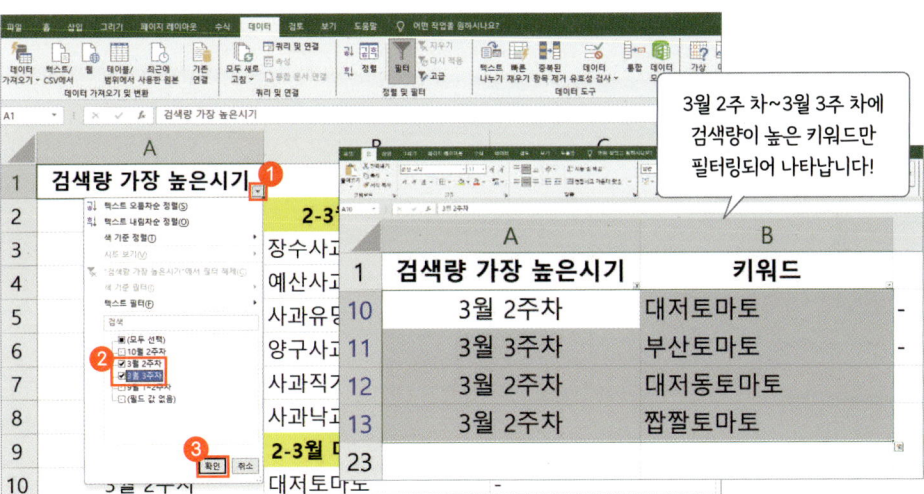

내가 판매하려는 시기에 인기가 높은 블루오션 키워드를 선별하는 과정을 완료했습니다. 바로 이 상품을 소싱해서 판매하면 월에 수백수천 만 원을 온전한 수익으로 연결할 수 있습니다.

블루오션 상품을 탐색할 때 감이나 촉으로 하면 안 되는 이유를 명확히 이해했을 것입니다. 정말 돈을 많이 버는 판매자는 오직 숫자와 데이터를 바탕으로 해서 상품을 판단합니다. 결국 통계를 분석해서 고객이 진짜 원하는 게 무엇인지 찾아내야 한다는 걸 다시 한번 명심해 주세요.

> **이것만 기억하세요!**
>
> 1. 초보 판매자가 진입하기 좋은 시장은 '시즌성 상품' 시장이다.
> 2. 좋은 상품 찾기의 핵심은 '키워드'를 찾아내는 것이다.
> 3. 계절별(월별) 인기 상품 키워드는 네이버 데이터랩에서 찾을 수 있다.
> 4. 계절별 인기 상품 중에서 경쟁이 덜 치열한 키워드는 아이템스카우트에서 찾을 수 있다.
> 5. 상품 키워드는 실제로 검색량이 가장 높은 시기를 정확히 확인하는 것이 중요하다.
> 6. 검색량이 가장 높은 시기가 연도별로 1~2주 정도 차이가 날 때만 시즌성이 있는 상품이다. 시기의 어긋남이 3~4주가 넘거나 검색량이 불규칙적으로 오르내리는 상품 키워드는 시즌성이 없다고 간주한다.

03-3

매출이 0원일 때도 성공하는 공급처 섭외 노하우

지금쯤 기대보다 막막함이 앞설 여러분을 위해 쇼핑몰에 단 1개의 상품도 올리지 못했던 시절에도 공급처를 성공적으로 섭외할 수 있었던 노하우를 모두 공개합니다. 먼저 공급처 채널의 종류를 살펴보고 매출이 없는 초보 판매자도 상품 소싱에 성공할 수 있는 방법을 알아보겠습니다.

▶ 소싱(sourcing)이란 공급처를 섭외하여 상품을 공급받는 걸 의미합니다.

⭐ 상품 공급처의 종류 2가지

앞서 찾아낸 상품을 판매하려면 소매가보다 저렴하게 상품을 공급해 줄 공급처를 구해야 합니다. 공급처를 섭외하려면 상품을 가진 공급처에 전화나 이메일, 홈페이지 등을 통해 연락하고, 그 상품을 우리가 판매할 수 있도록 허락받아야 합니다. 그래서 판매 경험이 없는 경우 대부분 이 단계에서 매우 높은 진입장벽을 느끼고 포기해 버립니다.

기본 공급처의 종류에는 생산자(제조사)와 유통사(벤더사) 이렇게 2가지가 있습니다. 각 업체가 상품을 공급하는 방식과 함께 여러분이 공급처를 선택할 수 있도록 장단점을 알려 드리겠습니다.

▶ 농산물을 공급해 주는 대상은 생산자, 공산품을 공급해 주는 대상은 제조사로 칭하는 것이 더 적합합니다. 이 책에서는 편의를 위해 생산자와 제조사를 묶어 생산자로, 유통사와 벤더사를 묶어 유통사로 부르겠습니다.

❶ 생산자

먼저 **생산자**는 말 그대로 내가 공급받고 싶은 상품을 생산 또는 제조하는 공급처입니다. 그러다 보니 품질 관리에 민감하고 소통이 원활합니다. 또, 고객 불만 등 문제가 생겼을 때도 적극적으로 대응해 줍니다.

하지만 개인 판매자가 접촉했을 때 단가 협상이 쉽지 않다는 큰 단점이 있습니다. 아무래도 이 책을 보는 초보 사장님이라면 아직 매출이 없거나 판매량이 적어서 소매가보다 파격적으로 낮은 단가로 상품을 받기 어려울 거예요. 특히 생산자는 자신의 상품에 자부심과 애정이 남달라서 초보 판매자의 전화 몇 마디로는 제안에 수락하지 않을 가능성도 높습니다.

❷ 유통사

다음으로 소개할 채널은 유통사입니다. 유통사는 우리 대신 생산자의 상품을 소싱하여 공급해 주는 업체를 말합니다. 흔히 B2B 도매업체라고 부르는데요. 이 채널의 가장 큰 장점은 공산품부터 시즌성 상품까지 다양한 상품을 공급해 준다는 점입니다. 그래서 여러 가지 상품을 소싱해야 하는 초보 판매자의 부담을 대폭 줄여 줄 수 있습니다.

한편 회원 가입만 하면 이용할 수 있는 구조라서 이용 방법이 간편하지만, 그만큼 이미 수많은 판매자가 거래하는 경우가 많아 소통이 어려울 수 있습니다. 생산자와는 보통 일대일로 소통하지만, 유통사의 경우 단톡방이나 이메일로 공지하는 다대일 소통 방식을 사용하기 때문입니다. 그 탓에 상품 품절이나 변경 등의 이슈가 있을 때도 미리 연락을 받는 데 문제를 겪을 수 있습니다.

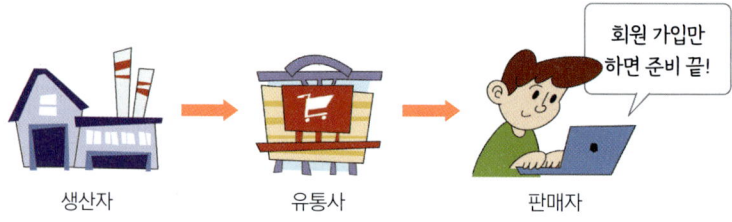

두 공급처의 장단점을 비교하면 다음과 같습니다.

구분	장점	단점
생산자 (제조사 포함)	• 품질 관리에 민감하고 CS 관리에 적극적이다. • 소통이 원활하다.	• 개인 판매자가 단가 협상하는 것이 어려워서 초보에게는 진입장벽이 높다.
유통사 (벤더사 포함)	• 다양한 상품을 공급받을 수 있다. • 회원 가입만 하면 서비스를 바로 이용할 수 있다.	• 상품 품절이나 변경 등 이슈가 생겨도 연락받지 못하는 등 대응이 느린 편이다.

판매자가 수익을 원활하게 내려면 한쪽 채널에만 의존하지 말고 생산자와 유통사 모두 적극 활용해야 합니다. 여기서 문제는 갓 시작한 초보 사장님이 생산자와 유통사 둘 다 설득하는 게 다소 어렵다는 것입니다. 어쨌든 공급처보다 판매자의 수가 압도적으로 많다 보니 공급처 입장에서도 굳이 초보 판매자에게 상품을 공급해 줘야 하나 싶을 테니까요. 심지어 일부 공급처는 직접 대면해서 판매 방식이나 전략 등을 소개하는 발표를 요구하는 곳까지 있으니 부담이 클 수밖에 없습니다. 그래서 공급처를 섭외하는 것도 신선식품으로 접근하는 것을 추천합니다.

★ 신선식품 공급처의 종류 4가지

상품의 공급처 채널을 앞에서는 크게 생산자와 유통사로 분류했는데요. 시즌성 상품 가운데 신선식품은 생산자와 유통사를 세분화한 4가지 채널을 활용할 수 있습니다. 4가지 채널의 장단점과 함께 제가 추천하는 채널을 소개하겠습니다.

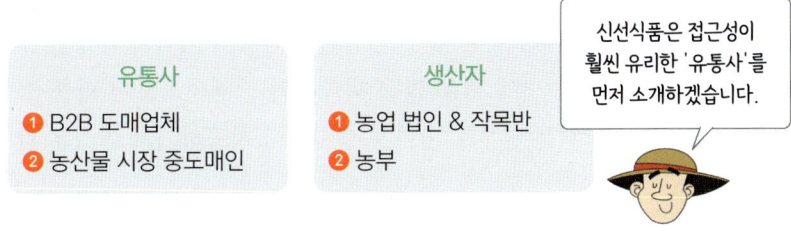

❶ B2B 도매업체

B2B 도매업체는 사업자 전용으로 구축된 쇼핑몰 홈페이지에 회원 가입을 하면 바로 상품을 소싱해서 판매할 수 있습니다. 별도로 승인이나 허락받지 않아도 회원 가입만 마치면 바로 이용할 수 있죠. 다만 일반 상품의 유통사와 마찬가지로 이용자가 많아서 품질 관리와 소통 면에서 조금 아쉬운 경우가 많습니다.

❷ 농산물 시장 중도매인

농산물 시장의 중도매인은 B2B 도매업체와 마찬가지로 유통사에 해당하지만, 단순한 유통업체가 아니라 시장에서 근무하는 중도매인이어서 농산물을 전문으로 다룬다는 차이점이 있습니다. 애초에 공급을 업(業)으로 하는 중도매인이다 보니 가격이 저렴한 경우가 많고 단톡방이나 전화 연락을 통해 소싱하기가 쉬운 편입니다. 다만 매일 경매해서 상품을 공급받아 보내는 구조라서 주문량이 갑자기 늘어나면 재고가 충분히 확보되어 있지 않았을 때 배송이 지연되는 경우가 있습니다. 또, 산지의 긴급한 사정으로 기존에 판매하던 농산물 상품을 A 생산자 작물에서 B 생산자 작물로 변경해서 발송할 가능성도 있습니다.

❸ 농업 법인 & 작목반

농업 법인은 농업 종사자가 만든 기업이고 작목반은 농업 종사자가 모여 만든 협동조합을 말합니다. 품질 관리가 잘 이뤄지고 다양한 상품을 공급받을 수 있지만 일반 기업에 비해 그 수가 훨씬 적어서 소싱 난이도가 높습니다.

❹ 농부

농부는 상품을 직접 재배·생산·관리해서 품질이 우수하고 소통이 원활합니다. 또한 블로그나 인스타그램에서 ○○ 수확, ○○ 농장으로만 검색해도 연락처 정보를 쉽게 찾을 수 있습니다. 아쉬운 점은 개인이나 가족 단위로 운영하므로 대량 주문처리하기가 어려운 편이고, 연배가 높은 농부는 인터넷 판매에 익숙하지 않을 수 있습니다. 무엇보다 연락하기 쉬운 탓에 너무 많은 판매자가 스팸성으로 전화를 걸다 보니, 상품 소싱에 거부감을 느끼는 경우도 많아서 생각보다 성공하기가 어려운 편입니다.

신선식품을 소싱할 수 있는 4가지 공급처의 장단점을 표로 정리해 보았습니다.

구분	장점	단점
B2B 도매업체	• 다양한 상품을 공급받을 수 있다. • 회원 가입만 하면 서비스를 이용할 수 있다.	• 상품 품절이나 변경 이슈가 당일에 급작스레 연락오는 경우가 많아 대응이 어려울 수 있다.
농산물 시장 중도매인	• 가격이 저렴한 편이다. • 공급과 관련된 소통이 원활하다.	• 주문량이 갑자기 늘어나면 배송이 지연될 수 있다. • 기존에 판매하던 상품의 생산자가 바뀔 수 있다.
농업 법인 & 작목반	• 품질 관리가 용이하다. • 다양한 상품을 공급받을 수 있다.	• 조합 수가 적어 소싱 난이도가 높다.
농부	• 상품을 직접 생산하므로 품질이 우수하다. • 연락처를 찾기 쉽고 소통이 원활하다.	• 대량 주문처리하기가 어렵다. • 인터넷 판매에 미숙하거나 상품 소싱에 거부감을 느끼는 경우가 종종 있다.

🚩 생산자보다 유통사를 먼저 섭외하세요!

초보자라면 B2B 도매업체와 시장 중도매인을 상대로 소싱하는 것을 1순위로 추천합니다. 이유는 간단합니다. 상품 소싱, 즉 공급처를 섭외하기가 훨씬 쉽기 때문입니다. 앞서 설명한 것처럼 B2B 도매업체와 시장 중도매인은 '판매' 목적 유통을 전문으로 하는 공급처이므로 자신의 상품을 공급받는 판매자에게 열려 있습니다.

또 하나의 커다란 장점은 한 곳만 제대로 선택해도 계절별로 다양한 상품을 공급받을 수 있다는 것입니다. 봄철에는 봄나물과 봄 과일을 공급받고, 여름·가을·겨울에도 제철 농산물 상품을 공급받을 수 있어요. 그 덕분에 매달 소싱 상품을 찾지 않아도 되죠. 이렇게 상품을 빠르게 공급받아 매출을 내기 시작하면 이후 난이도가 높은 생산자 공급처도 훨씬 더 쉽게 설득하고 소싱할 수 있어서 일석이조입니다.

당장 매출도 없는 초보 판매자가 농부와 농업 법인 등 전화 영업이 필수인 공급처를 무턱대고 소싱하려고 하면 거절만 당하기 일쑤여서 좌절하고 포기하게 됩니다. 심지어 농부 대다수가 주력 작물만 키우기 때문에 주력 작물의 철이 지나면 다른 계절에는 상품을 공급받기 어려운 경우가 많습니다. 힘들게 소싱에 성공해도 다음 달에는 새로운 농부를 섭외해야 하는 번거로움도 무시할 수 없습니다.

따라서 처음부터 어렵게 소싱을 시작하지 말고 B2B 도매업체와 시장 중도매인 채널을 적극 활용하며 판매 경험을 쌓은 다음에 생산자 공급처를 추가로 소싱해 보세요. 이러한 원리는 신선식품뿐 아니라 일반 공산품도 마찬가지입니다. 생산자에게 무작정 전화해서 소싱하기보다 B2B 도매업체 공급처를 활용해 매출을 내는 걸 우선으로 하세요. 그 이후에 생산자에게 연락하면 소싱 확률을 크게 높일 수 있습니다.

이제부터 공급처별로 소싱하는 방법을 실습으로 알아보겠습니다.

하면 된다!} 유통사 채널에서 상품 소싱하기

유통사는 우리 대신 상품을 대량으로 소싱해 소매가보다 저렴하게 공급해 주는 채널입니다. 신선식품에서는 B2B 도매업체와 시장 중도매인이 여기에 해당하는데요. 인터넷에 몇 번 검색하면 소싱처를 쉽게 찾을 수 있습니다.

01 유통사 사이트 찾기

❶ 네이버에 접속해서 내가 원하는 상품종류 키워드 + B2B/도매/공급을 입력해 검색합니다. ❷ 검색 결과에서 업체를 고른 후 웹 사이트를 클릭해 회원 가입을 진행합니다.

▶ '농산물 B2B', '농산물 도매', '농산물 공급', '식품 B2B', '식품 도매', '식품 공급' 등으로 검색할 수 있습니다.

수십 개나 되는 유통사 공급처를 손쉽게 찾을 수 있습니다.

02 상품을 검색하면 다음과 같이 나열됩니다. 일반 쇼핑몰과 마찬가지로 홈페이지에서 주문할 수 있는 경우가 많습니다. 수십 건 이상의 대량 주문은 도매업체 고객센터로 연락해서 엑셀 등 주문서 양식을 별도로 받아 주문할 수도 있습니다.

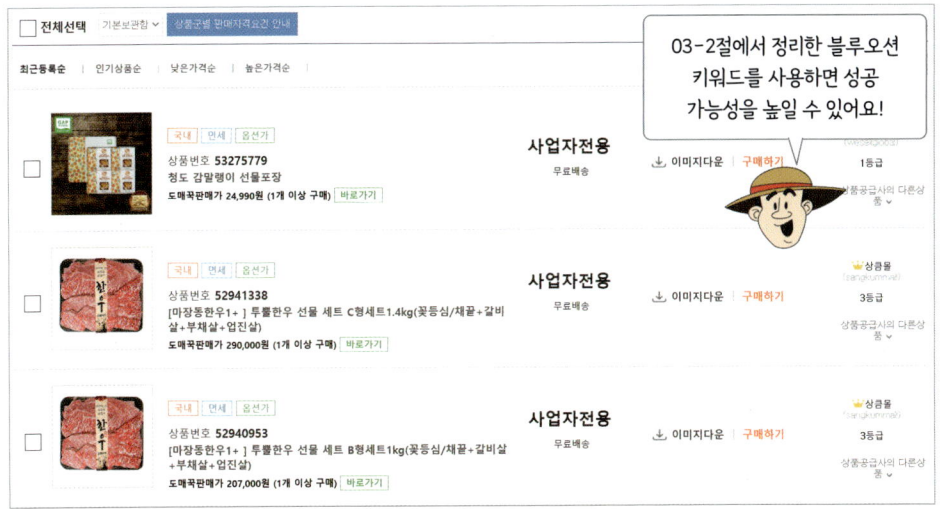

▶ 사업자등록증이 없으면 업체를 이용하기 어려울 수 있습니다. 유통사 홈페이지를 통해 소싱한다면 01-2절을 참고하여 홈택스에서 사업자 등록을 완료한 후 이용하는 것을 추천합니다.

03 카카오톡 오픈채팅 활용하기

B2B 도매업체나 시장 중도매인 공급처는 카카오톡 오픈채팅에서도 쉽게 찾을 수 있습니다. ❶ 카카오톡에 접속한 후 오른쪽 상단에 있는 [오픈채팅 💬]을 클릭하고 ❷ 검색 창에 농산물, 식품 B2B 등을 입력해 검색합니다. 상품을 공급해 줄 유통사 수십 개의 오픈채팅을 찾을 수 있습니다.

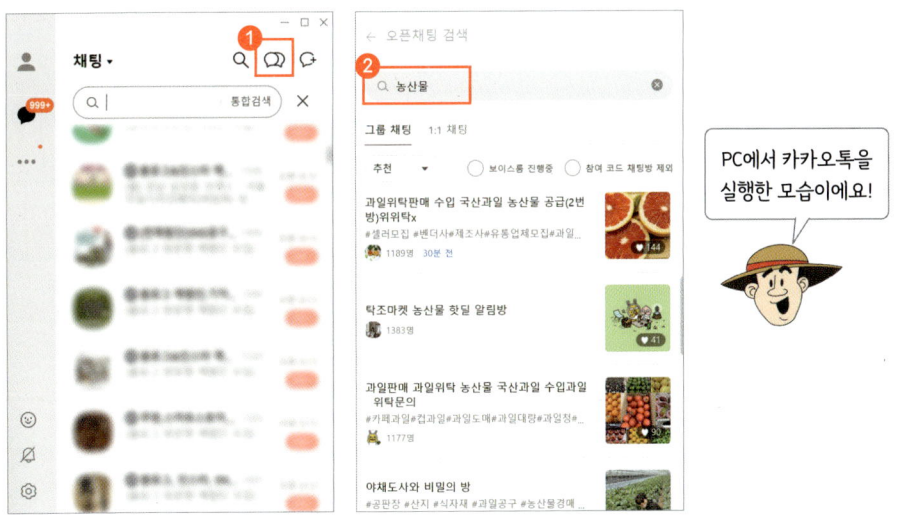

04 단톡방에 들어간 뒤 공지사항 안내에 따라 다음 단계를 진행합니다. 보통 홈페이지에 회원 가입을 하거나 방장에게 개인톡으로 사업자등록증을 보내 인증받으면 바로 상품을 소싱해서 주문을 넣을 수 있습니다. 마찬가지로 03-2절에서 찾은 키워드에 적합한 상품만 선별하여 소싱 및 판매 준비를 하면 됩니다.

유통사 공급처 찾기, 전혀 어렵지 않죠? 단 1시간만 투자해도 공급처를 최소 20개 이상 찾을 수 있습니다.

하면 된다!} 생산자 채널에서 상품 소싱하기

생산자는 유통사와 달리 회원 가입만으로 거래하기는 어렵고 전화나 문자로 직접 연락해서 공급 허락을 받아야 이용할 수 있습니다. 장기적으로는 생산자 공급처까지 소싱해 둬야 남들이 다 이용하는 B2B 도매업체 상품뿐 아니라 나만의 경쟁력 있는 상품까지 판매할 수 있습니다. 홍보 활동을 위해 블로그나 인스타그램을 운영하는 농부나 농업 법인이 점점 많아지는 추세이니 적극 활용하기를 추천합니다.

01 공급처 블로그 찾기

❶ 네이버에서 **상품 종류 + 농장/수확/재배/농업법인/작목반**을 검색합니다. ❷ 검색 창 하단에 있는 카테고리에서 [블로그]를 누르면 농장이 운영하는 블로그를 쉽게 찾아볼 수 있습니다.

▶ 사과 공급처를 찾고 싶다면 '사과 농장', '사과 수확', '사과 재배', '사과 농업법인', '사과 작목반' 등으로 검색하면 됩니다.

02 농장에서 운영하는 블로그에 접속하면 프로필 하단에서 이메일 주소를 확인합니다. 만약 기재되어 있지 않다면 주소 표시줄을 클릭하면 나타나는 blog.naver.com/○○○에서 네이버 아이디에 해당하는 ○○○을 확인합니다. ○○○@naver.com으로 이메일을 보내서 연락할 수 있습니다.

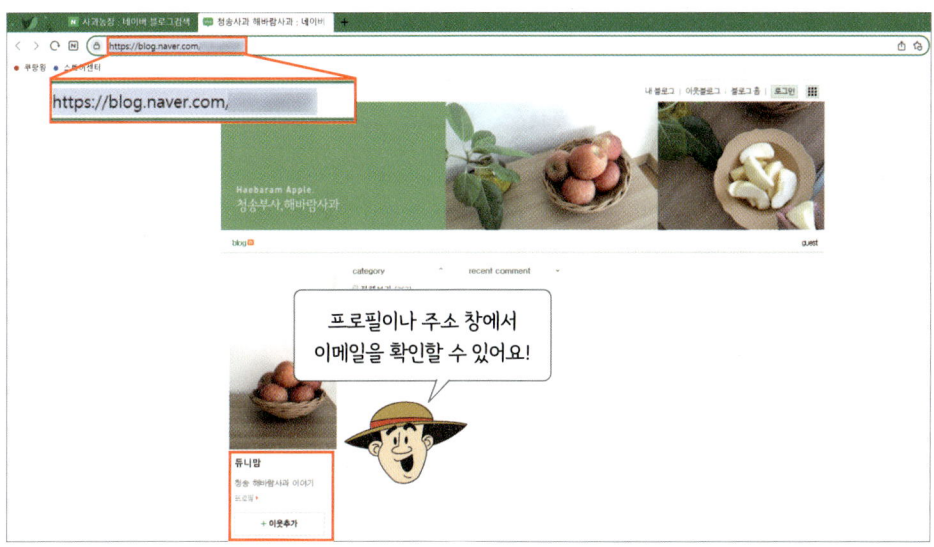

03 이메일 회신이 늦거나 누락되는 경우를 대비해 전화번호도 미리 알아 두면 좋습니다. ❶ 블로그에서 제목에 품절, 판매 등의 키워드가 들어 있는 포스팅에 접속합니다. ❷ 글 하단에 연락처나 문의 방법이 써 있는 경우가 많은데, 그곳에 적혀 있는 연락처로 전화하면 됩니다.

04 인스타그램 확인하기

❶ 인스타그램에서 상품 종류 + 농장/수확/재배/농업 법인/작목반을 검색합니다. 검색 창 하단에서 ❷ [추천] 탭이나 ❸ [계정] 탭을 누르면 수많은 농부와 농업 법인 계정을 확인할 수 있습니다.

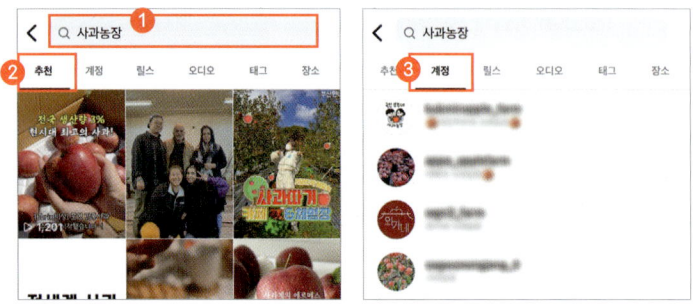

05 인스타그램은 계정 프로필에 링크를 걸어 두는 경우가 많습니다. ❶ 프로필 링크를 누르면 ❷ 공급처에서 운영하는 쇼핑몰 또는 문의처를 확인할 수 있습니다. 프로필 링크에 따로 연락처가 없다면 ❸ 게시물 본문을 확인해 보세요.

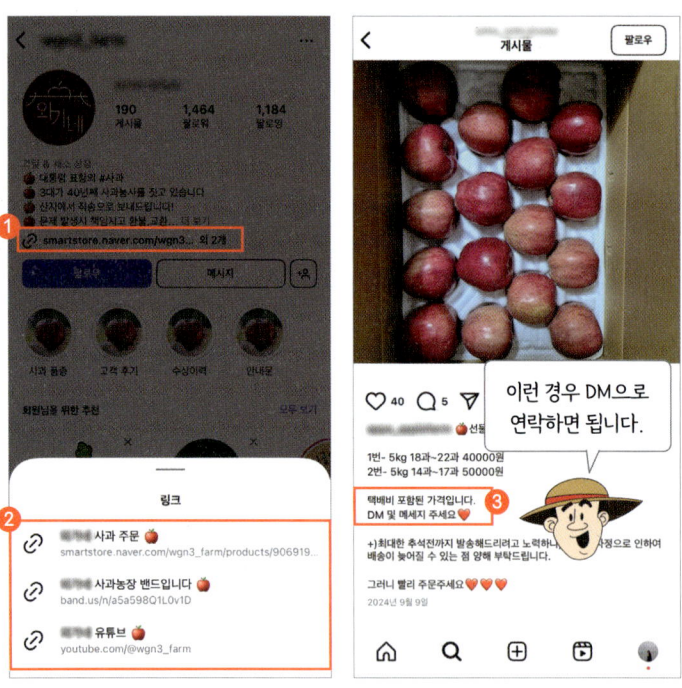

프로필 링크에 연락처를 올려 둔 경우   게시물 본문에 소통 수단을 기재한 경우

생산자는 전화나 DM으로 소싱을 요청하더라도 유통사보다 성사되기 어려운 편이지만, 위축될 필요는 없습니다. 실제로 월 매출이 수천만 원인 저도 전화 100통을 걸면 70통 정도는 광고 스팸 전화로 여겨 받지 않거나 바로 끊어지는 게 다반사입니다. 심지어 DM은 100통을 보내도 회신은 10통이 올까 말까이죠. 여러분을 싫어해서가 아니라 초면에 거래를 성사시키는 게 그만큼 난이도가 높습니다. 그러니 거절을 당해도 너무 상처받지 말고 **수익화를 위해서라면 꼭 필요한 과정**이라는 것을 인지하세요. 성공할 때까지 의지를 갖고 자신감 있게 생산자 공급처에 연락해 보세요.

 질문 있어요! 소싱을 요청할 때 어떤 멘트가 좋을까요?

처음 소싱하려고 전화할 때 어떻게 말해야 할지 감도 잡히지 않고 긴장감이 흐릅니다. 그런 분들을 위해 추천하는 멘트를 소개해 드리겠습니다. 순서대로 따라 하며 익혀 보세요.

① 안녕하세요, ○○ 농장(농업법인) 대표님. 저는 농산물 쇼핑몰을 준비하고 있는 ○○○(본인 이름) 대표라고 합니다. 잠시 시간 괜찮으신가요?
② 다름이 아니라 블로그에서 대표님이 키우시는 ○○ 작물을 보았는데, 정말 정성으로 잘 키워 주시고 좋아 보여서 저도 판매해 보고 싶어 연락 드렸습니다.
③-1 (거절하는 경우) 네, 알겠습니다. 다음에 좋은 기회로 뵙길 기대하겠습니다. 감사합니다.
③-2 (흥미를 보이는 경우) 저는 네이버 스마트스토어에서 판매할 예정이고, 체험단 마케팅이나 광고도 적극적으로 진행할 예정입니다. 좋은 기회 주시면 잘 판매해 보겠습니다.
④ 괜찮으시면 통화 종료 후 편하신 시간에 저에게 공급해 주실 수 있는 품위별, 중량별 옵션과 함께 단가를 안내해 주실 수 있을까요? 확인하고 논의하고자 합니다. 감사합니다.

통화를 마친 뒤에는 다음과 같은 내용으로 문자를 남겨 두세요.
"안녕하세요, 대표님. 방금 연락 드린 ○○○(본인 이름) 대표입니다. 오늘 좋은 기회 주셔서 감사합니다. 편하신 시간에 옵션과 단가 말씀해 주시면 감사하겠습니다."

이렇게 하면 보통 1일 내로 연락이 올 것입니다. 만약 연락해 주지 않더라도 낙담하지 말고 다시 한번 전화나 문자를 남겨 보세요. "혹시 단가 및 옵션 내용은 검토해 보셨을까요?"라고 연락하면 답변이 올 거예요.

이렇게 상품을 공급해 줄 공급처를 찾고 유통사와 생산자에 맞게 소싱하는 방법까지 살펴보았습니다. 앞서 언급한 것처럼 생산자와 소싱하기가 어려운 경우 유통사 공급처를 먼저 섭외해 빠르게 매출을 만들어 가는 걸 추천합니다. 그 이후에 생산자에게 소싱을 의뢰해도 무방하니 어렵다고 멈추지 말고 쉬운 방법부터 꼭 실천해 보길 바랍니다.

소싱이 성사되면 확인해야 할 5가지 – 신선식품 전용

전화나 DM으로 소싱을 수락한 경우 거래가 성립되는데요. 그 전에 다음 5가지 사항을 꼭 확인해야 합니다.

❶ 주문 마감 시간 & 발주서 양식

주문을 마감하는 시간과 주문을 받을 때 사용하는 발주서(주문서) 양식이 있는지 확인하세요. 별도 양식이 있다면 해당 양식에 맞춰 발주서를 작성하고 주문을 넣으면 됩니다. 양식이 따로 없다면 다음과 같이 주문자 이름, 연락처, 주소, 주문 옵션, 배송 메시지를 엑셀로 정리해 전달하면 됩니다.

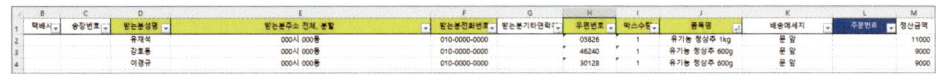

발주서 예시

❷ 수확 종료 기간

수확 종료 기간이 최소 한 달 이상 남았는지 확인합니다. 당장 한 달도 남지 않았다면 거래를 진행하지 않는 것을 추천합니다. 거래하는 공급처에 다음과 같이 질문해서 수확 종료 기간을 문의하면 됩니다.

> 그럼 지금 출하 중인 설향멜론의 수확 마감은 언제로 예정하고 계실까요?

거래처에 수확 종료 기간을 문의하는 멘트 예시

❸ 계산서 발행 여부

공급처에서 계산서를 발행해 줄 수 있는지 확인하세요. 계산서와 관련된 내용은 08-2절에서 상세하게 설명할 예정이니 일단 발행 가능 여부만 체크하면 됩니다. 우리는 계산서라고 부르는 사업자용 영수증을 매달 공급처로부터 받아야 하는데요. 만약 농산물을 거래하는데 농부가 사업자 등록을 하지 않아서 계산서를 발행할 수 없다고 한다면 계산서 대신 자유 양식의 간이 영수증을 발행해 달라고 요청하세요. 정해진 양식은 없으며 농부의 이름과 주민등록번호, 거래 품목, 입금액만 기재되어 있으면 됩니다. 종이로 작성한 영수증을 우편으로 받거나 사진 파일로 받아도 상관없습니다.

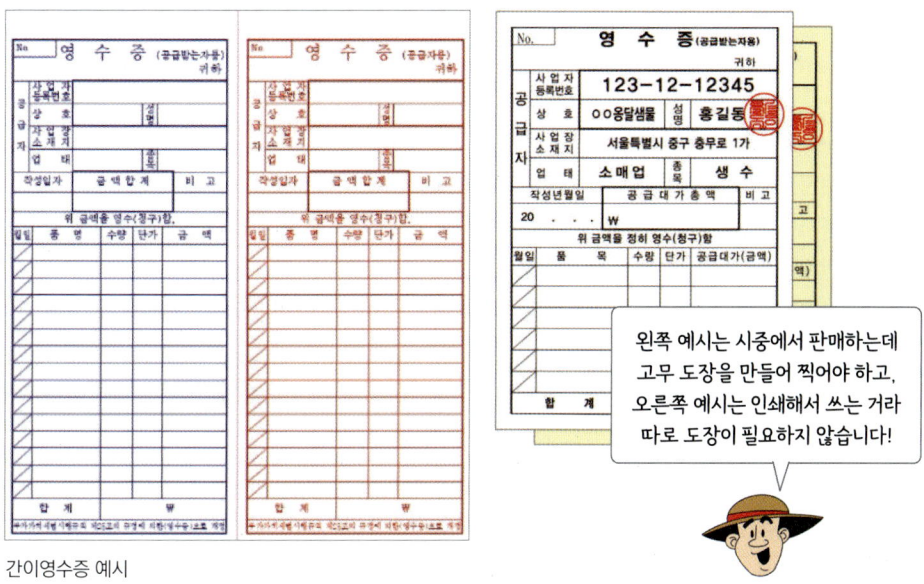

간이영수증 예시

❹ 옵션별 단가

농산물의 옵션별 단가를 확인해 주세요. 이 역시 거래처에 연락하여 확인할 수 있는데, 거래처별로 옵션과 단가가 정해져 있기 때문입니다. 공급처에서 전달한 단가가 이미 직거래로 판매하고 있는 가격과 동일하거나 2~3천 원밖에 차이가 나지 않는다면 단가를 더 낮춰 달라고 요청해야 합니다. 농부가 판매 중인 상품 가격에서 최소 20% 이상 인하해서 받아야 판매할 만한 가치가 생깁니다. 가격을 조정하기 어려운 경우 거래하지 않기를 추천합니다.

❺ 택배 발송 여부

공급처에서 직접 택배를 발송해 줄 수 있는지 확인하세요. 우리는 포장 및 발송을 하지 않는 위탁판매 사업자이므로 농부나 농업 법인이 택배 포장과 발송을 직접 해줘야 합니다. 만약 배송이 불가능하거나 우리에게 택배사와 계약해 보내 달라고 요청하는 경우 거래하지 않기를 추천합니다.

공급처와 거래하기로 결정했다면 해당 상품을 스마트스토어에 등록하면 됩니다. 하지만 남들과 같은 방식으로 올려 버리면 고객에게 내 상품을 어필하기가 어렵겠죠? 이어지는 04장에서는 상품을 소개하는 상세페이지를 만들어 보고 05-2절에서 상품을 등록해 보겠습니다.

> ### 🔖 이것만 기억하세요!
>
> 1. 공급처 채널은 크게 생산자(제조사), 유통사(벤더사)로 나눌 수 있다.
> 2. 유통사는 웹 사이트나 카카오톡 오픈채팅에서 찾을 수 있고 회원 가입 또는 단톡방에 입장하기만 하면 바로 상품을 소싱할 수 있다.
> 3. 생산자는 네이버 블로그나 인스타그램에서 찾을 수 있고, 전화나 DM 영업으로 소싱 허락을 따로 받을 수 있다.
> 4. 매출이 없고 판매 경험이 부족하다면 생산자를 소싱하는 게 어려울 수 있으니, 우선 유통사를 소싱해 빠르게 실천해 보는 것에 집중하자.
> 5. 소싱을 성공한 공급처에서 경쟁강도가 낮은 키워드에 맞는 상품만 선별하여 판매할 준비를 한다.

☑ **사장님 체크리스트**

상품 선정하고 공급처 알아보기

내 상품을 고객에게 팔기 위해서는 네이버 데이터랩에서 고객이 원하는 상품을 찾고 아이템스카우트에서 경쟁률이 낮은 키워드를 골라내야 합니다. 다음 항목을 하나씩 해결하고 체크해 나가세요.

상품 키워드 선정하기

- 네이버 데이터랩에서 시즌별 인기 있는 상품 키워드 20개 추출하기 ☐
    - ▶ 조사하는 날짜로부터 다음 달과 그다음 달의 데이터를 조사합니다.
    - ▶ 기존 데이터를 분석해야 하므로 연도는 조사 날짜의 이전 해로 설정합니다.
- 아이템스카우트에서 상품별 블루오션 키워드 찾기 ☐
- 필터링해서 경쟁강도가 낮은 키워드 골라내기 ☐
- 데이터를 통합한 뒤 중복 데이터 삭제하기 ☐

상품 공급처 소싱하기

- 생산자, 유통사 가운데 상품을 소싱할 공급처 정하기 ☐
    - ▶ 초보자라면 생산자보다 유통사를 먼저 소싱한 뒤, 매출이 났을 때 생산자 공급처까지 소싱하는 전략을 추천합니다.
- (선택) 유통사 홈페이지에 회원 가입을 해서 상품 찾아보기 ☐
- (선택) 유통사 오픈채팅 참여하기 ☐
- (선택) 블로그, 인스타그램에서 생산자 공급처 찾아보기 ☐

04

고객의 지갑을 여는 상세페이지 기획

블루오션 상품 키워드를 찾아 공급처 소싱만 해도 판매로 이어질 가능성이 매우 높습니다. 그러나 꾸준히 수익을 만들고 잘 팔리려면 상품이 좋은 것만으로는 부족합니다. 그 상품을 정말 사고 싶은 마음이 들도록 설득할 수 있어야 안정된 수익을 만들 수 있습니다. 그러려면 단연코 고객의 지갑을 여는 상세페이지 기획이 필수입니다.

상세페이지를 '기획'하라고 하거나 '디자인'하라고 하면 어려워하고 막막해하는 분들이 많을 텐데요. 10만 원에 상당하는 상품을 100만 원에 판매하는 엄청난 전문 카피라이팅을 쓰거나 나만의 패키지를 디자인해서 브랜딩하는 '어려운' 기획을 하는 게 아닙니다. 인생 처음 쇼핑몰을 운영하는 여러분도 만들 수 있는 상세페이지 기획! 지금 시작해 보죠.

04-1 고객은 언제 지갑을 열까?
04-2 스마트스토어에서 먹히는 상세페이지 기획 노하우
04-3 구매 욕구를 부르는 사진 촬영 가이드
04-4 미리캔버스로 상세페이지 & 섬네일 완성하기
✅ **사장님 체크리스트** 핵심을 고려하여 상세페이지 기획하기

04-1

고객은 언제 지갑을 열까?

상세페이지를 기획하는 목적은 고객의 지갑을 여는 것입니다. 그런데 초보 사장님은 그 핵심을 잊고 어느새 예쁜 사진과 멋진 디자인, 길고 논리적인 설명 글, 센스 있는 카피라이팅 등 뽐내고 자랑하는 것에만 초점을 맞추는 경우가 많습니다. 물론 사진이나 설명 글, 카피라이팅을 광고나 상품기획 전문가처럼 잘 쓰면 좋겠지만 저도 여러분도 그런 능력까지는 필요하지 않습니다. 우리가 명심할 건 '고객의 지갑을 열자'라는 목적이니, 걱정은 그만 접고 따라오기만 하면 됩니다.

초보자가 빠지기 쉬운 2가지 착각

'고객의 지갑을 여는 것'이 핵심이라고 설명하면 대부분 다음 2가지에 집착하다 낭패를 봅니다. 바로 '최저가'와 '브랜드'입니다. 이 2가지에 비중을 두지 않아도 되는 이유를 자세히 살펴보겠습니다.

❶ 최저가에 집착하지 마세요!

먼저 **최저가**를 신경 쓰지 말아야 합니다. "경쟁사에서 이미 더 싸게 판매하고 있어서 제가 판매하기 어려울 거 같은데요." 글쎄요, 거꾸로 질문해 볼까요? 여러분이 상품을 최저가로 판매하면 네이버 전체에서 1등을 할 자신 있나요? 대부분 그렇지 않을 겁니다. 가격은 사실 판매에 관해 하나도 모르는 분들이 핑계로 삼는 요소일 뿐입니다.

물론 가격은 고객이 구매를 결정할 때 중요하게 고려하는 요소이지만 '오로지 가격'이 구매를 결정 짓는 게 아니라는 거죠. 한번 네이버에서 상품을 검색하고 [낮은 가격순]으로 정렬한 뒤 [네이버 랭킹순]으로 다시 정렬해 보세요. '가격'이 최우선이라면 최저가 업체들이 1등을 비롯해 상위권을 모두 점령하겠죠. 그런데 현실은 그렇지 않습니다. 오히려 최저가 스토어보다 몇만 원, 몇천 원 이상 비싸게 내놓은 스토어가 상위권을 차지하는 경우가 더 많습니다.

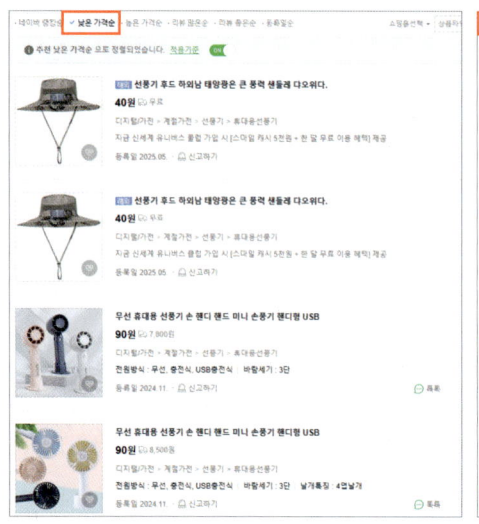
'휴대용 선풍기'를 [낮은 가격순]으로 정렬한 모습

'휴대용 선풍기'를 [네이버 랭킹순]으로 정렬한 모습

❷ 브랜드보다 중요한 것은 본질!

여러분을 가두는 또 다른 편견은 브랜드(brand)입니다. 브랜드란 말 그대로 자기 쇼핑몰, 자기 회사만의 이미지를 상품에 입히는 것인데요. 스마트스토어를 갓 창업한 초보 사장님은 브랜드를 보며 '쟤네는 박스도 예쁘게 디자인하고 별도로 손편지를 프린트해서 넣었네!'라면서 '내 상품이 정말 경쟁력이 있을까', '너무 초라한 건 아닐까' 비교하곤 합니다.

물론 고객이 상품을 받았을 때 더 감동받을 수도 있지만 이것 역시 본질을 놓치는 거예요. 오로지 상품 패키지나 로고, 감성이 좋아서 또는 브랜드라서 판매가 잘 되는 시대가 아닙니다. 사실 몇몇 브랜드는 멋과 감성에만 집착하다가 제대로 자리 잡기 전에 문을 닫는 경우가 허다합니다.

로고를 강조한 패키지 예시

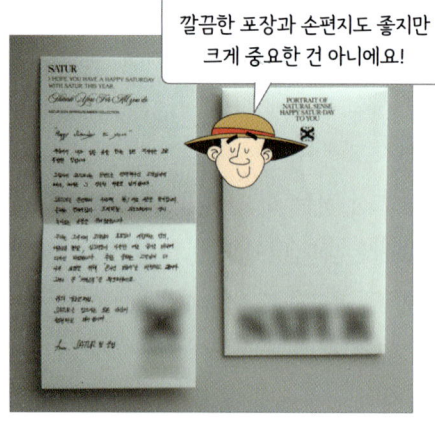
상품 패키지 안에 동봉한 편지 예시

⭐ 고객의 불편함을 해소해 주는 것이 1순위!

그렇다면 여러분이 고객의 지갑을 열어 내 수익으로 가져오기 위해 필히 고민해야 할 것은 무엇일까요? 바로 가격도 브랜드도 아닌 **고객의 문제(걱정) 해결**입니다. 우리는 이미 일상에서도 내 문제를 해결해 주는 상품에 지갑을 열고 있습니다.

예를 들어 식당에 가거나 음식을 차리는 게 번거로운 날에는 배달 앱으로 음식을 주문합니다. 매일같이 이용하는 버스나 지하철 같은 대중교통 역시 우리가 직접 걸어가거나 자전거로 이동하기엔 너무 멀다는 문제를 해결하는 수단입니다. 이와 마찬가지로 스마트스토어에서 고객의 구매를 일으키려면 가격, 브랜드 등이 아니라 바로 '문제 해결'에 집중해야 합니다.

자, 이쯤 되면 내 상품을 제작해서 판매하는 것도 아니고 공급처의 상품을 소싱해서 대신 판매해 주는 위탁판매 스마트스토어가 고객의 문제를 어떻게 해결할 수 있나 싶을 거예요. 바로 **상세페이지**에서 이것이 드러납니다. 고객의 문제를 해결하고 구매하도록 설득하는 스마트스토어의 상세페이지 기획과 디자인 방법을 구체적으로 살펴보겠습니다.

✏️ 이것만 기억하세요!

1. 고객은 가격과 브랜드만으로 구매 결정을 하지 않는다.
2. 고객은 자신의 문제를 해결해 줄 때 구매한다.

04-2 스마트스토어에서 먹히는 상세페이지 기획 노하우

스마트스토어가 노출되는 네이버는 검색 플랫폼이므로 기본적으로 스마트스토어를 이용하는 고객은 비교 검색에 익숙합니다. 실제로 네이버 이용자는 블로그와 카페에서 여러 사람의 후기를 찾아보고 지식인 등에서 검색하며 자신의 문제를 해결하려는 특성이 강합니다. 그러므로 스마트스토어에서 고객의 문제를 해결하고 구매를 설득하고 싶다면 '비교 검색'에서 살아남을 수 있도록 자신의 스토어를 확실하게 차별화해야 합니다. 스마트스토어의 상세페이지를 기획할 때 반드시 기억해야 하는 3가지를 알아보고 그것에 유념해서 상세페이지를 만들어 보겠습니다.

⭐ 구매로 이어지는 상세페이지의 핵심 3가지

스마트스토어에서 판매를 잘하려면 지금부터 소개하는 상세페이지의 핵심 노하우 3가지를 꼭 기억하고 디자인 과정에서 적용해야 합니다. 오른쪽에 있는 QR코드를 스캔해 동영상 강의를 시청하면서 함께 살펴보세요.

동영상 강의

❶ 5초 안에 승부를 봐야 합니다

스마트스토어 상세페이지의 첫 번째 핵심은 바로 **5초 컷**입니다. 초보 사장님이 상세페이지를 구성할 때 가장 많이 하는 실수가 첫인상의 중요성을 간과한다는 점입니다. 잠시 온라인 쇼핑을 할 때 기억을 더듬어 보겠습니다. 쇼핑몰에서 특정 상품을 누르면 상품을 소개하는 상세페이지가 나타나는데, 보통은 상세페이지가 처음부터 끝까지 보이는 게 아니라 중간에 [더 보기] 버튼이 등장하면서 아래는 잘려 있습니다. 그러므로 사실 상세페이지를 아무리 알차게 구성해도 처음에 보이는 부분에서 고객을 설득하지 못하면 고객은 [더 보기] 버튼을 누르기는커녕 페이지를 나가버리는 게 현실입니다. 그렇게 되면 내가 몇 날 며칠 공들여 상세페이지를 제작했다고 해도 5초 컷으로 탈락하는 것이죠. 다시 말해 고객에게 내 상품이 매력적으로 보이도록 하려면 첫눈에 눈길을 사로잡아야 합니다.

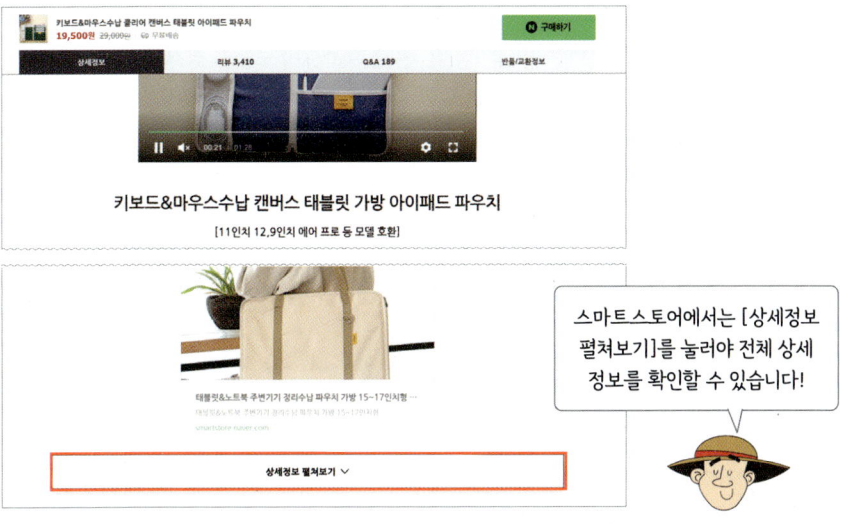

아이패드 파우치의 활용도를 최상단에 배치한 상세페이지 예시(출처: 퍼니메이드)

일부 사장님은 상품 소개가 아닌 리뷰 이벤트나 스타벅스 기프티콘 증정 등 흔하고 의미 없는 내용을 넣습니다. 그러나 포인트 지급이나 리뷰 이벤트는 단골 고객이 있을 때 효과가 좋으므로 스토어를 처음 시작하는 판매자가 그런 내용을 상세페이지 최상단에 넣는 건 무용지물일 뿐입니다.

단순 할인만 강조하는 부적합 사례   품질 걱정을 낮춰 줄 수 있는 상품 실물 이미지를 넣은 좋은 사례

❷ 고객에게 '문제'를 연상시키고 '해결'해 주세요

그렇다면 상세페이지의 최상단에는 어떤 내용을 넣어야 할까요? 바로 **고객이 겪는 '문제'와 그 '해결책'**입니다. 고객의 고민은 **스마트스토어의 1점 리뷰**에서 확인할 수 있습니다. 내가 판매할 상품은 경쟁자가 적은 편이지만 아예 없는 건 아닙니다. 리뷰가 수천수만 개나 달린 경쟁 판매자가 분명히 존재하죠. 바로 그 경쟁사의 1점 리뷰를 보면 됩니다.

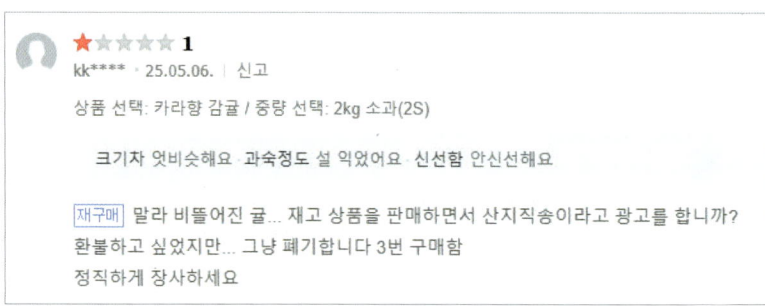

경쟁 스토어에서 살펴본 1점 리뷰

이때 주의할 것은 1점 리뷰를 딱 1개만 보면 안 된다는 겁니다. 1개만 보고 문제를 찾으면 그게 정말 고객 대다수가 겪는 문제인지, 아니면 그 고객 1명만의 문제인지 정확히 알 수가 없기 때문이죠. 따라서 **1점 리뷰는 최소 100건 이상 살펴보고 그중에서도 고객이 불만을 반복적으로 제기하는 것을 파악**해야 합니다. 그게 바로 고객이 해당 상품을 구매할 때 고민하는 문제점이자 걱정거리입니다.

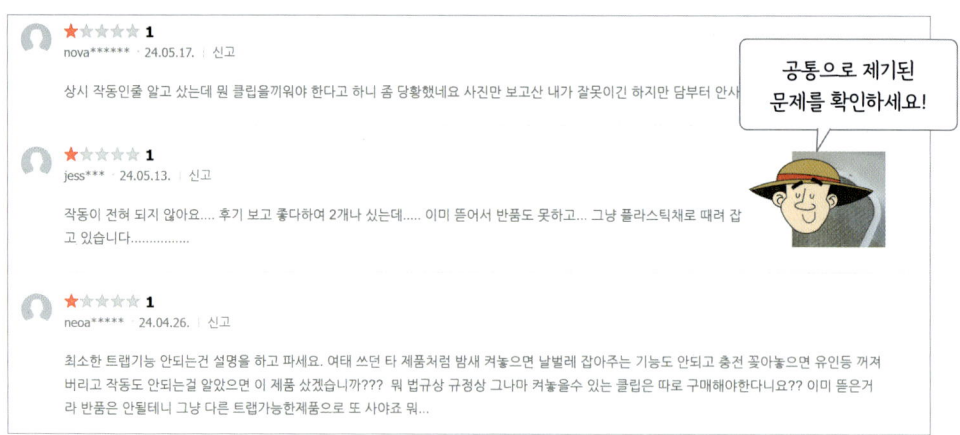

[평점 낮은순]으로 살펴본 한 스마트스토어의 전기모기채 리뷰 예시

우리는 리뷰에 공통으로 등장하는 문제를 해결해 주는 상품을 판매해야 합니다. 예를 들어 내가 찾은 상품이 '제주 감귤'이라면 제주 감귤을 잘 판매하는 경쟁사의 1점 리뷰를 분석해 보면 됩니다. 귤 껍질이 말라 쭈글쭈글하거나 터져서 온다는 악평이 반복적으로 올라온다면 이게 해결해야 할 문제점이 될 수 있겠죠. 그럼 우리는 껍질이 매끈하고 터지지 않는 귤을 보내 드린다고 홍보하면 됩니다. 고객의 걱정을 해결해 주겠다고 설득할 수 있어야 합니다.

이때 단순히 '문제점을 찾았으니 해결책을 맘껏 자랑해야겠다' 하고 들입다 장점만 내세우는 건 추천하지 않습니다. 문제점 없는 해결책은 진정한 해결책이 아니거든요! 장점과 해결책을 일방적으로 자랑하는 게 아니라 고객에게 문제점을 연상시키고 그것을 향한 해결책으로 우리 상품의 장점을 보여 줘야 합니다. 문제가 함께 있을 때 비로소 해결책이 진짜 장점으로 보이기 때문이죠.

그러므로 상세페이지 최상단에는 [고객이 고민하는 문제점 vs 상품의 장점과 함께 해결책 제시] 구조로 내용을 넣어야 합니다. 문제점과 해결책은 한 세트이며 내용이 서로 대비되어야 한다는 것을 명심하세요.

문제점(말라 비틀어진 귤)에 대한 올바른 해결책(껍질이 매끄럽고 터지지 않은 귤)

❸ 글이나 말이 아닌 '이미지'로 설득하세요

고객에게 상세페이지를 통해 문제점과 해결책을 제시할 때는 이미지로 설득해야 합니다. 1점 리뷰에서 고객이 불편을 느끼는 지점을 잘 찾았다 한들 문장 몇 줄로 대충 설명해서는 고객의 지갑을 절대 열 수 없습니다.

예를 들어 볼게요. 마트나 슈퍼마켓에 갔을 때 눈을 가리고 돌아다니면서 판촉사원의 홍보나 영업 멘트만 듣고 물건을 구입하는 소비자가 있을까요? 아무도 없을 겁니다. 기본적으로 고객은 구매 활동을 할 때 눈으로 보고 만지며 최대한 많은 정보를 얻으려고 노력합니다. 마찬가지로 스마트스토어에서도 말이나 글보다 **시각적으로 판매자의 메시지를 전하는 게 정말 중요합니다.** 타사의 제주 감귤이 껍질이 마르고 터진 상태로 배송되는 문제가 있다면, 우리가 제시할 해결책은 매끈하고 터지지 않은 것만 잘 선별하여 보낸다는 증거 이미지입니다.   ▶ 사진을 효과적으로 찍는 방법은 04-3절에서 자세히 소개합니다.

여기서 강조한 '고객을 설득하는 상세페이지의 핵심 3가지'를 꼭 기억해 주세요. 이 3가지만 잘 적용하면 4K 화질의 고품질 사진이나 완벽한 구도로 찍은 전문 작가 사진이 아니어도 고객의 마음을 흔들 수 있습니다.

상세페이지에 들어갈 내용 기획하기

상세페이지를 만들 때 기억해야 할 3가지를 유념하며 상세페이지를 기획해 보겠습니다. 상세페이지는 상품이 무엇이냐에 따라 다르지만 보통 다음과 같이 구성합니다.

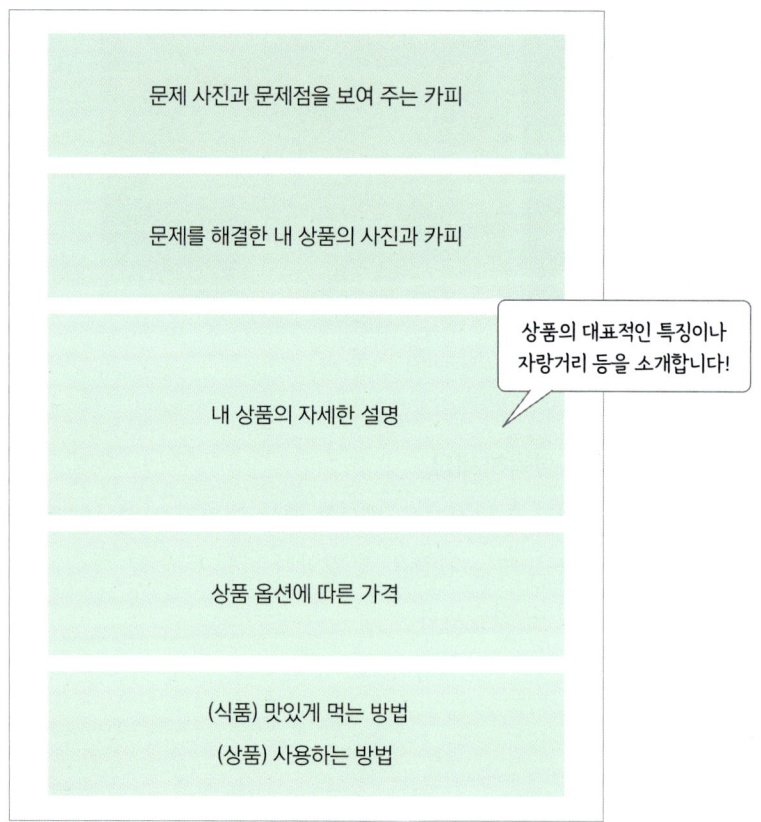

하면 된다!} 내 상품 상세페이지에 들어갈 내용 구상하기

다음 공간에 여러분이 판매할 상품의 설명을 순서대로 적어 보세요. 내 상품을 설득하는 상세페이지에는 어떤 내용을 담을 수 있을까요?

타사의 문제점 (1점 리뷰)	
문제를 해결한 내 상품의 카피	
내 상품의 자세한 설명	
상품 옵션에 따른 가격	
기타(사용법 등)	

하면 된다!} 챗GPT로 돋보이는 카피 쓰기

상세페이지의 전체 그림은 그렸는데 고객이 걱정하는 문제점과 해결책을 글로 쓰자니 막막한가요? 그런데 여러분, 스마트스토어 상세페이지는 시각적으로 메시지를 전달하기 때문에 카피라이팅이 엄청 대단할 필요는 없습니다. 상품을 처음으로 판매한다면 평범한 글쓰기도 어렵게 느껴질 수 있는데, 이럴 땐 챗GPT를 사용해서 간단히 해결할 수 있습니다.

챗 GPT 로고

01 챗GPT에 생산자 역할 지정하기

챗GPT(chatgpt.com)에 접속합니다. 먼저 챗GPT가 상품을 잘 이해해야 양질의 답변을 제공해 주므로 채팅 창에 해당 상품의 전문가 역할을 부여합니다. 여기서는 **너는 감자만 10년 넘게 키운 농부**라고 입력해서 챗GPT를 감자를 재배하는 농부로 설정합니다.

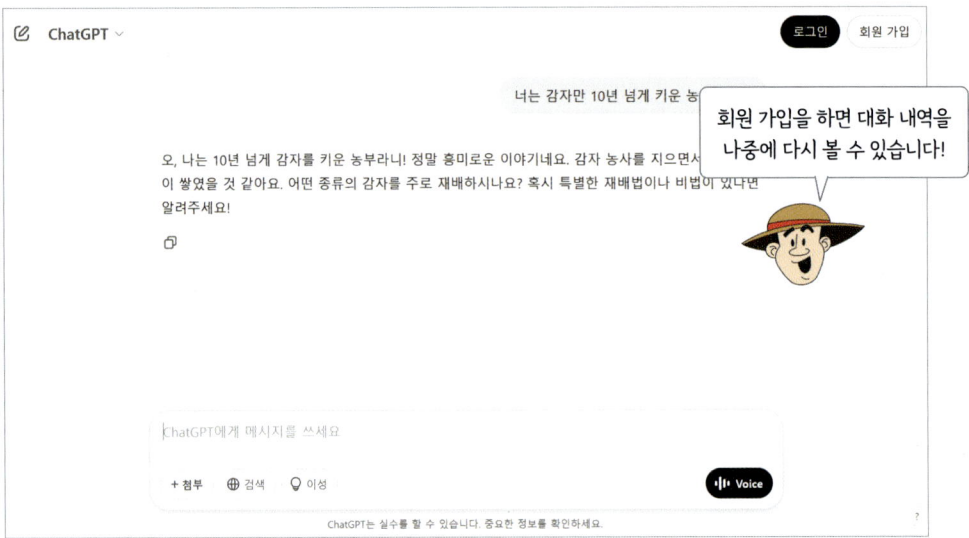

02 이번에는 농부 입장에서 고객을 설득할 수 있는 카피를 써달라고 요청합니다. 10개를 말해 달라 하면 챗GPT는 10개를 알려 주고, 20개를 말해 달라 하면 20개를 알려 줍니다. 이때 요구 조건이 구체적일수록 답변도 자세해지니 꼬리에 꼬리를 무는 형식으로 이어가면 됩니다.

> 사람들이 감자를 먹을 때 퍽퍽하다고 싶어해서 우리 감자는 포슬포슬 맛있다는 걸 강조하고 싶어. 이 내용을 농부의 입장에서 농법과 재배방법을 구체적인 근거로 활용해 고객을 설득할 수 있는 카피라이트로 10개를 말해줄래

물론이죠! 고객들이 "퍽퍽한 감자" 대신 "포슬포슬한 감자"를 선호한다면, 그 특성을 강조하는 카피라이트는 감자의 품질과 재배 과정을 자연스럽게 연결 지어야 합니다. 여기 농부의 입장에서 설득력 있게 쓸 수 있는 카피라이트 10개를 제안드립니다:

1. "10년의 농사 경험이 만들어낸 포슬포슬한 감자, 한 입만 먹어도 차원이 다릅니다."
2. "우리 감자는 퍽퍽하지 않아요. 풍부한 토양과 정성으로 재배한 감자만이 가진 부드러움을 경험하세요."
3. "감자의 본연의 맛을 살린 포슬포슬한 식감, 우리가 키운 감자만의 차별화된 특징입니다."
4. "자연을 닮은 맛, 정성 가득한 재배로 탄생한 포슬포슬한 감자만을 제공합니다."
5. "풍부한 유기물로 기른 토양, 그곳에서 자란 감자는 단단하지 않고 부드럽고 포슬포…"
6. "매일 한 뼘씩 자라는 감자, 천천히 키운 감자만이 선사하는 포슬포슬한 질감을 느껴보세요."
7. "10년을 걸쳐 완성한 감자, 퍽퍽함 없이 입에서 살살 녹는 부드러움을 자랑합니다."
8. "우리 농장에서 자란 감자는 특별합니다. 자연 그대로의 맛을 느끼실 수 있는 포슬포슬한 감자…"
9. "퍽퍽한 감자는 이제 그만! 고유의 맛과 식감을 살려, 포슬포슬하게 자란 감자만을 담았습니다."
10. "정성 가득한 재배로 차별화된 품질, 우리 감자는 끊임없이 연구한 결과로 포슬포슬하게 자라났습니다."

이런 방식으로 고객에게 감자의 고유한 특성을 강조하면서, 농법과 재배 과정을 자연스럽게 연결시켜 설득력 있는 메시지를 전달할 수 있을 것입니다.

말풍선: 상품의 특징과 강조점만 입력했는데도 순식간에 카피를 작성해 주네요!

▶ 친구와 말하듯이 챗GPT와 5분만 대화해 보면 떠오르지 않던 카피를 다양한 시각에서 알려 줍니다. 단, 챗GPT는 인터넷 데이터를 기반으로 답변하므로 그 가운데 잘못된 내용이 있는지 반드시 검토해야 합니다.

03 챗GPT가 추천해 준 카피 가운데 마음에 드는 것을 선택합니다. 여기서 선택한 카피는 04-4절에서 상세페이지를 만들 때 사용해 보겠습니다.

🖍️ 이것만 기억하세요!

1. 고객의 지갑을 열려면 상세페이지에서 '문제 해결'에 집중해야 한다.
2. 고객의 문제 해결을 위한 상세페이지의 핵심 3가지를 꼭 지킨다. ❶ 5초 안에 보이는 상단부에서 승부 보기, ❷ 고객에게 문제를 연상시킨 뒤 해결하기, ❸ 글이나 말이 아닌 이미지로 설득하기

04-3
구매 욕구를 부르는 사진 촬영 가이드

상품을 소개하는 상세페이지를 만들려면 상품의 특징을 잘 보여 주는 사진이 필요합니다. 이때 중요한 건 화질과 심미성보다 사진에 담기는 '메시지'입니다. 그리고 그 메시지는 앞서 강조했듯 고객의 문제를 해결할 수 있어야 합니다. 지금부터 상세페이지와 섬네일에 사용할 구매 욕구를 부르는 사진 촬영 방법을 알아보겠습니다.

⭐ 문제점 vs 해결책에 집중하세요

상세페이지에 넣을 사진을 촬영할 때는 앞서 살펴본 핵심에 초점을 맞춰야 합니다. **고객의 문제점과 그 해결책인 내 상품의 장점** 말이죠. 이 내용은 앞에서도 여러 번 언급했습니다. 사실 우리가 판매할 상품은 수백수천 만 원에 달하는 고가 상품도 아니고 최첨단 기술을 접목한 제품도 아닙니다. 오히려 일상에서 평범하게 접할 수 있고 가격대도 몇만 원에 그치는 부담이 적은 상품입니다. 그러니 고객을 너무 고차원적으로 설득하려고 부담을 가질 필요도 없습니다. 오직 문제점 vs 해결책 구조에 집중해서 사진을 촬영하면 됩니다.

구분	타사 상품의 문제점	내 스토어의 해결책
사과	푸석한 사과	아삭한 사과
참외	과숙된 참외	튼실하게 잘 익은 참외

우리는 전문 사진가가 아니므로 구도나 조명, 기술까진 배우지 않아도 됩니다. 중요한 건 전문 기술과 감각이 아니라 문제점과 해결책이 대비되도록 잘 표현하는 것입니다. 그래야 고객이 문제점 사진을 보고 '아, 맞아. 이런 거 문제지, 짜증나지'라고 문제점을 연상했을 때 우리의 해결책 사진을 보고 '여기는 안심해도 되겠다. 품질이 좋네'라고 인식해서 구매까지 이어질 수 있습니다.

★ 메시지를 효과적으로 담는 촬영 노하우 3가지

문제점과 해결책을 보여 주는 사진을 촬영하려고 결심해도 생각보다 표현하기 어려운 경우가 있습니다. 예를 들어 달콤하지 않은 오렌지가 문제점이라 해결책으로 달콤한 오렌지를 표현하고 싶은데, 당도를 어떻게 드러내야 할지 눈앞이 캄캄할 수 있습니다. 이처럼 상품 자체만으로는 메시지를 전달하기 어려울 땐 다음 3가지를 활용해서 촬영을 시작해 보세요.

❶ 측량 도구

크기, 무게, 당도 등 **정량적 수치를 보여 주는 측량 도구**를 사용해 보세요. 대표적으로 상품의 무게를 측정하는 저울, 크기를 측정하는 줄자, 당도를 측정하는 당도 측정기가 있습니다. 예를 들어 고객이 사이즈에 문제점을 느낀다면 줄자로 사이즈를 측정하는 모습을 사진이나 짧은 동영상으로 촬영하여 보여 준다면 설득하기 쉬울 거예요. 무게가 부족한 상품이 오거나 뒤죽박죽 섞여 오는 걸 문제점으로 느낀다면 저울에 상품을 올려놓고 무게를 측정하는 사진으로 해결책을 표현할 수 있습니다.

사과의 무게를 측정하는 저울

오렌지의 크기를 측정하는 줄자

과일의 당도를 측정하는 당도 측정기

❷ 인테리어 소품과 잡화

전문성이나 감성을 표현할 수 있는 인테리어 소품과 잡화를 함께 두어도 좋아요. 라텍스 장갑, 예쁜 그릇과 식기, 식탁보, 피크닉 매트, 조화 등을 예로 들 수 있습니다. 특히 농산물을 맨손으로 만지는 것보다 라텍스 장갑을 끼고 다룰 때 좀 더 깔끔하고 전문적으로 보입니다. 예쁜 그릇과 식기에 담으면 훨씬 더 맛있고 고급스러워 보이고요. 식탁보와 피크닉 매트, 조화 역시 촬영하는 장소가 칙칙하거나 날씨가 안 좋을 때에도 사진을 활기차고 밝게 만드는 효과를 낼 수 있습니다.

라텍스 장갑으로 전문성 표현하기

피크닉 매트와 조화로 감성 표현하기

그릇과 직물을 이용해 싱싱한 효과 나타내기

❸ 자연광

마지막으로 **자연광**입니다. 내가 촬영한 사진의 톤이 어둡거나 신선식품인데 신선해 보이지 않는다면 맑은 날 햇살 아래에서 촬영해 보세요. 해의 유무로 사진의 완성도가 확실하게 달라지는 걸 체감할 수 있을 거예요!

실내에서 대충 촬영한 사진

자연광 아래에서 촬영한 사진

자연광에서 찍은 사진이 훨씬 탐스러워 보여요!

정확한 양과 크기를 보여 주는 측량 도구, 분위기로 전문성과 감성을 표현하는 인테리어 소품과 잡화, 자연광까지! 이 3가지만 잘 활용하면 사진 촬영이 훨씬 쉬워질 거예요. 세 종류의 소품을 잘 활용해서 여러분도 문제점과 해결책이 잘 드러나는 나만의 상품 사진을 촬영해 보세요.

스마트폰 하나로 내 상품 촬영하기

우리에게는 이미 수십만 원대 최고급 개인 휴대용 카메라가 있습니다. 바로 스마트폰이죠. 꼭 최신 기종이 아니어도 앞서 소개한 준비물과 함께라면 나만의 차별화된 상품 촬영을 할 수 있습니다. 여기서 직접 촬영하며 얻은 실전 꿀팁 1가지를 더 공유하자면 소품과 상품을 들고 야외로 이동할 때 이동식 카트를 활용해 보세요. 상품과 소품 모두 혼자서도 한 번에 간편하게 이동할 수 있어서 강력하게 추천합니다.

스마트폰으로 상품을 촬영하는 모습과 그 결과

차별화하기 어렵다면 '벤치마킹' 하세요

문제점과 해결책 메시지를 잘 이해하고 소품을 활용해서 촬영해 보았나요? 뭔가 2% 아쉽진 않나요? 이런 경우는 대개 주관적인 영역이다 보니 명확히 어떤 것이 문제라고 집어내기 어렵지만 아마 사진 속 구도나 느낌이 어색한 경우일 거예요.

이럴 땐 **잘하고 있는 판매자를 벤치마킹**하는 것이 가장 좋은 방법입니다. 단, 다른 판매자가 힘들게 촬영한 사진을 그대로 캡처하거나 허락 없이 가져와 사용하는 건 절대 금지입니다. 벤치마킹은 표절이 아닌 고수의 노하우를 배워서 내 것으로 만드는 과정입니다. 그럼 어떤 판매자의 상세페이지를 벤치마킹하는 게 좋을까요? 크게 2가지 방법을 추천합니다.

❶ 빅파워 등급 스토어 참고하기

첫 번째로 '**빅파워**' 등급 이상의 판매자가 운영하는 스마트스토어 상품의 상세페이지입니다. 네이버 스마트스토어에는 등급이 부여되는데요. 씨앗으로 시작해 판매건수를 참고해 보세요. 금액에 따라 새싹 → 파워 → 빅파워 → 프리미엄 → 플래티넘 순으로 승급되는 구조입니다.

이때 1인으로 스마트스토어를 운영해서 현실적으로 달성할 수 있는 등급이 바로 빅파워입니다. 프리미엄 등급부터는 최소 월 2억 원 이상을 달성해야 진입할 수 있어서 혼자서 이뤄 내기엔 다소 무리가 있습니다. 그러므로 1인 스마트스토어를 운영하는 우리가 따라잡을 만한 빅파워 등급 스토어를 참고하는 게 가장 도움이 됩니다.

등급명	아이콘 노출	판매건수(3개월치)	판매금액(3개월치)
플래티넘		100,000건 이상	100억 원 이상
프리미엄		2,000건 이상	6억 원 이상
빅파워		500건 이상	4천만 원 이상
파워		300건 이상	800만 원 이상
새싹	-	100건 이상	200만 원 이상
씨앗	-	100건 미만	200만 원 미만

스마트스토어의 판매자 등급과 산정 기준

스토어의 등급은 PC로 네이버에서 상품을 검색했을 때 상품 목록 옆의 판매자 상호명에 붙은 등급 배지를 보면 쉽게 확인할 수 있습니다. 그런데 여기서 의문을 가질 수 있습니다. 빅파워 스토어에 들어가도 핵심을 지켜 가며 사진 촬영을 하는 판매자가 생각보다 많지 않을 거예요.

우리는 판매자를 그대로 벤치마킹할 필요는 없고 상품 표현 방식 위주로 참고하면 됩니다. 예를 들어 A 판매자가 사이즈 비교 사진을 정말 잘 찍었다면, 다음에 사이즈와 관련된 사진을 찍을 때 A 판매자의 사진 스타일을 참고하는 식이죠.

다른 예로 B 판매자가 과일의 달콤함을 표현할 때 주스와 과일을 비교하거나 당도 측정기를 사용했다면, 우리도 당도와 관련된 사진을 찍을 때 B 판매자의 사진을 참고하면 됩니다. 즉, 빅파워 등급 판매자의 상세페이지에서 내게 필요한 방식만 취사 선택하여 벤치마킹하면 됩니다.

❷ 와디즈 상세페이지 참고하기

대표적인 펀딩(funding) 플랫폼인 와디즈(Wadiz)의 상세페이지를 참고해도 좋습니다. '갑자기 웬 펀딩 플랫폼?' 하며 의아해할 수 있는데요. 앞서 스마트스토어는 비교 검색에 특화된 네이버 고객이 이용하는 쇼핑 채널이라고 했습니다. 그러므로 비교 검색에서 살아남으려면 차별화가 굉장히 중요하며, 우리는 이 차별화를 위해 문제 해결에 집중하고 그걸 어떻게 표현하는지 배워야 합니다.

와디즈는 이런 면에서 스마트스토어와 매우 유사합니다. 펀딩이란 처음 개발하는 상품을 본격적으로 판매하기 전에 사전 예약을 통해 상품을 공개하는 걸 말하는데요. 펀딩의 성공 여부는 스마트스토어와 마찬가지로 고객이 겪는 문제를 얼마나 잘 해결해 줄

수 있느냐에 달려 있습니다. 그러다 보니 와디즈에는 고객의 문제점을 연상시키고 그 해결책으로 고객을 설득하는 스토리텔링을 잘하는 판매자가 많이 모여 있습니다. 그래서 와디즈에 올라온 상세페이지를 적극 벤치마킹하면 큰 효과를 얻을 수 있습니다.

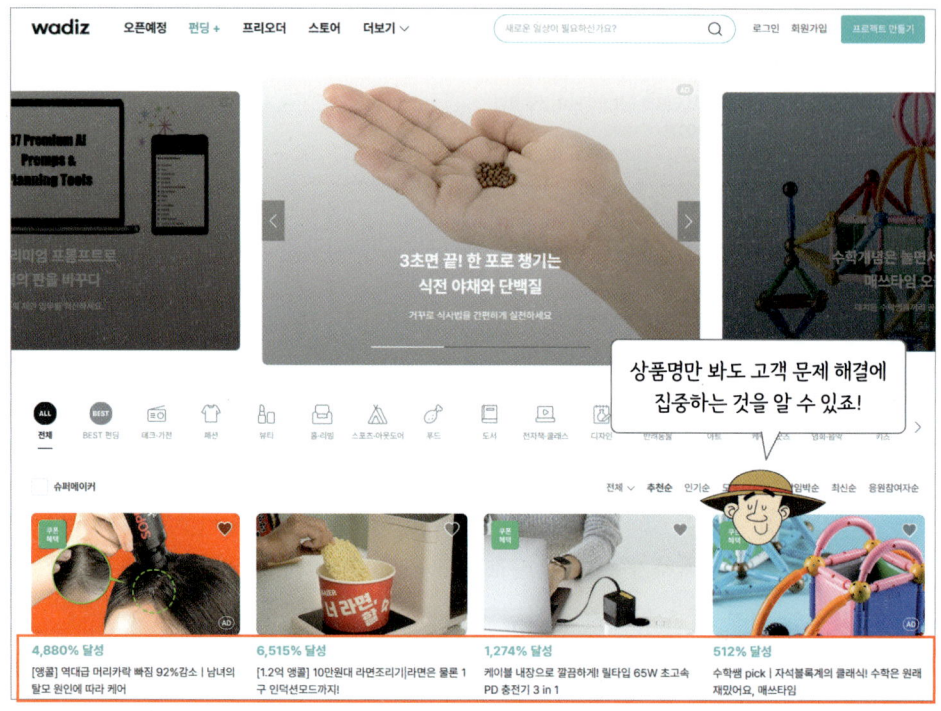

와디즈(wadiz.kr)

이처럼 내가 촬영한 사진과 영상 등에 부족함이 느껴진다면 빅파워 등급의 스마트스토어나 와디즈 판매자의 상세페이지를 참고해서 내게 필요한 부분을 벤치마킹해 보세요. 내 상품을 더욱 완성도 높게 촬영할 수 있을 거예요.

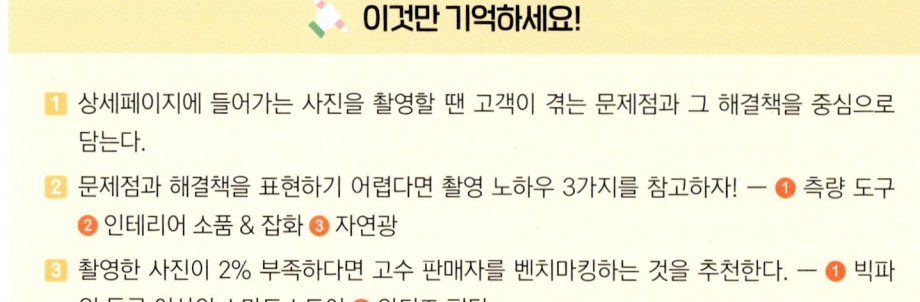

04-4

미리캔버스로
상세페이지 & 섬네일 완성하기

고객의 문제를 해결해 줄 수 있는 비교 사진 촬영과 카피라이팅 기획을 마쳤다면 이제 상세페이지를 디자인할 차례입니다. 포토샵, 일러스트레이터 등 전문 디자인 프로그램을 다루지 못해도 상관없습니다. 이미 우리 곁에는 전문성이나 기술이 없어도 디자인할 수 있는 AI와 서비스 플랫폼이 있거든요.

사실 메시지에 적합한 사진만 잘 준비해 두면 디자인은 끝난 것이나 다름없습니다. 앞서 준비한 글과 사진으로 상세페이지를 만들고 나서 가장 먼저 노출되는 이미지인 섬네일까지 제작해 보겠습니다.

하면 된다!} 핵심 메시지가 담긴 상세페이지 도입부 디자인하기

02-4절에서 로고와 배너를 제작할 때 사용한 미리캔버스를 여기서도 사용합니다. 미리캔버스에서는 디자인 템플릿을 제공하므로 메시지에 맞는 사진만 잘 준비하면 나머지는 금방 변형할 수 있습니다.

실습 결과물

01 미리캔버스(miricanvas.com)에 접속해서 로그인하고 ❶ 오른쪽 상단에서 [새 디자인 만들기]를 클릭합니다. ❷ [일반 디자인 만들기]를 선택합니다.

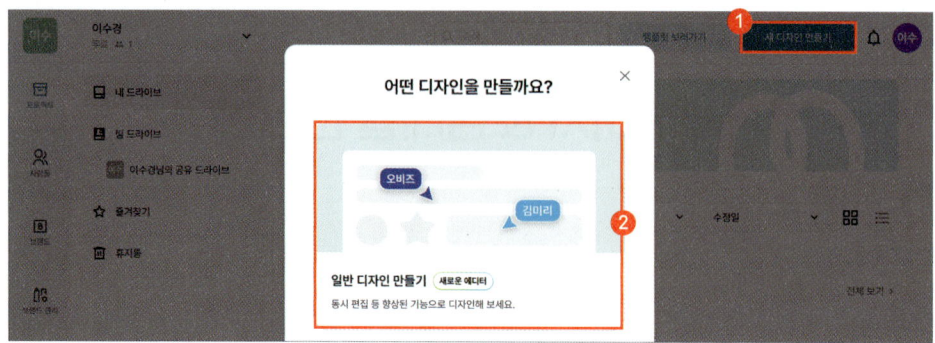

02 ❶ [크기 조정]을 클릭한 뒤 ❷ 스크롤을 아래로 내려 [상세페이지]를 선택합니다.

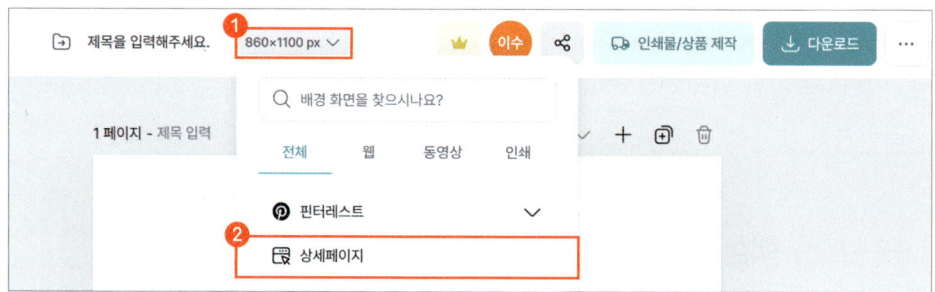

03 상세페이지 사이즈의 캔버스 화면이 나타납니다. ❶ 상품 키워드를 검색하면 바로 아래 목록에 연관된 상세페이지 템플릿이 나타납니다. ❷ 내가 판매할 상품의 색감과 유사한 템플릿을 선택합니다. 여기서는 [햇감자] 템플릿을 선택했습니다.

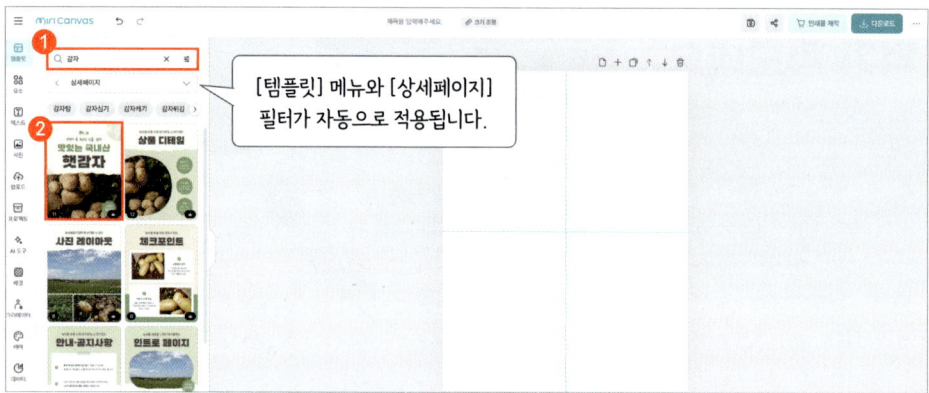

04 [이 템플릿으로 덮어쓰기]를 클릭하면 메인 포스터부터 상품의 특징, 구성 등을 파트별로 설명하는 상세페이지가 10초 만에 자동으로 여러 장 완성됩니다.

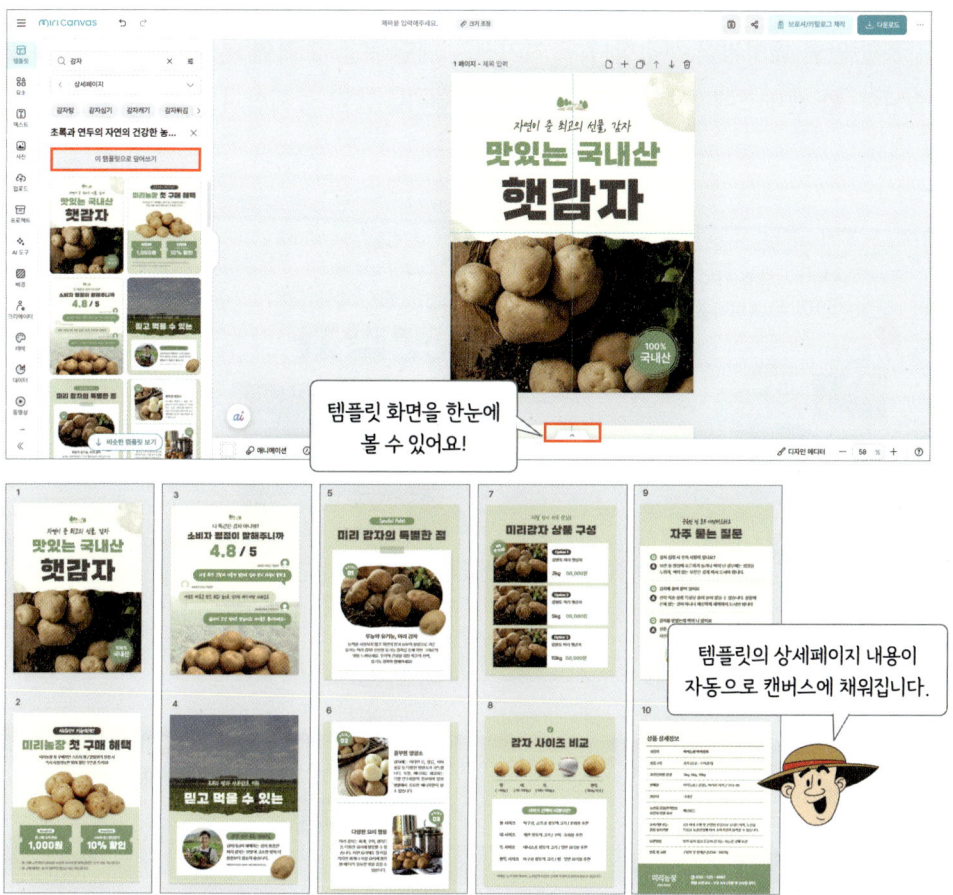

상세페이지 템플릿을 선택하면 나타나는 디자인 페이지

❓ 질문있어요! 같은 템플릿 페이지를 여러 번 쓰고 싶어요!

❶ 미리캔버스 화면 하단의 [디자인 에디터]에 나타나는 템플릿 페이지 위에서 마우스 오른쪽 버튼을 누르고 ❷ [페이지 복제]를 클릭합니다. ❸ 바로 오른쪽에 동일한 디자인 템플릿 페이지가 복제되어 추가됩니다.

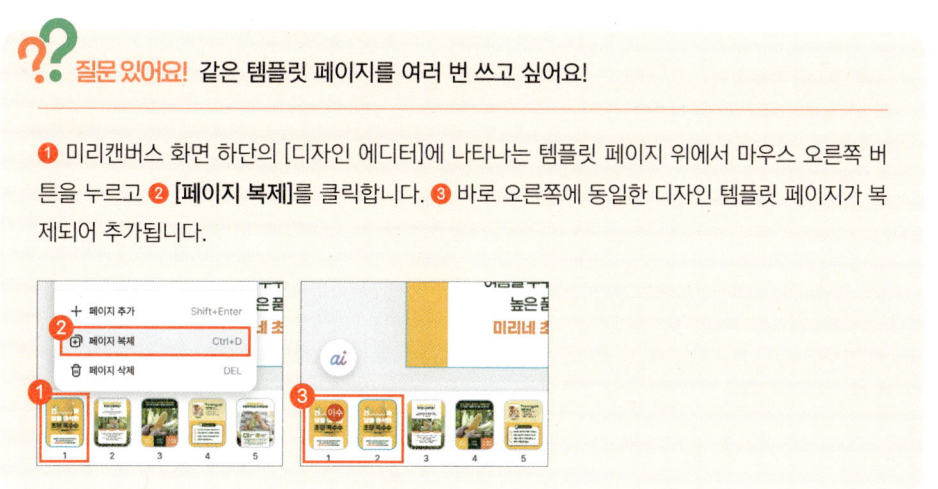

05 고객의 걱정거리 공감 페이지 만들기

템플릿으로 디자인을 손쉽게 잡았다면 남들과는 다른 나만의 상세페이지 도입부로 차별화할 차례입니다. ❶ 우선 자동으로 완성된 상세페이지 템플릿 가운데 내 상품을 강조할 만한 페이지를 선정합니다. 여기서는 메인 포스터 격인 첫 이미지를 활용하겠습니다. ❷ 캔버스에서 사진을 클릭하고 Delete 를 눌러 삭제합니다.

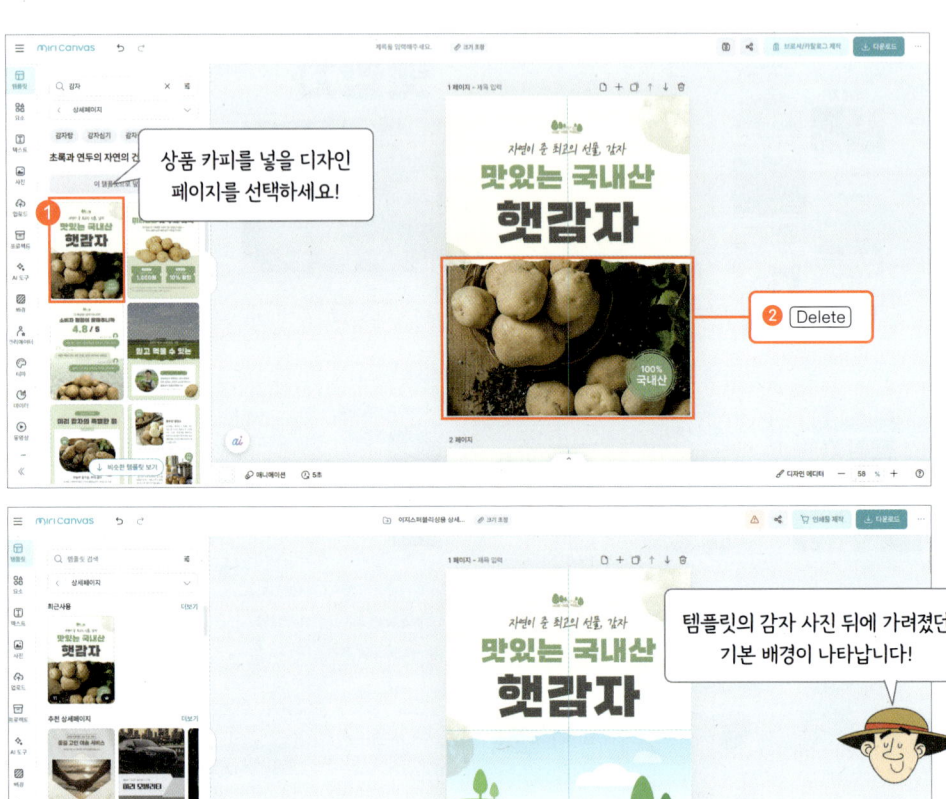

06 ① 템플릿에 작성된 텍스트를 클릭하고 04-2절에서 경쟁 스토어 1점 리뷰 분석으로 찾아낸 고객의 불만거리 내용으로 수정합니다. ② 그다음으로 왼쪽 메뉴에서 [업로드]를 클릭해서 ③ 고객이 카피의 내용을 공감할 수 있도록 해당 문제점을 연상할 수 있는 품질이 불량한 상품 이미지를 업로드합니다.

▶ 카피로 작성한 텍스트와 이미지의 내용이 일치하는 것이 중요합니다. 카피에는 걱정거리를 가득 담아 놓고 멀쩡한 상품 사진을 첨부하면 고객의 공감을 얻을 수 없습니다.

07 내 상품의 장점을 강조하는 페이지 만들기

이제 고객이 우리 상품을 구매할 수 있도록 앞서 언급한 걱정거리와 문제점을 해결해 주겠습니다. ① 템플릿 4페이지를 두 번째 페이지로 드래그해 순서를 바꿉니다 ② 캔버스 가운데에 있는 카피를 차원이 다른 "한입"으로 수정하고 ③ 기존에 있는 사진은 [Delete]를 눌러 삭제한 후 06 단계와 마찬가지로 내 상품의 장점이 연상되는 사진을 업로드합니다.

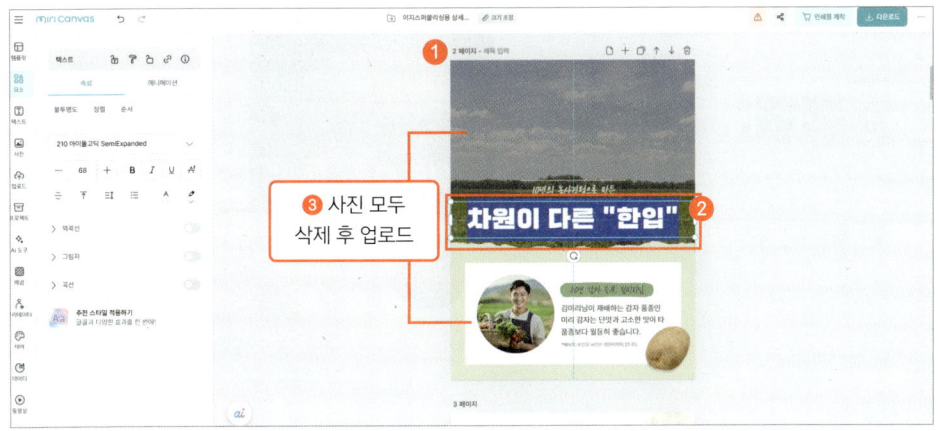

질문 있어요! 템플릿 페이지는 어떻게 골라야 하나요?

보여 주려고 했던 상품의 특징과 유사한 내용을 담고 있는 템플릿 페이지를 이용하면 됩니다. 단, 문제점을 제기하는 페이지는 결점을 잘 보여 주기만 하면 되지만, 해결책 페이지는 **내 상품의 장점을 강조하며 고객을 설득하는 역할**을 하므로 꼭 한 가지 디자인으로 제약할 필요가 없습니다. 오히려 동일한 템플릿 페이지를 여러 번 반복해서 사용하면 구성이 단조롭고 지루해서 고객이 상세페이지에서 이탈할 가능성이 높아집니다. **상품의 장점을 어필하기 좋은 디자인 페이지를 골라** 사용하는 걸 추천합니다!

08 사진 오른쪽에 있는 세부 카피도 04-2절에서 챗GPT와 함께 기획한 내 상품의 장점을 어필하는 내용으로 수정합니다.

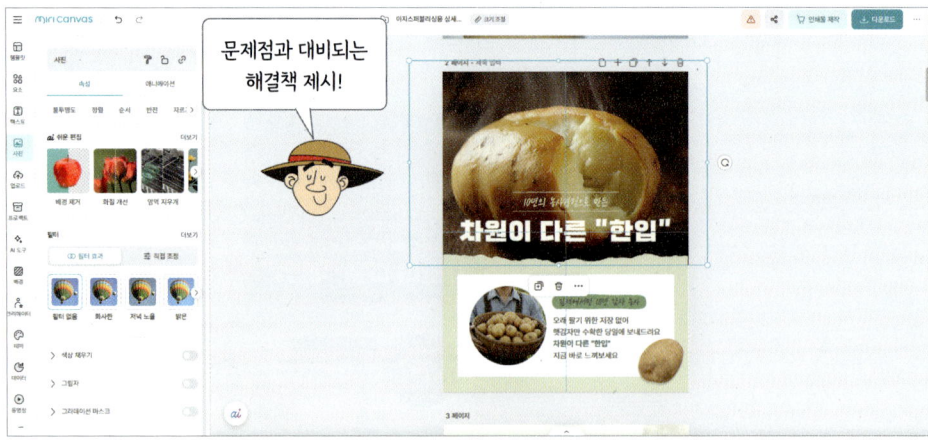

수정한 결과물

09 고객에게 더 설득력 있어 보이도록 해결책 페이지를 하나 더 만들겠습니다. 08 단계에서 장점의 근거로 작성한 내용을 이어서 설명하는 걸 추천합니다. 이번엔 5페이지 템플릿을 사용하겠습니다. ❶ 앞서 '차원이 다른 한입'을 강조하며 저장해 두지 않고 수확하자마자 바로 보낸다고 언급했으므로 **흙에서 나온, 그날 보내요**와 같은 카피를 입력해서 상품의 장점을 재차 강조합니다. ❷ 이어서 템플릿 속 사진을 카피와 어울리는 사진으로 교체합니다.

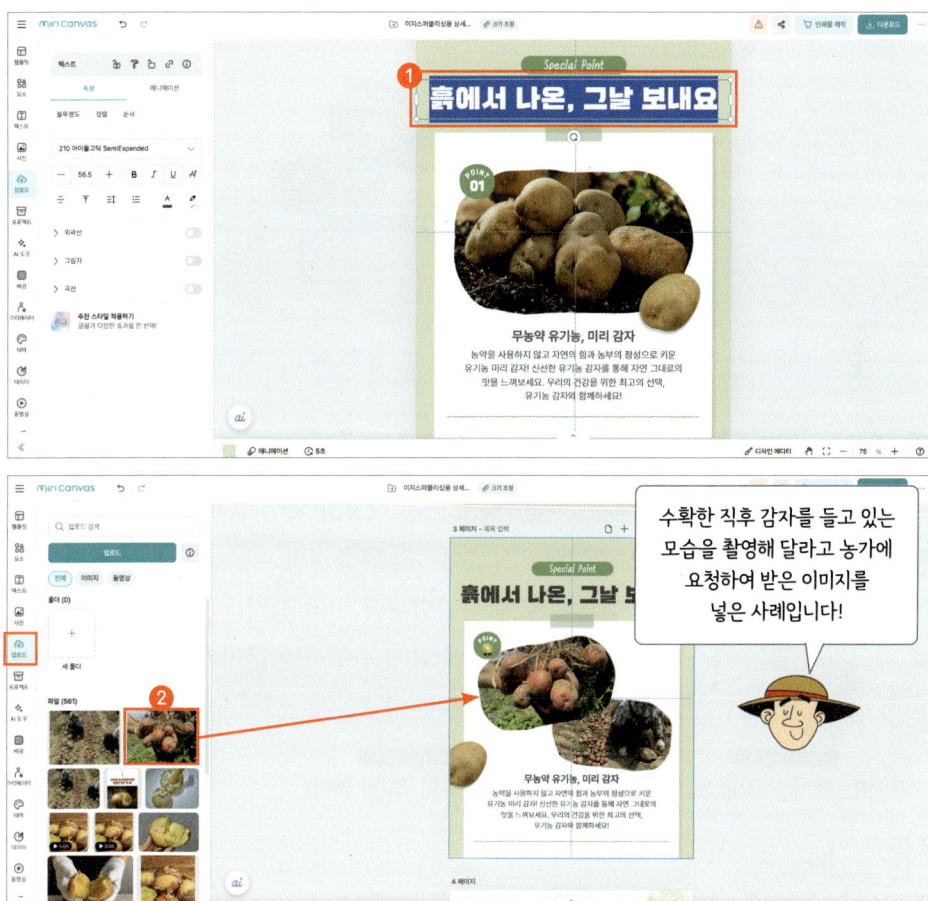

수확한 직후 감자를 들고 있는 모습을 촬영해 달라고 농가에 요청하여 받은 이미지를 넣은 사례입니다!

10 ❶ 사진 아래에 있는 텍스트 상자에는 앞서 강조한 장점을 다시 한번 작성합니다. 이렇게 작업하고 나면 동일한 템플릿을 사용하더라도 남들과는 다른 상세페이지를 완성할 수 있습니다. ❷ 상세페이지를 완성하면 오른쪽 상단에서 [다운로드]를 클릭해 상세페이지를 저장합니다.

⭐ 도입부 이후는 템플릿을 적극 활용하세요!

도입부 이후의 페이지에는 템플릿 페이지에 있는 내용을 내 상품의 특징에 맞게 재구성하면 되는데요. 기본적으로 잘 짜인 상세페이지 템플릿의 내용을 일부 수정하면 되므로 도입부를 직접 제작할 때보다 훨씬 간단합니다. 미리캔버스가 자동으로 생성해 준 페이지에 있는 텍스트와 사진을 내 상품에 맞게 수정하면 끝이거든요.

농장 이름만 내 스토어에 맞게 바꾸었어요!

미리캔버스 템플릿에서 제공하는 무료 이미지는 되도록이면 직접 촬영한 사진으로 교체하는 걸 추천합니다. 만약 직접 촬영한 사진이 부족해서 공급업체에서 제공한 사진을 활용해야 하더라도 각 잡고 촬영한 모델 컷보다는 조금 어설퍼 보여도 현장감 있게 촬영한 사진이 좋습니다. 미리캔버스의 무료 이미지는 깔끔해 보이지만 누구나 사용할 수 있어서 고객에게 어디선가 본 듯한 느낌을 줄 수 있기 때문입니다.

내 상품의 차별점을 담아내지 않아도 되는 정보성 내용은 내 상품의 정보와 비교하여 차이가 없다면 그대로 사용해도 괜찮습니다.

 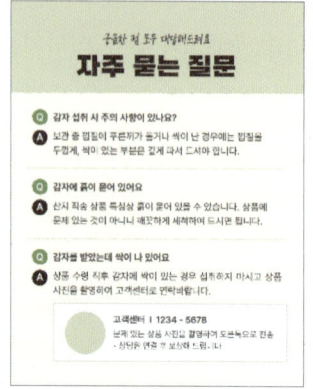 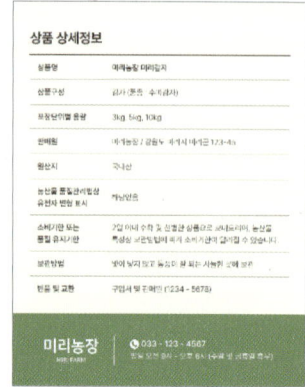

멀고 어렵게 느껴졌던 상세페이지도 미리 기획하고 그에 맞춰 사진을 촬영해 두면 디자인은 간단하게 끝낼 수 있습니다. 내가 원하는 템플릿을 고르기만 하면 디자인은 이미 완성되어 있고 카피와 사진 등의 요소만 수정하면 되니까요. 포토샵이나 일러스트레이터로 일일이 만들면 며칠씩 걸릴 작업을 20분이면 마칠 수 있습니다. 여기서 만든 상세페이지는 05-2절에서 상품을 등록할 때 삽입하면 됩니다.

★ 상품의 클릭 여부를 결정하는 건 섬네일!

섬네일(thumbnail)은 상품 이름을 검색할 때 가장 먼저 보이는 미리 보기 사진으로, 상품을 대표하는 이미지라고 생각하면 됩니다. 섬네일 역시 내 상품의 첫인상을 좌우하므로 장점을 잘 보여 주는 사진으로 선택하는 것이 좋습니다.

PC에서 노출되는 섬네일 이미지

모바일에서 노출되는 섬네일 이미지

상품을 등록할 때 사진은 총 10장 필요한데, 고객의 눈에 띄도록 앞쪽에 보여 줄 1~2장은 직접 촬영한 사진을 사용하되 나머지 사진은 미리캔버스에 있는 이미지를 활용해도 좋습니다.

하면 된다!} 부족한 섬네일 이미지 개수 보강하기

미리캔버스에서 제공하는 이미지를 섬네일로 만드는 방법을 알아보겠습니다. 섬네일은 상세페이지보다 훨씬 더 간단하게 제작할 수 있습니다. 캔버스에 사진을 꽉 채우기만 하면 끝입니다.

01 ❶ 미리캔버스 화면 오른쪽 상단에서 [새 디자인 만들기]를 클릭한 뒤 ❷ [일반 디자인 만들기]를 누릅니다.

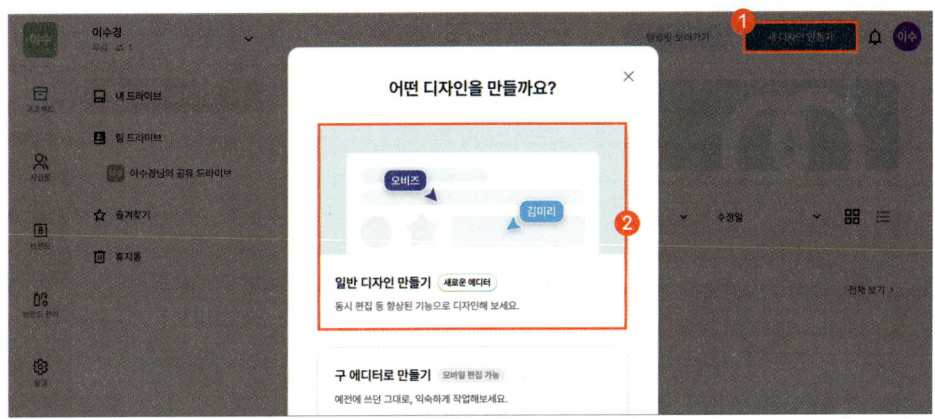

02 캔버스 화면이 나타나면 ❶ [크기 조정]을 클릭하고 ❷ 직접 입력 아래에 1000×1000px을 입력한 다음 ❸ [적용하기]를 클릭합니다.

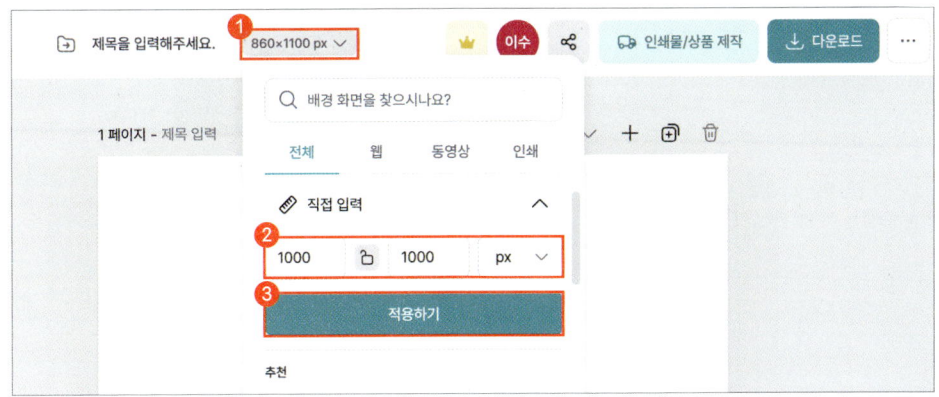

03 캔버스 화면이 나타나면 ① 왼쪽 메뉴에서 [사진]을 클릭하고 ② 검색 창에 상품 키워드를 검색합니다. ③ 아래 검색 결과에서 사진을 선택하면 업로드됩니다.

04 ① 사진 모서리를 드래그해서 캔버스에 꽉 차도록 크기를 늘리면 1000×1000px 사이즈의 섬네일이 완성됩니다. ② 오른쪽 상단에 있는 [다운로드]를 클릭해 섬네일 이미지를 저장합니다.

같은 방식으로 내 상품 관련 이미지를 10장 준비하면 됩니다. 실제로 1장 만드는 데 10초도 걸리지 않으니 10장을 만든다고 해도 2분이면 끝입니다. 내가 직접 촬영한 사진을 사용하면 해당 사진을 업로드해서 사이즈만 늘리면 되니 더욱 간단합니다.

> **이것만 기억하세요!**
>
> 1. 미리캔버스에서 제공하는 템플릿을 활용하면 상세페이지를 손쉽게 디자인할 수 있다.
> 2. 미리캔버스 템플릿을 사용할 땐 내 상품을 잘 소개하는 카피와 함께 투박하더라도 직접 촬영한 사진을 삽입하는 것이 좋다.
> 3. 섬네일 이미지는 이미지를 규격에 맞게 꽉 채워서 만들 수 있다.

☑ 사장님 체크리스트
핵심을 고려하여 상세페이지 기획하기

상세페이지를 만들 때에는 내 상품을 돋보이게 하는 글과 사진이 중요합니다. 이때 타사에서 판매하는 상품의 문제점을 해결해 주는 것이 핵심인데요. 다음 표에 상품명, 문제점, 해결책을 적어 보고 이어서 내 상품을 소개하는 카피까지 정리해 보세요.

1점 리뷰를 통해 문제점과 해결책 찾기

상품명	문제점	해결책

▶ 리뷰를 단 1건만 보는 것이 아니라 여러 건에서 공통된 문제점을 찾아야 합니다.

참고할 만한 사진 유형 정리하기

-
-
-

빅파워 스토어와 와디즈를 참고하세요!!

05
검색을 부르는 상위 노출 상품 등록

상품을 판매할 준비는 모두 끝났습니다. 이제 내 상품을 고객에게 알려 성과를 낼 차례입니다. 막 개업한 음식점이 있다고 가정해 보겠습니다. 아무리 고객 입맛에 맞춰 메뉴를 개발하고 내부 인테리어를 감각 있게 꾸며도 네이버 지도나 블로그에서 정보를 찾아볼 수 없다면 이 음식점은 사람들이 접근하기 어려울 것입니다. 스마트스토어 역시 경쟁률이 낮은 상품을 찾아 상세페이지와 섬네일을 고객 니즈에 맞게 잘 만들더라도 고객에게 알려지지 않으면 절대 수익을 낼 수 없습니다.

스마트스토어를 이용하는 고객은 네이버에서 상품을 검색하므로 내 상품을 고객에게 알리는 첫걸음은 '검색'입니다. 이번 장에서는 전업주부도, 직장인도 내 상품을 네이버 1페이지에 노출할 수 있는 방법을 알려 드리겠습니다.

05-1 네이버에게 100점 맞는 상위 노출 공식
05-2 검색이 잘 되는 상품으로 등록하기
05-3 첫 상품도 상위 노출 성공! 체험단 마케팅
☑ 사장님 체크리스트 내 상품이 상위에 노출되도록 등록하기

05-1

네이버에게 100점 맞는
상위 노출 공식

"내가 이만큼 최선을 다했으니 고객도 나의 진심을 알아 줄거야. 잘 판매될 거야." 글쎄요, 아쉽게도 온라인 쇼핑몰 시장은 녹록하지 않습니다. 여러분, 우리가 인기 상품을 찾고 고객의 문제 해결에 집중해 상품을 기획하는 이유가 무엇이었죠? 단순히 촉이나 육감을 믿고 판매하는 게 아니라 철저히 고객의 데이터에 기반해서 고객에게 내 상품의 장점을 어필하고 구매할 것을 설득하기 위해서였습니다. 다시 말해 고객의 눈에 띄고 판매를 일으켜야 하는 상품 등록 시점에 단순한 기대감만 가지면 좋은 결과로 이어지기 어렵습니다. 그렇다면 어떻게 해야 고객에게 내 상품을 어필할 수 있을까요?

⭐ 고객의 방문은 상위 노출로부터!

판매가 잘 일어나려면 우선 검색이 잘 되어야 합니다. 온라인 쇼핑몰은 인터넷에서 거래가 이뤄지므로 고객이 방문하려면 '검색'이 필수 요건입니다. 그리고 검색했을 때 상품이 잘 노출되려면 당연하게도 네이버 검색 결과에서 10페이지보다는 1페이지에, 50등보다는 10등에 자리 잡는 것이 훨씬 더 유리합니다. 따라서 우리는 네이버에게 좋은 점수를 받고 상위권에 노출될 수 있도록 전략적으로 상품 등록을 해야 합니다.

네이버 가격비교 1페이지   네이버 가격비교 10페이지

실제로 상품이 노출되는 순위는 네이버에게 더 높은 점수를 받을수록 높게 나옵니다. 네이버는 체계적인 규칙에 따라 점수를 높게 받은 판매자를 산정하고 그에 따라 노출 순서를 정합니다. 초보 사장님은 이 규칙을 몰라 어려워하지만 네이버는 판매 경험이나 능력치에 상관없이 규칙을 잘 지켜 높은 점수를 받은 판매자의 손을 들어 주기 때문에 초보라고 무작정 불리한 건 아닙니다. 네이버에게 100점을 받아 고객의 검색 결과에서 상위에 노출되는 방법! 지금부터 전부 공개하겠습니다.

네이버의 3가지 채점 기준! 적합도, 인기도, 신뢰도

네이버는 스마트스토어의 순위를 채점할 때 3가지 기준을 봅니다. 바로 적합도, 인기도, 신뢰도입니다. 이를 쇼핑 검색 랭킹 구성 요소라고 하는데, 3가지 기준별 채점 요소는 각각 2~4가지입니다.

구분	적합도	인기도	신뢰도
설명	고객의 검색 의도에 적합한 상품인가?	고객이 많이 찾고 판매되는 상품인가?	상품 정보를 신뢰할 수 있는가?
채점 요소	• 상품명 • 카테고리 • 제조사 브랜드 • 속성 태그	• 클릭수/찜수 • 판매 실적 • 리뷰수 • 최신성	• 상품명 SEO • 네이버 쇼핑 페널티

❶ 적합도

적합도를 판단하는 기준은 말 그대로 '고객의 검색 의도에 적합한 상품인가'입니다. 적합도를 채점할 때 고려하는 요소는 총 4가지로 상품명, 카테고리, 제조사 브랜드, 속성 태그입니다. 적합도 점수를 올리려면 **고객이 찾는 상품 키워드에 맞게 상품 정보를 정확하게 입력**해야 합니다. 예를 들어 무선 청소기를 판매한다면 상품명에는 '무선 청소기'를 인식할 수 있는 정확한 키워드를 사용해야 합니다. 무선 청소기를 판매하는데 상품명에 '유선 청소기'를 기재하면 고객이 혼란스러울 테니까요.

마찬가지로 카테고리도 세부 종류까지 정확하게 설정해야 합니다. 네이버는 상품 키워드별로 고유의 카테고리를 지정합니다. 무선 청소기만 해도 '무선청소기 〉 진공청소기', '무선청소기 〉 핸디청소기', '무선청소기 〉 핸디스틱청소기' 등으로 분류할 수 있죠. 즉, 내가 판매하려는 무선청소기가 핸디청소기, 핸디스틱청소기, 진공청소기 가운데 어떤 것인지에 따라서도 카테고리를 다르게 설정해야 합니다.

▶ 상품명과 카테고리를 정확하게 설정하는 방법은 05-2절에서 살펴보겠습니다.

같은 맥락으로 제조사 브랜드와 속성 태그 역시 내가 판매하는 상품에 맞게 설정해 주세요. 다이슨 드라이기라면 다이슨 브랜드의 어떤 드라이기 모델인지 정보를 정확히 기재해야 합니다. 얼핏 보면 복잡해 보이지만 상품명, 브랜드명, 카테고리, 모델명 등 상품 정보를 정확하게 기재하기만 해도 적합도 점수에서 100점을 받을 수 있습니다. 상품 정보는 상품을 소싱한 공급처에서 제공받을 수 있습니다.

❷ 인기도

인기도는 클릭수/찜수, 판매 실적, 리뷰수, 최신성이라는 4가지 요소로 책정됩니다. 말 그대로 클릭, 판매, 리뷰가 많을수록 점수를 높게 받습니다. 그런데 예리한 분이라면 여기에서 한 가지 특이점을 발견할 수 있습니다. 네, 바로 최신성입니다.
최신성은 활동 경력이나 연차와 무관하게 새로 등록한 신상품에 한해 일시적으로 더 높은 순위에 노출되도록 보너스 점수를 부여하는 요소입니다. 리뷰수가 적은 상품이어도 기존 판매 상품과 경쟁해 볼 수 있도록 가산점을 주는 것이죠.

만약 최신성이라는 요소 없이 클릭수/찜수, 판매 실적, 리뷰수로만 인기도를 평가한다면 어떨까요? 짧게는 몇 년부터 길게는 십수 년 동안 활동해 온 기존 판매자들과 이제 갓 시작한 초보 판매자가 이 3가지 기준으로 평가를 받는다면 초보 판매자는 경쟁에서 결코 살아남을 수 없습니다. 그리고 이런 상황은 네이버 입장에서도 좋지 않습니다. 신규 판매자가 계속 생겨야 네이버도 지속적으로 규모를 키우고 수수료 수익도 늘릴 수 있으니까요. 기존 판매자 일부가 시장을 독점하면 네이버 역시 시장 경쟁력을 점차 잃을 거예요. 그래서 추가된 게 바로 최신성입니다.

네이버에서 공식적으로 언급하진 않았으나 최신성의 보너스 가산점이 적용되는 기간은 통상 2~4주로 보는 의견이 많습니다. 그래서 우리는 새로운 상품을 등록하고 2~4주 동안 클릭수/찜수, 판매실적, 리뷰수를 최대한 늘려야 합니다. 이 기간 동안에는 채점 요소별로 득점이 한 건씩만 발생해도 몇 배나 되는 노출과 순위 상승 효과를 얻을 수 있기 때문이죠.

리뷰 80건으로 4위에 노출된 홍감자 상품   리뷰 47건으로 4위에 노출된 초당옥수수 상품

다만 현실적으로 초보 사장님이 상품을 등록하자마자 클릭과 판매, 리뷰를 몇 건씩 만들기는 어려우므로 묘책이 필요한데요. 바로 체험단 마케팅을 해야 합니다. 체험단 마케팅은 05-3절에서 상세히 다룹니다.

❸ 신뢰도

마지막 상위 노출 기준은 신뢰도입니다. 신뢰도를 채점하는 요소는 2가지로 구성되는데 상품명 SEO(Search Engine Optimization)와 네이버 쇼핑 페널티입니다.

상품명 SEO란 상품명을 네이버 규칙에 맞게 잘 작성했는지를 채점하는 것으로, 적합도 채점 요소에 맞춰 상품명과 카테고리를 정확하게 입력했다면 저절로 잘 지켜집니다. 한편 **쇼핑 페널티**는 무단으로 배송을 지연시키는 등 네이버 규칙을 어겨 페널티를 받은 경험이 있는지 채점하는 것으로, 하루에 한 번씩 접속해 주문을 정상 처리하는 판매자라면 페널티를 받을 일이 없습니다. 그래서 신뢰도 점수는 적합도 채점 요소에 맞춰 상품을 등록하고 쇼핑몰을 정상으로 운영한다면 100점을 받기 가장 쉽습니다.

어때요? 적합도와 인기도, 신뢰도를 자세히 살펴보니 100점을 받는 게 별로 어렵지 않겠죠?

🖍️ 이것만 기억하세요!

1. 고객이 검색으로 내 상품을 쉽게 찾으려면 상위권에 노출되는 것이 유리하다.
2. 검색 결과 상위권에 노출되려면 네이버의 채점 기준 3가지에 맞춰 높은 점수를 받아야 한다. — 적합도, 인기도, 신뢰도
3. 상품명에 들어가는 상품 키워드, 상품에 적합한 카테고리, 제조사 브랜드, 속성 태그를 정확하게 입력해야 높은 **적합도** 점수를 받을 수 있다.
4. **인기도**는 클릭수/찜수, 판매 실적, 리뷰수, 최신성이라는 4가지 요소로 구성되며, 이 중에 최신성 가산점 기간을 잘 활용하는 것이 중요하다. 상품을 등록한 뒤 2~4주 동안 체험단 마케팅을 진행하면 높은 점수를 받을 가능성이 있다.
5. **신뢰도**는 적합도에 맞춰 상품을 정확하게 등록하고 주문을 매일 정상 처리하기만 하면 높은 점수를 받기 가장 쉽다.

05-2
검색이 잘 되는 상품으로 등록하기

네이버에서 상위에 노출되려면 지켜야 할 3가지 기준을 배워 보았는데요. 하지만 아무리 기준을 잘 지켜 등록하더라도 '상품명'을 잘못 입력하면 검색에 잘 걸리지 않습니다. 그래서 여기서는 적합도 점수를 높일 수 있도록 고객에게 잘 검색되는 상품명 작성법과 네이버에게 높은 점수를 받는 상품 등록 절차를 상세히 알아보겠습니다.

🔖 노출이 잘 되는 키워드를 먼저 배치하세요!

고객의 검색 화면에서 내 상품의 노출률을 높일 수 있는 핵심 포인트는 바로 **키워드**입니다. 그래서 우리가 상품을 선정하고 소싱할 때에도 네이버 데이터랩과 아이템스카우트에서 인기 검색어 키워드를 선별한 것이죠. 상품명은 검색에 잘 걸리도록 분석하고 '조합'해서 작성해야 하므로 03-2절에서 키워드를 많이 발굴할수록 더 좋은 성과를 낼 수 있습니다.

"그럼 상품명으로 적합한 키워드를 쭉 나열하면 되나요?" 이때 주의할 것이 있습니다. 상품명 키워드를 작성할 때 가장 중요한 것은 **키워드의 순서**입니다. 네이버는 상품명에 들어간 키워드 중에 맨 앞에 있을수록 노출 희망도가 더 높다고 봅니다. 상품명 키워드 가운데 첫 번째로 입력한 키워드를 노출 1지망, 두 번째로 나오는 키워드를 노출 2지망으로 보는 식이죠. 이렇게 상품명에 들어가는 키워드 순서를 어떻게 배치하는지에 따라 순위가 달라질 수 있다는 것을 명심해야 합니다.

키워드의 중요성을 알았으니, 이제부터 상품명을 작성하는 방법을 알아보겠습니다.

하면 된다!} 노출률을 높이는 상품명 순서 정하기

블루오션 키워드 중에서도 어떤 키워드를 선별하고 어떤 순서로 배치해야 하는지 배워 보겠습니다. 이번 실습에는 03-2절에서 정리한 ○~○월 블루오션 상품 선별.xlsx 파일을 사용합니다. 잘 팔리는 나만의 상품명을 작성해 보세요.

01 상품명 키워드 선정하기

❶ 엑셀 파일을 열고 [A1] 셀의 오른쪽 하단에 있는 화살표 아이콘을 클릭합니다. ❷ 상품을 등록해 판매를 시작하려는 시점으로부터 4~8주 정도 후의 주차에 체크 표시합니다. 예를 들어 2월 3주 차에 상품 판매를 시작한다면 3월 2주 차부터 4월 3주 차까지 체크 표시하면 됩니다. ❸ [확인]을 클릭합니다.

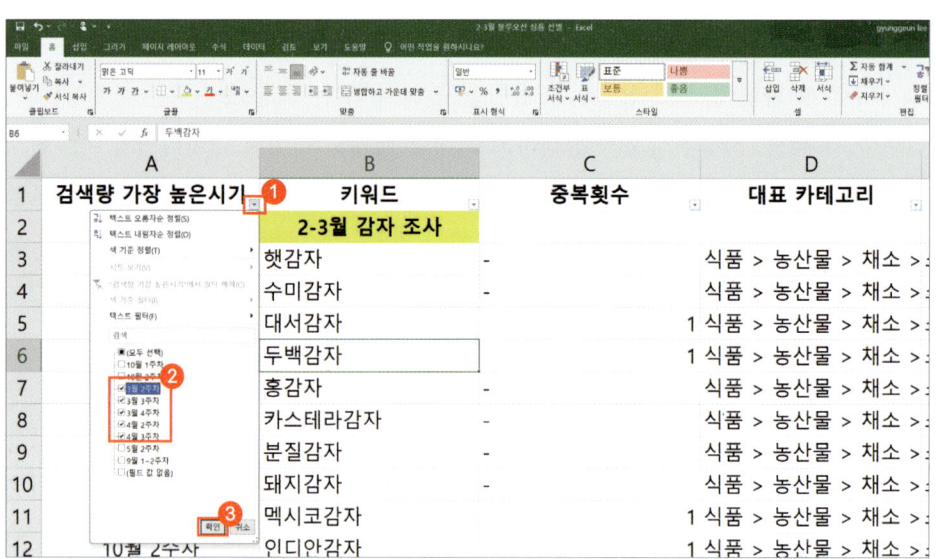

▶ 8주 이상 남은 신선식품은 수확하기 전일 확률이 높으므로 제외합니다.

02 앞으로 4~8주 동안 매출이 상승할 가능성이 높은 키워드만 필터링해서 보여 줍니다.

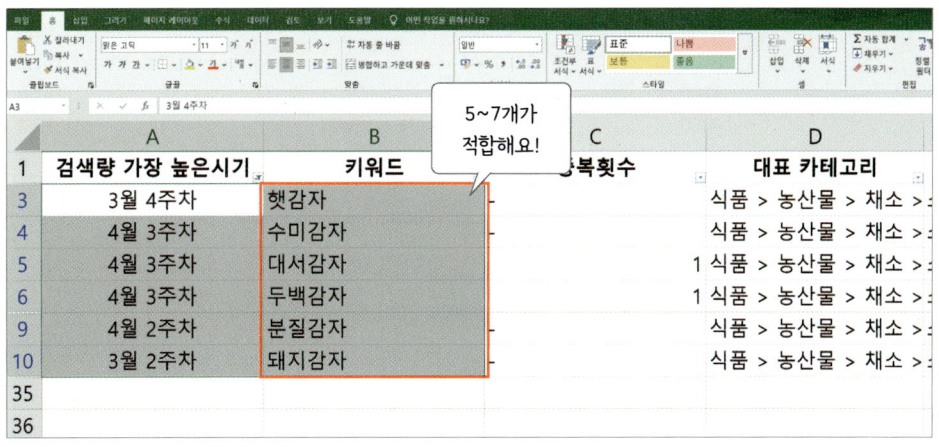

질문 있어요! 필터링된 키워드가 8개보다 많아요!

엑셀 하단에 있는 스크롤 바를 오른쪽으로 드래그해 총 검색수를 확인합니다. 여기에서 총 검색수가 천 단위인 상품을 1순위로, 백 단위인 상품을 2순위로, 만 단위인 상품을 3순위로 정해서 최대 7개까지 우선 선별합니다.

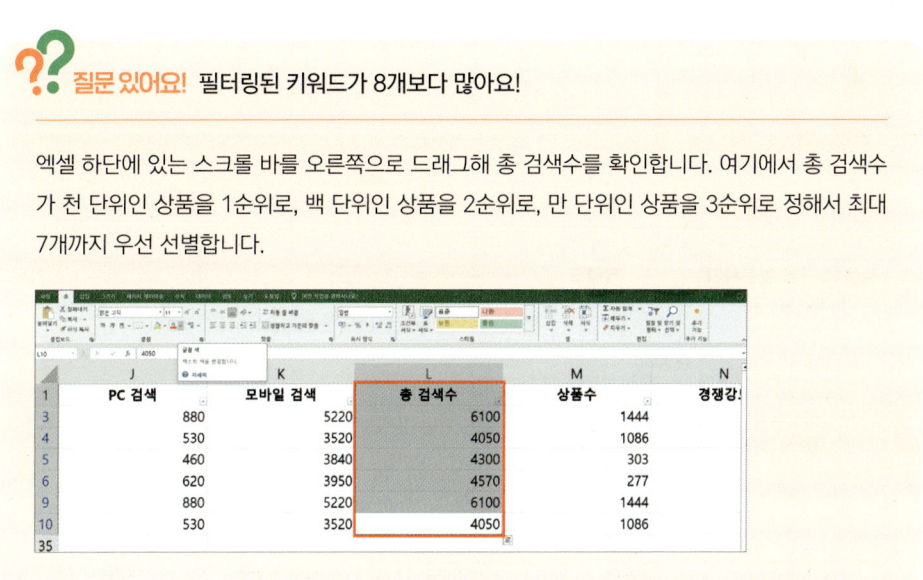

03 [경쟁강도] 데이터를 확인할 수 있도록 스크롤 바를 오른쪽으로 이동합니다. ❶ 경쟁강도가 적힌 [N1] 셀에서 화살표 아이콘을 클릭하고 ❷ [숫자 오름차순 정렬]을 누릅니다. ❸ [확인]을 클릭합니다.

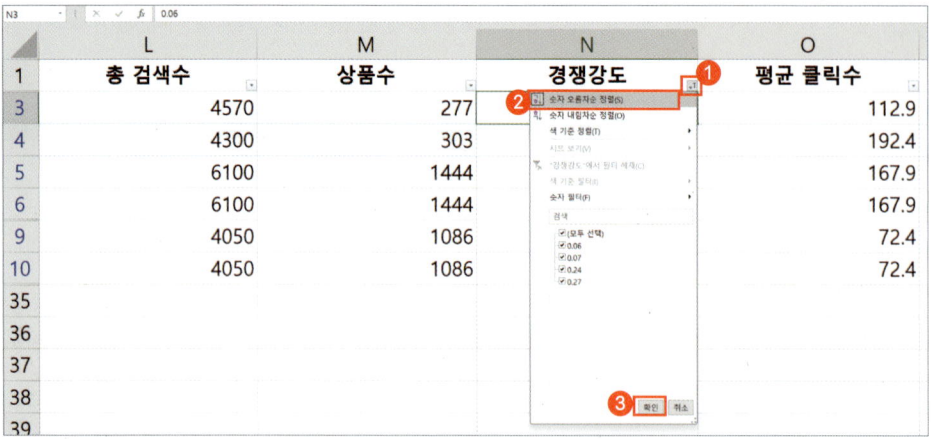

04 경쟁강도가 낮은 순서대로 키워드 정리하기

❶ 경쟁강도가 낮은 순서대로 정렬된 키워드를 메모장에 순서대로 작성합니다. ❷ 엑셀 하단의 스크롤 바를 오른쪽으로 이동하고 ❸ L열에 있는 총 검색수, M열에 있는 상품수, N열에 있는 경쟁강도를 키워드 열에 맞춰 입력합니다.

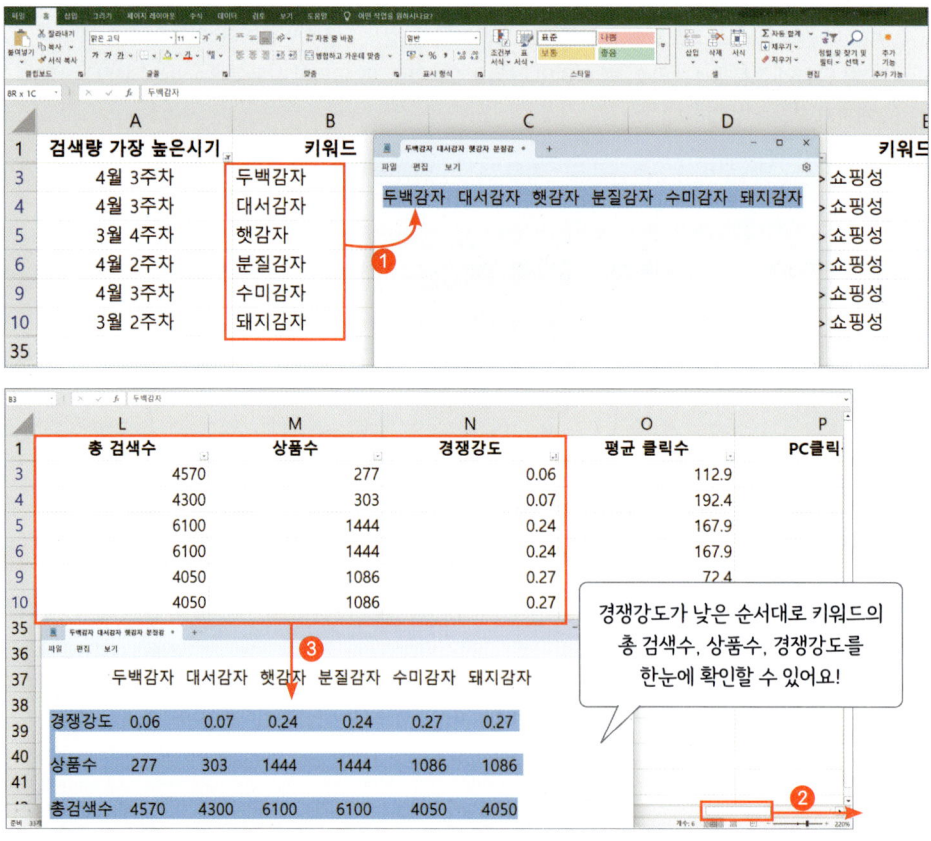

경쟁강도가 낮은 순서대로 키워드의 총 검색수, 상품수, 경쟁강도를 한눈에 확인할 수 있어요!

상품명 키워드 목록을 1차로 정리해 보았습니다. 키워드 검색량이 가장 많은 시기에 4~8주 정도 남은 상품을 선별해 경쟁이 덜 치열한 순으로 정리한 것만 해도 노출이 잘 되는 상품명을 쓰기에 충분합니다. 다만 우리는 여기서 한 단계 더 나아가 보겠습니다.

하면 된다!} 실제 경쟁 상품수와 총 검색수 비교하기

1차 상품명은 경쟁강도가 낮은 순으로 정렬한 결과이지만, 경쟁강도가 낮다고 해서 무조건 실제 경쟁에서 덜 치열한 건 아닙니다. 상위 노출 확률을 높이려면 경쟁강도뿐 아니라 현재 판매되는 상품수까지 고려해서 키워드 순서를 조정해야 합니다. 다음 2가지 경우를 따라 내 상품의 노출 가능성을 최대한으로 높이는 방법을 알아보겠습니다.

01 경쟁강도가 낮은데 상품수도 적을 때

첫 번째와 두 번째 키워드의 상품수를 비교합니다. 다음 예시에서 첫 번째 키워드인 '두백감자'와 두 번째 키워드인 '대서감자'의 상품수를 비교하면 '두백감자'의 상품수가 277개로 조금 더 적습니다. 이 경우는 '두백감자'가 '대서감자'보다 경쟁강도가 낮고 실제 경쟁하는 상품수도 적으므로 두 키워드의 순서를 변경할 필요가 없습니다.

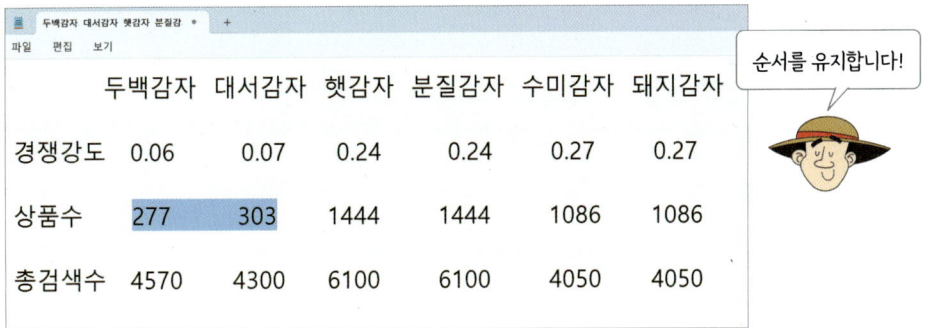

02 경쟁강도가 낮은데 상품수가 많을 때

만약 '두백감자'의 상품수가 '대서감자'보다 훨씬 많다면 두 번째로 배치한 '대서감자'를 맨 앞으로 옮기고 '두백감자'를 두 번째로 배치합니다. 실제 경쟁 상품수는 '대서감자'가 '두백감자'보다 훨씬 적기 때문이죠.

	두백감자	대서감자	햇감자	분질감자	수미감자	돼지감자
경쟁강도	0.06	0.07	0.24	0.24	0.27	0.27
상품수	877	303	1444	1444	1086	1086
총검색수	12570	4300	6100	6100	4050	4050

'두백감자'와 '대서감자'의 순서를 바꿉니다!

03 그 뒤에 적은 키워드도 **01** ~ **02** 단계를 반복하여 순서를 조정합니다. 경쟁강도가 낮은 순으로 배치한 1차 상품명에서 더 나아가 실제 상품수까지 비교한 결과를 확인할 수 있습니다. 내 상품이 노출될 가능성이 높은 키워드를 우선으로 배치한 최종 상품명 파일이 완성됩니다.

	두백감자	대서감자	햇감자	분질감자	수미감자	돼지감자
경쟁강도	0.06	0.07	0.24	0.24	0.27	0.27
상품수	877	303	1444	1444	1086	1086
총검색수	12570	4300	6100	6100	4050	4050

-> 대서감자 두백감자 햇감자 분질감자 수미감자 돼지감자

질문 있어요! 팔지는 않고 키워드로만 사용해도 되나요?

상품명에 포함된 키워드 가운데 **첫 번째 키워드는 반드시 내가 판매 중인 상품**이어야 합니다. 예를 들어 '대서감자'를 맨 앞에 입력한다면 대서감자는 판매 옵션에 필수로 포함되어야 해요. 따라서 상품명을 작성한 뒤에는 꼭 내가 판매 중인 옵션인지 확인해야 합니다.

두 번째 키워드부터는 실제로 판매하고 있지 않아도 괜찮습니다. 다만 해당 키워드로 검색해서 방문한 고객이 바로 나가지 않도록 품절 상태로라도 보여 주는 것이 좋아요. 옵션에 "0월 오픈 예정"과 같이 추가해 두면 더욱 좋습니다.

하면된다!} 상위 노출을 최적화하여 상품 등록해 보기

검색이 잘 되도록 상품명 키워드 순서를 정리했다면 이제 그 순서에 맞춰 상품명을 등록할 차례입니다. 02-2절에서 상품을 업로드하는 방법을 알아보았으므로 훨씬 더 쉽게 상품을 올릴 수 있을 거예요. 여기서는 상위권에 잘 노출되도록 해주는 디테일까지 함께 살펴보겠습니다.

01 카테고리 정하기

스마트스토어의 상품 관리에서 [카테고리명 검색 → 카테고리명 입력]을 클릭하면 상품의 카테고리를 검색하거나 선택할 수 있습니다. 중요한 것은 내가 판매할 상품과 카테고리가 반드시 일치해야 한다는 것입니다.

질문 있어요! 카테고리를 구체적으로 지정하지 않아도 되나요?

적합도에서 높은 점수를 받으려면 카테고리를 구체적으로 정해야 합니다. 그러나 이 실습에서 예로 든 신선식품의 경우 어떤 딸기 품종이든 [딸기]로, 어떤 포도 품종이든 [포도]로 설정해도 무방합니다. 다른 품종의 상품이라 해도 카테고리는 대표 농산물 이름으로 일치하는 경우가 대다수이며, 카테고리를 일치시키는 것은 크게 어렵지 않습니다. 예외로 감귤 종류 중에서 천혜향, 레드향은 [감귤]이 아니라 [천혜향], [레드향] 카테고리가 각각 존재하니 잘못 설정하지 않도록 주의하세요.

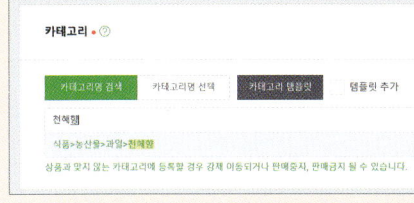 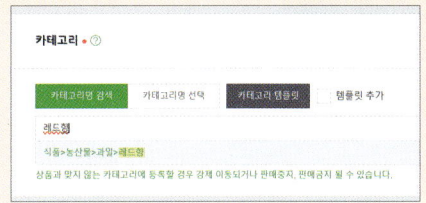

02 상품명 입력하기

앞선 실습에서 정리해 둔 상품명 키워드를 순서대로 작성합니다.

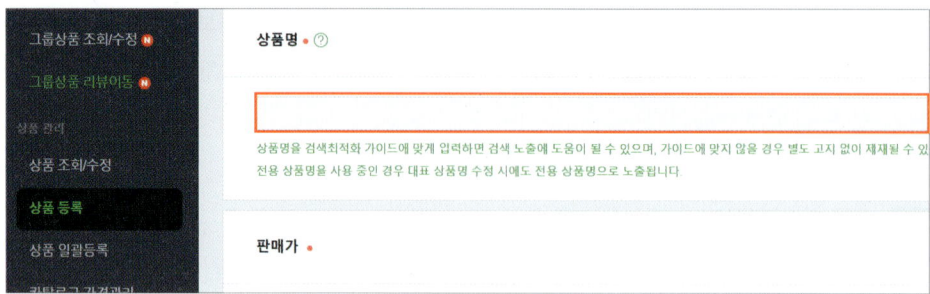

03 판매 정보 입력하기

❶ 판매가에 가격을 입력한 뒤 ❷ 즉시할인 옵션을 [설정함]으로 유지하고 ❸ 할인을 적용할 기본할인 금액을 입력합니다. ❹ 다음으로 판매기간을 [설정안함]으로 설정해 둡니다. ❺ 마지막으로 부가세는 내가 판매하는 상품이 [과세상품]인지 [면세상품]인지에 따라 선택합니다.

04 옵션 등록하기

❶ 선택형은 [설정함]을 클릭하고 ❷ 옵션 입력방식은 [직접 입력하기]를 선택합니다. ❸ 옵션 구성타입은 [조합형]으로 선택하세요. ❹ 마지막으로 옵션명에는 상품의 옵션 이름을 입력하고 ❺ 옵션값에는 세부 구성을 적습니다. 예를 들어 햇감자를 품종별로 판매한다면 옵션명에는 '올해 첫 수확 햇감자'나 '맛있는 햇감자'와 같이 입력하고 옵션값에는 '두백감자 소과 〇〇kg', '두백감자 중과 〇〇kg', '두백감자 대과 〇〇kg', '수미감자 소과 〇〇kg', '수미감자 중과 〇〇kg', '수미감자 대과 〇〇kg'과 같이 품종과 사이즈를 함께 입력하면 됩니다.

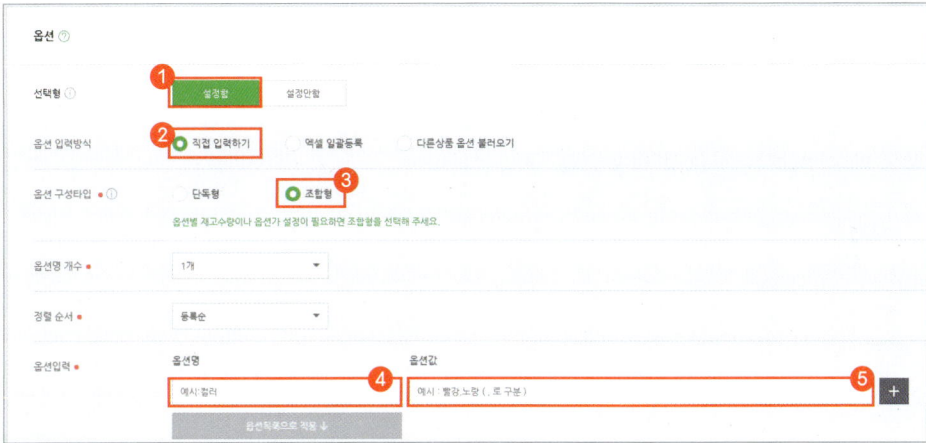

05 상품이미지 추가하기

❶ [대표이미지]에는 04-3절에서 촬영한 상품 사진 중에 가장 매력적이고 차별화된 1장을 골라 업로드합니다. ❷ 그다음 [추가이미지]에는 04-4절에서 미리캔버스로 제작한 나머지 9장을 업로드합니다.

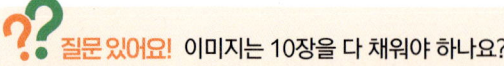

> **질문 있어요!** 이미지는 10장을 다 채워야 하나요?
>
> 이미지 한 장 한 장이 상품 정보에 반영되므로 구매량과 리뷰가 동일한 경우 네이버는 상품 이미지가 1장인 상품보다 **10장인 상품을 더 좋은 상품으로 평가하며 검색 순위를 더 높게 측정**합니다. 따라서 **사진은 10장을 채워 준비하는 것을 추천**합니다. 별개로 내 상품의 장점이 뚜렷하게 보이는 영상이 있다면 올려도 좋습니다. 단, 동영상은 위치를 직접 조정할 수 없고 무조건 최상단에 표시되기 때문에 필수는 아닙니다.

06 상세페이지 등록하기

[SmartEditor ONE으로 작성]을 클릭해서 04-4절에서 미리 준비해 둔 상품의 상세페이지를 등록합니다. 남은 항목은 검색 결과에서 보이지는 않지만 고객이 구매를 결정할 때 살펴보는 정보성 내용으로 구성됩니다.

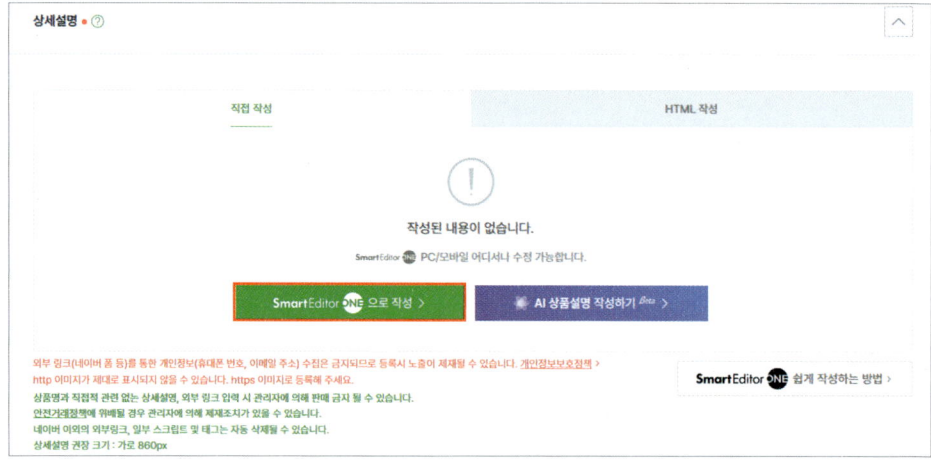

07 상품 상세 정보 입력하기

❶ [상품 주요정보]를 클릭해서 내가 판매하는 상품의 제조사, 브랜드명의 정보를 입력합니다. 예를 들어 '두백감자', '수미감자'를 판매한다면 어떤 품종인지 정확히 알 수 있도록 입력해 주세요. ❷ [상품정보제공고시]에는 상품의 수량, 중량, 크기, 제조일 등 세부 설명을 기재합니다. 감자를 판매한다면 감자의 소과~대과 크기, ○○kg~○○kg 중량 구성 등을 입력하면 되겠죠.

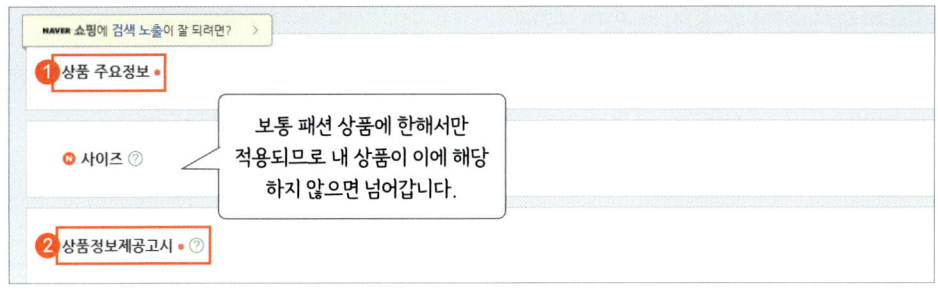

> **질문 있어요!** 제가 팔려는 상품은 제조사나 브랜드가 따로 없어요!

예를 들어 감자를 비롯한 신선식품은 제조사나 브랜드가 없는 경우가 많은데요. 제조사에는 '○○ 스토어 협력 농장', 브랜드에는 '○○ 스토어'와 같이 내 쇼핑몰의 상호명을 기재하면 됩니다. 이 항목은 언제든 변경할 수 있으므로 판매 상황에 따라 업데이트하면 됩니다.

08 배송 정보 입력하기

그다음 배송 항목은 고객이 온라인으로 주문할 때 민감하게 보는 요소입니다. 배송여부부터 출고지까지 다음과 같이 지정합니다.

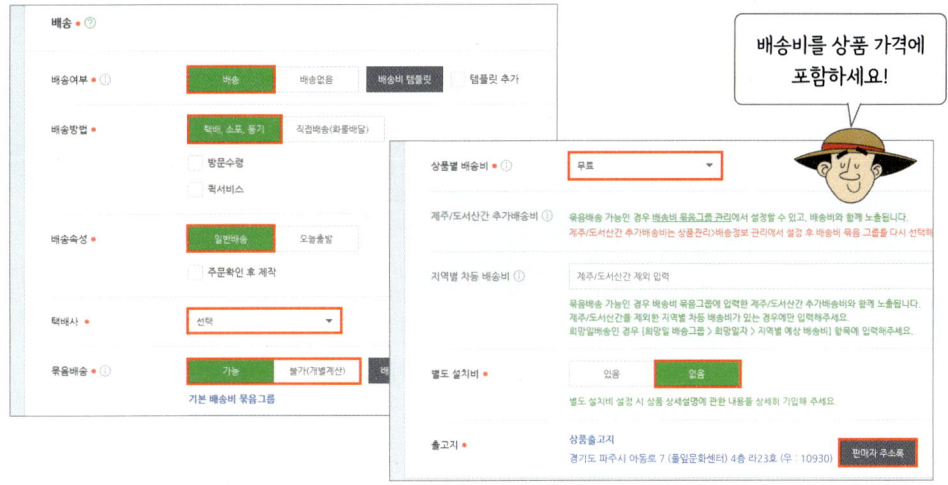

▶ 만약 오늘 주문했는데 상품 공급업체에서 당일 출발할 수 있다고 한다면 배송속성을 [오늘출발]로 선택해도 됩니다. 다만 [오늘출발]을 선택하고 배송이 지연되면 페널티가 부여되므로 꼭 자신의 상품 배송 기간에 맞춰 선택하세요.

09 반품/교환과 A/S 정보 입력하기

반품/교환 항목과 A/S 정보 역시 02-2절에서 입력한 것처럼 설정하면 됩니다. 반품배송비(편도)는 4,000원, 교환배송비(왕복)는 8,000원으로 입력합니다.

10 구매/혜택 조건 입력하기

❶ 내 상품의 상황에 맞게 [1회 구매시 최대], [1인 구매시 최대] 수량을 각각 입력한 뒤 ❷ 포인트는 [상품리뷰 작성시 지급]을 선택하고 100~200원으로 유지합니다. 포인트를 입력하는 이유는 리뷰가 많을수록 고객의 구매율이 높아지므로 리뷰 작성을 독려하기 위해서입니다.

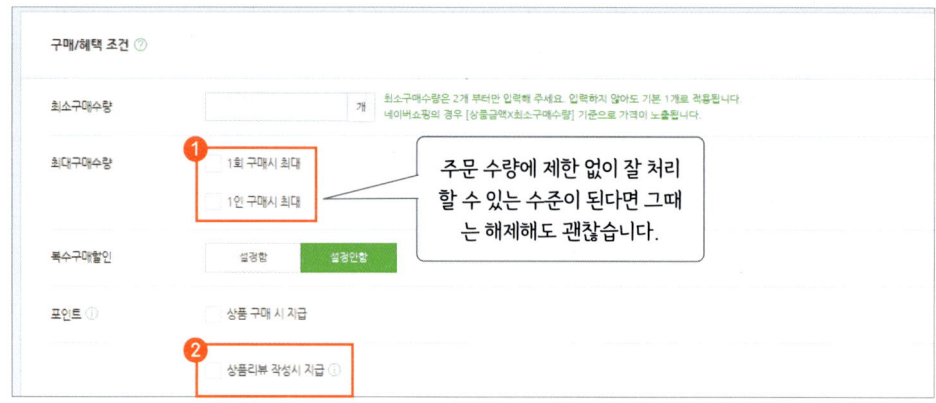

11 태그 입력하기

❶ 태그 항목에 내 상품과 관련된 태그를 작성합니다. 이때 태그에는 검색에 유효한 단어만 사용해야 합니다. 예를 들어 '진열장'을 판매하는데 '상품진열', '잘팔리는상품'을 태그로 썼다고 가정해 보겠습니다. '상품진열'은 태그 옆에 '상품진열(190216)'이라고 숫자가 함께 나타나는 반면, '잘팔리는상품'에는 어떤 숫자도 나타나지 않습니다. 숫자가 나오는 단어 태그만 유효하다고 보면 편리합니다. ❷ 그 아래에서 [검색에 적용되는 태그 확인]을 클릭해도 유효한 태그를 쉽게 확인할 수 있습니다.

12 노출 채널 설정하기

스마트스토어 채널과 네이버쇼핑 가격비교 사이트에 모두 노출될 수 있도록 02-2절에서 설정한 상태 그대로 유지합니다. 드디어 모든 정보를 작성했습니다.

13 입력한 내용에 문제가 있는지 점검하기

❶ [쇼핑 상품정보 검색품질 체크]를 눌러 입력한 내용을 점검하고 ❷ [저장하기]를 클릭해 상품을 등록합니다.

02-2절에서 상품을 등록해 보고 다시 해보니 별로 어렵지 않죠? 처음 실습할 때는 상품명부터 섬네일에 들어갈 대표이미지와 상세페이지 모두 새로 준비해야 해서 막막했을 겁니다. 하지만 이제는 검색이 잘 되는 상품명을 작성할 줄도 알고, 고객의 지갑을 여는 상세페이지도 만들 수 있습니다. 잘 준비해 둔 내용을 순서에 따라 차근차근 입력하기만 하면 적합도와 신뢰도 점수에서 만점을 받는 것은 어렵지 않습니다.

▶ 적합도와 신뢰도 점수를 산정하는 기준은 05-1절에서 다뤘습니다.

이렇게 네이버의 적합도와 신뢰도 점수에서 만점을 받을 수 있는 상위 노출 최적화 상품 등록 방법을 모두 배워 보았습니다. 단, 상위 노출을 최대화하려면 '인기도' 점수까지 확보해야 합니다. 적합도, 신뢰도에 이어 인기도 점수까지 만점 받게 해주는 체험단 마케팅! 바로 이어서 실천해 보죠.

🎀 이것만 기억하세요!

1. 상품명은 검색량이 가장 높은 시기가 판매 시작일로부터 4~8주 남은 키워드를 사용하는 것이 좋다. 그중에 5~7개를 조합해서 만드는 방법이 노출에 가장 유리하다.
2. 스마트스토어 상품명은 앞에 나오는 키워드일수록 더 중요하게 평가한다. 그러므로 상품명 맨 앞에 노출 1지망 키워드부터 순서대로 기재한다.
3. 노출 최적화 상품을 등록할 때는 앞선 과정에서 상품명, 상세페이지, 섬네일 이미지를 얼마나 충실하게 준비했는지가 관건이다. 미비한 부분이 있다면 03~04장을 참고하여 보완하자.

05-3 첫 상품도 상위 노출 성공! 체험단 마케팅

적합도와 신뢰도 점수를 높여 상품을 등록했어도 네이버 검색 결과 화면에 1순위로 노출되려면 인기도 점수까지 끌어올려야 합니다. 인기도는 클릭수/찜수, 판매실적, 리뷰수, 최신성이라는 4가지 채점 요소로 산정되며, 그중에서도 최신성은 활동 경력에 상관없이 새로 등록한 상품에 한해 일시적으로 높은 순위에 노출되도록 보너스 점수를 부여해 주는 요소라고 했는데요. 갓 등록해서 리뷰수가 적은 상품이어도 등록일을 기준으로 2~4주 동안 가산점을 준다는 것이죠.

동영상 강의

그래서 이번에는 **최신성 가산점이 적용되는 기간 동안 클릭수와 판매실적, 리뷰수를 늘려 인기도 점수를 극대화할 수 있는 체험단 마케팅**을 직접 해볼 겁니다.

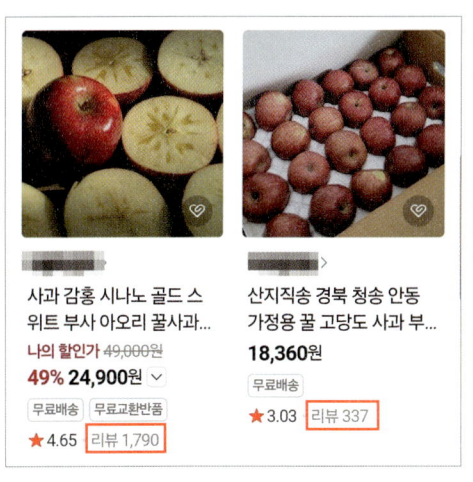

리뷰가 많은 상품과 리뷰가 적은 상품

리뷰는 적지만 평점이 5점인 상품과 3점인 상품

> 같은 상품군이라도 확실히 평점이 높고 리뷰가 있는 상품에 더 끌리죠?

체험단 마케팅이라고 하면 많은 분들이 대행사 또는 전문 플랫폼으로 모집해야 할 것 같아 겁내는데요. 굳이 대행사나 플랫폼을 통해 비용을 추가로 지불할 필요가 없습니다. 판매자로 처음 활동하더라도 가능한 한 체험단 마케팅을 바로 시작하는 것이 좋습니다.

체험단 마케팅이 필수인 이유 2가지

"체험단은 가짜로 구매시키는 거 아닌가요?"라고 생각할 수 있는데, 실제 상품을 직접 사용해 보고 리뷰를 남기는 체험단 서비스는 불법이 아닙니다. 체험단 마케팅을 하는 이유는 앞서 소개한 것처럼 최신성 점수를 올리기 위해서입니다. 그래서 05-2절에서 상품을 등록할 때도 내용을 입력하고 바로 발행하기보다 체험단을 모집한 뒤에 상품을 게시하는 것을 추천합니다. 상품을 등록한 날부터 구매가 빠르게 일어나야 더 많은 점수를 얻을 수 있거든요.

또 다른 이유는 구매 전환율(conversion rate, CVR)을 높이기 위해서인데요. 맛집이나 옷 가게를 갈 때에도 매장 내 유일한 손님이 되는 건 생각보다 큰 용기를 내야 합니다. 스마트스토어에서도 마찬가지로 미리 사용해 본 후기가 올라와 있어야 고객에게 상품의 신뢰도를 높이면서도 첫 번째라는 부담을 크게 덜어 줄 수 있습니다.

이때 스토어 리뷰뿐 아니라 블로그에 체험기까지 남기도록 유도한다면 불특정 다수가 네이버에서 검색했을 때 자연스럽게 내 상품을 노출할 수도 있습니다. 이는 결국 광고를 세팅했을 때 구매 전환율이 월등히 높아지는 효과도 불러옵니다. 체험단은 최소 5명 정도를 모집해서 기존 고객을 만들어 두는 것을 추천합니다.

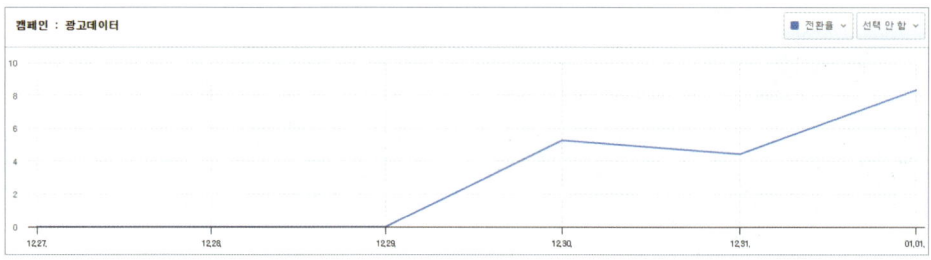

체험단 리뷰가 달린 12월 29일부터 구매가 점점 더 늘어나는 모습

하면 된다!} 네이버 폼으로 체험단 신청서 만들기

온라인에서 체험단 신청서를 제작할 수 있는 서비스로 '네이버 폼'을 소개합니다. 성함, 연락처, 블로그 링크, 체험 후기 동의, 개인정보 수집/제공 동의 여부를 확인할 수 있도록 질문 형식으로 신청서를 만들어 보겠습니다. 이번 실습에서는 체험단을 모집할 때의 필수 내용만 입력합니다. 추가로 확인하고 싶은 항목이 있다면 실습을 마친 후에 자유롭게 질문을 추가해도 좋습니다.

01 네이버 폼 신청서 유형 선택하기

네이버 폼 페이지(form.naver.com)에 접속하고 로그인합니다. ❶ 화면 오른쪽 상단에서 [설문 만들기]를 클릭하고 ❷ [객관식 + 주관식] 유형을 선택합니다.

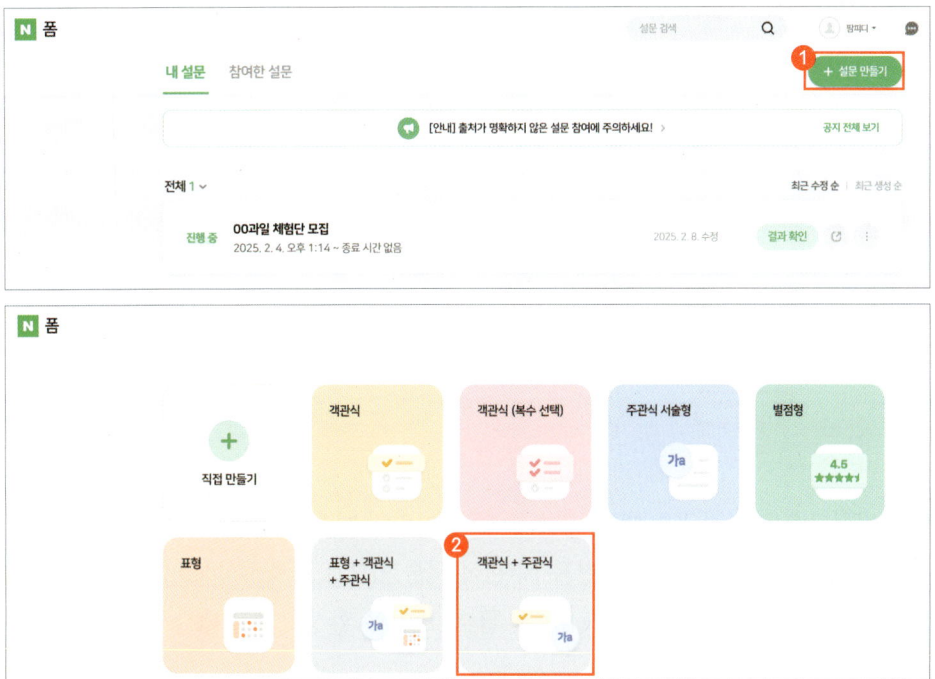

02 체험단 신청서 제목 및 모집 기간 설정하기

❶ 설문 편집 화면이 나타나면 ○○ 배송 체험단 모집 등으로 신청서 제목을 입력합니다. ❷ 설문 기간 항목을 클릭해서 팝업 창이 뜨면 ❸ [제한 없음]을 선택합니다. ❹ [확인]을 클릭하면 체험단 신청서의 제목과 모집 기간 설정이 완료됩니다.

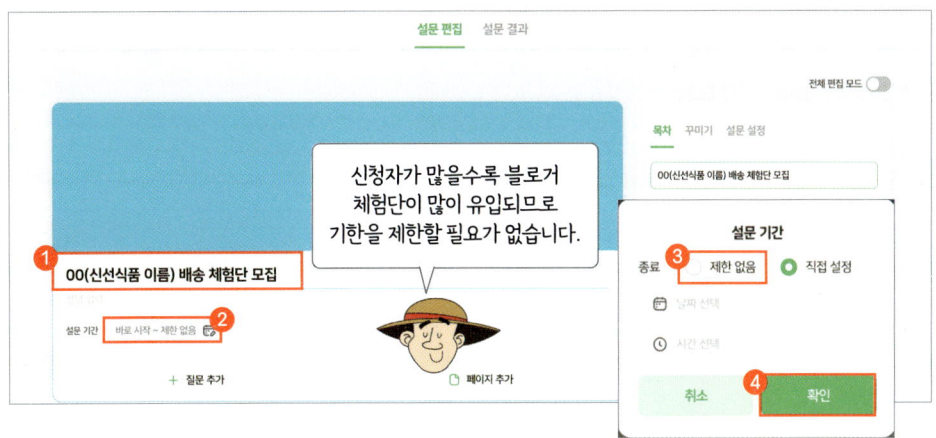

03 체험단 신청서 질문 만들기

가장 먼저 체험단 신청자를 확인할 수 있도록 성함을 묻는 항목을 만들어 보겠습니다. ❶ 왼쪽 상단에서 질문 유형을 [주관식 서술형]으로 선택하고 ❷ 제목 칸에 **성함**이라고 입력합니다. ❸ [답변 필수] 토글을 활성화합니다. ❹ [질문 추가]를 눌러 체험단을 운영하는 데 필요한 질문을 계속해서 제작하겠습니다.

04 체험단으로 선정됐을 때 안내할 수 있는 연락처 항목을 추가하겠습니다. ❶ 마찬가지로 왼쪽 상단에서 질문 유형을 [주관식 서술형]으로 선택하고 ❷ 제목 칸에 **연락처**라고 입력합니다. ❸ 이번에도 [답변 필수] 토글을 활성화하고 ❹ [질문 추가]를 눌러 다음 질문을 제작합니다.

05 체험단 신청자의 글쓰기, 사진 촬영 능력을 살펴볼 수 있는 블로그 링크 항목을 추가합니다. ❶ 이번에도 [주관식 서술형]을 선택하고 ❷ 제목 칸에 블로그 링크라고 입력한 뒤 ❸ [답변 필수] 토글을 활성화합니다. ❹ [질문 추가]를 누릅니다.

06 그다음으로 후기 작성 관련 규정 안내와 동의를 받는 객관식 질문을 만들어 보겠습니다. ❶ 이번에는 질문 유형으로 [객관식]을 선택하고 ❷ 제목 칸에 후기 작성 기한과 규정을 입력합니다. ❸ 객관식 항목으로 동의합니다, 동의하지 않습니다의 선택지 2개를 만들고 ❹ [답변 필수] 토글을 활성화한 뒤 ❺ [질문 추가]를 누릅니다.

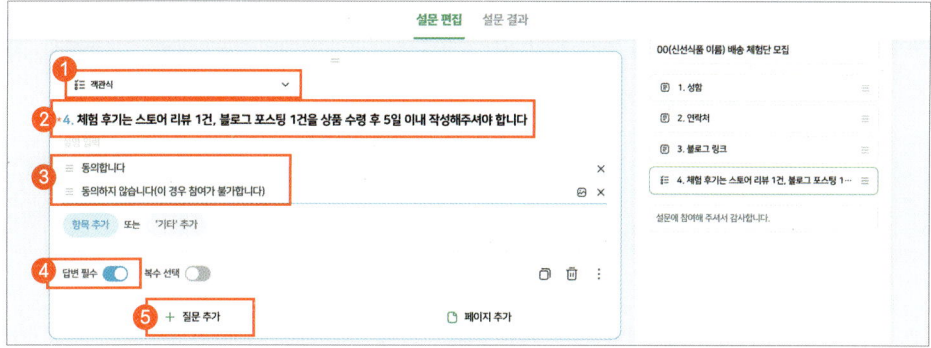

07 마지막으로 수집한 정보를 체험단 선정·운영에 활용할 수 있도록 개인정보 수집 및 이용 동의 항목을 만들어 보겠습니다. ❶ 질문 유형으로 [개인정보 수집 / 제공 동의]를 선택하고 ❷ 수집하는 개인정보에는 본 신청서 작성 정보를, 수집 및 이용 목적에는 체험단 선정 및 안내를, 보유 및 이용기간에는 후기 작성 확인시 폐기를 각각 기

재합니다. ❸ [답변 필수] 토글을 활성화한 뒤 ❹ 화면 오른쪽 상단에서 [저장]을 눌러 체험단 신청서 양식을 저장합니다.

▶ 이 약관에 동의하지 않으면 체험단으로 선정됐다고 연락할 수 없으므로 [답변 필수] 토글을 활성화해야 합니다.

08 체험단 신청서 링크 확인하기

제작한 체험단 신청서는 네이버 폼 첫 페이지에서 확인할 수 있습니다. ❶ 신청서 오른쪽에 있는 [링크 공유]를 클릭하고 ❷ 설문 공유하기 팝업 창에서 [링크 복사]를 누르면 체험단 신청서 링크를 공유할 수 있습니다. 복사한 링크는 다음 실습에서 체험단 모집을 진행할 때 활용하면 됩니다.

하면 된다!} 하루 만에 100명이 신청하는 체험단 모집하기

03-3절에서 공급처를 섭외할 때처럼 카카오톡 오픈채팅을 활용하면 누구나 쉽게 체험단을 모집할 수 있습니다. 심지어 신선식품 등 생필품은 1~2일만 모집해도 100명씩 신청할 만큼 인기가 높습니다. 대행사나 전문 플랫폼에서도 카카오톡으로 체험단을 모집하는 경우가 많으므로 수수료나 비용을 내면서 대행을 맡길 필요가 없죠. 비용도 아끼고 리뷰 작성도 더 빨리 일어나는 카카오톡 오픈채팅 방식을 추천합니다.

01 체험단 오픈채팅 입장하기

❶ 카카오톡에 접속한 후 오른쪽 상단에 있는 [오픈채팅 💬]을 클릭합니다. ❷ 오픈채팅 검색 창에 체험단, 인플루언서, 협찬 등 체험단 모집 관련 키워드를 입력해서 검색하면 당장 체험단 모집을 시작할 수 있는 단톡방이 수백 개 나옵니다. 이 중에 최소 500명 이상이 참여한 단톡방을 골라서 10곳 이상 입장합니다.

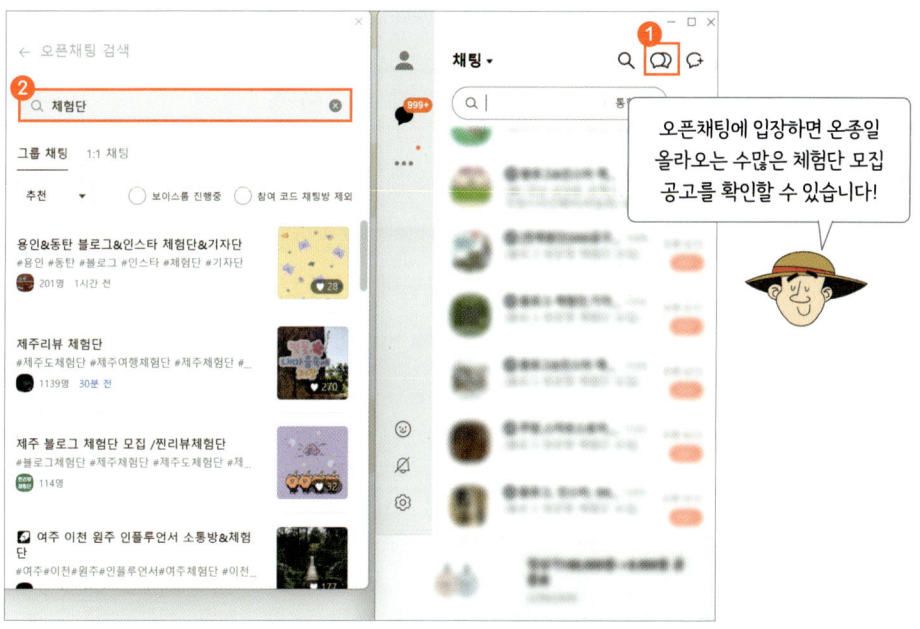

오픈채팅에 입장하면 온종일 올라오는 수많은 체험단 모집 공고를 확인할 수 있습니다!

02 체험단 모집 공고 올리기

❶ 다음과 같이 체험단 모집 공고를 작성하고 ❷ 앞서 생성해 둔 체험단 신청서 링크와 함께 단톡방에 모집 공고를 올립니다. 공고는 아침저녁 출퇴근 시간대로 1일 2회 정도 업로드할 것을 추천합니다. 이렇게만 글을 올려도 하루 만에 100명을 충분히 모집할 수 있어요!

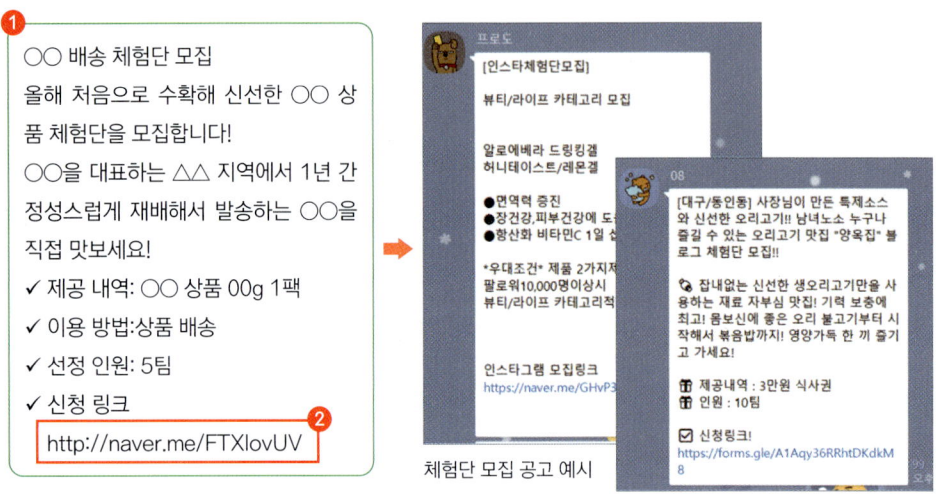

체험단 모집 공고 예시

03 체험단 모집 결과 확인하기

❶ 네이버 폼에서 체험단 신청서의 [결과 확인]을 누르면 체험단 모집 결과를 확인할 수 있습니다. ❷ 설문 결과 페이지의 오른쪽 상단에서 [더 보기 ⋮]를 클릭하고 ❸ [결과 내려받기]를 누르면 모집 결과를 엑셀 파일로 내려받을 수 있습니다.

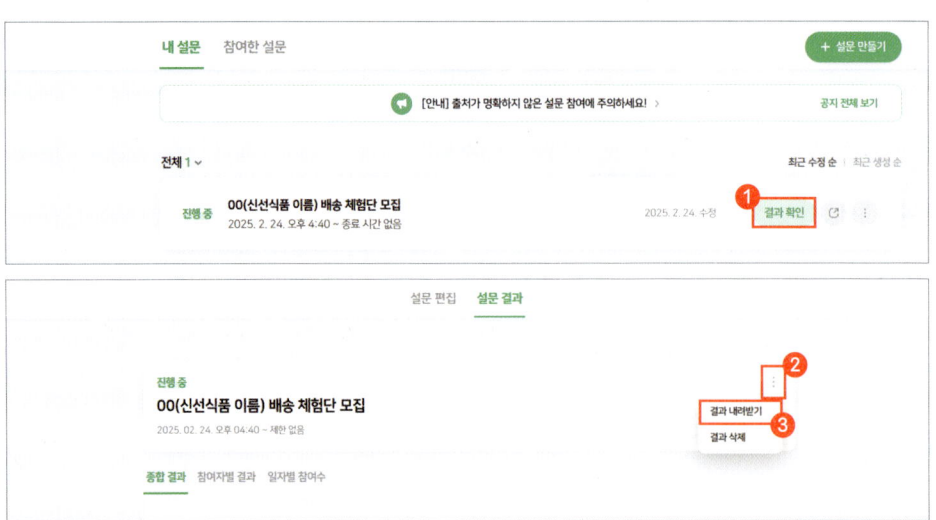

04 체험단 선정하여 연락하기

내가 만든 질문 항목에 따라 신청자의 성함, 연락처, 블로그 링크 등을 확인할 수 있습니다. 블로그 링크에 접속해 게시물 상태를 확인해 보고 마음에 드는 신청자를 선정합니다.

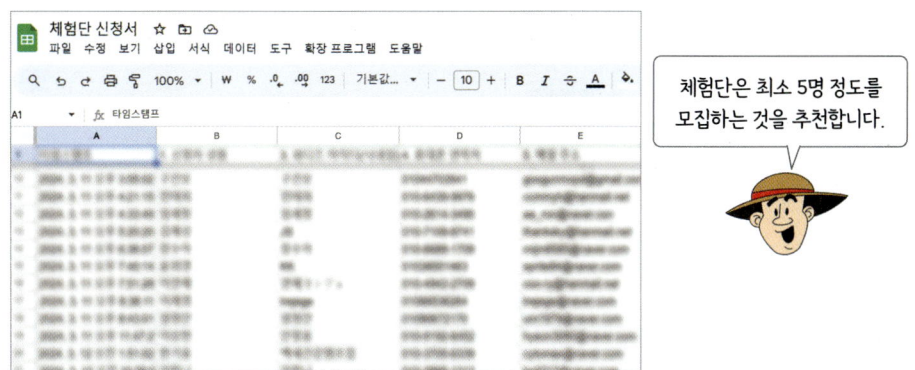

체험단은 최소 5명 정도를 모집하는 것을 추천합니다.

선정된 참여자에게는 문자 또는 카카오톡으로 체험단에 선정되었다고 안내하면 됩니다. 이어서 체험단에게 후기를 써달라고 요청하는 방법을 구체적으로 살펴보겠습니다.

하면 된다!} 상품 링크 만들어 체험단에게 구매 요청하기

체험단 선정 여부를 안내하는 방법과 구매 절차를 알아보겠습니다. 여기서 한 가지 꼼수를 쓸 거예요. **체험단이 후기를 작성할 때 접속하는 상품 페이지를 검색 결과 생성되는 링크로 제공**하는 것입니다. 네이버 입장에서는 고객이 네이버에서 특정 키워드를 검색한 후 내 상품을 찾아서 접속한 것으로 인식하기 때문입니다. 단순히 내 상품 링크를 바로 전달해 체험단을 진행하면 판매와 리뷰 점수만 받는 반면, 검색 결과로 만들어진 링크로 체험단을 진행하면 '클릭' 점수까지 받을 수 있습니다.

01 클릭, 판매, 리뷰 점수까지 다 받는 상품 링크 만들기

❶ 네이버에서 내가 등록한 상품의 키워드 가운데 1지망으로 노출되고 싶은 키워드를 검색합니다. 지금 당장은 인기도 점수가 없으므로 5페이지, 10페이지 등 한참 뒤로 가야 내 상품을 찾을 수 있습니다. ❷ 내 상품을 발견했다면 섬네일 위에서 마우스 오른쪽 버튼을 누르고 ❸ [링크 주소 복사]를 선택합니다.

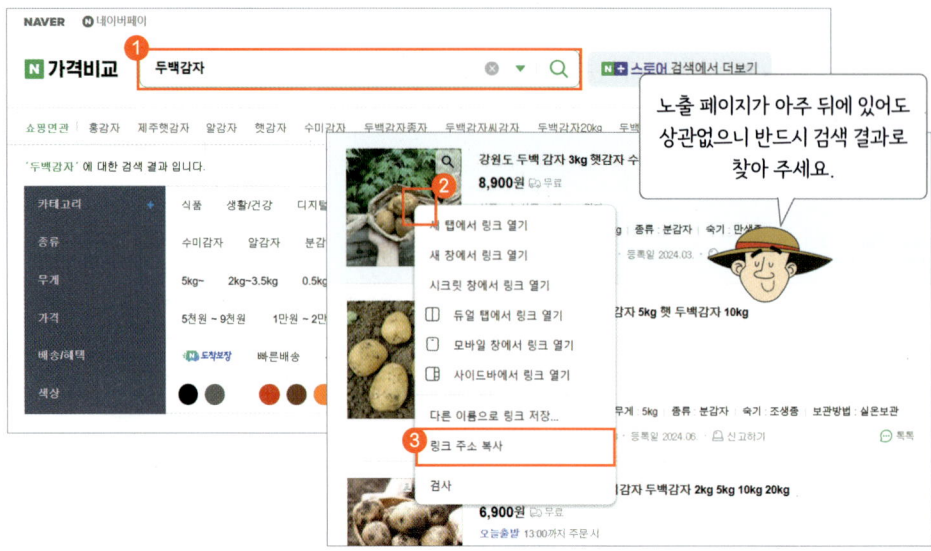

그런데 이 방법으로 상품 링크를 만들면 링크가 너무 길어지는 문제가 생깁니다. 고객이 네이버에서 직접 검색해 상품을 클릭하고 들어온 것으로 인식하다 보니 링크가 몇 줄씩 길어지는 것이죠. 링크가 너무 길면 스팸으로 오해하거나 접속하기 불편할 수 있으니 단축 링크로 변환하는 것을 추천합니다.

02 단축 링크로 변환하기

단축 URL 서비스인 보라 웹 사이트(https://vo.la)에 접속한 뒤 회원 가입을 하고 로그인합니다. ❶ 왼쪽 메뉴에서 [단축링크 생성]을 누르고 ❷ 01 단계에서 복사해 둔 상품 링크 주소를 오른쪽 입력란에 붙여 넣습니다. ❸ [URL 단축]을 클릭하면 ❹ QR 코드와 함께 단축 링크가 제공됩니다. ❺ [복사]를 누르면 단축 링크를 쉽게 복사할 수 있습니다.

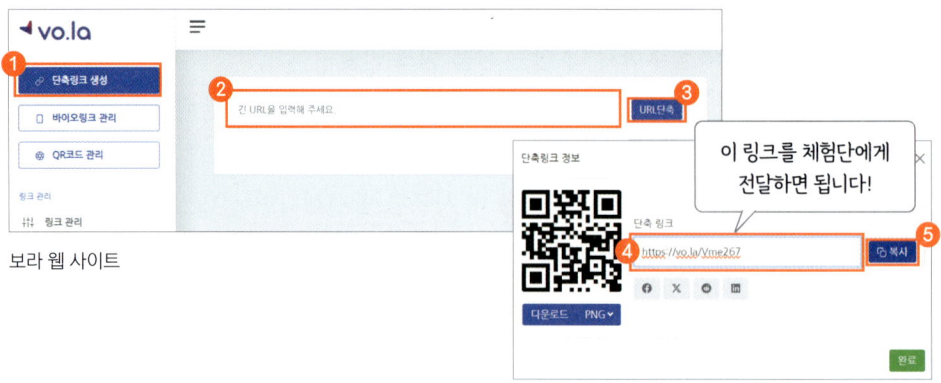

보라 웹 사이트

03 구매 요청 및 리뷰 작성 가이드 안내하기

체험단에게 연락할 때는 리뷰 작성 기한과 작성할 때 주의할 점을 반드시 안내해야 합니다. 다음과 같이 체험단에게 리뷰 작성 가이드와 단축 링크를 전달한 후, 안내한 당일 자정까지 답변이 없다면 추가로 체험단을 선정하는 것을 추천합니다.

> ○○ 배송 체험단에 선정되신 걸 축하드립니다.
> 오늘 자정까지 다음 주문 링크로 접속하시고 안내해 드리는 '옵션'으로 주문한 뒤, 주문자 성함을 말씀해 주시면 감사하겠습니다.
> 상품을 수령한 후 5일 이내 스토어 리뷰 1건, 블로그 포스팅 1건을 작성해 주시면 확인한 뒤, 결제 금액 전액을 페이백해 드리겠습니다.
>
> ✓ 주문 링크: http://vo.la/_____
>   - 체험 옵션: ○○ 대과 00kg 1팩
>   - 결제 금액: 27,500원
>
> ✓ 상품평을 작성할 때 꼭 지켜 주세요
> ① 리뷰 사진은 10장 첨부해 주세요
> ② 다음 내용은 필수로 반영해서 작성해 주세요
>   - 상품의 장점 1
>   - 상품의 장점 2

결제 방식을 설명할 땐 체험단에게 링크를 보낸 다음, 직접 구매하고 후기를 작성한 화면을 캡처하여 보내 달라고 합니다. 그리고 우리는 직접 후기를 확인하고 체험단의 계좌로 해당 금액을 입금하면 됩니다. 이와 같은 방식을 페이백(payback)이라고 하는데, 혹시 발생할 수 있는 '먹튀' 등의 문제를 방지할 수 있습니다.

지금까지 체험단 마케팅으로 클릭, 리뷰, 구매 점수, 최신성 가산점까지 모두 챙길 수 있는 방법을 알아보았습니다. 이 과정만 따라 해도 상품의 상위 노출 가능성을 극대화할 수 있습니다. 당연하게도 체험단의 구매가 많을수록 점수는 더 폭발적으로 증가합니다. 그래서 처음 등록한 상품이라면 체험단을 최소 5명 이상 모집하는 걸 추천합니다. 수익이 없을 때 비용을 쓰는 게 부담스러울 수 있지만 수백수천 만 원의 매출을 달성하기 위한 초기 투자라고 생각하고 꼭 체험단 마케팅을 진행하길 당부합니다. 실제로 처음 스마트스토어를 시작한 다른 대표님도 이 방법으로 단 1달 만에 첫 등록 상품이 1페이지에 노출되는 성과를 거뒀답니다. 이제 여러분의 상품도 고객의 검색을 일으켜 보세요!

> **이것만 기억하세요!**
>
> 1. 내 상품이 상위에 노출되도록 하고 싶다면 체험단 마케팅이 필수이다.
> 2. 네이버 폼과 오픈채팅을 사용하면 체험단 마케팅을 적은 비용으로 더 빠르게 진행할 수 있다.
> 3. 체험단에게 구매를 요청할 땐 클릭, 리뷰, 판매, 최신성까지 인기도 점수를 모두 받을 수 있도록 검색 결과 페이지에 나타나는 상품 링크 주소를 복사해서 전달한다.
> 4. 상품 링크 주소가 너무 길다면 링크 단축 서비스로 축약해서 공유하는 것을 권장한다.

✅ **사장님 체크리스트**

내 상품이 상위에 노출되도록 등록하기

내 상품이 스마트스토어의 다른 경쟁 상품보다 품질이 좋더라도 고객이 존재조차 알지 못하면 구매로 이어지기 어렵습니다. 그래서 05장에서는 검색이 잘 되도록 내 상품을 등록하고 체험단을 모집해 노출을 늘리는 방법을 알아보았는데요. 직접 실천하지 않으면 배운 것도 무용지물입니다. 다음 순서대로 스마트스토어에 잘 검색되는 상품명을 등록한 뒤 체험단을 모집할 수 있도록 하나하나 체크해 보세요.

검색이 잘 되도록 내 상품 등록하기

- 경쟁강도가 낮은 순서대로 메모장에 정리하기 ☐
- 상품수 비교해서 키워드 재정렬하기 ☐
- 상품 등록 화면에서 상품명에 키워드 순서대로 입력하기 ☐

체험단 모집·운영하기

- 체험단 신청서 양식 만들기 ☐
- 체험단 오픈채팅에 참여하여 모집 공고 올리기 ☐
- 체험단 선정하여 연락하기 ☐
- 체험단이 작성한 후기 글 확인하기 ☐

06

고객을 끝없이 끌어오는 광고 세팅

고객의 눈에 잘 띄도록 상품을 등록해 보았나요? 운이 좋다면 벌써 첫 판매가 일어났을 텐데요. 아직 주문이 들어오지 않았다고 시무룩할 필요는 없습니다. 광고를 진행하면 더 많은 신규 고객을 끌어올 수 있으니까요. '검색'이 우리 가게 앞을 지나가는 고객을 불러오는 것이라면, '광고'는 가게 앞에 국한되지 않고 동네 전체, 더 나아가 다른 지역의 고객까지 우리 가게로 불러오는 효과가 있습니다.

06장에서는 스마트스토어를 운영한 지 2~3개월 만에 수천만 원대의 매출을 달성할 수 있었던 네이버 광고 세팅 방법을 안내합니다. 설레는 첫 판매부터 수익화까지 함께 실천해 보죠.

06-1 광고는 선택이 아닌 필수입니다
06-2 내 상품 노출은 키워드 입찰부터!
06-3 쇼핑검색 광고 세팅 3단계 필승 법칙
06-4 수익률을 높이는 광고효율 최적화
✅ **사장님 체크리스트** 광고 세팅에 필요한 항목 정리하기

06-1

광고는 선택이 아닌 필수입니다

⭐ 광고는 왜 해야 할까?

온라인 쇼핑몰을 비롯한 세상의 온갖 브랜드는 TV부터 유튜브까지 24시간 광고를 돌립니다. 우리는 일생을 소비자로만 살아와서 그런지 광고에 대해 우호적이기보다 비호감을 갖거나 지나치게 상업적인 이미지를 떠올리는 경향이 있습니다. 그러나 여러분은 이런 편견을 잊어야 합니다. 사실 우리는 인지하지 못하는 새에 수많은 광고를 접하고 이를 통해 구매 결정을 하고 있거든요.

도심 속 빌딩에 보이는 전광판 광고(출처: 언스플래시)　　유튜브 협찬 광고(출처: TALKSUNNY TECH · 톡써니 테크)

앞서 온라인 쇼핑몰은 고객이 방문하려면 인터넷에 잘 노출되어야 하고 검색에 잘 걸려야 한다고 강조했습니다. 고객이 네이버에서 검색했을 때 내 상품이 상위권에 노출되어야 구매로 이어지고, 10페이지 이후에 표시되거나 30위가 넘어버리면 구매율이 크게 떨어져 버리죠. 그래서 체험단 마케팅으로 상위 노출 가능성을 최대한 높인다 해도 경쟁이 매우 치열한 상품이라면 상위권에 노출되기 쉽지 않습니다.

그렇지만 광고는 다릅니다. **광고를 집행하면 상품의 '순위'에 상관없이 네이버 검색 결과 상위권에 내 상품을 노출해 주는 효과가 있습니다.** 심지어 광고를 통해 일어난 '판매'도 인기도 점수에 들어가기 때문에 상품을 등록하고 마냥 기다리기보다 광고를 돌려 고객을 더 많이 꾸준히 끌어오는 것이 훨씬 효과적입니다. 이렇게 해야 판매 점수를 더 많이 쌓고 수익화도 더 빠르게 이룰 수 있습니다. 스마트스토어를 운영할 때 광고는 선택이 아닌 필수입니다.

이제 누구나 광고를 쉽게 운용할 수 있어요!

광고의 중요성을 몇 번씩 강조해도 여전히 망설여지나요? 아무래도 광고라는 것을 실행해 본 적이 없어서 '비용이 많이 들진 않을까', '전문가여야 할 수 있는 거 아닌가' 걱정할 수 있습니다. 실제로 예전에는 홍보 전단을 동네 수십 곳에 배포하고, 전광판이나 버스에 내 상품과 브랜드 관련 배너를 제작해서 대대적으로 홍보해야 했습니다. 그러다 보니 비용이 많이 드는 것은 물론이고 전문가가 아니라면 광고 절차나 방법을 알 수가 없었습니다.

그러나 지금은 완전히 달라졌습니다. 온라인 매체의 힘이 강력해지면서 오프라인 가게조차 전단지 홍보보다 네이버 지도에 자신의 가게를 노출하는 스마트플레이스 마케팅을 하거나 인스타그램에 릴스를 올려 바이럴 마케팅을 하는 시대가 되었습니다.

▶ 스마트플레이스란 사업자가 자신의 매장을 네이버 지도, 검색, 플레이스 등에 노출할 수 있는 검색광고 유형입니다.

현수막 등 비용이 크게 드는 기존 오프라인 광고

인스타그램에서 인플루언서와 협업한 릴스 광고

거기에 더해 스마트스토어 판매자라면 누구나 네이버 광고 서비스를 이용할 수 있는데요. 스마트스토어는 개인 사업자를 비롯해 소상공인이 주로 이용하므로 네이버 광고 역시 메뉴와 기능이 누구나 쉽게 이용할 수 있도록 구성되어 있습니다. 심지어 기본 수십만 원 견적으로 시작할 수 있는 기존의 광고 형식과 달리 네이버 광고는 하루에 단돈 1만 원으로도 전문 광고를 운영할 수 있습니다.

⭐ 네이버 광고의 종류, 그리고 쇼핑검색 광고!

네이버 광고는 크게 디스플레이 광고와 검색광고로 나뉘는데, 검색 엔진을 기반으로 하는 네이버이기 때문에 검색광고를 더 추천합니다. 또, 브랜드나 콘텐츠를 알리는 것이 아닌 상품 판매가 목적이므로 검색광고 가운데서도 쇼핑검색 광고를 적극 추천합니다. 우선 디스플레이 광고와 검색광고에는 어떤 종류가 있는지 간단히 살펴보고, 그중에서도 쇼핑검색 광고의 효과가 가장 큰 이유를 알아보겠습니다.

우연히라도 보게 하는 '디스플레이 광고'

디스플레이 광고는 말 그대로 화면에 광고가 디스플레이(전시)되는 광고입니다. 우리가 검색어를 입력하지 않아도 네이버에 접속하면 자동으로 나오는 광고가 여기에 속합니다.

크게 성과형 디스플레이 광고와 보장형 디스플레이 광고로 나뉘는데요. 성과형 디스플레이 광고는 세밀한 타기팅과 실시간 입찰 방식으로 광고 효율을 높일 수 있는 유형으로, AI 기반의 쇼핑 자동화 광고인 애드부스트(ADVoost) 쇼핑부터 인지도 및 트래픽, 웹사이트 전환, 앱 전환, 쇼핑 다이내믹, 쇼핑 소식, 동영상 조회, 커뮤니케이션 광고까지 8가지 세부 유형으로 분류됩니다.

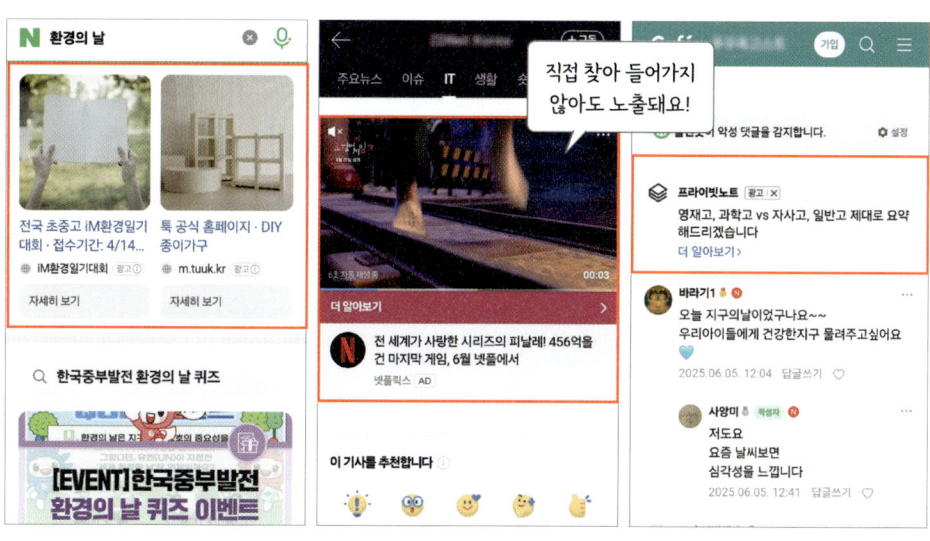

웹사이트 전환 광고 　　　 동영상 조회 광고 　　　 커뮤니케이션 광고

한편 네이버 대표 지면에 안정적으로 광고를 노출해 주는 보장형 디스플레이 광고는 홈 프리미엄 광고, 전면광고, 배너 광고, 동영상 광고, 버티컬 서비스 광고, 네이버 패밀리 광고까지 6가지 세부 유형으로 구분됩니다.

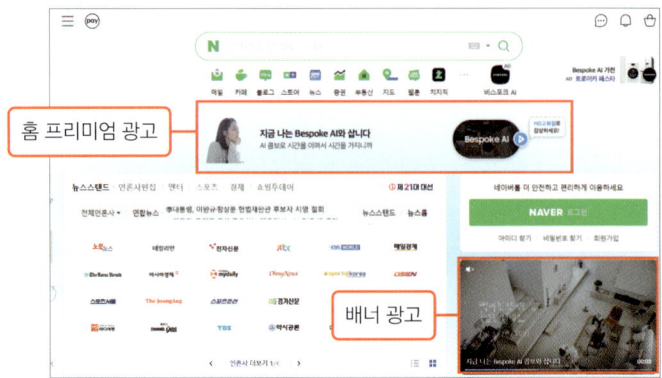

홈 프리미엄 광고와 배너 광고가 함께 노출되는 네이버 메인 화면

클립 탭에 노출되는 동영상 광고

키워드를 검색했을 때 상위에 뜨는 '검색광고'

검색광고는 특정 키워드를 검색했을 때 상품을 상위에 노출해 주는 광고 유형입니다. 네이버에는 다양한 검색 채널이 있고 검색 키워드에 따라 내 상품을 노출시켜 주는 것이 바로 검색광고인 거죠.

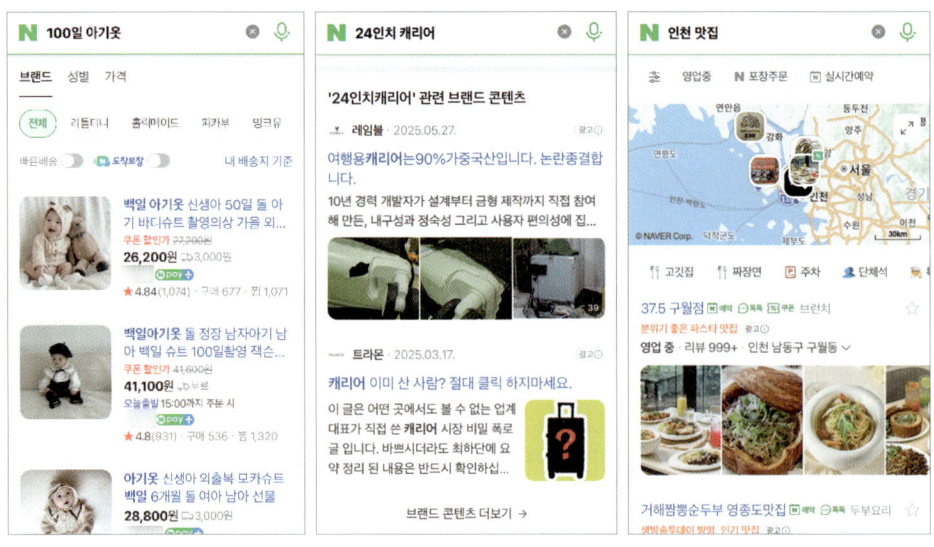

쇼핑검색 광고   콘텐츠 관련 검색광고   지도 관련 검색광고

그리고 앞서 말했듯이 이 중에서 스마트스토어가 가장 크게 효과를 볼 수 있는 것은 바로 쇼핑검색 광고입니다. 쇼핑검색 유형은 고객이 검색한 키워드에 맞춰 네이버 가격비교, 플러스스토어 영역에서 섬네일과 상품명을 노출하는 방식으로 운영됩니다. 스마트스토어 판매자에게 쇼핑검색 유형을 추천하는 이유는 다음 2가지로 설명할 수 있습니다.

첫 번째 이유는 상품을 선정하고 검색 결과에 노출할 때 핵심으로 삼았던 키워드를 활용할 수 있기 때문입니다. 경쟁이 적은 키워드만 찾아서 상품을 소싱하고 등록했으므로 광고 역시 키워드를 중심으로 집행하는 게 유리합니다. 또한 디스플레이 광고가 검색 여부와 관계없이 광고를 보여 주는 반면, 검색광고는 특정 키워드를 검색했을 때 그 키워드에 맞는 상품 광고를 보여 주어 타기팅에도 유리합니다.

두 번째 이유는 검색광고 중에서도 '네이버 가격비교', '네이버플러스 스토어' 등 쇼핑몰 관련 검색 결과에 내 상품을 보여 주는 광고가 바로 쇼핑검색 광고이기 때문입니다. 따라서 네이버 쇼핑검색 광고를 사용하는 게 가장 효과적이라 할 수 있습니다.

'네이버 가격비교' 검색 결과 화면

'네이버플러스 스토어' 검색 결과 화면

쇼핑검색 광고를 활용하면 적은 비용으로 큰 성과를 얻을 수 있어요!

쇼핑검색 광고를 십분 활용하려면 고객이 검색한 키워드에 맞게 광고를 세팅해야 합니다. 단, 우리는 초보자이기 때문에 무턱대고 큰돈을 들이기보다는 최소한의 비용으로 최대한의 효율을 내기 위해 전략적으로 접근해야 합니다. 이어서 쇼핑검색 광고를 세팅할 때 필요한 노하우를 하나씩 살펴보겠습니다.

이것만 기억하세요!

1. 고객을 데려오지 못하면 수익을 낼 수 없으므로 초보 판매자일수록 광고를 필수로 집행해야 한다.
2. 네이버 광고 서비스를 이용하면 전문가가 아니어도 적은 비용으로 광고를 집행할 수 있다.
3. 네이버 광고는 디스플레이와 검색광고 두 종류로 나뉘며, 스마트스토어에서는 검색광고의 쇼핑검색 유형이 가장 효과적이다.
4. 쇼핑검색 광고를 적용하면 '네이버 가격비교'와 '네이버플러스 스토어' 영역에 스마트스토어 상품을 노출할 수 있다.

06-2

내 상품 노출은 키워드 입찰부터!

광고는 이제 예전보다 적은 비용으로, 전문가가 아니어도 누구나 할 수 있지만 그렇다고 아무것도 모르는 상태에서 적당히 세팅하고 운영한다면 성과를 얻기 어렵습니다. 우선 네이버 쇼핑검색 광고의 운영 방식을 알아본 후, 이 광고 형식으로 수익을 잘 내려면 어떤 핵심 노하우를 적용해야 하는지 함께 살펴보겠습니다.

쇼핑검색 광고는 '키워드 경매' 방식으로 운영됩니다

네이버의 쇼핑검색 광고는 경매 방식으로 운영됩니다. 경매란 일반적으로 특정 상품을 두고 입찰 경쟁을 하여 더 높은 가격에 입찰한 사람이 승리하는 개념이지만, 쇼핑검색 광고에서는 특정 상품이 아니라 특정 키워드를 두고 입찰 경쟁을 하는 것이 특징입니다.

그럼 '돈 많은 사람이 무조건 이기는 거 아니야?'라고 생각할 수 있는데요. 물론 자본금이 받쳐 준다면 좀 더 유리한 것은 사실입니다. 하지만 단순히 돈을 많이 들인다고 해서 입찰에서 무조건 이기는 건 아니에요. 네이버 광고에서 특정 키워드로 검색했을 때 상위권에 내 상품을 노출하기 위해 지출하는 비용을 입찰가(cost per click, CPC)

라고 하는데, 키워드별로 이 입찰가가 모두 다릅니다. 실제 미술품 경매에서도 작품별로 입찰 가격이 다른 것처럼 내가 광고할 때 사용하고 싶은 키워드 역시 키워드에 따라 입찰가가 다른 것이죠.

예를 들어 감자를 판매한다고 했을 때 '감자'라는 메인 키워드의 광고 입찰가는 1,000원에 달할 만큼 경쟁도 치열하고 단가도 비쌉니다. 그런데 '두백감자', '수미감자'와 같은 블루오션 키워드의 광고 입찰가는 200~600원으로 경쟁이 덜 치열한 만큼 단가도 좀 더 저렴합니다. 결국 블루오션 키워드를 사용하면 입찰가 부담을 훨씬 낮출 수 있고, 이 키워드를 많이 조사해 둔 판매자일수록 경쟁에 훨씬 유리한 것이죠.

입찰 목표는 최소 3위로 잡으세요!

이때 한 가지 어려운 점이 있다면 키워드별 입찰가를 전혀 모른다는 것입니다. 블루오션 키워드의 단가는 메인 키워드보다 저렴하겠지만 기준 가격을 모르면 경매 경쟁에서 이기기 힘들고 내 상품을 노출하기도 쉽지 않습니다. 그러므로 광고를 본격적으로 세팅하기 전에 키워드별 입찰가를 조사해야 하는데요. **최소 3위로 입찰하는 것을 목표로 잡는 것이 전략의 핵심**입니다. 입찰 순위에 따라 네이버 검색 화면에서 노출되는 순위가 다르기 때문입니다.

PC에서 키워드를 검색했을 때 상품이 노출되는 모습 | 모바일에서 키워드를 검색했을 때 상품이 노출되는 모습

실제로 네이버는 PC와 모바일 화면 모두에서 검색 결과 상단에 광고 상품을 먼저 노출합니다. 광고 입찰 1~3위 상품이 검색 화면 상단에 1~3위로 우선 노출되고, 실제 순수 검색 랭킹 1위 상품은 4~5위부터 순차적으로 노출됩니다. 키워드를 검색했을 때 광고 입찰에 성공한 상품부터 우선 노출하는 것이죠.

▶ 2025년 9월 기준, PC와 모바일 모두 검색광고는 1~3위에 노출되고 슈퍼적립 기획전에 입점된 판매자 상품이 4위에 노출됩니다. 상품에 따라 4위 또는 5위부터 실제 판매 랭킹순으로 보여집니다.

따라서 PC와 모바일에서 1페이지 안에 내 상품을 노출할 수 있는 3위 입찰을 목표로 광고를 세팅하는 게 비용과 효과 면에서 가장 현실적입니다. 지금부터 키워드별 입찰가를 찾는 방법과 3위 이상으로 입찰할 수 있는 방법을 자세히 알아보겠습니다.

하면 된다!} 광고 상위 노출을 위한 키워드 입찰가 조사하기

판다랭크에서는 키워드 입찰가를 손쉽게 조사할 수 있습니다. 특히 가입하기만 하면 평생 무료로 사용할 수 있어 초기 비용으로 드는 부담을 최소화하는 데 효과적인 플랫폼입니다.

판다랭크 로고

01 입찰가 조사 서비스 '판다랭크' 이용하기

❶ 우선 판다랭크 웹 사이트(pandarank.net)에 접속한 후 회원 가입을 합니다. ❷ 상단 메뉴에서 [셀러 → 키워드 분석]을 선택합니다.

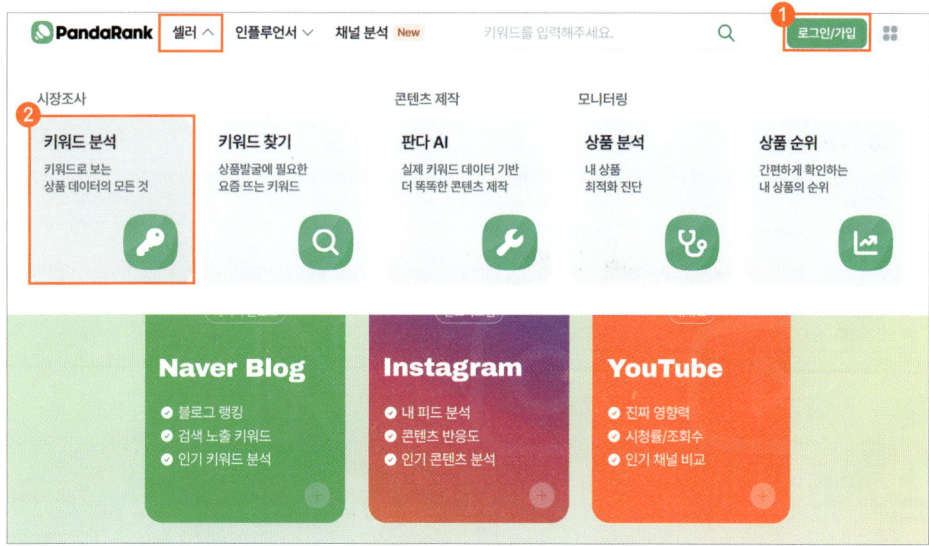

▶ 판다랭크에 회원 가입하는 방법은 따로 다루지 않습니다.

02 키워드 분석 화면에서 내가 광고로 노출하고 싶은 키워드를 검색합니다. 여기서는 '대서감자' 키워드로 상위 노출을 한다고 가정하고 ① 대서감자를 입력한 뒤 ② [분석]을 눌러 보겠습니다.

03 마우스를 스크롤해서 맨 아래로 내려가면 PC와 모바일에서 1~5위에 뜨기 위해 필요한 평균 키워드 광고비용이 나타나는데, 이게 바로 입찰가 금액입니다. 우리는 최소 3위 이상으로 입찰하는 게 목표이므로 PC와 모바일에서 3위에 해당하는 금액을 확인하고 따로 기록해 둡니다.

이게 다입니다. 정말 간단하죠? 네이버 쇼핑검색 광고에서 키워드는 상품 1개당 최대 10개까지 동시에 광고를 노출할 수 있습니다. 따라서 키워드 입찰가를 최소 10개 이상 조사하는 걸 추천합니다.

10개면 너무 많지 않냐고요? 05-2절에서 검색에 잘 걸리는 상품명을 작성할 때 선별한 키워드 5~7개만 해도 벌써 절반이 넘습니다. 나머지는 상품명에 사용하진 않았지만 03-2절에서 선정한 상품 키워드 가운데 추가로 3~5개를 선별하여 입찰가를 조사하면 됩니다.

'두백감자' 키워드 입찰가를 조사한 경우   '수미감자' 키워드 입찰가를 조사한 경우

> 이것을 미리 진행해야 06-3절 실습을 따라 할 수 있습니다.

이렇게 네이버 쇼핑검색 광고의 핵심인 상위 노출을 위한 키워드별 입찰가를 조사해 보았습니다. 조사 방법이 생각보다 간단하죠? 처음이라 해도 몇 번만 검색해 보면 쉽게 익숙해지니 키워드별 입찰가 3위 금액을 꼼꼼히 잘 확인하여 기록해 주세요. 이어서 조사한 입찰가를 토대로 쇼핑검색 광고 세팅 방법을 3단계로 나누어 알아보겠습니다.

이것만 기억하세요!

1. 네이버 쇼핑검색 광고는 키워드 경매 방식으로 운영된다.
2. 광고 성공의 핵심은 PC와 모바일에서 최소 3위 안에 상위 노출하는 것이다.
3. 판다랭킹 서비스를 사용하면 키워드별 3위 입찰가를 무료로 조사할 수 있다.
4. 상품별로 키워드는 최대 10개까지 광고를 세팅할 수 있으므로 상품명에 사용한 키워드와 03-2절에서 조사한 키워드에서 10개를 선별해 입찰가를 조사하는 것을 추천한다.

06-3 쇼핑검색 광고 세팅 3단계 필승 법칙

⭐ 무적의 광고 세팅 3단계

앞서 언급한 것처럼 스마트스토어의 상품을 판매할 때 가장 유용한 광고 유형은 '쇼핑검색 광고'입니다. 쇼핑검색 광고를 세팅할 때는 캠페인 만들기 → 광고그룹 만들기 → 광고 만들기(소재/키워드)의 3단계로 진행됩니다.

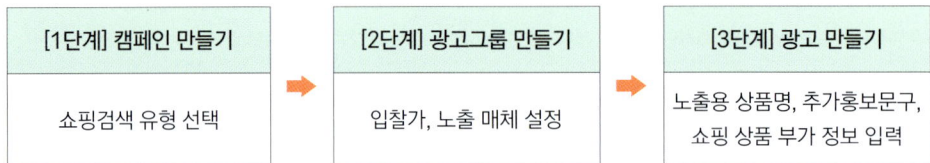

1단계 캠페인 만들기

캠페인은 내가 원하는 광고 유형을 선택하는 항목입니다. 검색광고 유형 가운데 키워드를 활용할 수 있는 **쇼핑검색 유형**을 설정합니다. 캠페인은 내가 광고할 상품의 개수만큼 생성합니다. 다섯 종류의 상품을 판매하고 있고 이 중에서 세 종류의 상품에만 광고를 적용할 거라면 만들어야 하는 캠페인 수는 3개입니다.

2단계 광고그룹 만들기

캠페인은 내가 광고할 상품의 개수만큼 만들지만, 광고그룹은 내가 광고하고 싶은 키워드의 개수만큼 추가합니다. 우리는 상품 1개당 키워드 10개의 입찰가를 조사해 두었으니 최종적으로 캠페인 1개에 10개의 광고그룹을 만들어야 합니다. 이때 입찰가는 다음 3가지 경우에 따라 다르게 입력합니다.

PC, 모바일 3위 입찰가 비교	입찰가 입력 방법
동일한 경우	입찰가에 50원을 더해 입력합니다. 예) PC 300원, 모바일 300원 → 둘 다 350원
100원 이하로 차이가 나는 경우	더 높은 입찰가를 기준으로 50원을 더해 입력합니다. 예) PC 400원, 모바일 300원 → 둘 다 450원
100원을 초과해 차이가 나는 경우	더 낮은 입찰가를 기준으로 50원을 더해 입력한 뒤, 입찰가중치(1.5배)를 추가로 설정합니다. 예) PC 300원, 모바일 500원 → PC 350원, 모바일 525원(350×1.5)

3위 입찰가가 동일하거나 100원 이하로 차이가 나는 경우에는 단순히 일정 가격을 더하면 되지만, 그 차이가 100원을 초과하는 경우에는 **더 낮은 입찰가에 50원을 더한 뒤 입찰가중치를 추가로 설정**해야 합니다. 예를 들어 PC 3위 입찰가가 300원, 모바일 3위 입찰가가 500원이라면 우선 기본 입찰가를 350원으로 입력하겠죠. 하지만 이 경우 PC 화면에 노출될 가능성은 높지만 모바일 3위 입찰가인 500원에는 턱없이 부족하기 때문에 입찰에 실패할 확률이 높습니다.

이럴 때는 PC 입찰가는 50원을 올린 상태 그대로 두고 **모바일 입찰가중치만 추가로 150%로 상향**해 보세요. PC 입찰가가 350원일 때 모바일 입찰가를 350원의 1.5배인 525원까지 제시하는 것이죠. 기존에 입력해 둔 350원 입찰가로 PC 3위를 입찰할 수도 있고, 모바일 역시 입찰가중치 150%를 적용한 덕분에 3위 입찰에 성공할 확률이 높아집니다.

3단계 광고 만들기(소재/키워드)

광고를 돌리는 상품이 소비자의 눈에 잘 띄도록 추가홍보문구와 쇼핑 상품 부가 정보를 입력하는 단계입니다. 쇼핑 상품 부가 정보에는 구매수, 리뷰수 등이 노출됩니다.

추가홍보문구를 표시한 상품 화면

쇼핑 상품 부가 정보를 표시한 상품 화면

광고소재/키워드 역시 광고그룹과 마찬가지로 광고할 키워드의 개수만큼 만들어야 합니다. 하지만 수차례에 걸쳐 키워드별로 하나하나 광고 세팅을 해야 한다면 시간이 너무 오래 걸릴 거예요. 키워드 하나로 먼저 광고 세팅을 한 뒤 이렇게 기본 세팅된 항목을 복사해서 내용을 수정하면 반복 작업을 한결 덜 수 있습니다. 3단계에 걸쳐 광고 세팅을 진행한 뒤 복사하는 방법까지 알아보겠습니다.

하면 된다!} 키워드별 쇼핑광고 캠페인 생성하기

키워드별 입찰가를 꼼꼼히 조사하더라도 자칫 잘못 세팅하면 여러 키워드가 혼합되어 노출되면서 판매 효율이 낮아집니다. 상품이 여러 키워드에서 광고로 상위에 노출되고 판매 효율을 극대화할 수 있는 키워드별 쇼핑검색 광고 세팅 방법을 배워 보겠습니다.

01 네이버 검색광고 회원 가입하기

네이버에 로그인한 상태에서 네이버 검색광고(www.searched.naver.com)에 접속합니다. ❶ [신규가입]을 클릭하고 ❷ 네이버 통합 광고주센터 회원 가입 화면이 나타나면 [네이버 아이디로 회원가입]을 클릭합니다.

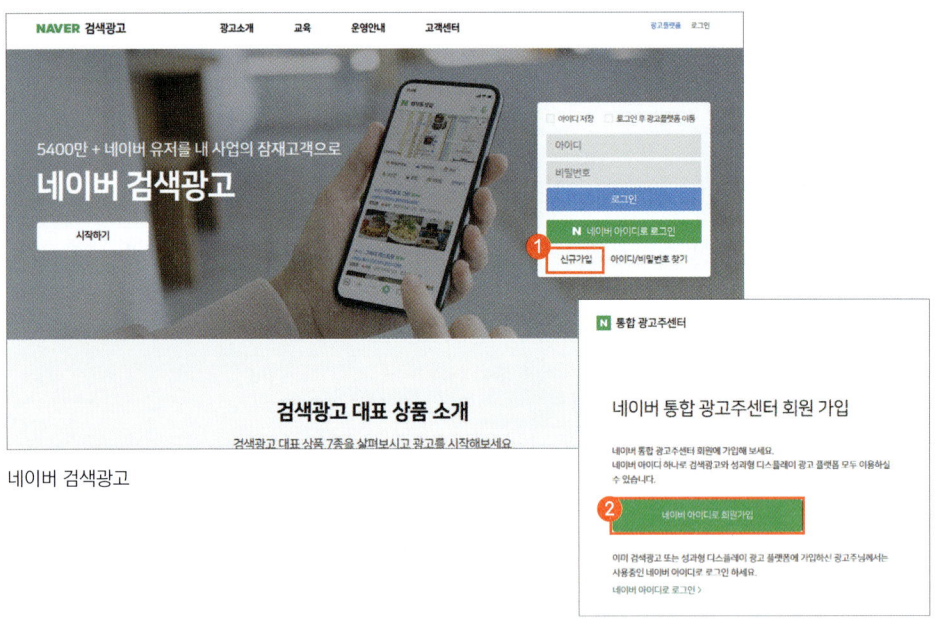

네이버 검색광고

02 ① 약관 동의 항목이 나오면 [전체 동의]에 체크 표시한 다음, ② 회원 가입 정보에서 이메일 주소와 휴대전화번호로 각각 인증하고 ③ [회원 가입 완료]를 클릭합니다.

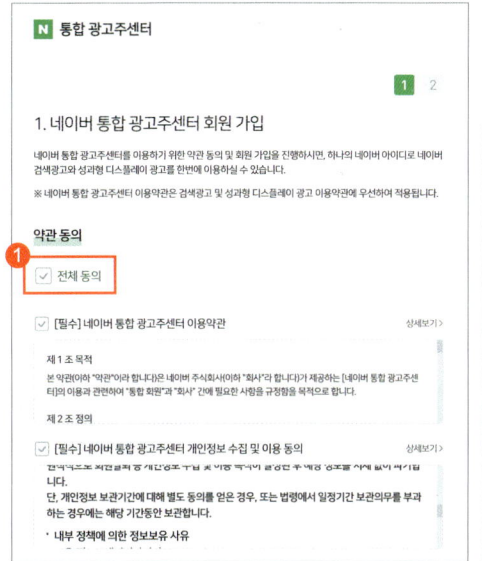
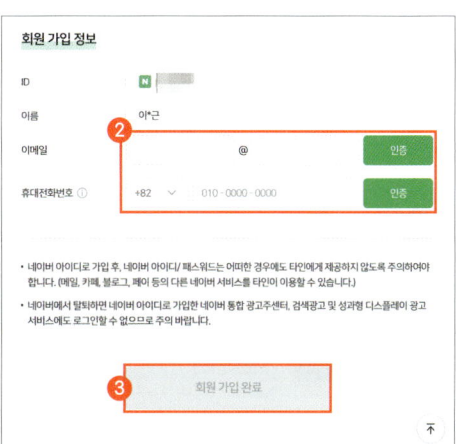

03 네이버 검색광고 플랫폼 사업자 회원 인증하기

사업자 회원으로 가입해야 검색광고에 사용하는 광고비가 매출 수익 내역에서 자동 공제되므로 사업자 가입이 필수입니다. ① [사업자 광고주]를 선택하고 ② 사업자등록번호를 입력합니다. ③ [가입 여부 확인]를 클릭하고 ④ [광고 계정 생성 완료]를 누르면 회원 가입이 완료됩니다.

사업자 회원으로 가입해야 광고비가 매출에서 자동으로 공제돼요!

04 검색광고 접속하기

❶ 그다음 검색광고 메인 화면에서 [광고플랫폼]을 누르면 광고를 세팅할 수 있는 광고관리 화면으로 연결됩니다. ❷ 플랫폼 화면 왼쪽에서 [광고 만들기]를 클릭합니다.

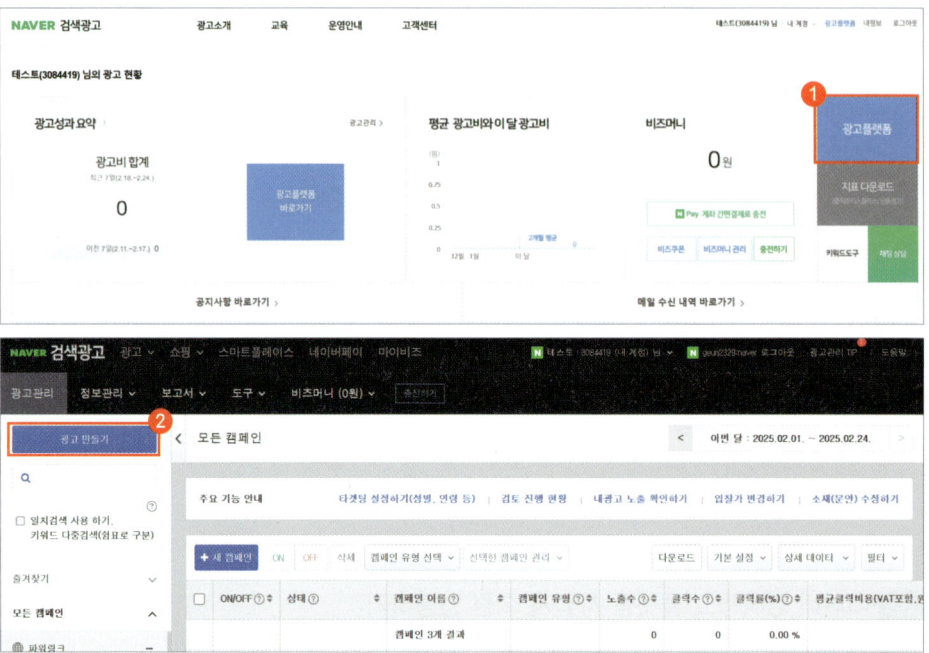

05 검색광고 캠페인 만들기

❶ 캠페인 유형으로 [쇼핑검색 유형]을 선택하고 ❷ 캠페인 이름을 입력합니다. 만약 감자 상품을 광고할 캠페인이라면 감자 캠페인이라고 입력하면 됩니다. ❸ 하루예산은 1~2만 원으로 설정하는 것을 추천합니다. 처음 광고를 세팅할 때는 참고할 데이터가 없으므로 광고비를 무리하게 집행했다가는 판매 효율이 낮아질 수 있으니 주의하세요. ❹ 마지막으로 [저장하고 계속하기]를 클릭합니다.

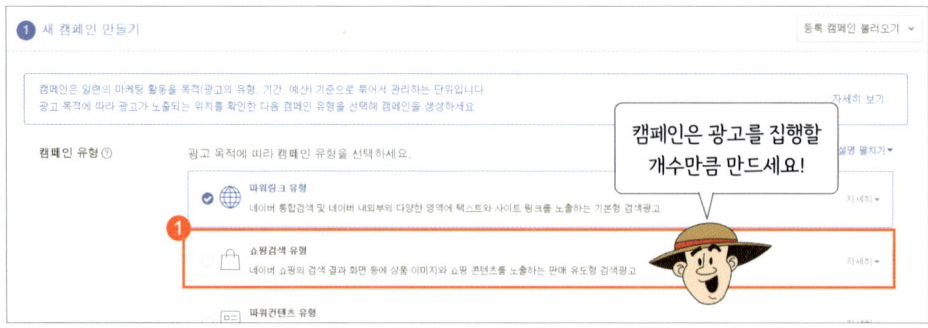

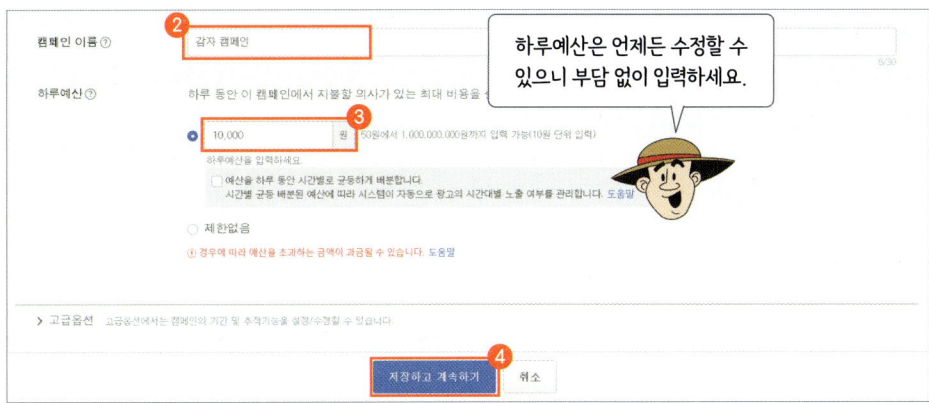

하면 된다!} 판매 효율을 높이는 광고그룹 설정하기

2단계로 광고그룹을 설정해 보겠습니다. 내 상품을 최소한의 비용으로 찾는 고객에게 잘 노출되도록 관리하는 과정입니다. 네이버 검색광고 화면에서 이어서 진행합니다.

01 광고그룹 만들기

❶ 그룹 유형을 선택하겠습니다. 위탁판매 사업이라면 [쇼핑몰 상품형]을 선택하고
❷ [저장하고 계속하기]를 클릭합니다.

▶ 다른 유형은 독점 유통권이나 집행권이 있는 제조업체 또는 광고전문대행사 등만 신청할 수 있습니다. 만약 상표권이 있고 브랜드를 운영한다 해도 네이버 별도 심사를 통과해야 하죠. 그래서 공급처의 상품을 위탁판매로 파는 개인 판매자는 매출이 수억 대라고 해도 규정상 다른 유형 광고를 세팅하기 어렵습니다.

02 ❶ 광고그룹 이름에는 ○○○ 키워드 광고그룹이라고 입력합니다. ○○○에는 앞서 조사한 상품 키워드 가운데 하나를 선택해서 입력하면 됩니다. ❷ 그리고 쇼핑몰 항목에서 [동의 후 인증하기]를 클릭합니다.

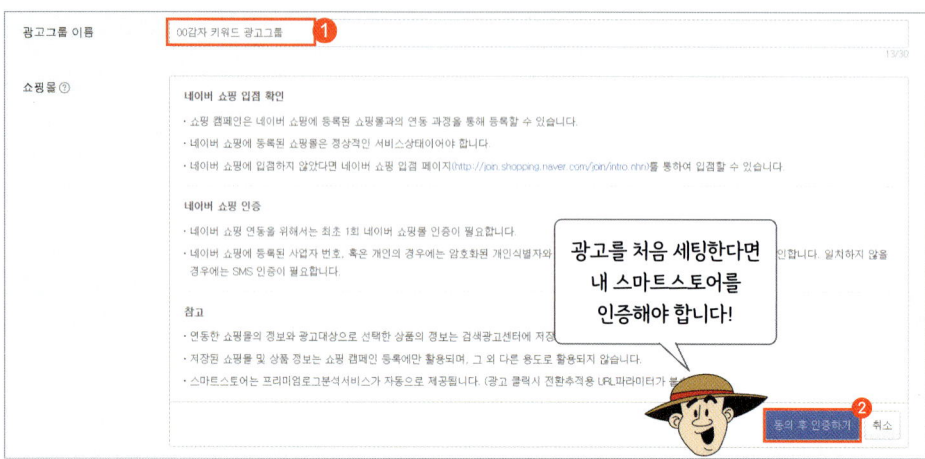

03 ❶ 네이버 쇼핑 파트너존 계정 인증 창이 나타나면 링크를 클릭해 쇼핑파트너센터로 접속합니다. ❷ 쇼핑파트너센터 홈 화면이 나타나면 광고현황요약에서 쇼핑몰 ID를 복사한 후, 네이버 쇼핑 파트너존 계정 인증 창의 쇼핑 파트너존 ID에 붙여 넣습니다. ❸ [인증하기]를 클릭하면 검색광고 플랫폼에 내 스마트스토어가 인증됩니다.

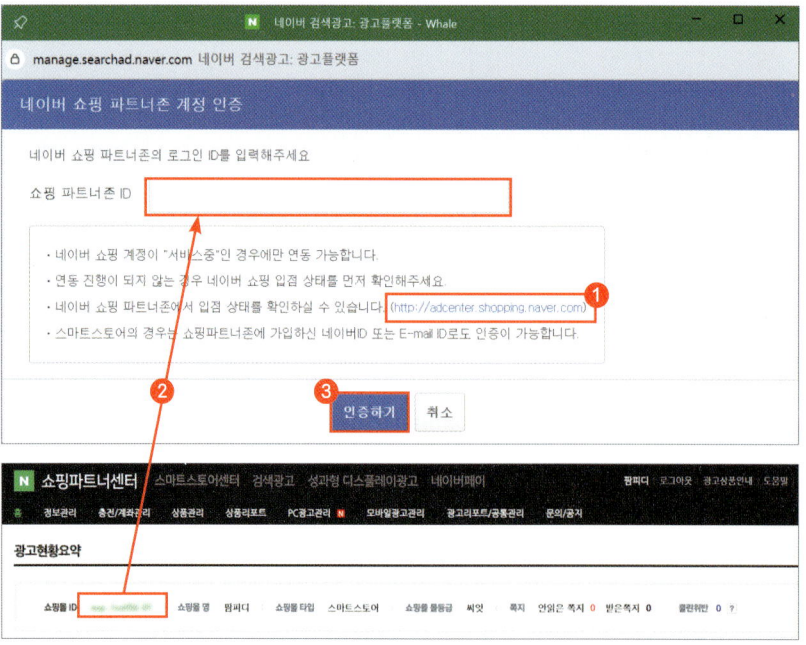

04 입찰가와 하루예산 입력하기

❶ 기본 입찰가는 [직접 설정]을 선택하고 ❷ 223쪽에서 정한 입찰가를 입력합니다. PC와 모바일의 입찰가 차이가 100원을 초과한다면 낮은 입찰가에 50원을 더한 금액을 기재합니다. ❸ 하루예산은 별도로 설정하지 말고 [제한없음]을 선택합니다.

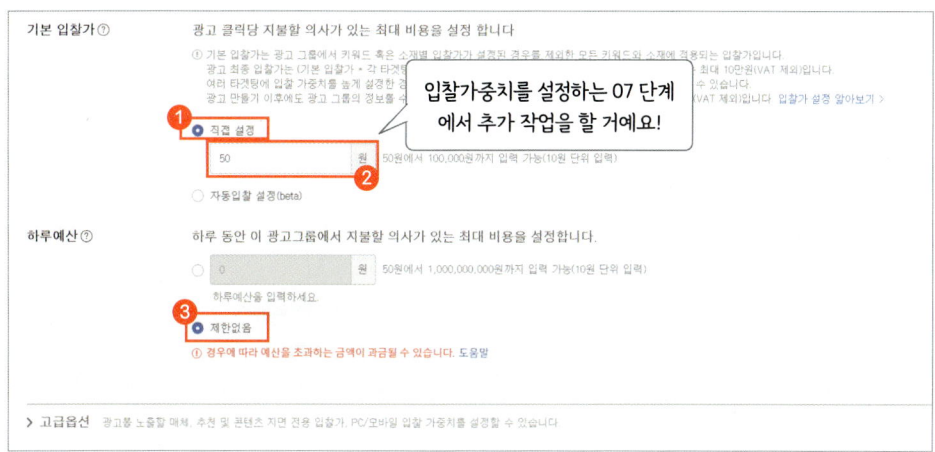

▶ 광고그룹은 캠페인 예산을 넘는 광고비를 사용할 수 없습니다. 캠페인 예산을 1만 원으로 설정해 두었다면 광고그룹 10개 전체를 다 합쳐도 총 비용이 1만 원 미만이게끔 알아서 광고가 돌아갑니다.

05 노출 매체 유형 선택하기

광고그룹의 고급옵션을 설정해 보겠습니다. 이 항목을 잘 지정해야 광고그룹이 '검색광고'로 제대로 작동할 수 있습니다. ❶ 우선 [고급옵션]을 클릭한 뒤 ❷ 매체 항목의 [노출 매체 유형 선택]을 선택하고 ❸ [노출 제한 매체 설정하기]를 클릭합니다.

06 마우스를 아래로 스크롤하면 광고가 노출될 수 있는 매체가 목록으로 나타납니다. 분명 네이버 쇼핑검색 광고를 설정하고 있는데, 1~8페이지에 걸쳐 ZUM, 네이버 블로그, 네이버 지식인 등 다른 매체가 섞여 있네요. [네이버 통합검색 - PC], [네이버 검색탭], [네이버 통합검색 - 모바일], [네이버 쇼핑 - PC], [네이버 쇼핑 - 모바일]을 제외하고 나머지 매체의 [추가]를 클릭해 노출 제한 조치를 취합니다.

230　둘째마당 ★ 성공하는 스토어의 4가지 필살 공식

07 입찰가중치 설정하기

입찰가중치는 04 단계에서 입찰가를 어떻게 입력하느냐에 따라 다르게 설정합니다. 이번 단계는 PC와 모바일의 입찰가 차이가 100원을 초과하는 경우에만 해당합니다.
❶ PC/모바일 입찰가중치 항목에서 모바일 입찰가중치만 150%로 설정합니다. ❷ [저장하고 계속하기]를 클릭하면 광고 그룹 세팅이 완료됩니다.

하면 된다!} 고객의 눈에 띄는 광고소재/키워드 더하기

키워드 위주로 조합한 상품명과 함께 상품의 특장점을 한마디로 표시해 주면 수많은 상품 가운데 눈에 띌 수 있겠죠? 구매수나 평점, 리뷰수 등을 보여 줘도 고객의 신뢰도를 높일 수 있어요. 이어서 내 상품이 두드러지도록 하는 광고 세팅을 해보겠습니다. 앞 실습에 이어서 진행합니다.

01 광고 상품 선택하기

❶ 상품명에 내가 광고할 상품의 상품명 키워드를 입력하고 ❷ [검색하기]를 클릭합니다. 예를 들어 '대서감자 두백감자 햇감자 분질감자 수미감자 돼지감자'가 내 상품명 키워드라면 '감자'라고 입력해도 검색됩니다.

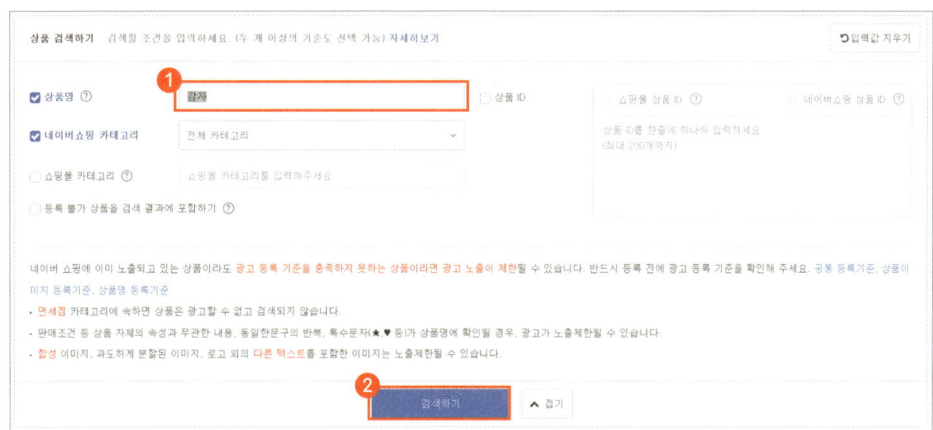

02 검색 결과에 광고할 상품이 나타나면 상품 왼쪽에서 [추가]를 클릭합니다.

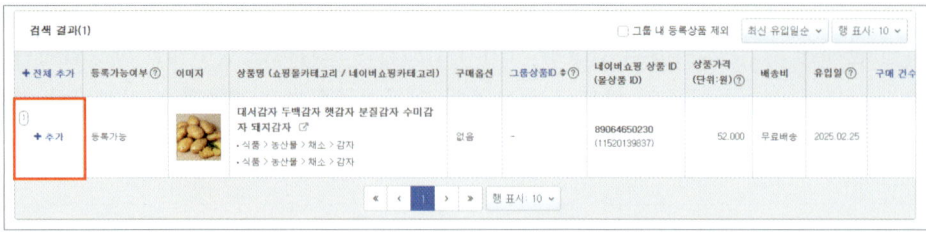

03 광고비로 사용할 비즈머니 충전하기

❶ [비즈머니 충전하기]를 눌러 광고비로 사용할 금액을 충전하고 ❷ [광고 만들기]를 클릭합니다.

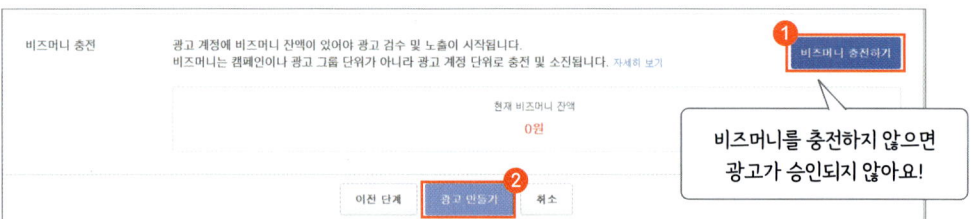

04 키워드별 노출용 상품명 입력하기

❶ 플랫폼 화면 왼쪽 메뉴에서 광고소재/키워드를 추가할 광고그룹을 선택합니다.
❷ 광고그룹 화면이 나타나면 상품 정보 하단에 있는 [상세보기]를 클릭합니다.

05 ❶ 상품 정보 화면 오른쪽 상단에 있는 [수정]을 누르면 소재를 수정하는 화면이 나타납니다. ❷ 노출용 상품명으로 광고할 키워드 1개와 수식어 2~3개를 입력합니다. 예를 들어 대서감자 키워드를 광고한다면 '대서감자(키워드)'와 '포슬포슬 맛있는 (수식어)'을 합쳐 포슬포슬 맛있는 대서감자라고 입력하면 됩니다. 이제 해당 광고그룹의 광고소재/키워드가 '대서감자'로 설정되어 '대서감자'라고 검색했을 때만 해당 광고가 노출됩니다. ❸ 마지막으로 [저장 후 닫기]를 클릭합니다.

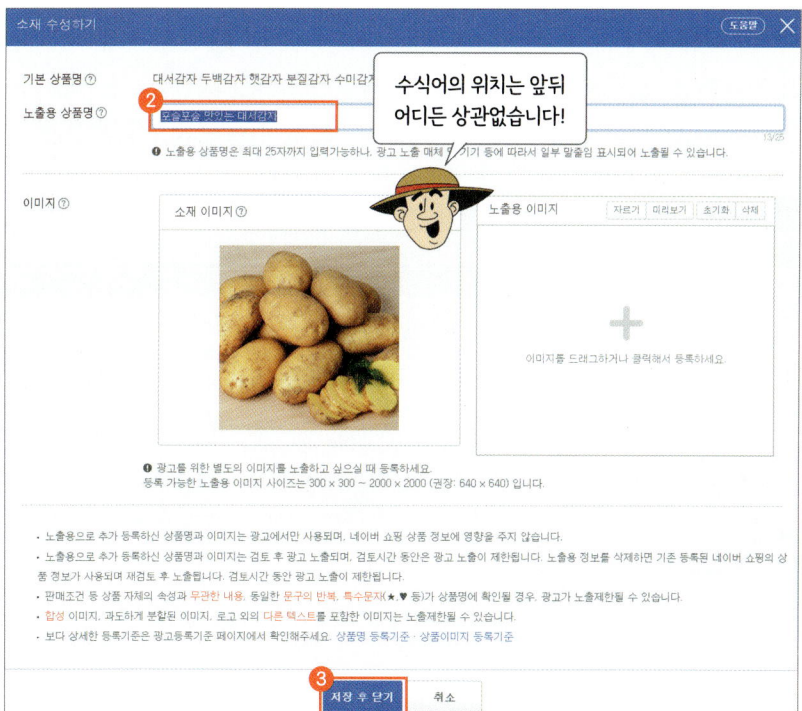

▶ 노출할 상품명에 키워드를 여러 개 섞어서 쓰면 저품질 광고로 전락될 수 있다는 점에 유의해야 합니다.

질문 있어요! 특정 종류의 상품이 기본 이미지와 너무 달라요!

감자는 대부분 누르스름한데 '홍감자'는 껍질 색이 살짝 붉은빛을 띠는 등 외관이 다릅니다. 이럴 때 [노출용 이미지]를 따로 등록해서 해당 키워드 광고만 다른 이미지로 보여 줄 수 있습니다.

06 추가홍보문구 설정하기

상품 정보 화면에서 마우스를 아래로 스크롤한 뒤 ❶ [새 확장 소재 → 추가홍보문구]를 선택합니다. 새 확장 소개 추가(추가홍보문구) 창이 나타나면 ❷ 문구 1(필수)에 내 상품의 매력을 설명할 수 있는 홍보문구를 10자 이내로 기재하고 ❸ 문구 2(선택)에는 같은 내용을 30자 이내로 풀어서 입력합니다. ❹ [저장 후 닫기]를 눌러 저장합니다.

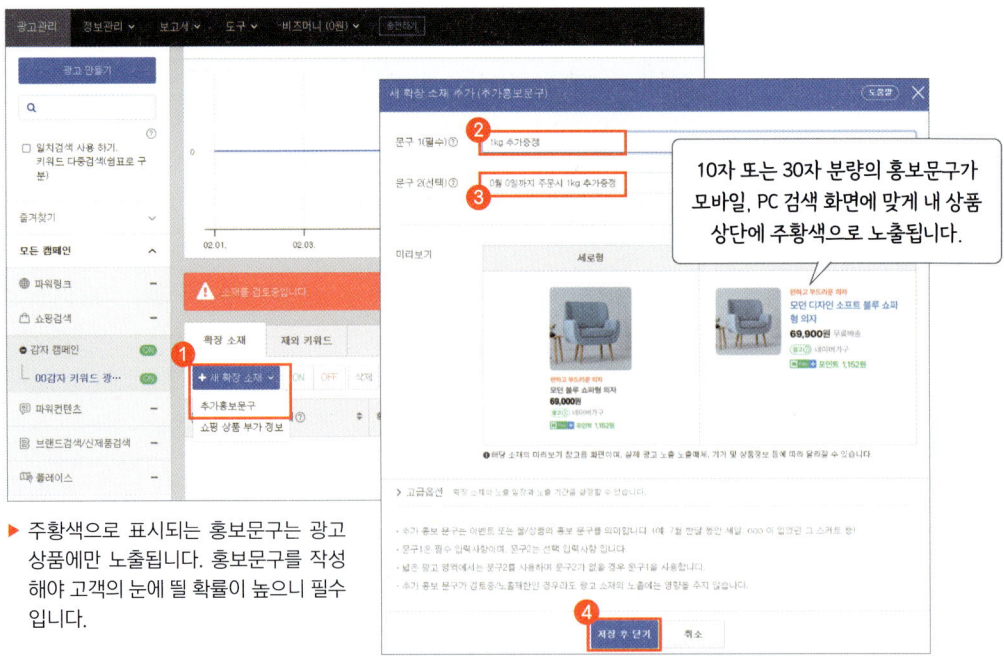

▶ 주황색으로 표시되는 홍보문구는 광고 상품에만 노출됩니다. 홍보문구를 작성해야 고객의 눈에 띌 확률이 높으니 필수입니다.

07 쇼핑 상품 부가 정보 설정하기

❶ 이번에는 [새 확장 소재 → 쇼핑 상품 부가 정보]를 선택하고 새 확장 소개 추가(쇼핑 상품 부가 정보) 창이 나타나면 ❷ 바로 [저장 후 닫기]를 누릅니다. 그럼 내 광고상품에 구매수, 리뷰수 등의 정보가 함께 노출되며 시각적으로 더 눈에 띕니다.

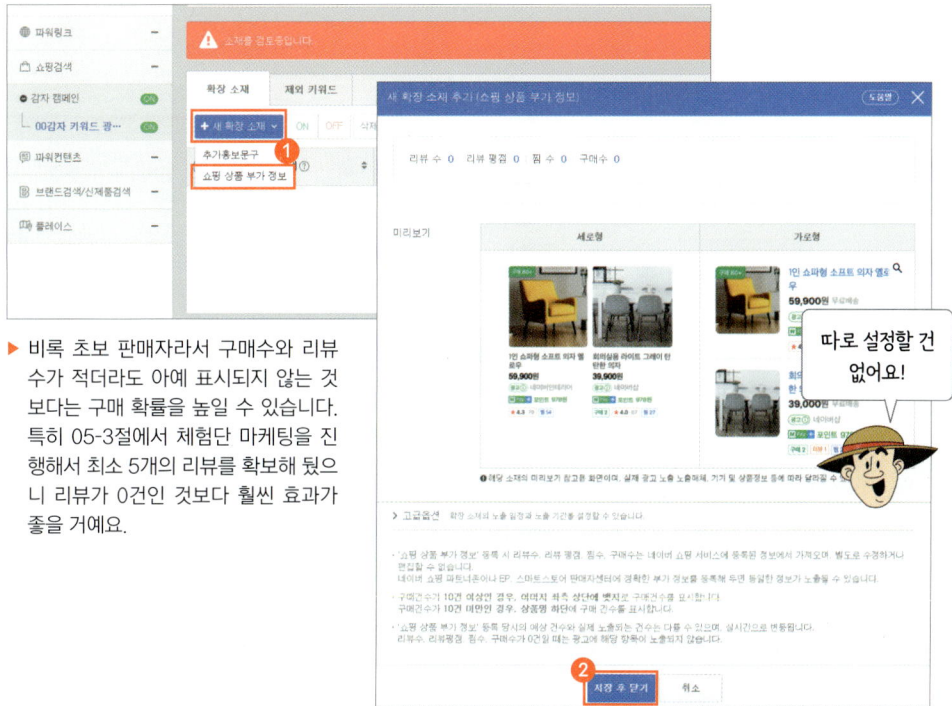

▶ 비록 초보 판매자라서 구매수와 리뷰수가 적더라도 아예 표시되지 않는 것보다는 구매 확률을 높일 수 있습니다. 특히 05-3절에서 체험단 마케팅을 진행해서 최소 5개의 리뷰를 확보해 뒀으니 리뷰가 0건인 것보다 훨씬 효과가 좋을 거예요.

08 광고그룹 이름 정리하기

❶ 화면 왼쪽에서 방금 작업한 광고그룹 이름을 클릭해 ❷ 소재/키워드 부분을 확인하면 05 단계에서 노출용 상품명으로 설정한 '포슬포슬 맛있는 대서감자'가 표시됩니다. 추후에 광고그룹을 구분하기 쉽도록 광고그룹 이름도 '○○감자 키워드 광고그룹' 형식에 맞춰 변경하겠습니다. ❸ 오른쪽 상단에서 [수정]을 클릭합니다.

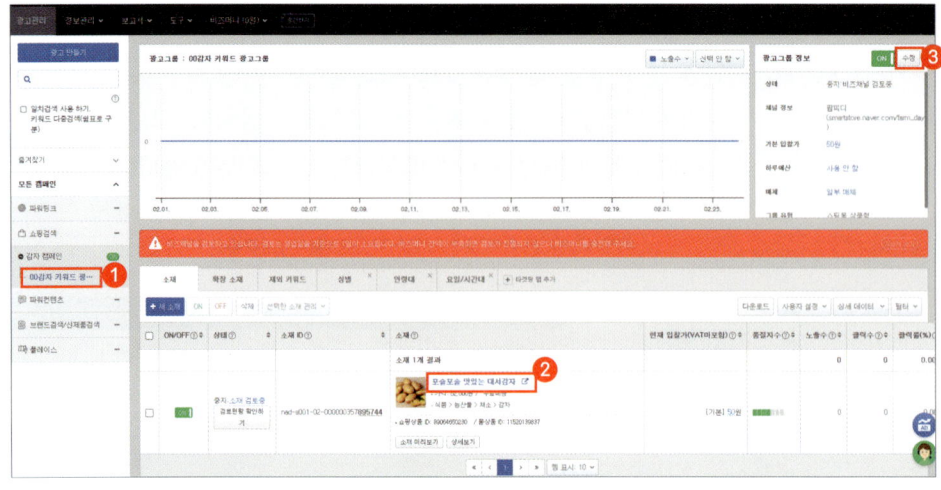

09 ① 광고그룹 이름을 **대서감자 키워드 광고그룹**이라고 수정합니다. ② 입찰가가 3위 금액에 맞게 설정되었는지 다시 한번 확인한 뒤 ③ **[저장 후 닫기]**를 클릭합니다.

드디어 광고 캠페인 → 광고그룹 → 광고소재/키워드까지 기본 세팅을 완료했습니다. 하지만 아직 끝난 게 아닙니다. 캠페인 1개에 키워드 10개를 각각 세팅해야 하기 때문이죠. 이 과정을 10번 더 반복해야 한다면 광고 세팅을 하는 데 시간이 너무 많이 들겠죠? 여러분의 걱정을 날려 줄 광고그룹 복사 방법을 이어서 살펴보겠습니다.

하면 된다!} 광고그룹 세팅 복사해서 반복 작업 줄이기

앞에서 광고그룹을 기본 세팅해 두었다면 복사해서 사용할 수 있으므로 불필요한 반복 작업을 하지 않아도 됩니다. 광고그룹이 여러 개이더라도 광고그룹 이름과 입찰가만 수정해서 빠르게 세팅할 수 있기 때문입니다.

01 광고그룹 복사하기

왼쪽 메뉴에서 광고그룹 이름이 '감자 캠페인 → 대서감자 키워드 광고그룹'으로 정리된 걸 확인할 수 있습니다. ❶ 캠페인 이름을 누르면 오른쪽 화면에 대서감자 키워드 광고그룹 1개가 목록으로 나타납니다. ❷ 구분 열에 체크 표시하고 ❸ [선택한 광고그룹 관리 → 다른 캠페인으로 복사]를 클릭합니다.

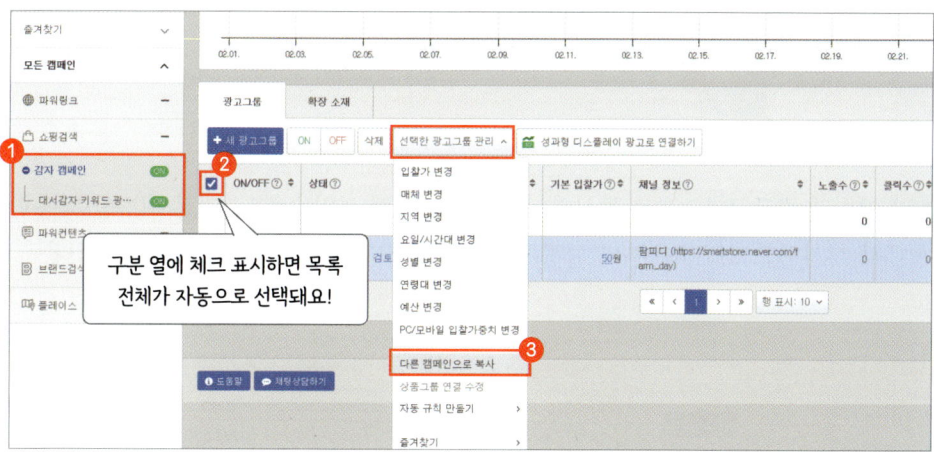

06 ★ 고객을 끝없이 끌어오는 광고 세팅

02 ① 복사할 캠페인 이름을 선택하고 ② [복사]를 클릭하면 광고그룹이 복사됩니다. 최대 5분 정도 걸리니 잠시 후 새로 고침 하면 복사된 광고그룹을 확인할 수 있습니다.

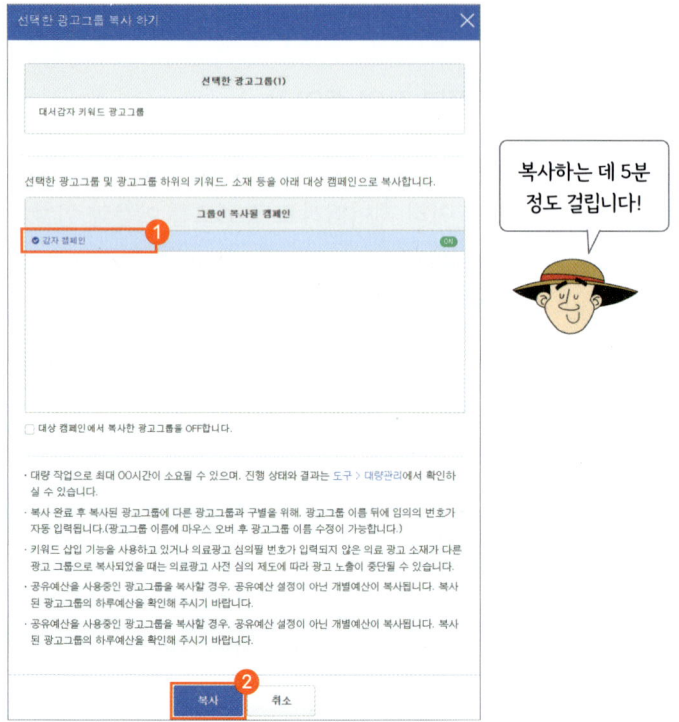

03 이렇게 광고그룹 1개를 복사하여 2개로 만들어 보았습니다. 기본 세팅을 적용한 상태로 복사했으므로 처음부터 설정하는 것보다 시간을 많이 단축할 수 있습니다.

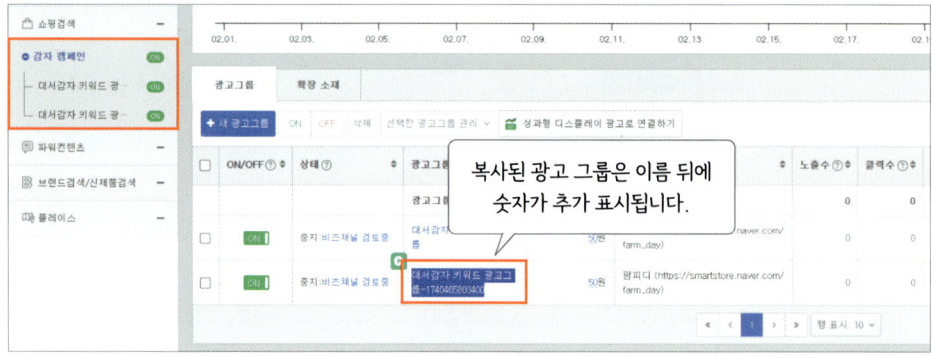

▶ 처음에는 눌러야 하는 버튼이 많아 복잡하게 느껴지지만 이 작업에 익숙해지면 앞서 배운 소싱, 기획, 등록할 때보다 훨씬 쉽게 진행할 수 있습니다.

04 광고그룹 10개로 복사하기

01 ~ 03 단계를 반복해서 광고그룹 및 광고 소재/키워드를 10개로 복사합니다. 이때 1개씩 복사하면 시간이 오래 걸리니 2개를 체크한 뒤 복사해 4개로, 다시 4개를 체크한 뒤 복사해 8개로 만듭니다.

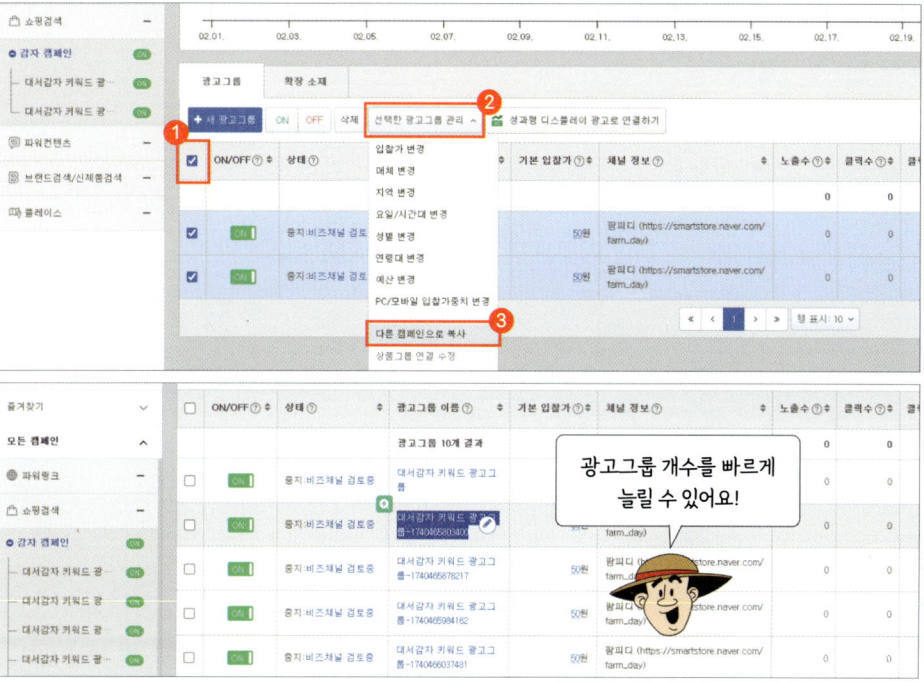

05 광고그룹 이름 바꾸기

'광고소재/키워드 더하기' 실습의 08 ~ 09 단계를 반복하여 광고그룹 이름과 기본 입찰가를 상품 키워드에 맞게 각각 수정합니다. ❶ 먼저 두 번째 광고그룹을 클릭한 뒤 ❷ 오른쪽 상단에서 [수정]을 클릭합니다.

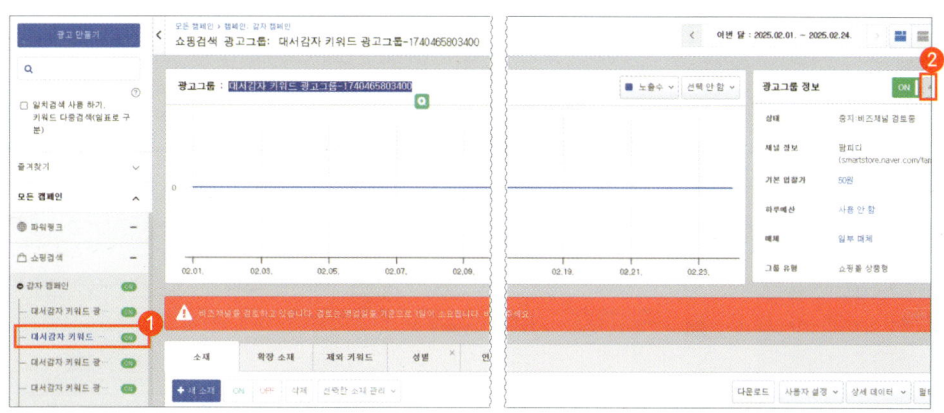

06 ① 이번에는 광고그룹 이름을 **두백감자 키워드 광고그룹**이라고 수정합니다. ② 입찰가를 확인한 뒤 ③ [저장 후 닫기]를 클릭합니다.

07 노출용 상품명과 이미지 수정하기

광고그룹을 클릭해서 '광고소재/키워드 더하기' 실습의 04 ~ 06 단계를 반복해 노출용 상품명과 이미지를 세팅합니다. 광고소재의 [상세보기]를 클릭합니다.

08 ❶ 상세보기 화면 오른쪽에서 [수정]을 클릭한 뒤 ❷ 노출용 상품명을 '대서감자'에서 두백감자로 수정하고 ❸ [저장 후 닫기]를 클릭합니다.

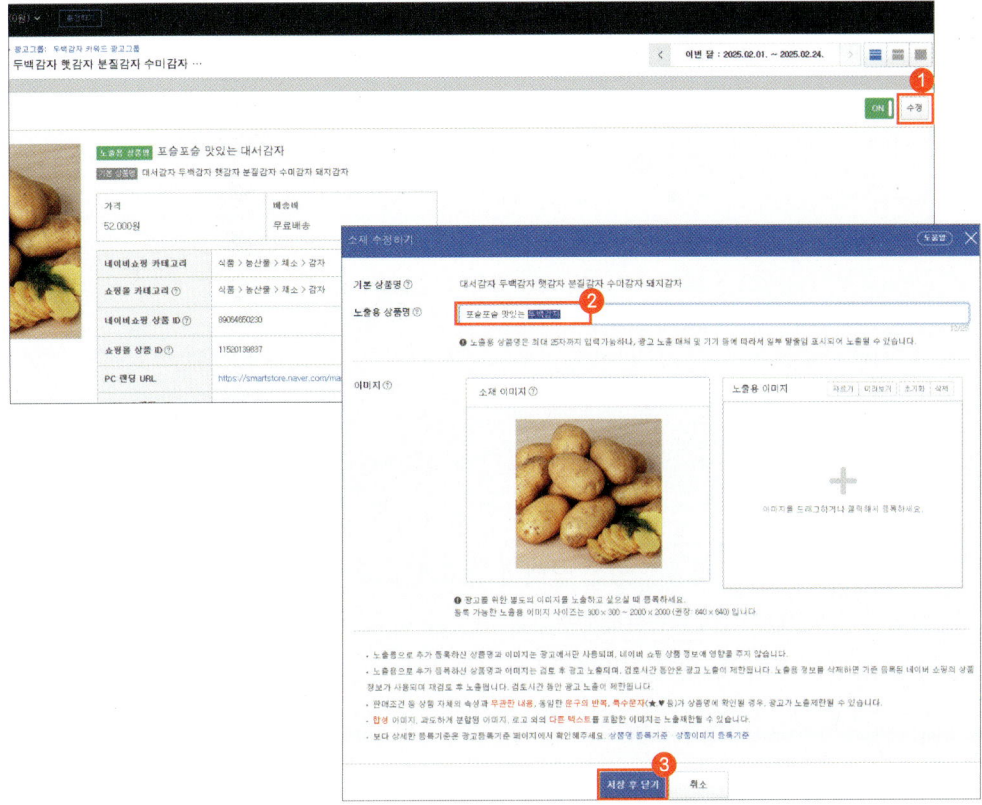

09 같은 방법으로 키워드 10개를 모두 작업하면 다음과 같이 캠페인 1개에 키워드 광고그룹 10개가 세팅되고 각 광고그룹마다 소재가 하나씩 등록됩니다. 광고는 승인되기까지 영업일 기준 1~2일 정도 걸립니다.

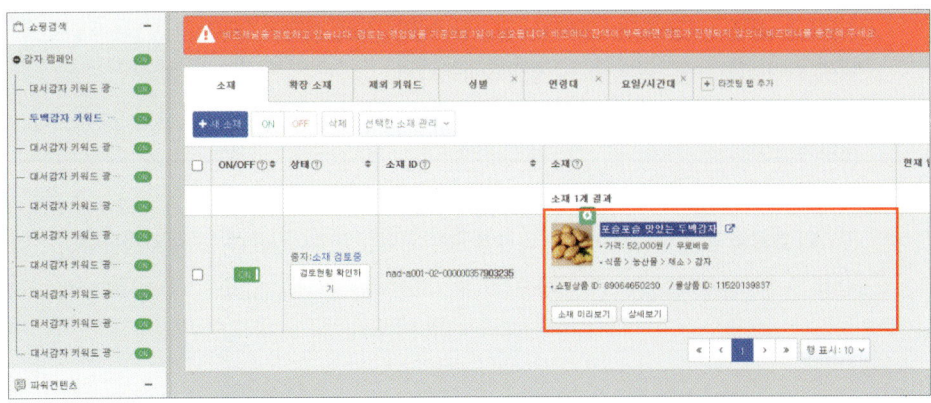

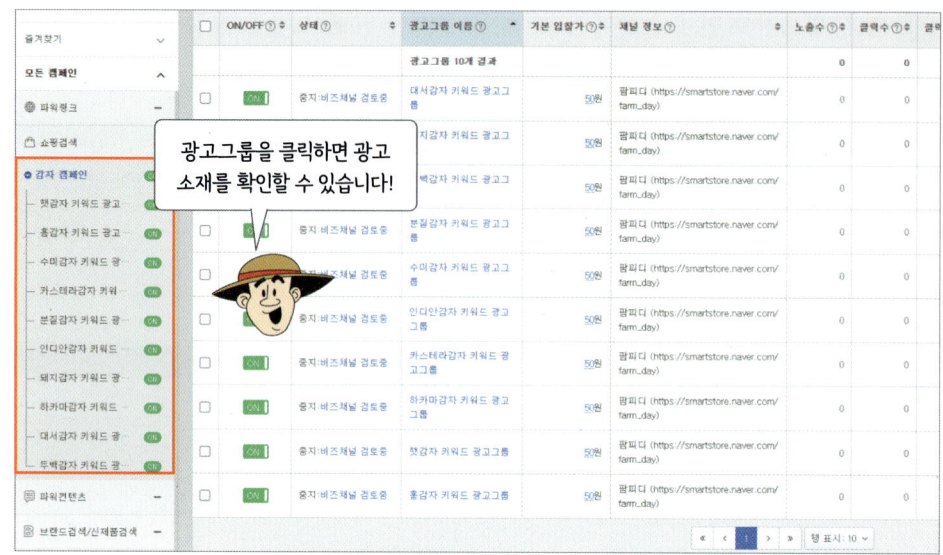

광고 승인을 기다리는 동안에는 아직 리뷰를 작성하지 않은 체험단에게 다시 한번 안내해서 독려하세요. 리뷰가 없는 상태로 광고를 돌리면 상품이 노출되더라도 판매로 이어지기가 매우 어려우므로, 웬만하면 체험단 리뷰가 모두 모아진 이후에 시작하는 것을 추천합니다. 스마트스토어의 판매 효율을 높이는 쇼핑검색 광고 세팅을 마쳤습니다. 이제 상품을 잘 판매해 볼 일만 남았으니 수익을 기대해도 좋습니다.

이것만 기억하세요!

1. 네이버 검색광고는 '사업자 회원'으로 가입해야 광고비를 공제받을 수 있다.
2. 광고는 '캠페인 → 광고그룹 → 광고 소재/키워드'로 구성되며, 캠페인은 상품 1개당 1개씩, 광고그룹과 광고 소재/키워드는 키워드 1개당 1개씩 만들어야 한다.
3. 키워드는 상품 1개당 최대 10개까지 광고할 수 있으므로 캠페인 1개에 광고그룹과 광고 소재/키워드를 키워드별로 총 10개 세팅해야 한다.
4. '캠페인 → 광고그룹' 1개를 만들고 나머지 9개는 복사해서 쓰면 시간을 효율적으로 사용할 수 있다.
5. 네이버 광고는 승인되기까지 영업일 기준 1~2일 정도 소요된다.
6. 광고의 효율을 높이기 위해 체험단 리뷰가 모두 모아진 이후에 시작하는 걸 추천한다.

06-4 수익률을 높이는 광고효율 최적화

쇼핑검색 광고까지 세팅했다면 이제 판매를 위한 사이클을 1바퀴 돌았다고 할 수 있습니다. 마지막으로 광고효율을 최적화하여 판매를 극대화할 일만 남았습니다.

또 해야 할 일이 한가득 남았나 걱정할 필요는 없습니다. 앞 내용을 충실히 실습했다면 이 단계에서는 크게 손 댈 부분이 없거든요. 다시 말해 앞의 내용을 대충 수행했다면 할 일이 굉장히 많아진다는 뜻입니다. 따라서 앞 장의 실습을 빼놓지 말고 차근차근 제대로 따라 하길 권장합니다. 그럼 키워드별로 상위 노출되도록 세팅한 쇼핑검색 광고의 수익률을 더욱 높여 줄 '광고효율 최적화'를 알아보겠습니다.

★ '노출 → 유입 → 전환'으로 이어지는 개선 3단계

광고를 집행했는데도 판매가 일어나지 않으면 덜컥 겁을 먹는 경우가 많습니다. 그래서 지금까지 힘들게 만든 상품 세팅을 임의로 바꾸어 엉망이 되는 경우도 왕왕 있습니다.

앞에서 스마트스토어를 차례차례 준비한 것처럼 광고효율 최적화 역시 순서대로 개선해야 수익률을 극적으로 높일 수 있습니다. 바로 노출 → 유입 → 전환으로 이어지는 광고효율 최적화 3단계 개선 방안인데요. 3가지 개념이 광고 업계에서 쓰는 전문 용어이다 보니 어렵게 느껴지기도 하는데, 쉽게 다가갈 수 있도록 각 단계의 내용과 개선 방법을 간단하게 살펴보겠습니다.

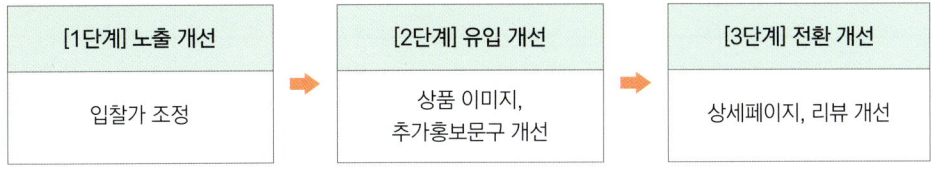

1단계 노출 개선 — 내 상품이 잘 보이도록 키워드별 입찰가 조정하기

노출이란 말 그대로 네이버 검색 결과에서 내 상품이 잘 보이는 것을 의미합니다. 앞에서도 수십 번 강조했던 개념이죠. 만약 광고로도 노출이 잘 이루어지지 않는다면 고객이 내 상품을 발견하지 못할 것이고 그 결과 판매도 일어나지 않을 것입니다. 즉, 광고효율 최적화의 1단계인 '노출 개선'은 고객이 내 상품을 만나는 첫 관문을 뚫어 주는 것입니다.

판매가 잘 일어나지 않는 상황을 처음 경험한 경우 잘 만들어 둔 상세페이지, 섬네일, 상품명, 가격 등 온갖 상품 정보를 무작정 바꿔 버립니다. 그러나 네이버 쇼핑검색 광고에서 노출되지 않는다는 것은 그저 키워드를 입찰하는 데 실패했다는 뜻이므로 입찰가를 상향 조정해서 해결할 수 있습니다.

- **노출 개선 조건**: 총비용이 1천 원 미만이고 노출수가 100 단위보다 적은 경우
- **해결 방안**: 기본 입찰가를 50원 이상 상향 조정합니다.

총비용과 노출수는 네이버 검색광고 데이터에서 확인할 수 있습니다. 여기서 총비용은 광고 효과로 노출이 이루어지는 순간 발생하며, 최소 1천 원 이상으로 집계되어야 광고가 제대로 실행됐다고 볼 수 있습니다.

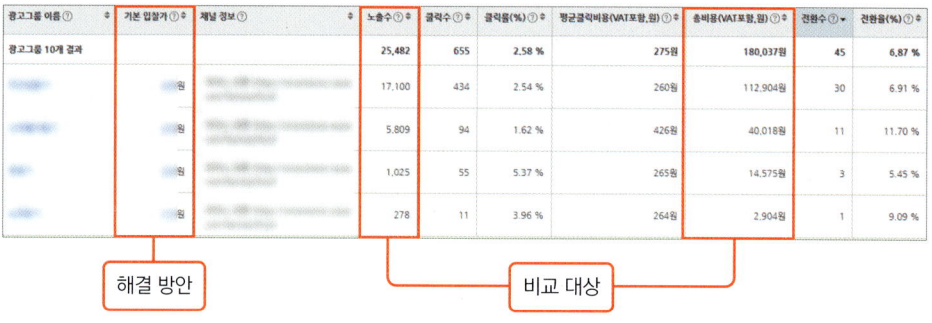

판다랭킹에서 조사한 3위 입찰가보다 높게 잡았으니 된 것 아니냐고요? 맞는 말이지만 어쨌든 해당 금액도 '평균 광고 입찰가'이므로 실제 값과 차이가 날 수 있습니다.
이런 경우에는 입찰가를 기존에 설정한 금액보다 50원 이상 인상해 보세요. 노출되지 않아 문제인 것인데 되려 다른 것을 변경해 버리면 오히려 노출 개선만으로 상품이 잘 팔릴 수 있는 상세페이지를 없애는 불상사가 일어날 수 있으니 주의해야 합니다.

"음, 총비용과 노출수를 보니 노출은 잘 되는 것 같은데 판매가 안 일어나요!" 그렇다면 광고는 잘 되고 있는 것 같으니 두 번째 개선 방법을 살펴보겠습니다.

2단계 유입 개선 — 내 상품을 클릭하고 싶도록 상품 이미지/추가홍보문구 개선하기

유입은 쉽게 말해 '클릭'을 뜻하므로 결국 유입 개선은 클릭수를 높이는 것을 의미합니다. 상품이 팔리려면 네이버 검색 결과에 노출되더라도 고객이 내 스마트스토어의 상품을 클릭하여 방문해야 합니다. 노출은 잘 되는데 유입까지 이어지지 않는다는 것은 검색 결과에 나오는 내 상품이 고객에게 매력적이지 않다는 것과 같습니다.

이럴 땐 내 상품의 대표 이미지와 추가홍보문구 등에서 고객에게 보여 주는 첫인상을 바꿔야 합니다. 특히 클릭률이 낮은 키워드 광고그룹의 노출용 이미지와 추가홍보문구를 수정해야 합니다. 고객이 내 상품을 클릭하고 싶도록 개선하는 것이죠.

- 유입 개선 조건: 클릭률이 0.5% 미만이고 클릭수가 10회 미만인 경우
- 해결 방안: 노출용 이미지와 추가홍보문구를 수정합니다.

클릭률과 클릭수는 다음 데이터에서 확인할 수 있습니다.

광고그룹 이름	기본 입찰가	채널 정보	노출수	클릭수	클릭률(%)	평균클		환수	전환율(%)
광고그룹 10개 결과			25,482	655	2.58 %			45	6.87 %
	원		17,100	434	2.54 %			30	6.91 %
	원		5,809	94	1.62 %	426원	40,018원	11	11.70 %
	원		1,025	55	5.37 %		14,575원	3	5.45 %
	원		278	11	3.96 %	264원	2,904원	1	9.09 %

> 클릭률이 낮은 상품을 개선하면 되겠죠?

먼저 상품 이미지를 보여 주는 섬네일은 왼쪽 예시보다 오른쪽 2가지 예시를 따라 하는 것이 좋습니다. 섬네일은 무엇보다 눈에 띄는 것이 중요한데, 왼쪽의 귤 사진처럼 평범한 섬네일은 남들과 별 차이가 없어 보이거든요. 반면 오른쪽 사진처럼 귤 상자나 접시 위에 귤을 올리면 조금이나마 달라 보여 시선을 끌 수 있습니다.

흔해서 섬네일로 사용하기 아쉬운 예시   차별점이 보여 섬네일로 사용하기 좋은 예시

한편 같은 상품을 팔더라도 **소비자가 가장 원하는 것을 드러내는 카피**를 고안해 보는 방법도 있습니다. 기한도 구체적으로 정하지 않고 단순히 100%라고 적은 카피보다는 2~3주만 맛볼 수 있다며 구매를 촉구하는 카피가 더 고객을 신경 쓰이게 할 거예요!

기한을 표시하지 않고 무작정 100%라고 쓴 안 좋은 예시

기간과 쿠폰 혜택을 정확하게 표현한 좋은 예시

제한을 두면 마음이 급해지기 마련이죠!

처음에 상품을 등록하고 광고를 세팅할 때부터 노출용 이미지와 추가홍보문구를 곰곰이 고민해서 설정했다면 개선 과정이 불필요할 수도 있습니다. 광고효율 최적화는 이전 과정을 성실히 수행할수록 작업량이 줄어든다는 점을 명심하세요. 이렇게 노출도 유입도 잘 되게 만들었다면 다음으로 개선해야 할 것은 무엇일까요?

3단계: 전환 개선 — 내 상품을 구매하고 싶도록 상세페이지/리뷰 개선하기

마지막으로 살펴볼 것은 '전환 개선'입니다. 스마트스토어에서 전환의 동의어는 '구매'입니다. 고객이 구매를 결정할 때 가장 크게 영향을 미치는 것은 바로 상세페이지와 리뷰, 가격입니다. 유입까지 일어났는데도 전환이 일어나지 않는다면 **상세페이지와 리뷰를 개선**하는 데 집중해야 합니다.

우선 내가 등록한 광고에 전환 개선이 필요한지 확인하려면 광고수익률이 손익분기점을 넘었는지를 체크해야 합니다. 그 기준을 **엔드 로아스**(END ROAS, 최소 광고수익률)라고 하는데요. 최소 광고수익률을 계산하는 방법은 다음과 같습니다.

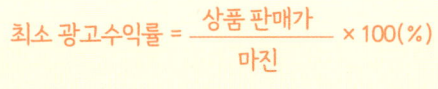

$$\text{최소 광고수익률} = \frac{\text{상품 판매가}}{\text{마진}} \times 100(\%)$$

※ 마진(margin) = 상품 판매가 - 상품 원가 - 네이버 수수료

> 막상 계산해 보면 어렵지 않아요!

예를 들어 상품 판매가가 30,000원인데 공급업체에 지급하는 상품 원가 비용과 네이버 수수료를 제하고 남는 마진이 7,000원이라면 최소 광고수익률은 30,000÷7,000×100(%)=428%입니다. 즉, 판매가가 3만 원인 상품을 판매했을 때 마진이 7천 원인 경우 광고로 수익을 내려면 광고수익률이 428% 이상 나와야 한다는 뜻이죠.

광고수익률 역시 검색광고 데이터에서 확인할 수 있습니다. 다음 데이터를 예로 든다면 최소 광고수익률인 428%보다 높으므로 전환 개선이 따로 필요하지 않습니다.

광고그룹 이름	기본 입찰가	채널 정보	노출수	클릭수	클릭률(%)	전환수	전환율	전환매출액	광고수익률(%)
광고그룹 10개 결과			25,482	655	2.58 %	45	6.87 %	2,361,400원	1,311.62 %
	원		17,100	434	2.54 %	1	9.09 %	56,800원	1,955.92 %
	원		5,809	94	1.62 %	11	11.70 %	594,400원	1,485.33 %
	원		1,025	55	5.37 %	30	6.91 %	1,539,800원	1,363.81 %
	원		278	11	3.96 %	3	5.45 %	170,400원	1,169.13 %

만약 내 상품의 광고수익률이 낮아 3단계 개선 과정이 필요하다면 04-2절로 돌아가 상세페이지를 시각적으로 설득되는 문제점과 해결책 구조로 수정하고, 05-3절을 참고해서 고객이 구매하기로 결정할 만한 먹음직스러운 사진과 내용이 들어간 체험단 리뷰를 받아야 합니다. 전환 개선 조건과 해결 방안을 정리하면 다음과 같습니다.

- **전환 개선 조건:** 광고수익률이 손익분기점(최소 광고수익률)을 넘지 못한 경우
- **해결 방안:** 상세페이지를 개선하고 체험단 리뷰를 재검토합니다.

알고 있습니다. 초보 사장님이 가장 어려워하는 게 바로 전환 개선이라는 걸요. 노출과 유입 개선은 한번 제대로 해두면 이후 크게 보완할 필요가 없지만, 전환 개선은 수익률을 꾸준히 체크하며 아쉬운 부분을 업데이트해야 하기 때문입니다. 즉, 잘 판매되던 것도 구매가 줄어들면 전환 개선을 재차 해줘야 하죠. 그 대신 전환 개선과 관련된 것들은 애초에 자리를 잘 잡으면 효과가 좋습니다.

여기까지 살펴본 광고효율 최적화 3단계의 개선 조건과 해결 방안은 다음과 같이 정리할 수 있습니다.

구분	노출 (1단계)	유입 (2단계)	전환 (3단계)
개선 조건	총비용이 1천 원 미만이고 노출 수가 100 단위보다 적은 경우	클릭률이 0.5% 미만이고 클릭수가 10회 미만인 경우	광고수익률이 손익분기점을 넘지 못한 경우
해결 방안	기본 입찰가를 50원 이상 상향 조정합니다.	노출용 이미지와 추가홍보문구를 수정합니다.	상세페이지를 개선하고 체험단 리뷰를 재검토합니다.

광고효율 최적화를 하려면 내 스마트스토어의 문제를 파악하는 것이 최우선입니다. 이는 검색광고 플랫폼에서 데이터를 확인하면 됩니다. 지금부터 수익률을 높이는 광고효율 최적화 실습을 시작해 보겠습니다. 이어지는 실습 3가지는 필수는 아니므로 자신의 조건에 부합하면 실행하세요.

하면 된다!》 쇼핑광고 검색 노출 개선하기

쇼핑광고 검색 결과 화면에 내 상품이 잘 노출되고 있는지 확인하려면 키워드 광고그룹의 노출수와 총비용을 확인합니다. 총비용이 1천 원 미만이고 노출수가 100회보다 적다면 이 실습을 따라 하세요. 총비용이 1천 원 이상이고 노출수가 100회를 초과하면 다음 실습으로 넘어가세요.

01 광고그룹 데이터 확인하기

❶ 네이버 검색광고 플랫폼 화면에서 데이터를 살필 캠페인을 선택하면 ❷ 키워드별로 세팅해 둔 광고그룹의 데이터가 나옵니다.

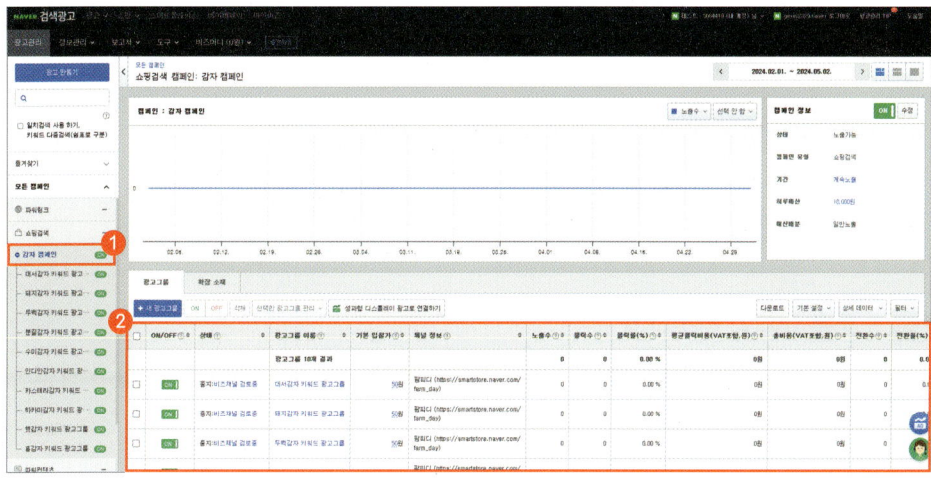

02 기본 입찰가 상향 조정하기

❶ 키워드 광고그룹의 노출에 들어간 총비용이 1천 원 미만이고 ❷ 노출수가 100 단위보다 적다면 ❸ 기본 입찰가를 50원 이상 상향 조정합니다.

끝입니다. 간단하죠? 입찰가만 조정하면 노출 개선을 손쉽게 실행할 수 있고, 조정된 데이터는 다음 날 확인할 수 있습니다. 다음 날 총비용이 1천 원을 초과하고 노출수가 100 단위를 넘겼는지 확인합니다.

하면 된다!} 유입을 늘리는 상품의 첫인상 개선하기

유입에 문제가 있는지 확인하려면 클릭률과 클릭수를 살펴보세요. 노출 개선과 마찬가지로 캠페인 이름을 눌러 키워드별 광고그룹 데이터를 확인합니다. 클릭률이 0.5% 미만이고 클릭수가 10회 미만이라면 해당 광고그룹은 유입 개선이 필요합니다. 만약 그 이상을 기록한다면 이 실습을 건너뛰고 다음 실습으로 넘어가세요.

01 노출용 이미지 수정하기

❶ 클릭수와 클릭률이 기준 미달인 광고그룹을 선택하고 ❷ 해당 광고그룹의 광고소재가 나오면 [상세보기]를 클릭합니다.

02 ❶ 상품 정보 오른쪽 상단에서 [수정]을 클릭한 뒤 ❷ [노출용 이미지]를 클릭해 광고에 노출되는 상품 이미지를 수정합니다. 효과적인 노출용 이미지를 만들 때 필요한 건 경쟁 상품과 비교했을 때 눈에 더 잘 띄는 기획이란 걸 잊지 마세요. ❸ 사진을 업데이트했다면 [저장 후 닫기]를 클릭합니다.

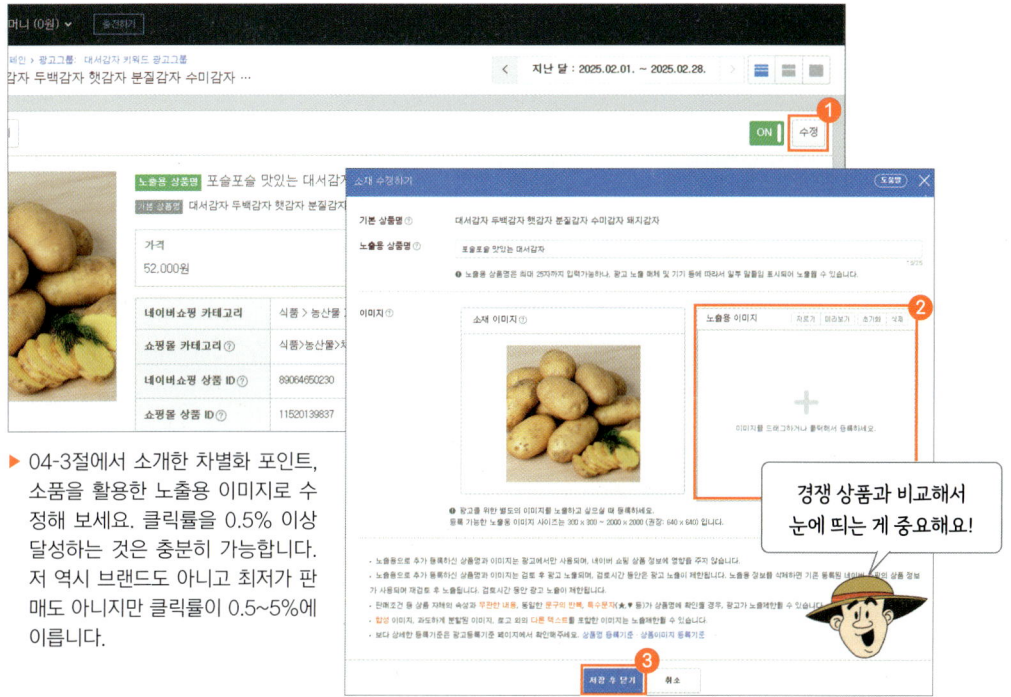

▶ 04-3절에서 소개한 차별화 포인트, 소품을 활용한 노출용 이미지로 수정해 보세요. 클릭률을 0.5% 이상 달성하는 것은 충분히 가능합니다. 저 역시 브랜드도 아니고 최저가 판매도 아니지만 클릭률이 0.5~5%에 이릅니다.

03 추가홍보문구 수정하기

❶ 마우스를 아래로 스크롤하면 확장 소재 목록이 나타납니다. ❷ 기존에 등록한 추가홍보문구 아래쪽에서 [편집 후 새로 등록]을 클릭합니다.

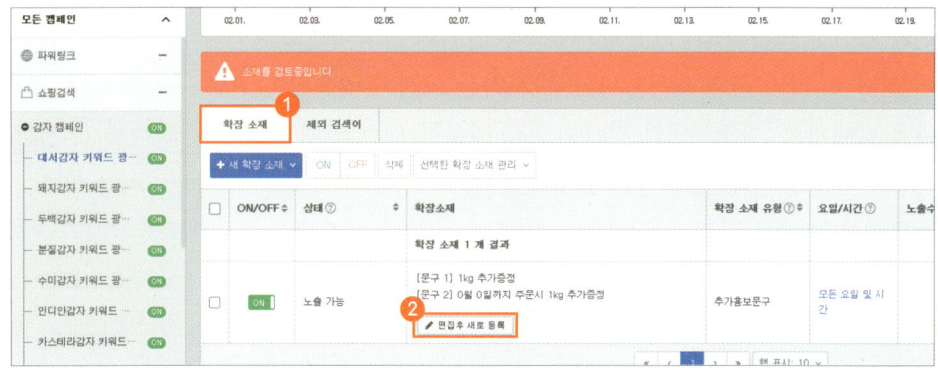

04 내 상품의 장점이 돋보이도록 ❶ 문구 1(필수), ❷ 문구 2(선택)를 수정하고 ❸ [저장 후 닫기]를 클릭합니다.

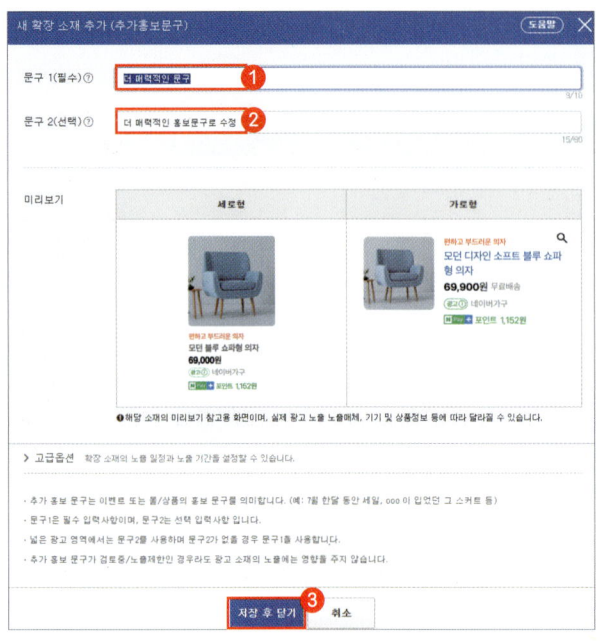

▶ 문구를 작성하는 게 어렵다면 04-2절을 참고하여 챗GPT에 질문해서 아이디어를 얻어 보세요.

광고효율 최적화 2단계인 유입 개선 작업을 마쳤습니다. 이 작업은 여러 차례 반복해도 페널티가 발생하지 않으니 클릭률과 클릭수가 개선될 때까지 매일 작업해 주세요. 노출 개선과 마찬가지로 하루가 지나야 업데이트된 데이터를 확인할 수 있으니 다음 날 클릭률과 클릭수를 확인해 보세요. 이상이 없다면 이제 전환(구매)에 집중하면 됩니다.

하면 된다!} 구매를 부르는 전환 개선하기

전환 개선 실습은 유입 개선까지 마친 후 클릭이 정상적으로 일어나면 최소 5일 이상이 지난 뒤 따라 하길 추천합니다. 방문하는 고객이 없으면 당연히 구매가 일어나지 않을 테니까요. 최소 5일간 100명 이상 방문할 때부터 이 실습을 진행하세요. 전환 개선은 앞선 실습과 달리 광고 플랫폼에서는 수정할 것이 없고 상세페이지와 리뷰를 보완해야 합니다.

01 광고수익률 손익분기점 체크하기

앞에서 제시한 광고수익률 공식을 이용해 내 상품의 최소 광고수익률을 계산해 둡니다. 키워드 광고그룹별 광고수익률을 확인하여 내 상품이 최소 광고수익률 이상을 달성했는지 확인합니다. 만약 최소 광고수익률을 넘었다면 수익이 나고 있다는 뜻이니 따로 개선할 필요 없이 유지하면 됩니다.

02 상세페이지 개선하기

상세페이지 맨 위에서 고객이 상품을 구매할 때 고민하는 문제점과 해결책을 시각적으로 잘 제시했는지 확인합니다. 04-2절을 참고해서 상세페이지에서 부족한 내용이 있는지 확인하고 보완합니다. 다음과 같이 문제점과 해결책이 분명하게 비교해서 보여 주면 고객은 지갑을 쉽게 열 것입니다.

03 체험단 리뷰 관리하기

체험단이 작성한 리뷰에 내 상품의 특징이 글과 사진에서 잘 드러나 있는지 꼼꼼히 확인하고 아쉬운 부분이 있다면 수정을 요청합니다.

▲ 별점은 5점이지만 사진이나 글 내용이 아쉬울 때 리뷰 수정을 요청하는 모습

전환 개선에서는 상세페이지와 리뷰를 관리하는 작업이 가장 중요한데, 대개 사진을 새로 찍거나 체험단을 새로 모집하는 과정이 번거롭다 보니 많이 막히곤 합니다. 그러나 고객의 구매를 유도하는 건 결국 내 상품의 장점과 매력을 어떻게 잘 보여 주느냐에 달렸으므로 광고 시스템만으로는 개선하기 어렵습니다. 오직 판매자의 '실행력'만이 고객을 설득할 수 있다는 걸 명심하세요.

 질문 있어요! 광고효율 최적화만 하면 만사 해결인가요?

광고는 일반인도 쉽게 고객을 불러올 수 있는 효과적인 수단이지만, 결국 광고효율 최적화를 해야만 수익률을 높일 수 있습니다. 이 과정에서 비용이 늘어나고 규모 확장에도 한계가 발생하게 되죠.

예를 들어 10만 원으로 광고를 잘 돌려서 광고비를 제하고도 수익을 10만 원 냈다고 가정해 보겠습니다. 계속 이렇게만 되면 금상첨화겠지만, 100만 원 광고로 100만 원의 수익을 내고, 1,000만 원 광고로 1,000만원 수익이 보장되는 건 아닙니다. 마찬가지로 광고를 통해 고객 200명을 데려와 10명이 구매했을 때, '앞으로 고객을 2,000명 데려오면 무조건 100명이 구매하겠지!' 라고 기분 좋은 상상을 할 수도 있습니다. 하지만 규모가 커질수록 예상치 못한 변수가 발생할 수 있습니다. 방문하는 고객수가 많아질수록 구매율이 오히려 낮아질 확률이 높습니다.

그래서 우리는 네이버를 이용하는 내부 고객뿐만 아니라 네이버 밖의 **외부 고객까지 내 스토어로 데려올 수 있는 마케팅**을 해야 합니다. 마케팅과 관련된 내용은 07장에서 자세히 다룹니다.

광고효율 최적화를 완료하면 안 팔리던 내 상품이 팔리기 시작할 거예요. 팔리던 상품은 더 잘 팔리는 경험도 할 수 있죠. 이제 여러분은 스마트스토어로 상품을 잘 판매하고 수익을 낼 수 있는 성공 공식 4가지를 모두 배웠습니다. 앞으로 소싱, 상품 기획, 상위 노출 등록, 광고까지 필요한 상황마다 이 책을 다시 펼쳐 보며 꾸준히 실천해 나가길 바랍니다.

이것만 기억하세요!

1. 광고효율 최적화로 쇼핑검색 광고의 수익률을 높일 수 있다.
2. 광고효율 최적화는 '노출 개선 → 유입 개선 → 전환 개선'의 3단계를 순서대로 진행해야 한다.
3. **노출 개선**은 광고그룹 데이터에서 총비용이 1천 원 미만이고 노출수가 100회보다 적은 경우에 키워드 입찰가를 상향 조정하여 개선할 수 있다.
4. **유입 개선**은 노출이 정상으로 이루어질 때 광고그룹 데이터에서 클릭수가 10회 미만이고 클릭률이 0.5% 미만인 경우에 필요하다. 해당 광고그룹의 노출용 이미지와 추가홍보 문구를 바꾸어 개선할 수 있다.
5. **전환 개선**은 노출과 유입(클릭) 모두 정상으로 이루어지는데 광고그룹 데이터에서 광고수익률이 손익분기점을 넘지 못하는 경우에 실행한다. 내 상품의 광고수익률이 최소 광고수익률을 넘겼는지 확인하고, 전환 개선이 필요하다면 상세페이지와 체험단 리뷰에 내 상품의 장점이 잘 드러나도록 보완하는 것이 중요하다.

✅ **사장님 체크리스트**

광고 세팅에 필요한 항목 정리하기

광고 효과를 극대화할 수 있도록 키워드 입찰가를 먼저 계산하여 광고를 집행합니다. 먼저 광고에 사용할 키워드를 입찰하기 위해 06-2절을 참고해서 키워드 10개의 3위 입찰가를 정한 후, PC와 모바일 버전에 맞춰 각각 작성하고 최종 입찰가까지 정리해 보세요.

키워드별 3위 입찰가 정리하기

상품명:			
키워드	PC 3위 입찰가	모바일 3위 입찰가	최종 입찰가

광고를 집행한 이후에도 상품의 구매율이 낮은 경우에는 광고효율 최적화 3단계로 개선할 수 있습니다. 노출, 유입, 전환 가운데 나는 현재 어떤 개선을 진행해야 할지 다음 목록에 체크 표시하면서 확인해 보세요.

광고효율 최적화를 위한 개선 사항 살펴보기

- 총비용이 1천 원 미만이고 노출수가 100 단위보다 적다. ☐
  ▶ '노출 개선' 실습을 진행하세요. 키워드 입찰가를 조정합니다.

- 클릭률이 0.5% 미만이고 클릭수가 10회 미만이다. ☐
  ▶ '유입 개선' 실습을 진행하세요. 클릭률을 높일 수 있도록 상품의 섬네일 이미지와 추가홍보문구를 개선합니다.

- 광고수익률이 손익분기점(최소 광고수익률)을 넘지 못했다.
  (최소 광고수익률: %) ☐
  ▶ '전환 개선' 실습을 진행하세요. 상세페이지와 체험단 리뷰를 관리합니다. 바로 아래에서 광고수익률을 직접 계산할 수 있습니다.

전환 개선의 필요성을 파악하는 최소 광고수익률 계산하기

$$마진 = 상품\ 판매가 - 상품\ 원가 - 네이버\ 수수료$$

$$최소\ 광고수익률 = \frac{상품\ 판매가}{마진} \times 100(\%)$$

꾸준한 수익의 원천!
마케팅 & 운영 관리

07 0원으로 유입량 폭발! 숏폼 마케팅
08 1인 사업자라면 꼭 알아야 할 정산 및 고객 관리

둘째마당에서는 스마트스토어의 성공 공식 4가지를 알아보았습니다. 지금까지 배운 내용을 순서대로 실천하는 것만으로도 스마트스토어로 월에 수백만 원의 수익을 낼 수 있습니다. 처음에는 힘들더라도 사이클을 2~3번 돌려 보면 완벽히 적응할 수 있습니다.

셋째마당에서는 성공 공식을 3~4개월 동안 실천하며 익숙해졌을 때 **추가로 수익을 내는 데 도움되는 숏폼 마케팅** 방법을 알려 드립니다. 아울러 스마트스토어를 운영하면서 **세금이나 고객 서비스 등 들이닥칠 문제를 해결**할 수 있는 방법도 이곳에 모두 담았습니다. 여러분, 수익을 낼 때 가장 중요한 건 '지속성'입니다. 한두 달 운 좋게 반짝 수익을 내려고 스마트스토어를 시작하는 분은 없을 거예요. 스마트스토어를 지속해서 운영하려면 상품 판매가 잘 되는 건 기본! 정산과 CS 등 운영 관리도 안정적으로 할 수 있어야 합니다. 그럼 수익을 꾸준히 낼 수 있도록 도와주는 숏폼 마케팅 노하우와 운영 관리 비법을 알아보겠습니다.

07

0원으로 유입량 폭발! 숏폼 마케팅

광고를 통해 고객을 끊임없이 데려온다 한들 장기적으로는 마케팅을 병행해야 상품의 시장 경쟁력을 높일 수 있습니다. 네이버를 이용하는 내부 고객에게는 쇼핑광고의 결과가 나쁘지 않지만, 외부 고객을 불러오려면 외부 노출과 마케팅이 꼭 필요하죠. 특히 비용을 따로 들이지 않고도 내가 만든 콘텐츠를 보고 외부 고객을 내 스토어로 데려올 수 있다면 신규 고객 확보는 물론 수익 증대에도 훨씬 유리해지는데요. 제가 추천하는 방법은 바로 '숏폼'입니다.

매일 2만 원을 들여 고객 40명을 유치하는 스토어와 외부 유입 마케팅을 더해 고객 50명을 유치하는 스토어 가운데 누가 더 큰 성과를 달성할 수 있을까요? 초보자가 가장 빠르게 많은 고객을 확보할 수 있는 숏폼 마케팅 방법을 소개합니다.

07-1 고객에게 가장 빠르게 접근하는 숏폼 마케팅
07-2 캡컷으로 10분 컷 영상 편집하기
07-3 원 소스 멀티 유즈! 영상 1개를 최대한 퍼뜨리자
☑ 사장님 체크리스트 내 상품을 소개하는 숏폼 영상 구상하기

07-1

고객에게 가장 빠르게 접근하는 숏폼 마케팅

★ 광고비 제로! 수십만 고객에게 '숏폼'으로 다가가세요

요즘 가장 빠르고 광범위하게 나를 노출할 수 있는 방법은 숏폼입니다. 숏폼은 1분 이내의 짧은 영상을 말하는데요. 글이나 사진보다 정보를 더 빨리 파악할 수 있어서 '빨리빨리'에 익숙한 우리나라 소비자에게 대단히 효율적인 콘텐츠입니다.

동영상 강의

'에이, 숏폼 영상은 흔히 MZ세대니 젠지 세대니 하는 학생들이나 많이 보는 거 아니야?'라고 생각할 수 있지만, 놀랍게도 그렇지 않습니다. 대표적인 영상 플랫폼 '유튜브'는 한국인의 80% 이상이 사용하고 있고 소비력이 높은 3050세대의 경우에도 남성은 월 평균 40시간, 여성은 월 평균 32시간 이상 시청하고 있습니다. 심지어 1020세대에게 인기 있다고 알려진 '틱톡'조차도 전체 사용자의 40% 이상이 3040세대일 정도로 남녀노소 누구나 숏폼 콘텐츠를 많이 소비하고 있습니다.

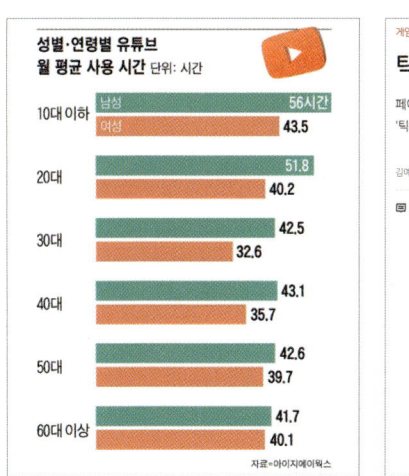

유튜브 월 평균 사용 시간(출처: 아이지에이웍스) 틱톡 3040 세대 사용자 증가 관련 기사(출처: 디지털투데이)

숏폼은 글과 사진을 함께 사용하는 블로그나 미드폼(20분 내외의 영상)보다 **콘텐츠 생산이 훨씬 쉬운 반면, 노출과 유입은 상당히 폭발적**이어서 오히려 초보 창업자, 초보 판매자일수록 꼭 도전해야 합니다.

저는 채널을 3개(틱톡, 인스타그램, 유튜브) 운영하고 있는데요. 광고비를 1원도 들이지 않았지만 틱톡은 2천 명, 인스타그램은 1천 7백 명, 유튜브는 6천 6백 명의 팔로워(구독자)를 모았습니다. 그것도 단 6개월 만에 말이죠. 팔로워 수는 천 단위이지만 단 1건의 영상 조회수가 무려 13만 회를 달성하기도 했습니다.

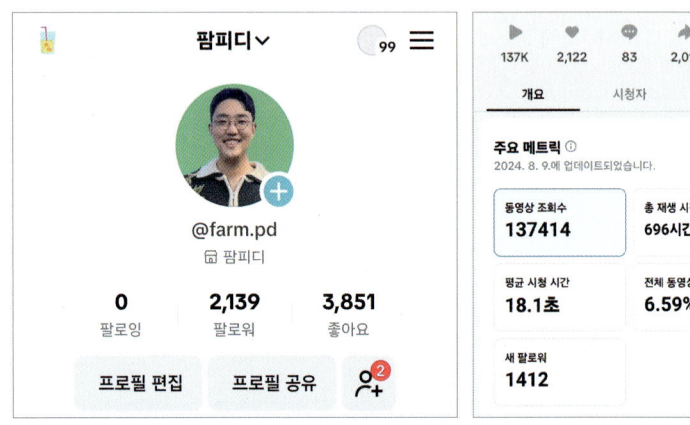

저자가 운영하는 틱톡 계정 데이터(tiktok.com/@farm.pd)

숏폼 말고 다른 방법으로 고객 13만 명에게 나를 노출하고 수천 명의 팔로워를 모으려면 엄청나게 노력해야 할 거예요. 고급 정보를 상세하게 적은 글을 수천 자 쓰고 고화질의 멋진 사진을 넣은 블로그 콘텐츠도 최소 수백 개 만들어야 합니다. 또는 20분 분량의 미드폼 영상을 매주 1~2개씩 최소 반 년에서 1년 동안 꾸준히 올려야 그 수에 도달할지도 모르죠.

"영상 편집 한 번도 안 해본 저도 만들 수 있나요? 그리고 만든다고 해도 사람들이 보기나 할까요?"라고 묻는다면 저는 "당연히 가능합니다. 그리고 생각보다 많은 고객이 봅니다"라고 답하겠습니다. 실제로 제가 올리는 영상들 역시 고화질도 아니고, 멋진 자막과 특수 효과 등 고난도 편집 기술을 사용하지 않았지만, 조회수는 수백수천 회가 나옵니다. 단지 여러분이 숏폼을 만들어 본 적이 없기 때문에 막연하고 어렵게 느껴질 뿐이에요. 지금부터 숏폼으로 고객을 끌어오는 방법을 차근차근 알려 드리겠습니다.

⭐ 밑져야 본전! 부담 갖지 말고 촬영하세요!

숏폼이 외부 고객을 끌어올 수 있는 매개체이긴 하지만 고객을 유입하는 핵심은 06장에서 살펴본 광고입니다. 쇼핑몰 상품의 숏폼 영상은 대본도 없이 상품만 촬영하고 이름이나 이벤트 내용만 자막으로 띄워 두는 경우도 허다하죠. 그러니 처음부터 잘해야겠다는 부담을 내려 두고 가볍게 시작해 보세요.

이때 촬영 장소나 시간은 어떻게 해야 하는지 의문을 품을 수 있는데요. 상세페이지에 들어갈 사진을 촬영할 때와 마찬가지로 상품을 돋보이게 해줄 소품과 자연광만 있으면 됩니다. 특별히 알려 주고 싶은 상품의 특징이 있다면 상품을 사용하는 모습을 간단하게 촬영하고 영상 편집 프로그램에서 자막과 내레이션을 추가해 보세요. 무언가를 알려 주려고 애쓰지 않아도 상관없어요. 숏폼 영상이라는 것만으로도 사람들의 눈길을 끌 수 있거든요!

🍀 이것만 기억하세요!

1. 숏폼은 블로그 글이나 미드폼 영상보다 콘텐츠를 생산하는 데 훨씬 난이도가 낮은데 비해 노출과 유입이 상당히 폭발적이다.
2. 숏폼 영상은 스마트폰으로 간단하게 촬영해서 만들 수 있다. 영상의 길이가 짧아서 편집 시간이 적게 걸리고 비용이 따로 들지 않으니 부담 없이 시작해 보길 추천한다.

07-2

캡컷으로 10분 컷 영상 편집하기

숏폼은 미드폼처럼 스토리가 길 필요가 없으므로 필요한 정보만 담아서 만들면 됩니다. 영상 편집 프로그램인 **캡컷**(CapCut)을 활용하면 영상을 쉽고 빠르게 만들 수 있습니다. 간단한 컷 편집과 자막 삽입만으로 내 상품을 소개하는 영상을 만들어 볼 거예요.

캡컷 로고

캡컷은 웹 사이트에서 바로 사용할 수도 있지만 여기에서는 PC 앱 화면으로 설명합니다. 영상을 만들 때마다 사용하므로 PC에 설치해 두는 것을 추천합니다.

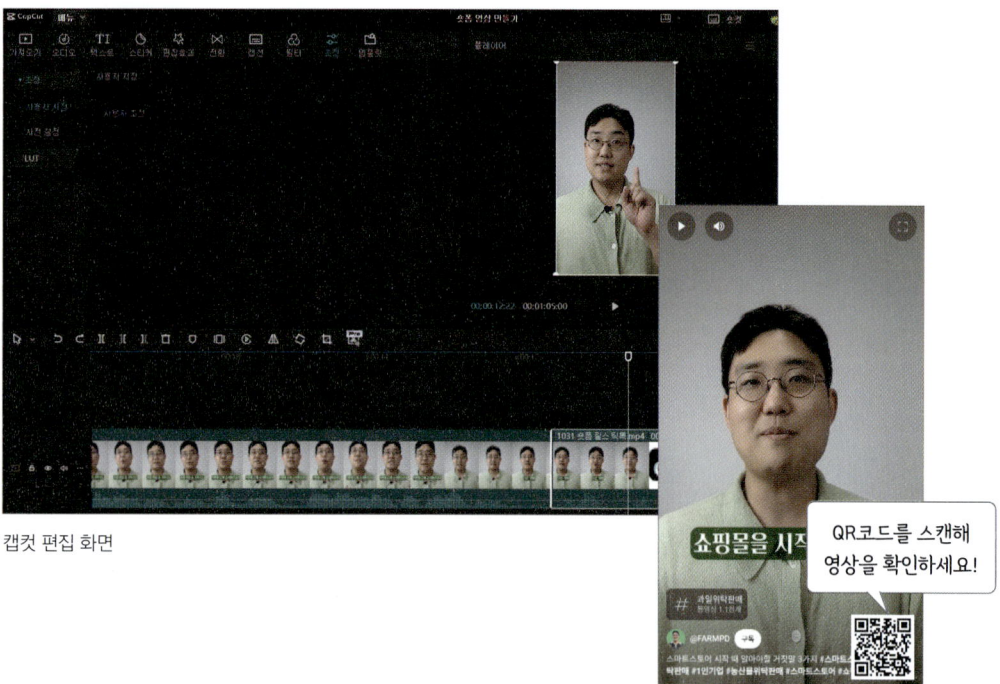

캡컷 편집 화면

캡컷으로 편집한 쇼츠 영상

QR코드를 스캔해 영상을 확인하세요!

하면 된다!} 캡컷 설치하고 단축키 설정하기

캡컷 PC 앱을 설치하고 편집 단축키를 미리 설정해 두겠습니다. 단축키를 이용하면 10분 걸리던 작업도 1분 만에 마칠 수 있습니다.

01 캡컷 PC 앱 설치하기

캡컷(capcut.com)에 접속한 뒤 [다운로드]를 클릭합니다. 설치 파일을 열어 실행하면 캡컷 앱이 설치됩니다.

▶ 환경 테스트 창이 나타나면 [확인]을 클릭해서 캡컷을 실행합니다.

02 ❶ 캡컷을 실행한 뒤 화면 왼쪽 상단에 있는 [로그인]을 클릭하고 ❷ 틱톡, 구글 등의 계정으로 로그인합니다.

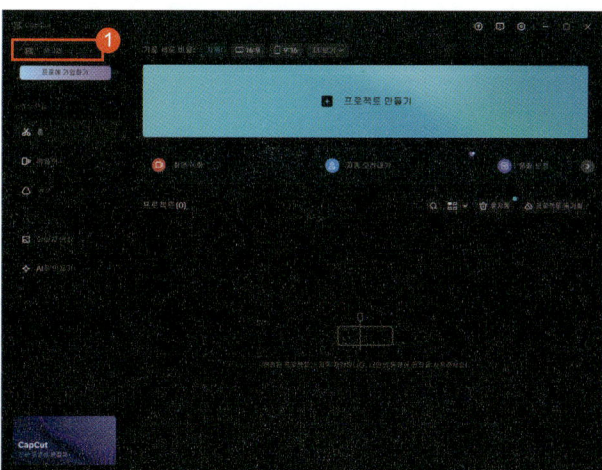

03 캡컷 화면에서 [+ 프로젝트 만들기]를 클릭해 영상 편집 화면으로 접속합니다.

04 단축키 설정하기

❶ 영상 편집 화면의 오른쪽 상단에서 [숏컷]을 클릭하면 단축키를 설정할 수 있습니다. 여기서는 단축키를 3개 설정할 거예요. ❷ 먼저 [분할]의 단축키 입력 부분을 클릭하고 ❸ 키보드에서 E를 누릅니다.

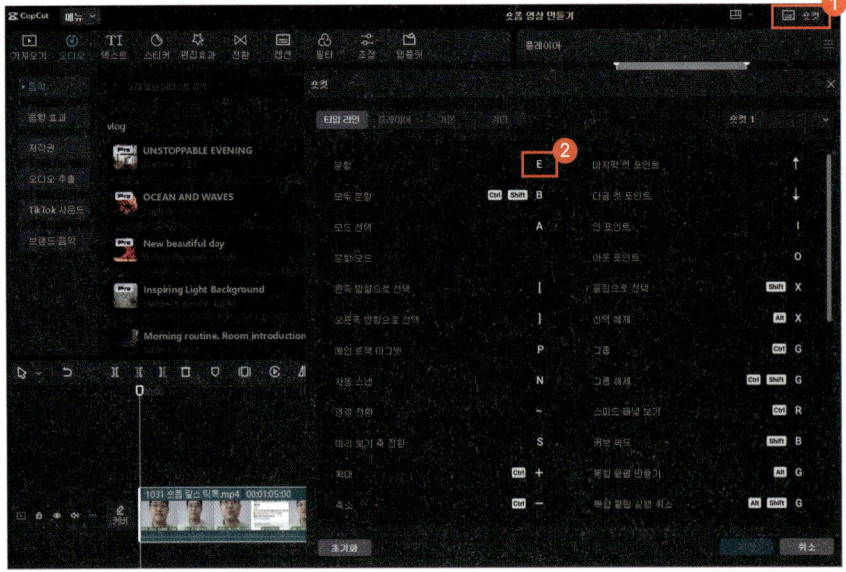

05 ① 두 번째로 [인]의 단축키는 B로, ② 세 번째 [왼쪽 삭제] 단축키는 Z로 설정합니다. 이제 캡컷의 기본 단축키 설정을 마쳤습니다.

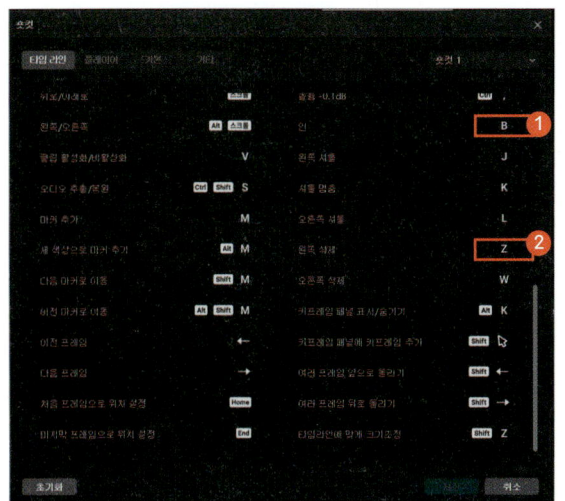

'인'은 편집할 구간의 시작점을 지정하는 기능입니다!

하면 된다!} 불필요한 영상 지우고 자막 삽입하기

촬영한 영상은 중간에 NG가 난 부분이 있을 수도 있고, 촬영을 마치고 보니 부자연스럽거나 삭제하고 싶은 부분이 있기 마련입니다. 영상 속 필요 없는 부분을 삭제하고 영상의 순서나 내용을 자연스럽게 연결하는 컷 편집 방법을 알아보겠습니다.

01 ① [가져오기]를 클릭해 숏폼용으로 촬영해 둔 영상을 캡컷으로 불러오고 ② [여기로 자료를 드래그하여 만들기 시작]으로 드래그하여 타임라인에 업로드합니다.

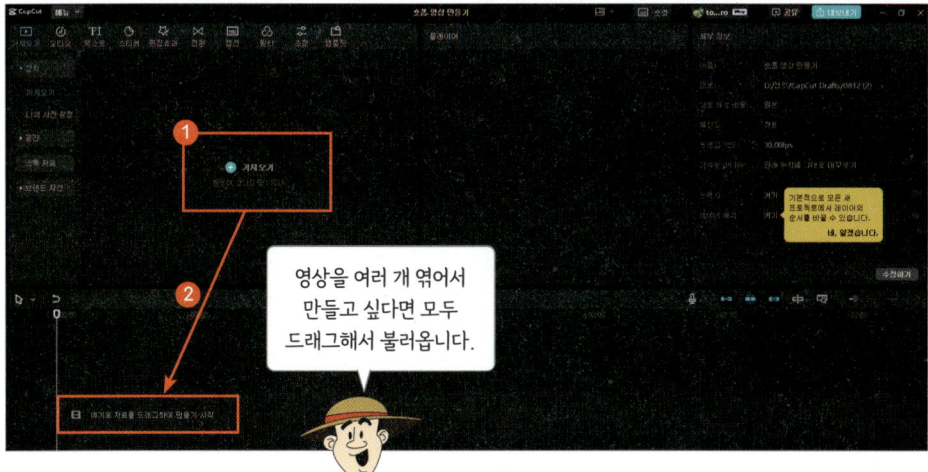

영상을 여러 개 엮어서 만들고 싶다면 모두 드래그해서 불러옵니다.

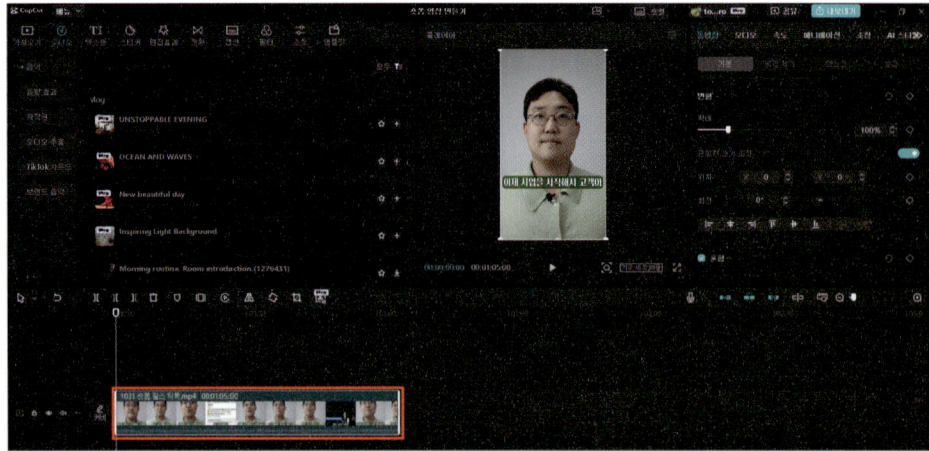

02 타임라인에 있는 흰색 기준선을 드래그하여 편집할 구간으로 이동해 봅니다.

03 타임라인 살펴보기

타임라인 영역 위에서 마우스 휠을 위로 굴리면 기준선을 중심으로 구간을 확대해서 볼 수 있습니다. 편집하기 쉽도록 타임라인 영역이 세분화될 때까지 확대하세요.

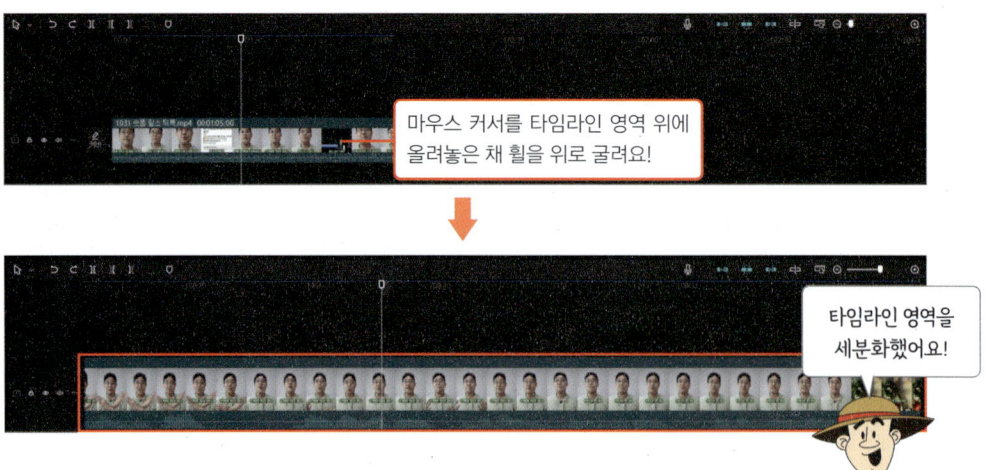

04 타임라인 영역 아래로 그래프 모양의 볼륨 조절 영역을 확인할 수 있습니다. 높낮이가 낮은 구간은 소리가 없는 부분, 높낮이가 높은 구간은 소리가 있는 부분입니다. 소리가 없는 부분이 길면 말과 말 사이에 공백이 너무 길거나 대사가 틀려서 말을 멈춘 구간일 확률이 높으니 해당 부분을 삭제하면 되겠죠? 앞서 설정한 단축키로 컷 편집을 해보겠습니다.

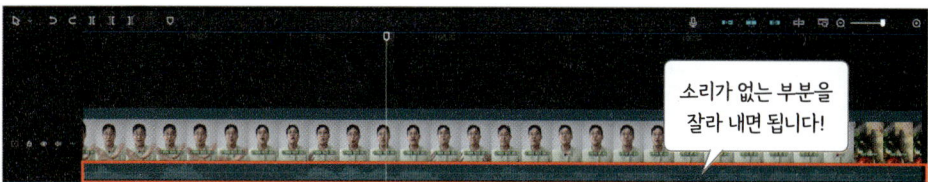

05 영상 분할하기

영상을 자연스럽게 편집하려면 영상의 일부를 잘라서 다른 부분의 앞이나 뒤로 이동할 수 있어야 합니다. ❶ 분할하고 싶은 영상의 시작 부분으로 기준선을 옮긴 다음, ❷ 앞의 실습에서 설정한 분할 단축키 E를 누르면 다음과 같이 하나의 영상이 2개로 분할됩니다.

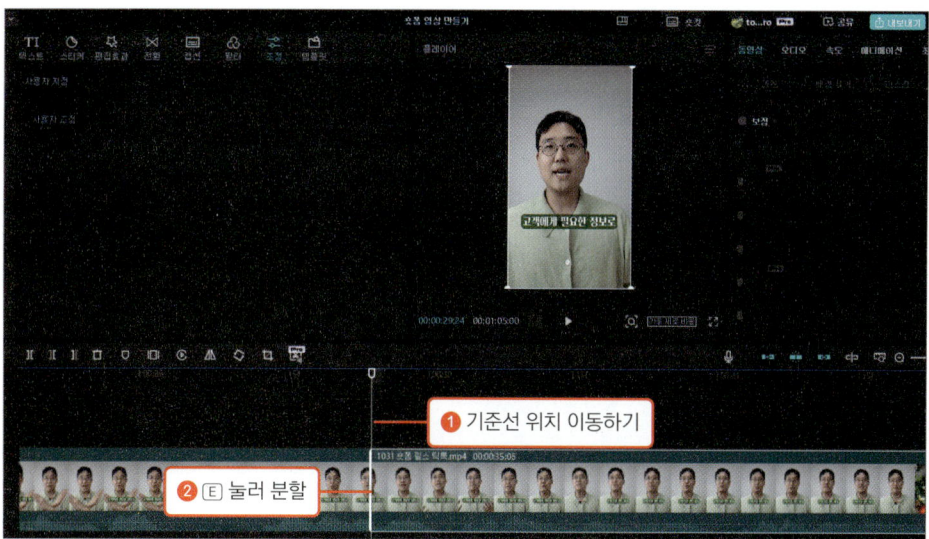

▶ 만약 엉뚱한 곳을 분할했다면 Ctrl + Z를 눌러 실행 취소합니다.

06 영상 순서 바꾸기

분할된 영상을 마우스로 드래그하여 옮기고 싶은 부분으로 이동하면 영상 순서를 간단하게 조정할 수 있습니다.

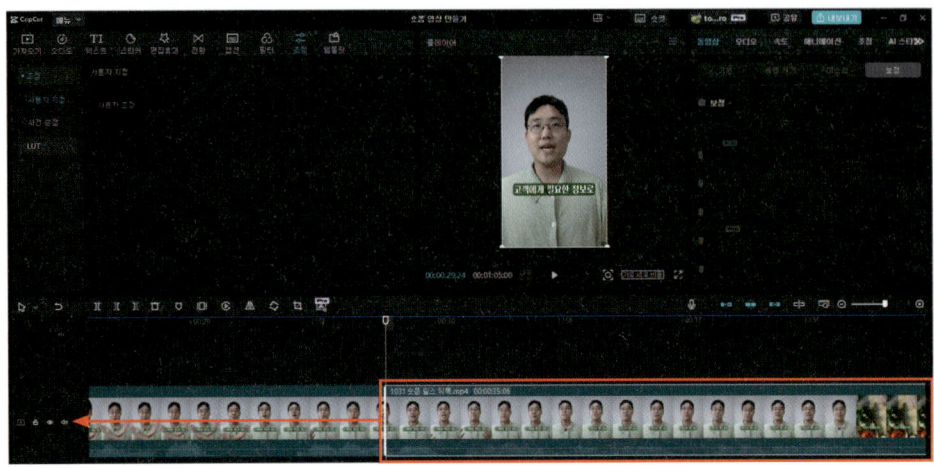

07 불필요한 부분 삭제하기

① 이번에는 삭제할 영상 부분의 시작점으로 기준선을 이동하고 ② E 를 눌러 분할합니다.

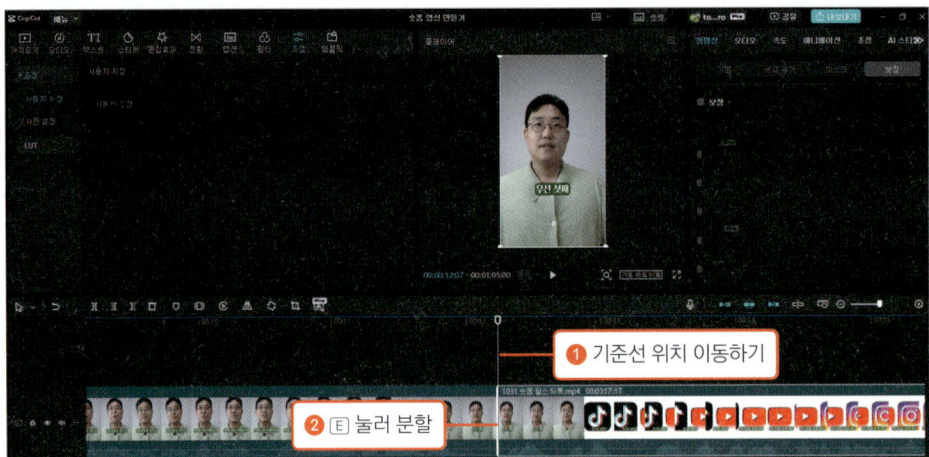

08 이어서 삭제할 영상 부분의 끝점으로 기준선을 이동한 다음, '인' 단축키인 B와 '왼쪽 삭제' 단축키인 Z를 순서대로 누릅니다. 해당 컷이 삭제된 것을 확인할 수 있습니다.

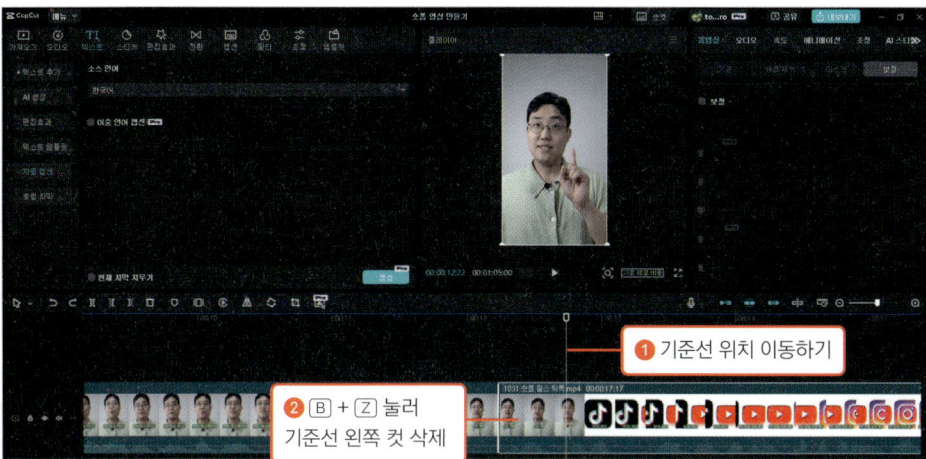

▶ 분할 단축키인 E를 눌러 영상의 시작 부분과 끝 부분을 분할한 뒤, Delete를 눌러서 해당 컷을 삭제해도 됩니다. 다만 영상의 앞뒤를 일일이 분할하고 삭제하려면 생각보다 시간이 많이 걸립니다. 그러므로 시작 부분을 설정할 수 있도록 시작 부분에서만 E를 누른 후 끝부분에서는 인 단축키인 B와 왼쪽 삭제 단축키인 Z만 눌러 컷 편집 효율을 높이는 걸 추천합니다.

09 자막 입력하기

숏폼은 분량은 짧지만 소리 없이 시청하는 분도 많아서 자막이 있을 때 반응이 훨씬 좋습니다. ❶ 캡컷 화면의 상단 메뉴에서 [텍스트]를 선택하고 ❷ 왼쪽 [자동 캡션] 탭에서 ❸ [생성]을 클릭합니다. 30초 만에 내 영상의 소리를 분석해서 자동으로 자막을 만들어 줍니다. 단, 자동 캡션 기능은 월 1만 원 내외의 유료 구독을 해야 이용할 수 있습니다.

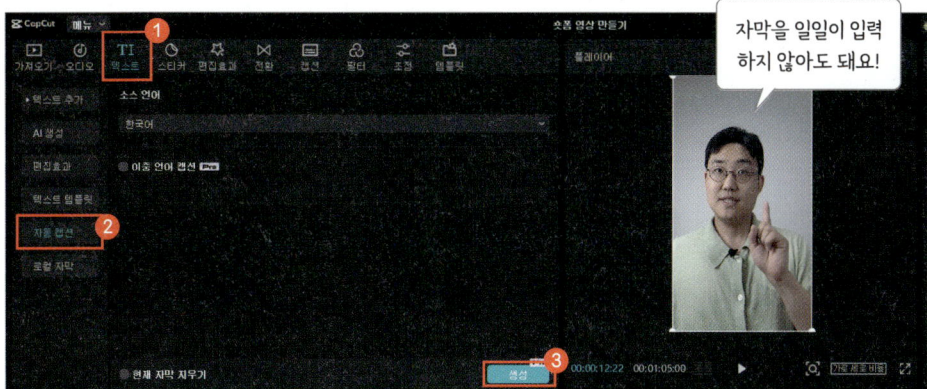

▶ [텍스트 → 텍스트 추가]를 사용하면 무료로 직접 입력할 수도 있습니다.

질문 있어요! 캡컷의 자동 자막 기능이 유료라니, 조금 부담스러워요!

영상 편집 앱을 유료로 이용하는 게 부담스럽다면 오른쪽 상단에서 [내보내기]를 눌러 컷 편집까지 완료한 숏폼 영상을 내려받은 후 **브루**(Vrew), **블로**(VLLO) 등 영상 앱으로 불러와 보세요. 이 2가지 앱에서는 자막을 자동으로 넣는 기능을 무료로 제공합니다.

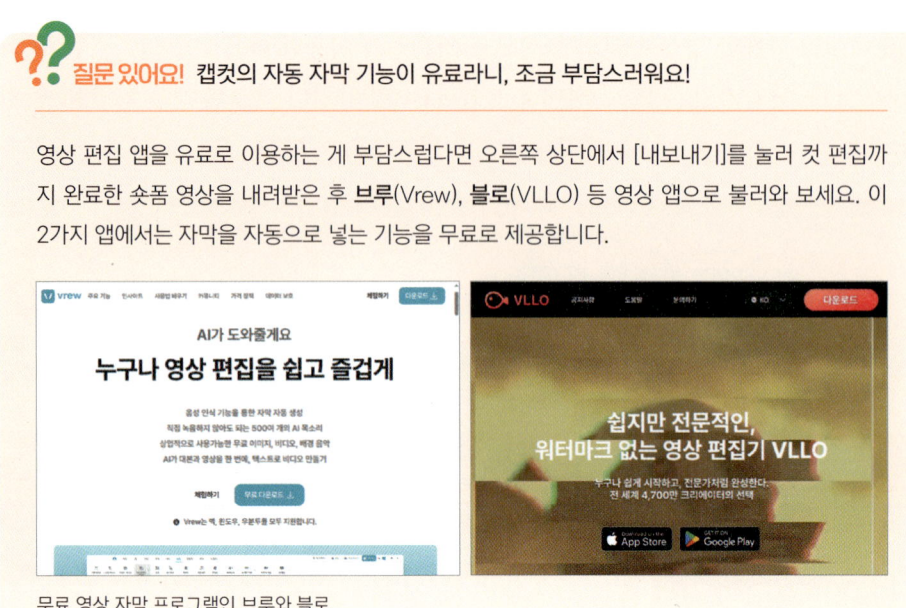

무료 영상 자막 프로그램인 브루와 블로

10 영상 내보내기

❶ 영상을 다 만들었다면 오른쪽 상단에서 [내보내기]를 누릅니다. ❷ 영상 이름과 ❸ 해상도 등을 설정하고 ❹ [내보내기]를 눌러 저장합니다.

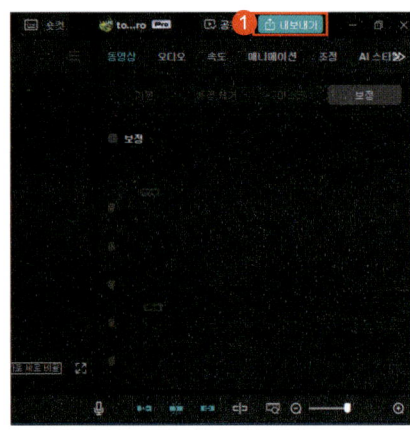

뛰어난 편집 기술이 없어도 시간을 많이 들이지 않아도 나만의 숏폼 영상을 만들 수 있습니다. 내 상품의 장점만 잘 드러난다면 충분히 고객에게 어필할 수 있습니다.

07-3

원 소스 멀티 유즈!
영상 1개를 최대한 퍼뜨리자

⭐ 원 소스 멀티 유즈의 필요성 – 쇼츠, 릴스, 틱톡

뚝딱뚝딱 만든 숏폼 영상, 여느 콘텐츠보다 빠르게 만들었다고 해도 어떤 SNS 하나에만 올리고 끝내는 것은 너무 아깝고 비효율적입니다. 스마트스토어를 전업으로 고려하든 부업으로 생각하든 우리는 전문 영상 편집자가 아니어서 숏폼을 대량으로 만드는 게 쉽지 않아요.

그래서 원 소스 멀티 유즈(one source multi-use) 전략을 사용해야 합니다. 쉽게 말해 **영상 1개를 만든 뒤 여러 채널에 올려서 내 스토어를 최대한 많이 노출하고 반응을 얻는 방법**입니다. 인스타그램에 릴스로 올린 영상의 조회수가 100회라고 했을 때, 단순히 여기서 그치면 100명의 고객에게만 영상이 노출된다는 한계가 있습니다. 그러나 **같은 영상이라도 여러 채널에 올리면 채널마다 노출이 생기므로 훨씬 더 많은 고객과 소통**할 수 있습니다.

유튜브 쇼츠

인스타그램 릴스

틱톡

플랫폼별로 흩어진 잠재 고객을 모두 공략해 봐요!

그럼 지금부터 숏폼을 활용할 수 있는 대표 플랫폼인 유튜브, 인스타그램, 틱톡에 영상을 올리는 방법을 실습으로 배워 보겠습니다.

▶ 각 서비스에 가입하는 방법은 따로 다루지 않습니다. 간단하게 가입할 수 있으니 서비스에 가입한 이후 실습을 진행해 주세요.

하면 된다!} 유튜브 쇼츠로 마케팅 영상 올리기

원 소스 멀티 유즈 전략을 펼치려면 영상 플랫폼별로 숏폼에 최적화된 마케팅 환경을 만들어 줘야 합니다. 고객이 내 영상을 보고 쇼핑몰에 바로 방문할 수 있도록 유튜브 채널에 프로필 링크를 설정하고 영상을 업로드해 보겠습니다. 우선 유튜브에 회원 가입을 하여 채널을 만들어 주세요. 유튜브 환경 설정은 PC에서 진행하고 업로드는 모바일 앱을 사용하겠습니다.

01 유튜브 마케팅 환경 설정하기

PC에서 내 유튜브 채널에 접속한 뒤, ❶ 오른쪽 상단에서 프로필 아이콘을 클릭하고 ❷ [YouTube 스튜디오]를 선택합니다.

02 ❶ 왼쪽 메뉴에서 [맞춤설정]을 선택하고 ❷ [프로필] 탭에서 아래로 스크롤하여 [링크 추가]를 클릭합니다. ❸ [링크 제목(필수 항목)]에 링크 이름을 입력하고 ❹ [URL(필수 항목)]에는 내 스마트스토어 링크를 입력합니다.

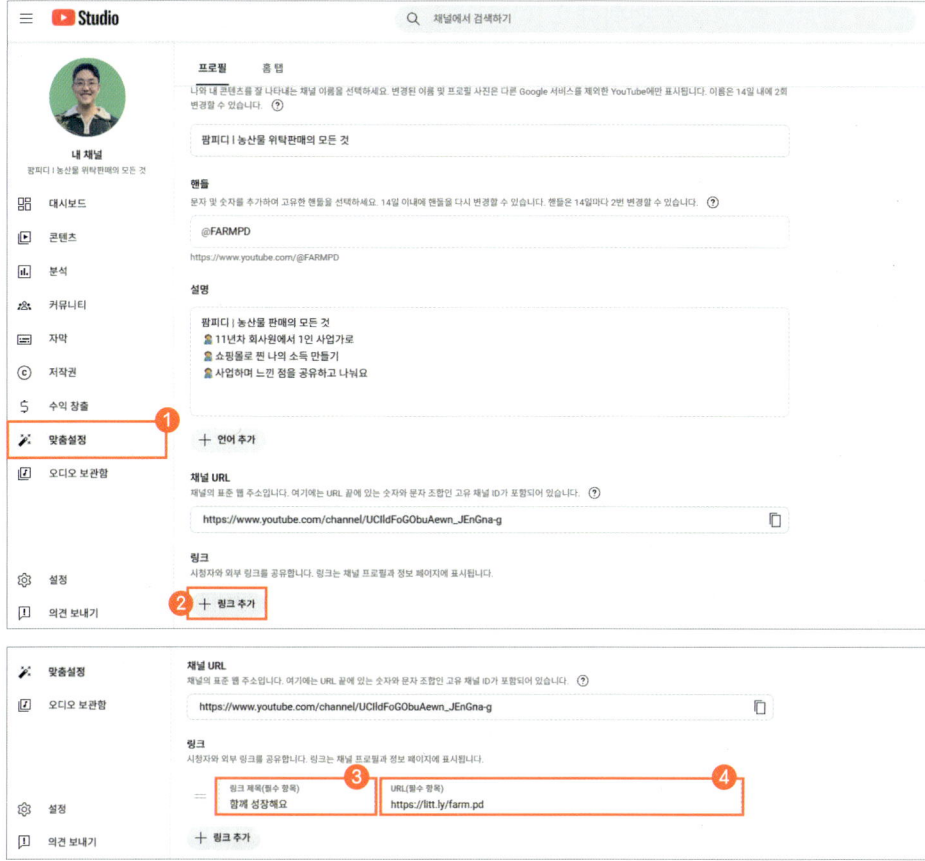

03 유튜브 쇼츠 업로드하기

❶ 유튜브 모바일 앱에서 내 유튜브 채널에 접속한 후 하단에서 [만들기 +]를 탭합니다. ❷ 촬영 화면이 나타나면 왼쪽 하단에서 [추가] 갤러리 아이콘을 누릅니다.

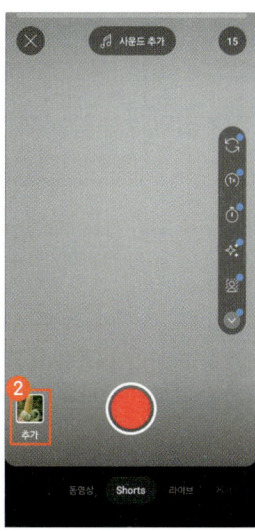

04 ❶ 업로드할 영상을 선택하고 [다음]을 누릅니다. ❷ [세부정보 추가]에서 영상 제목을 작성하고 ❸ [Shorts 동영상 업로드]를 탭하면 쇼츠 업로드가 완료됩니다.

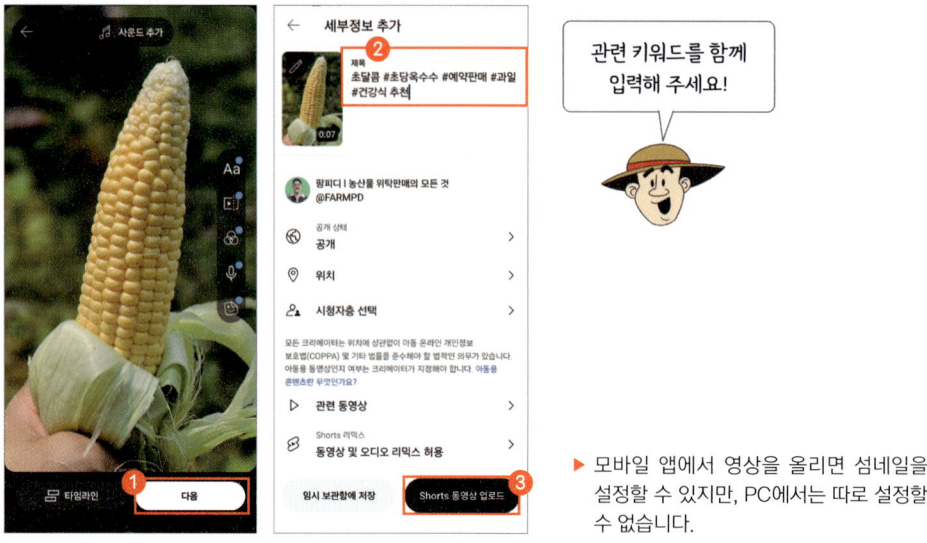

관련 키워드를 함께 입력해 주세요!

▶ 모바일 앱에서 영상을 올리면 섬네일을 설정할 수 있지만, PC에서는 따로 설정할 수 없습니다.

하면 된다!⟩ 인스타그램 릴스로 마케팅 영상 올리기

다음으로 인스타그램 프로필에 스마트스토어를 연결하고 릴스를 업로드해 보겠습니다. 미리 인스타그램에 회원 가입을 하여 계정을 만들어 주세요. 인스타그램은 모바일에서 다루는 것이 더 편리하므로 모바일 앱 화면을 기준으로 진행하겠습니다.

01 인스타그램 프로필 세팅하기

내 인스타그램에 접속하여 ❶ 오른쪽 하단에서 내 계정 아이콘을 누릅니다. ❷ [프로필 편집]을 탭하고 ❸ [링크]를 선택합니다.

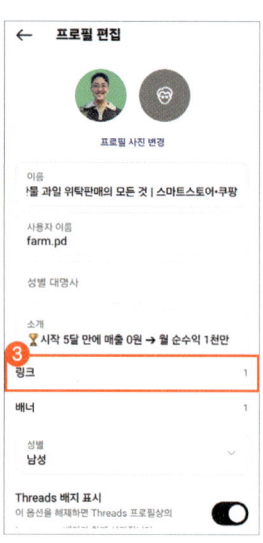

비즈니스나 프로페셔널 계정이 아니어도 됩니다!

02 ① [외부 링크 추가]를 탭한 뒤 ② [URL]에 스마트스토어 링크를 추가하고 ③ [완료 ✓]를 탭합니다. 인스타그램 마케팅 환경 설정도 끝났습니다. 유튜브보다 훨씬 간단하죠?

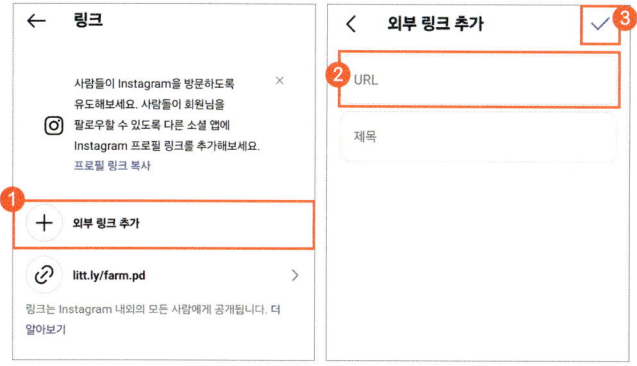

03 인스타그램 릴스 업로드하기

① 내 인스타그램 앱을 열어 [새로운 게시물 ⊕]을 탭한 뒤, ② 새로운 릴스 화면이 나타나면 하단 메뉴에서 [릴스]를 선택합니다. ③ 업로드할 영상을 선택하고 [다음]을 탭하면 영상 편집 화면으로 이동합니다.

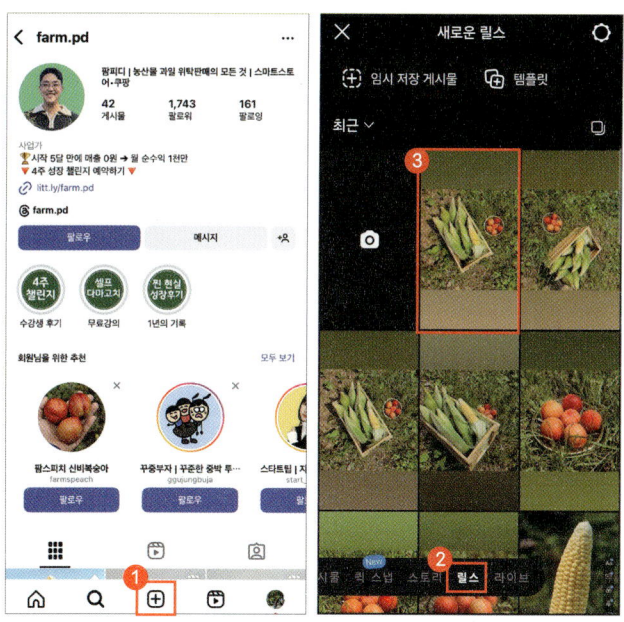

04 ❶ 영상에 효과를 넣거나 문구를 입력한 뒤 [다음]을 탭해 넘어갑니다. ❷ [공유하기]를 탭해서 릴스를 업로드합니다.

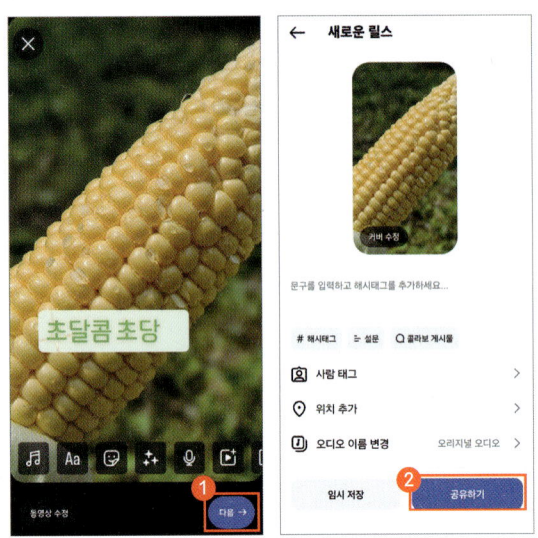

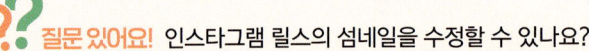

영상의 커버, 즉 섬네일을 이미지 또는 영상의 특정 부분으로 바꾸고 싶다면 ❶ [커버 수정]을 탭하고 ❷ 그 부분을 선택하면 됩니다. [카메라 롤에서 추가]를 탭하면 영상 화면이 아닌 다른 사진으로도 섬네일을 설정할 수 있습니다.

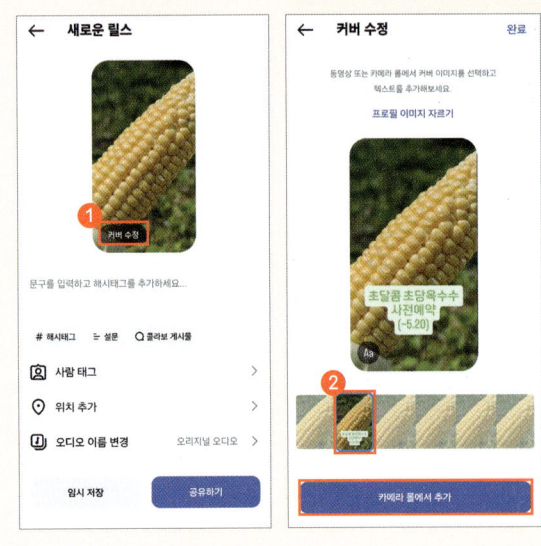

하면 된다!} 틱톡에 마케팅 영상 올리기

틱톡에 프로필 링크를 올리려면 **사업자 인증이 필요**합니다. 그래서 유튜브, 인스타그램보다 절차가 조금 더 복잡하지만 순서대로 따라오면 어렵지 않으니 미리 걱정할 필요는 없습니다. 우선 틱톡에 회원 가입을 해서 계정을 만들어 주세요. 틱톡 역시 **모바일 앱을 기준**으로 살펴보겠습니다.

▶ 사업자 인증을 하지 않은 개인 계정에서는 팔로워를 1,000명 이상 보유해야 링크를 삽입할 수 있습니다.

01 틱톡 마케팅 환경 세팅하기

❶ 틱톡 앱 화면 하단에서 [프로필]을 선택하고 ❷ 오른쪽 상단에 있는 [더 보기 ☰]를 탭한 후, ❸ [설정 및 개인 정보]를 선택합니다.

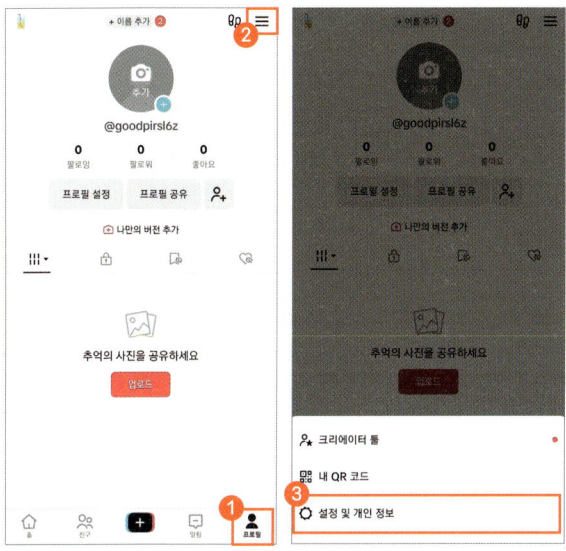

02 ❶ 설정 및 개인 정보에서 [계정]을 탭한 뒤 ❷ [비즈니스 계정으로 전환]을 선택합니다.

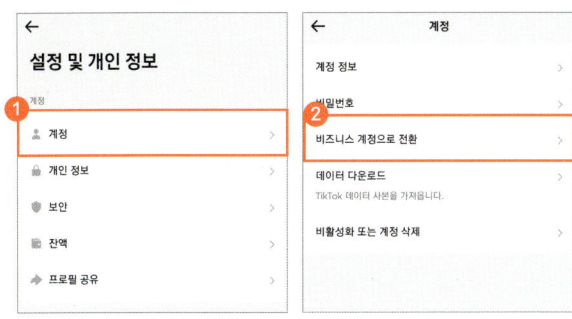

03 비즈니스 계정의 ❶ 시청자 정보 확인, ❷ 더 많은 사용자와 소통에서 모두 [다음]을 탭해 넘어갑니다. ❸ 이어서 내가 판매할 상품에 적합한 카테고리를 선택하고 ❹ [다음]을 탭합니다.

  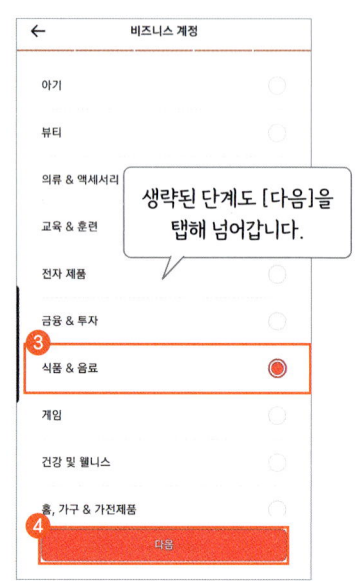

04 ❶ 내 쇼핑몰 로고 이미지를 프로필 사진에 [추가]하고 ❷ 자기소개도 내 쇼핑몰 성격에 맞게 입력한 다음, ❸ [확인]을 탭합니다.

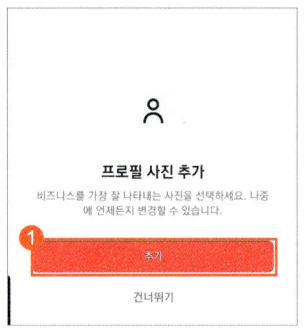 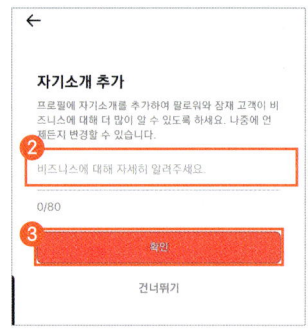 

05 링크 추가하기
❶ 프로필 화면으로 돌아오면 [프로필 편집]을 탭합니다. ❷ 프로필 편집 화면이 나타나면 비즈니스 정보 아래에서 [웹 사이트 → 웹 사이트 추가]를 탭한 뒤 ❸ [시작하기]를 누릅니다.

06 ① 마지막으로 [등록]을 탭하면 사업자 등록 화면이 나타납니다. ② 사업자 법인명, 국가 또는 지역, 주소 등 기본 정보를 입력하고 ③ 사업자 등록증 ID에 사업자등록번호를 입력합니다. ④ 웹사이트(선택 사항)에 내 스마트스토어 링크를 넣으면 마케팅에 최적화된 틱톡 세팅도 완료됩니다.

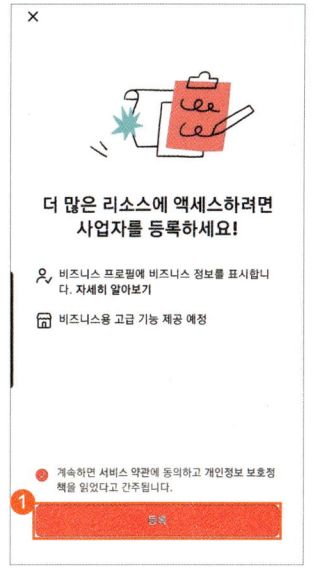  

07 틱톡 영상 업로드하기

❶ 틱톡 앱 하단에서 [업로드 ➕]를 선택한 뒤 ❷ [업로드]를 탭합니다. 틱톡에 올릴 영상을 선택하고 [다음]을 탭해 편집 화면이 나타나면 ❸ 텍스트, 스티커 등을 추가한 뒤 ❹ [다음]을 탭합니다.

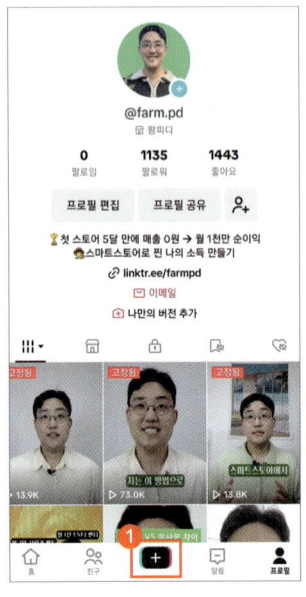 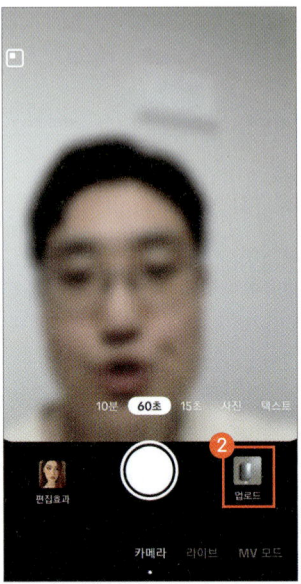 

08 ❶ 영상을 설명하는 문구를 입력하고 ❷ [게시]를 탭합니다. ❸ 팝업 창에서 [동영상 게시]를 선택하면 틱톡 영상이 올라갑니다.

 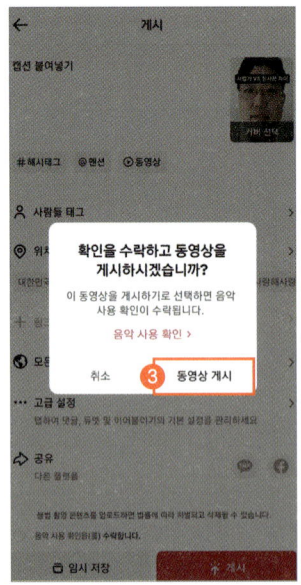

유튜브, 인스타그램, 틱톡에 영상을 업로드하는 방법을 알아보았는데요. 이처럼 원소스 멀티 유즈 전략을 활용하면 초보 판매자도 내 상품을 많은 고객에게 가장 빠르게 노출할 기회를 얻을 수 있습니다.

네이버의 최종 숏폼 무기, 숏클립!

유튜브, 인스타그램, 틱톡은 모두 엄청난 수의 고객이 이용하는 글로벌 플랫폼입니다. 한 가지 아쉬운 점이 있다면, 이 숏폼 채널들은 동영상 콘텐츠가 주인공인 플랫폼이다 보니 쇼핑몰 상품을 적극 홍보하는 데 제약이 있고 팔로워와 팬층이 생기려면 꾸준히 지속해야 한다는 것입니다.

이런 단점을 보완해 줄 수 있는 채널이 바로 **네이버 숏클립**(shortclips)입니다. 네이버 숏클립은 철저히 스마트스토어를 홍보하기 위해 만든 네이버의 채널로, 상품 소개나 홍보 영상을 올리는 데에도 부담이 없고 팔로워가 없어도 구매를 유도하기 쉬우므로 무조건 실행하길 추천합니다.

네이버 숏클립 PC 화면(shoppinglive.naver.com/shortclips)　　　네이버 숏클립 모바일 화면

하면 된다!} 네이버 숏클립 업로드하기

네이버 숏클립에 내 스마트스토어를 연결하고 숏폼 영상을 업로드해 보겠습니다. 숏클립 역시 스마트스토어와 관련된 것이므로 **스마트스토어센터**(sell.smartstore.naver.com)에서 등록합니다. 숏클립은 **PC 화면으로 실습**하겠습니다.

01 숏클립 관리 페이지 접속하기

스마트스토어센터에 접속한 다음 ❶ 왼쪽 메뉴에서 [스토어 관리 → 쇼핑라이브 숏클립 등록]을 선택합니다. ❷ 자신의 스토어를 선택한 후 ❸ [관리 페이지로 이동]을 클릭해 숏클립 관리 페이지로 이동합니다.

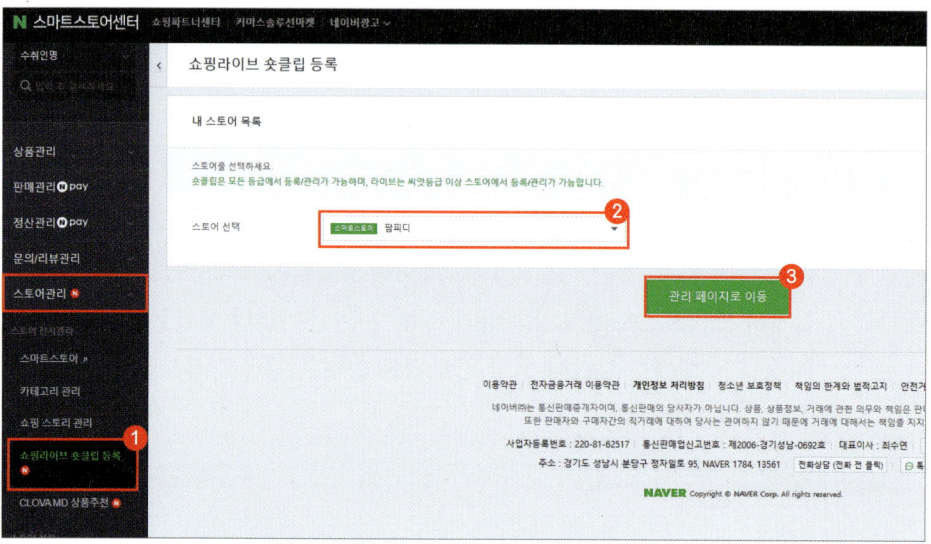

02 숏클립 등록하기

쇼핑 LIVE 관리툴 페이지에서 ❶ 숏클립 타이틀과 ❷ 숏클립 설명에 상품의 장점을 어필하는 내용을 작성합니다. ❸ 숏클립 영상 등록에서 [영상 불러오기]를 클릭해 업로드할 영상을 선택합니다.

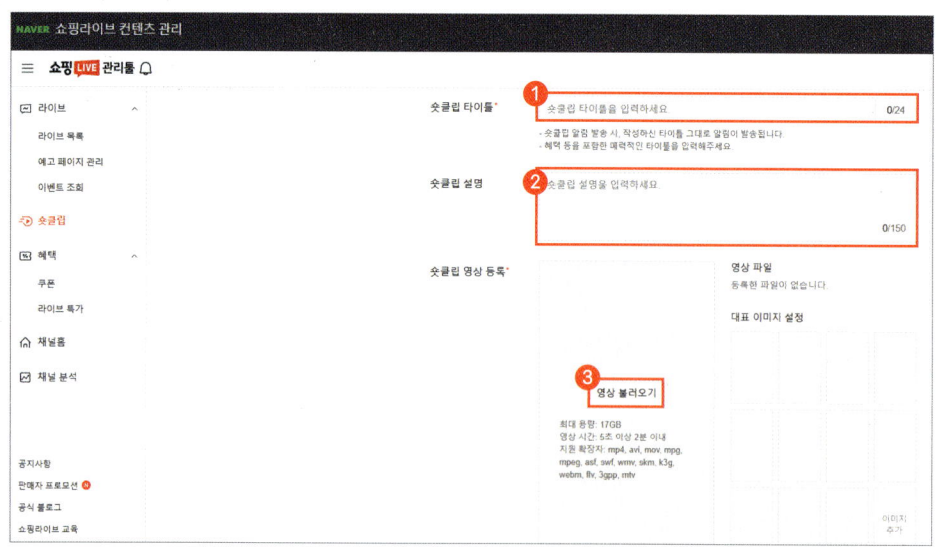

03 ❶ 노출 일/시 설정에서 [즉시노출]을 선택한 뒤 ❷ 숏클립 알림 설정 항목은 [발송함]으로 선택합니다. 나의 알림받기 단골 고객에게 톡톡 알림을 보낼 수 있는 기능이므로 필수입니다. ❸ 숏클립에 소개할 상품에서 [상품검색]을 클릭하고 ❹ 내 상품 키워드를 검색해서 입력하면 해당 상품의 링크가 숏클립 영상에 뜨도록 설정됩니다.

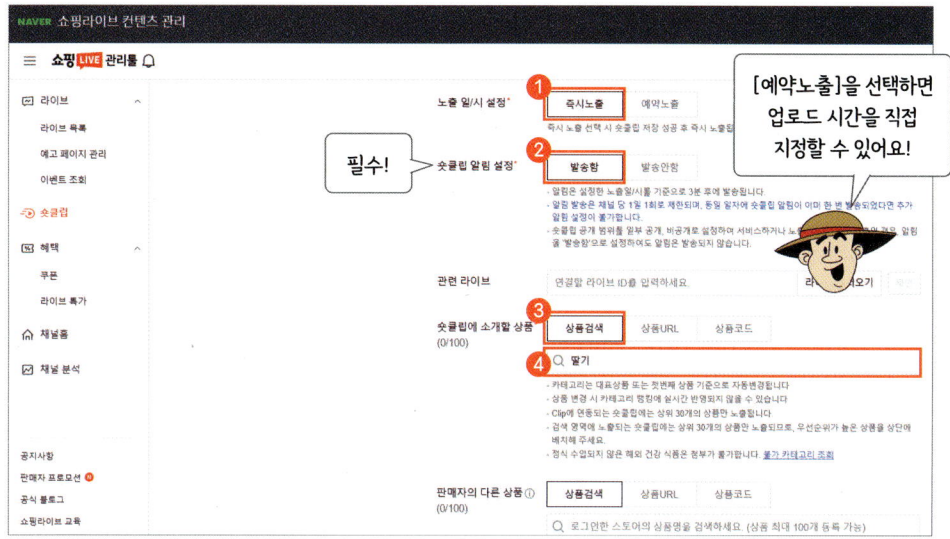

04 ❶ 맨 아래로 스크롤한 뒤 [위 내용을 확인했습니다.]에 체크 표시하고 ❷ [등록]을 클릭해서 숏클립을 등록합니다.

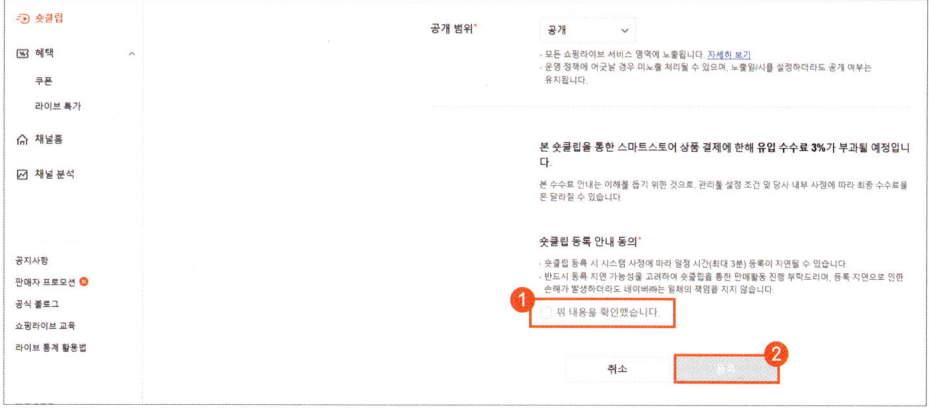

다른 숏폼 플랫폼과 비교해도 전혀 어렵지 않죠? 네이버 숏클립은 무엇보다 인플루언서가 아니더라도 내 상품을 노출할 수 있는 가장 유리한 숏폼 플랫폼입니다. 게다가 내 상품을 숏폼 영상 하단에 노출시킬 수 있어서 상품 판매에 매우 효과적이므로 적극 활용하길 추천합니다. 남들이 광고에만 매달릴 때 숏폼 마케팅을 병행한다면 더 큰 성과를 낼 수 있습니다.

소비자의 삶에서 판매자의 삶으로 변신한 여러분! 지금까지 배운 스마트스토어의 성공 공식을 꾸준히 적용한다면 분명 직장 월급 이상의 수익도 충분히 벌 수 있습니다. 특히 온라인 사업의 장점은 혼자서도 충분히 할 수 있다는 것입니다. 그 덕분에 저는 창업 초기부터 현재 억대 매출을 내면서까지 단 한 번도 아르바이트생이나 직원을 고용한 적이 없습니다.

독자 여러분 역시 어느 정도 규모가 커지기 전까지는 1인 사업자로서 행보를 하실 텐데요. 이어지는 08장에서는 스마트스토어를 운영하는 1인 사업자에게 가장 중요한 '지속성'을 확보하는 방법으로 정산 및 고객 관리 방법을 자세히 알아보겠습니다.

이것만 기억하세요!

1. 판매를 더 활성화하려면 네이버를 이용하는 내부 고객뿐 아니라 외부 플랫폼 고객까지 끌어올 수 있는 마케팅을 해야 한다. 초보 판매자가 상품을 가장 빠르게, 가장 많이 노출할 수 있는 방법으로 **숏폼 마케팅**을 추천한다.
2. **캡컷**을 이용하면 컷 편집부터 자막 생성까지 영상을 간단하게 작업할 수 있다.
3. 숏폼 영상 1개를 제작하더라도 유튜브, 인스타그램, 틱톡, 네이버 숏클립까지 **원 소스 멀티 유즈** 전략을 써서 효율을 극대화하자.

✅ **사장님 체크리스트**

내 상품을 소개하는 숏폼 영상 구상하기

다수의 소비자에게 어떤 콘텐츠보다 쉽게 다가갈 수 있는 방법으로 숏폼 마케팅을 추천합니다. 내 상품의 장점이 무엇인지 정리해 보고 영상을 어떤 흐름으로 구성할지 스토리보드를 짜보세요. 대단히 무언가를 보여 주려고 하지 않아도 됩니다. 상품을 사용하는 모습을 촬영한 뒤 장점을 자막으로 넣어 주기만 해도 좋아요!

내 상품의 장점

-
-
-

숏폼 영상 스토리보드 짜기

도저히 떠오르지 않는다면 챗GPT의 힘을 빌려 보세요!

08

1인 사업자라면 꼭 알아야 할 정산 및 고객 관리

지금까지 스마트스토어를 오픈해서 잘 팔리는 상품을 찾아 올리는 방법과 발주·주문 처리하는 방법, 광고, 마케팅 방법까지 배웠습니다. 솔직히 이 모든 내용을 한번에 다 이해할 수 있을 만큼 쉽지는 않습니다. 수차례 반복하며 몇 달 동안 에너지를 쏟아야 성과를 낼 수 있죠.

이렇게 연구하고 노력해서 수익화에 성공했다면 사업을 지속할 수 있도록 다음 2가지를 반드시 수행해야 합니다. 바로 '정산'과 '고객 관리'입니다. 아울러 사업자로 수익을 냈다면 세금신고도 놓쳐서는 안 됩니다. 여러분도 저만큼, 아니 저 이상으로 잘 해낼 수 있도록 정산 및 고객 관리 방법을 모두 알려 드리겠습니다.

08-1 사업은 지속성! 장기적인 판매를 위한 정산 관리
08-2 불이익을 면하는 세금신고 방법 총정리!
08-3 단골을 유치하는 고객 관리 노하우
☑ 사장님 체크리스트 10년, 20년… 망하지 않는 스토어로 관리하기

08-1

사업은 지속성!
장기적인 판매를 위한 정산 관리

운영 초기에 "아직 몇십만 원인데", "에이~ 겨우 몇백만 원인데"라면서 적은 매출과 수익을 우습게 보고 장부 관리나 수익 관리를 경시하는 분들이 종종 있습니다. 하지만 사업을 장기적으로 유지하려면 소액일 때부터 정산 관리를 꼼꼼하게 해야 합니다. 정산 관리는 어떤 방식으로 시작해야 하는지 차근차근 살펴보겠습니다.

⭐ 일일 장부로 매출/매입을 기록하세요

스마트스토어에서 고객이 내 상품을 구매할 때 결제한 금액은 바로 내 통장으로 들어오지 않습니다. 주문 → 배송 완료 → 구매 확정(리뷰 작성) 순서대로 진행되고 고객이 구매를 확정한 후 1~2주 지나야 정산이 이루어집니다. 게다가 수익금이 정산되더라도 수수료를 제외한 금액이 통장에 입금되기 때문에 일일 장부를 기록하지 않으면 수익을 계산하고 관리할 때 실수하기 쉽습니다.

정산액을 꼼꼼히 관리하려면 우선 **매출과 매입을 분류하여 정리**해야 합니다. 매출은 내가 상품을 판매해서 벌어들인 수입을 뜻하고, 매입은 상품 구매대금과 광고비 등 지출을 포함하는데요. 결국 실제로 내가 벌어들이는 '수익'은 매출에서 매입을 제외한 비용이라고 할 수 있습니다. 예를 들어 매출이 1천만 원이었는데 상품 구매대금이나 광고비로 8백만 원을 지출했다면 실제 수익은 2백만 원이 되는 것이죠.

> 매출액 - 매입액 = 수익

그런데 만약 매출이나 매입 둘 중 하나라도 잘못 체크해 두면 어떤 일이 생길까요? 내 수익을 제대로 파악할 수 없고 최악의 경우 적자인 것도 모르고 대책 없이 스마트스토어를 운영하고 말 거예요. 또, 소자본으로 시작한 경우라면 자본금 순환에 무리가 발생할 수도 있습니다. 수익을 꾸준히 내며 사업할 수 있도록 매출, 매입 내역을 정리하는 정산 관리 방법을 알아보겠습니다.

하면 된다!) 매출/매입 내역을 장부에 정리하기

매출은 발주서에서 확인할 수 있습니다. 02-4절에서 주문 처리 방법을 배울 때 발주서를 일자별로 꼭 저장해 두라고 안내했는데요. 바로 지금 해야 할 매출 관리 때문입니다. 다행인 건 스마트스토어 발주서에는 수수료를 제외하고 내 통장에 정산되는 금액이 따로 정리되어 있어서 간단하게 확인할 수 있습니다.

01 매출/매입 내역을 정리할 장부 파일을 준비하겠습니다. 다음 링크에 접속해서 장부 양식 파일을 내려받습니다.

장부 파일은 복사해서 월별로 정리해 두기를 권장합니다.

- **장부 양식 내려받기:** bit.ly/easys_smartstore_account

02 매출액 확인하기

02-4절에서 일자별로 내려받은 발주서 파일을 실행합니다. ❶ 발주서 파일 화면을 오른쪽으로 스크롤하면 정산예정금액이 나타납니다. 이 금액이 네이버 수수료를 제외하고 정산해서 실제로 통장에 입금되는 금액입니다. ❷ 정산예정금액의 합계를 계산합니다.

네이버페이 주문관리 수수료	매출연동 수수료	정산예정금액
-590	-656	₩29,210
-590	-656	₩29,210
-590	-656	₩29,210
-590	-656	₩29,210
-590	-656	₩29,210
-590	-656	₩29,210
-590	-656	₩29,210
-590	-656	₩29,210
-590	-656	₩29,210
-590	-656	₩29,210
-590	-656	₩44,894
-590	-656	₩44,894
-590	-656	₩44,894
-590	-656	₩44,894
-590	-656	₩44,894
		₩545,780

> 해당 날짜의 매출에서 네이버 수수료를 제외하고 내 통장에 들어오는 실제 정산액이에요!

03 01 단계에서 내려받은 장부 파일을 열고 [네이버 매출(수입) 합계] 표에 일별 합계 금액을 기재합니다. 예를 들어 0월 1일의 판매 합계가 545,780원이라면 [0월 1일] 오른쪽 셀에 해당 금액을 입력하면 됩니다.

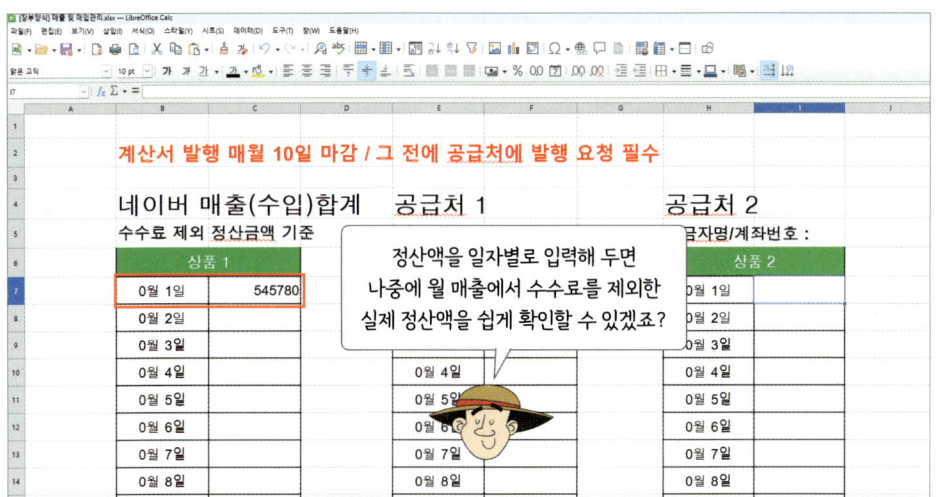

> 정산액을 일자별로 입력해 두면 나중에 월 매출에서 수수료를 제외한 실제 정산액을 쉽게 확인할 수 있겠죠?

04 매입액 기재하기

[공급처 1], [공급처 2]에는 상품 구매대금을 입력합니다. 매일 공급처에 카드 결제 또는 계좌 이체한 금액을 기재하면 됩니다. ❶ 0월 1일에 [공급처 1]에는 9만 원을 입금하고, ❷ [공급처 2]에는 14만 원을 입금했다면 그 날짜에 맞춰 구매대금을 입력합니다.

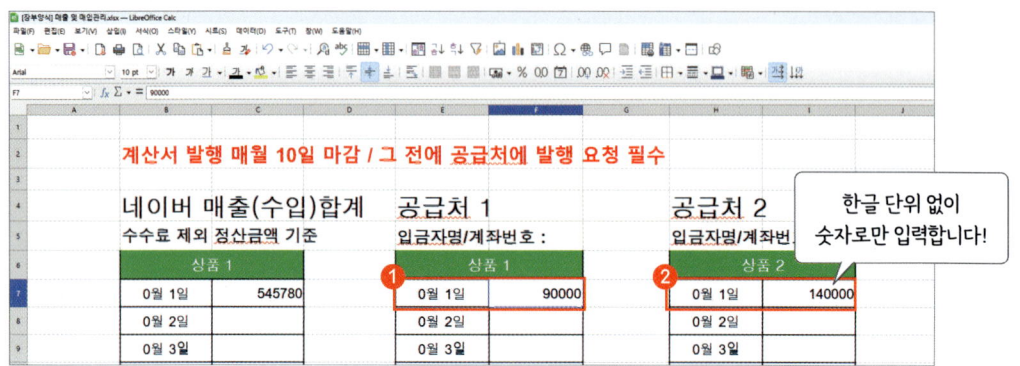

05 ❶ 화면 오른쪽으로 스크롤하여 [네이버 광고비]에 일별로 광고비를 입력합니다. ❷ 상품 구매대금과 네이버 광고비에 속하지 않는 항목은 [기타 지출내역]에 기입하면 됩니다.

> **질문있어요!** 체험단이나 부분 환불과 같은 지출도 세금 혜택을 받을 수 있나요?
>
> 광고비와 상품 구매대금은 세무상으로도 매입 증빙, 즉 **사업을 위한 지출로 인정**됩니다. 하지만 기타 지출 내역에 입력하는 체험단, 부분 환불 등 여타 지출의 경우 법인이 아닌 개인 사업자라면 세무상 비용 처리를 인정받기 어렵습니다. 그러나 실습에서 기타 지출을 모두 기재하는 것은 실제 순수익을 계산하기 위한 목적이므로 빠짐없이 입력하는 것을 추천합니다.

06 [매입&지출 총계]에서 ❶ 매입 합계와 함께 ❷ 매출에서 매입을 제외한 실수익 내역을 확인할 수 있습니다.

⭐ 세금 폭탄 피하는 세금계산서 발행 요청하기

사업자등록을 하고 수익을 낸 게 처음이라면 "세금신고는 어떻게 하지. 괜히 세금 폭탄 맞는 거 아니야?" 이렇게 걱정할 수 있는데요. 우선 세금신고의 개념부터 짚고 갈게요.

세금신고는 매출과 매입을 기준으로 진행되는데, 네이버에서 판매자에게 입금한 수입액을 '매출'로, 판매자가 공급처에서 상품을 구매하거나 네이버 광고를 돌리는 데 지출한 비용을 '매입'으로 봅니다. 그중 매출 내역은 홈택스에 자동으로 전달되므로 판매자는 매입을 잘 증빙하는 것이 중요합니다.

이미 우리는 매입과 지출 내역을 장부에 정리해 두었으니 월초마다 딱 1가지만 잘 챙기면 됩니다. 바로 **세금계산서 발행**입니다. 세금계산서는 매입을 증빙해 주는 사업자 전용 영수증이라고 생각하면 됩니다. 평소에 물건을 구매할 때 영수증을 요구하듯이, 사업자로서 사용한 비용 역시 세금계산서로 발행받을 수 있습니다. 이때 개인 영수증과 사업자 세금계산서를 발행하는 데는 큰 차이가 있는데요. 영수증은 개인이 현금을 사용하든 카드를 사용하든 구매와 동시에 자동으로 발행되는 반면, 세금계산서의 경우 사업자용 카드로 결제한 건은 자동으로 처리되지만 **현금으로 결제한 건은 보통 공급처에 별도로 요청**해야 합니다.

그리고 세금계산서는 발행 기한이 정해져 있는데요. 공급처에서 **늦어도 매달 10일까지** 직전 달의 정산분을 발행 처리해야 정상적으로 매입증빙이 됩니다. 즉, 지난달에 상품을 매입하는 데 사용한 금액 중 현금으로 결제한 금액은 매달 초 공급처에 세금계산서를 따로 발행해 달라고 요청해야 하는 것이죠.

혹시 '그럼 공급처에 입금할 때마다 세금계산서를 발행해 달라고 요청해야 하나?' 싶어 한숨을 푹 내쉬었나요? 그건 아닙니다. **세금계산서는 한 달에 몇백 회를 거래해도 월별 1건으로 취합해 발행**할 수 있거든요.

예를 들어 1월 한 달 동안 공급처 A에는 10만 원씩 20회에 걸쳐 총 200만 원을 입금했고, 공급처 B에는 10만 원씩 12회에 걸쳐 총 120만 원을 입금했다고 가정해 보겠습니다. 그러면 공급처 A에는 200만 원짜리 세금계산서 1건만 2월 10일까지 발행해 달라고 요청하면 되고, 마찬가지로 공급처 B에는 120만 원짜리 세금계산서 1건만 2월 10일까지 발행해 달라고 요청하면 됩니다. 이처럼 세금계산서는 입금 건별이 아니라 월별로 총 정산 금액에 맞게 한 번만 요청하면 끝입니다. 처음 듣는 개념이라서 어려울 수 있지만 사실 그 방법은 정말 간단합니다. 함께 살펴볼까요?

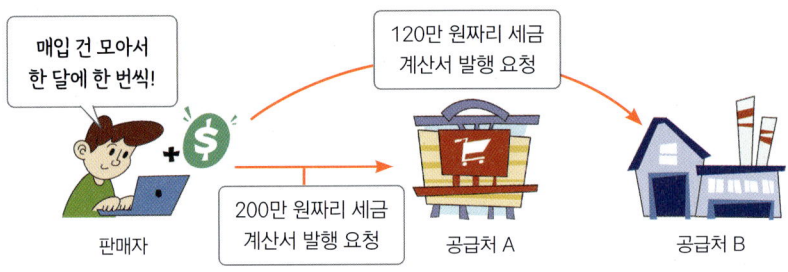

> **질문 있어요!** 면세상품이든 과세상품이든 세금계산서만 발행하면 될까요?
>
> 계산서는 크게 두 종류로 나뉩니다. 면세상품을 거래한 경우에는 **계산서**를, 과세상품을 거래한 경우에는 **세금계산서**를 요청해야 합니다. 신선식품 등 면세상품은 부가가치세(줄여서 '부가세')를 100% 면제받는데, 이때 세금계산서가 아니라 계산서를 발행해야 면세 혜택을 적용받을 수 있습니다. 만약 세금계산서로 잘못 발행했다면 부가세를 부담해야 하므로 주의하세요.
>
> '세금'이라는 단어 하나로 면세 여부가 달라질 수 있으니 면세상품을 거래할 때는 계산서와 세금계산서 가운데 어떤 것을 발행해 달라고 요청해야 할지 정확히 구분해야 합니다.

하면 된다!) 공급처에 세금계산서 발행 요청하기

앞서 작성한 장부 파일에는 '공급처 1', '공급처 2' 등 각 업체에 어느 일자에 얼마를 입금했는지 내역이 정리되어 있습니다. 이제 공급처별로 현금 매입액을 확인해 계산한 뒤, 공급처마다 세금계산서를 발행해 달라고 요청해 보겠습니다. 이때 실제 매출/매입 내역도 보존하기 위해 시트를 복사해서 사용하길 바랍니다.

01 공급처별 매입 내역 확인하기

공급처별로 합계 금액이 얼마인지 확인합니다. 공급처별 카드 결제가 있었다면 카드 내역에서 공급처별 결제 내역을 확인한 뒤, 그 금액을 차감하고 계좌이체로 거래한 합계 금액만 산출합니다. 만약 전액 현금 결제였다면 다음 단계로 넘어갑니다.

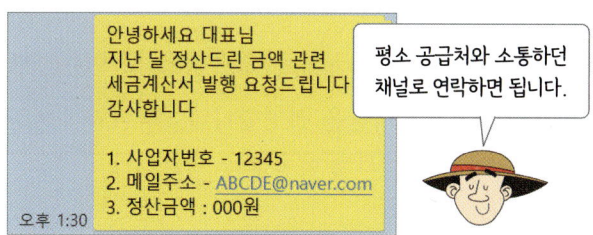

02 매달 10일까지 세금계산서 발행 요청하기

계산서 발행에 필요한 현금 합계 금액과 나의 사업자번호, 이메일 주소를 작성한 후, 이메일 또는 카톡으로 이번 달 10일까지 계산서를 발행해 달라고 공급처에 요청합니다.

▶ 세금계산서는 직전 달 거래 금액을 다음 달 10일 초까지 발행해 달라고 요청해야 한다는 것을 명심하세요. 예를 들어 1월 합계 금액은 2월 10일까지, 2월 합계 금액은 3월 10일까지 반드시 발행해야 합니다.

질문 있어요! 세금계산서 발행을 놓치면 큰일 난 건가요?

세금계산서 발행이 누락되면 **다음 달 세금계산서에 해당 금액을 합산하여 발행해 달라고 요청**해야 합니다. 개인 입장에서도 현금영수증이 누락되면 연말 정산이나 소득 공제에서 절세 혜택이 줄어드는 것처럼, 사업자 역시 세금계산서가 누락되면 매출액만 상대적으로 높게 잡혀 세금을 더 많이 낼 수 있으니 유의해야 합니다.

03 공급처별로 세금계산서를 발행했는지 확인하기

세금계산서의 발행 마감일은 매달 10일이므로 전산 처리까지 감안하여 3일 정도 지난 매달 13일에 발행 여부를 조회하면 됩니다. ❶ 홈택스에 접속해서 로그인합니다. ❷ 그다음으로 메뉴에서 [계산서·영수증·카드 → 전자(세금)계산서 조회 → 발급 목록 조회]를 클릭합니다.

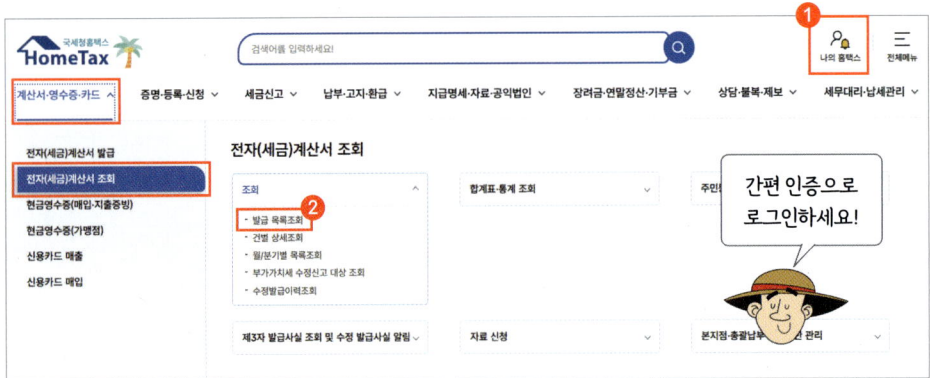

▶ 과거에는 세금계산서를 수기로 작성해서 거래 상대방에게 전달하거나 우편으로 보내면 세무서에 직접 제출하거나 종이로 보관해야 했습니다. 하지만 지금은 대부분의 사업자가 국세청 홈택스를 통해 전자세금계산서를 발행합니다.

04 전자세금계산서 목록조회 화면에서 ❶ [전자세금계산서] 또는 [전자계산서]를 선택합니다. ❷ 구분은 [매입]을 선택하고 ❸ 조회기간을 설정합니다. ❹ 마지막으로 [조회]를 누르면 세금계산서 또는 계산서의 발행 여부를 확인할 수 있습니다.

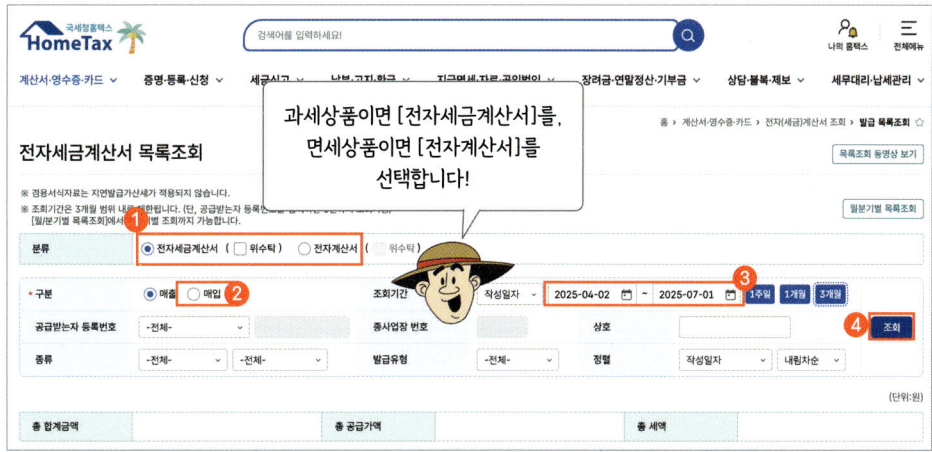

어떤가요? 매입과 관련된 세금계산서가 잘 발행되어 있나요? 이처럼 홈택스에서는 스마트스토어 매출은 기본이고 내가 지출한 매입 증빙까지 자동으로 인식하므로 세금신고를 간단하게 진행할 수 있습니다. 세금신고 방법은 08-2절에서 자세히 다룹니다.

이제 우리는 근로자의 삶을 넘어 내 스스로의 삶을 개척하는 개인 사업자라고 부를 수 있을 만큼 성장했습니다. 정산 관리를 하고 (세금)계산서까지 발행할 줄 안다면 세금신고는 90% 이상 준비됐다고 할 수 있습니다. 나머지 10%는 막연한 두려움과 걱정을 지우고 자신감을 채우는 것이 중요합니다.

이것만 기억하세요!

1. 사업을 지속하려면 정산 관리를 통해 매출/매입 내역을 기록해야 한다.
2. 장부 관리는 금액이 적을 때부터 시작해야 꾸준히 이어 나갈 수 있다.
3. 세금계산서와 계산서 발행은 매달 10일에 마감된다. 그러므로 직전 달에 공급처와 거래한 금액은 월초마다 정리하여 세금계산서 발행을 요청하고, 13일에는 홈택스에 접속해서 발행 여부를 꼭 확인하자.

08-2

불이익을 면하는 세금신고 방법 총정리!

★ 부가가치세와 종합소득세 이해하기

만약 근로자를 수백 명씩 고용해 운영하는 기업의 대표로서 세금신고를 해야 한다면 다소 버거울 수 있지만, 1인 기업을 운영하는 개인 사업자라면 그 절차가 복잡하지 않습니다. 사업할 때 내야 하는 세금은 크게 2가지가 있습니다. 바로 부가가치세와 종합소득세인데요. 간이 사업자로 등록했다면 2가지를 합쳐 1년에 총 2회의 세금신고를 하면 되고, 일반 사업자로 등록해도 고작 1년에 총 3회의 세금신고에 그칩니다. 다시 말해 1년에 많아도 3회에 불과하다는 것이죠.

▶ '부가가치세'는 줄여서 '부가세'라고 하겠습니다.

세금신고는 홈택스에서 할 수 있습니다. 홈택스에서는 필요한 수치나 자료 대부분을 자동으로 계산해 주기 때문에 세금신고가 더욱 편리해졌습니다. 심지어 요즘에는 쌤157, 삼쩜삼 등 일정 수수료를 내면 30분도 안 걸려 세금신고를 대신해 주는 세무대행 서비스도 많이 생겼죠. 그럼 나에게 이익을 가져다줄 세금신고 방법과 함께 세금의 기본 종류까지 살펴보겠습니다.

홈택스 홈페이지(hometax.go.kr)

상품에 이미 포함되어 있어요! — 부가세

먼저 **부가세**는 상품이나 서비스를 거래할 때 발생하는 부가가치에 붙는 세금을 말합니다. 이는 우리가 구매하거나 판매하는 모든 상품에 기본으로 포함됩니다. 부가세의 세율은 10%로, 우리가 거래하는 모든 서비스와 상품의 가격은 공급가액과 부가세(공급가액의 10%)가 합산된 금액이라고 보면 됩니다. 예를 들어 11,000원짜리 시계가 있다면 세무상으로 시계의 공급가액은 10,000원, 부가세는 공급가액의 10%인 1,000원으로 자동으로 반영되는 것이죠.

> 공급가액 + 부가세(10%) = 상품 또는 서비스의 가격

부가세는 모든 상품과 서비스에 포함되어 있으므로 거래가 발생할 때마다 신고하여 납부하는 것이 사실상 불가능합니다. 그래서 1년에 2회 특정 시기에 몰아서 진행하는데요. 일반 사업자는 1~6월까지의 매출/매입을 기준으로 **7월**에 부가세 신고를 하고, 7~12월 매출/매입 내역은 **이듬해 1월**에 신고합니다. 예를 들어 2025년 1~6월 매출/매입 건은 2025년 7월에, 2025년 7~12월 매출/매입에 붙는 부가세는 2026년 1월에 신고하는 것이죠. 한편 간이 사업자는 1~12월에 발생한 1년 치 매출/매입 자료를 한 번에 모아 **다음 해 1월**에 신고합니다.

간이 사업자, 일반 사업자… 머리가 아프고 숫자가 무섭게 느껴지나요? 하지만 이것 하나만 이해하면 "별거 아니네"라는 생각이 들 거예요. 부가세는 앞서 설명했듯이 우리가 따로 계산하는 것이 아니라 애초에 사고 파는 모든 상품과 서비스 가격에 포함되어 있어요. 게다가 홈택스가 매출 내역과 매입 내역을 확인해서 각 금액에 부가세가 얼마 포함되어 있는지 자동으로 계산해 주므로 세금신고를 한다 해서 특별히 할

게 없습니다. 홈택스는 스마트스토어의 매출 내역과 네이버 광고비 매입 내역 등을 네이버로부터 이미 공유받았고, 상품을 매입할 때 사용한 금액 정보 역시 매달 발행한 (세금)계산서를 통해 넘어가거든요.

설령 따로 납부해야 하는 부가세가 있더라도 매출 내역의 부가세(매출세액)에서 매입 내역의 부가세(매입세액)를 빼서 산출되므로 매출이 매입보다 적다면 세금이 발생하지 않습니다. 물론 부가세를 내지 않으려고 적자가 나길 바라서는 안 되겠죠. 부가세를 많이 내는 만큼 판매도 잘 되는 것을 목표로 해야 합니다.

국세청 유튜브에 올라온 일반 사업자와 간이 사업자의 부가세 신고 방법

> **질문 있어요!** 부가세가 붙지 않는 상품이나 서비스도 있나요?
>
> 08-1절에서 계산서를 발행할 때 농산물과 같은 신선식품은 부가세가 100% 면제되어 세금계산서가 아닌 계산서를 발행해야 한다고 했습니다. 즉, **농산물을 판매해서 발생한 매출은 그 매출이 얼마이든 부가세가 100% 면제**됩니다. 그런데 농산물과 일반 공산품을 같이 파는 스토어라면 어떨까요? 02-2절에서 상품을 등록할 때 과세인지 면세인지 선택했던 걸 기억하나요? 이미 상품을 등록할 때 과세/면세를 구분하므로 홈택스에서도 자동으로 농산물 매출 내역은 부가세 면세로, 공산품 매출 내역은 부가세 10% 발생으로 인식합니다.

소득이 있다면 필수로 납부해야 해요! — 종합소득세

상품이나 서비스에 자동으로 포함된 부가세와 달리 종합소득세는 판매자의 소득에 따라 매겨집니다. 그리고 부가세가 10% 고정 세율인 반면, 종합소득세는 내 소득과 과세표준 금액에 따라 세율이 달라집니다. 종합소득세는 해마다 국가에서 세율을 발표할 때마다 변동이 약간 있는데 통상적으로 나의 소득 과세표준 금액이 1,400만 원

이하라면 6%로, 그 이상의 금액은 소득이 높아질수록 최대 45%까지 책정됩니다.

■ 종합소득세 세율 (2023~2024년 귀속)

과세표준	세율	누진공제
14,000,000원 이하	6%	-
14,000,000원 초과 50,000,000원 이하	15%	1,260,000원
50,000,000원 초과 88,000,000원 이하	24%	5,760,000원
88,000,000원 초과 150,000,000원 이하	35%	15,440,000원
150,000,000원 초과 300,000,000원 이하	38%	19,940,000원
300,000,000원 초과 500,000,000원 이하	40%	25,940,000원
500,000,000원 초과 1,000,000,000원 이하	42%	35,940,000원
1,000,000,000원 초과	45%	65,940,000원

그럼 소득금액과 과세표준은 어떻게 계산할까요? 사업으로 벌어들인 소득은 이미 부가세를 신고할 때 홈택스에 반영해 두었으므로 따로 계산하지 않아도 됩니다. 회사를 다니며 부업으로 스마트스토어를 운영하는 경우에도 회사에서 연말 정산 및 세무 처리를 할 때 홈택스에 자동으로 업데이트됩니다. 판매자는 단지 종합소득세 신고를 할 때 그 정보를 세무서에 제출하고 세금을 확정하여 납부하면 됩니다.

종합소득세는 일반 사업자든 간이 사업자든 5월에 한 번만 신고하면 됩니다. 사업소득이 산출되려면 부가세 신고를 모두 완료해야 하기 때문입니다. 예를 들어 2025년도에 벌어들인 총 소득에 대한 종합소득세 신고는 2026년 5월에 진행한다고 보면 됩니다. 계산서 발행이 제대로 되어 있다면 부가세 신고가 간단해지고, 부가세 신고가 잘 되어 있다면 종합소득세 신고는 더욱 간단해집니다. 매달 (세금)계산서 발행을 확실히 하고 장부 관리만 착실히 해두면 세금신고는 누워서 떡 먹기입니다!

 질문있어요! 세무 관리 서비스에 맡겨도 될까요?

홈택스에서 자동으로 조회하여 세금신고하는 것도 매우 쉽지만 여전히 불안하다면 세무대행 서비스를 이용하는 걸 추천합니다. 다만 초보인 개인 사업자가 세무사 또는 세무법인에 대행을 맡기려면 비용이 부담스러울 수 있는데요. **쌤157**, **삼쩜삼** 등의 앱을 이용하면 부가세 신고는 물론, 종합소득세 신고도 단 30분 만에 끝낼 수 있습니다. 수수료를 일부 내더라도 세금신고를 간단히 처리하고 싶은 분들에게 추천합니다.

동영상 강의

 쌤157® | 부가세, 종합소득세 신고
넬리소프트

3.3 삼쩜삼 - 세금 신고/환급 도우미
JOBIS&Villains

⭐ 정당하고 합리적인 절세 노하우

사업할 때 발생하는 세금과 납부 방법을 살펴보았는데요. 개인 사업의 경우 자신이 온전히 책임지고 일하다 보니 회사에서 월급받을 때 떼는 세금보다 부가세와 종합소득세를 내는 게 괜히 더 아깝게 느껴집니다. 그래서 부가세와 종합소득세를 감면받을 수 있는 절세 꿀팁 2가지를 공개합니다.

부가세 절세) 간이 사업자로 사업자 등록하기

01-2절에서도 언급했듯이 간이 사업자로 등록하면 부가세 감면 혜택을 받을 수 있습니다. 따라서 부가세가 면제되는 농산물과 달리 부가세가 의무적으로 발생하는 과세 상품을 주로 판매한다면 간이 사업자로 등록하는 것이 절세에 유리합니다. 간이 사업자는 연 매출이 4,800만 원 이하인 경우 부가세를 100% 감면받을 수 있고, 4,800만 원을 초과하더라도 그 액수가 1억 4천만 원 미만이라면 1.5~4%대의 부가세만 발생합니다. 간이 사업자로 등록하는 데에 별도의 제한이나 기준 역시 따로 없습니다.

다만 간이 사업자는 (세금)계산서를 발행할 수 없어서 B2B 단체 주문이나 회사에서 주문이 들어올 때 계산서 발행을 요구하면 거래할 수 없다는 점을 잘 알아 두어야 합니다. 또한 일반 사업자를 추가로 낸다면 간이 사업자로 낸 사업자 명의도 자동으로 일반 사업자로 전환되어 더 이상 혜택을 받을 수 없다는 점도 참고하세요.

종합소득세 절세) 만 34세 이하 첫 창업이라면? 청년창업 세액감면

종합소득세를 절세하는 방법으로 청년창업 세액감면 제도를 강력하게 추천합니다. 이 제도는 만 34세 이하라는 조건이 있지만 인생 첫 창업이라면 무려 5년 동안 종합소득세를 최대 100% 감면해 주는 파격적인 정책입니다. 혜택을 최대로 받으려면 다음 4가지 조건을 꼼꼼하게 맞춰야 합니다.

- 창업 당시 나이가 만 34세 이하이고 첫 창업일 것
- 사업장 소재지가 수도권 과밀억제권역이 아닐 것(서울 및 인접 경기권일 경우 50% 감면 가능)
- 사업자 업종이 전자상거래 소매업(업종코드 525101)일 것
- 사업자 통장을 개설해서 사용할 것

첫 번째 조건으로 창업 당시 나이가 만 34세 이하에 사업자 등록을 했고 첫 창업이어야 합니다. 단, 남성의 경우 의무 군복무 기간만큼 나이 조건을 연장해 주는데요. 2년 복무했다면 만 36세 이하까지, 6년 이상 복무했다면 만 40세 이하까지도 가능합니다. "이미 사업자를 낸 사람은 혜택을 못 받나요?"라고 묻는다면 첫 창업의 조건은 업종별로 적용된다고 답할 수 있습니다. 이는 세 번째 조건에서 자세히 설명합니다.

두 번째 조건은 사업장 소재지에 따라 갈립니다. 일부 경기 지역 및 그 외 지방과 같이 수도권 과밀억제권역 외 지역에 사업장 소재지를 둔다면 종합소득세를 100% 감면받을 수 있는데요. 수도권 과밀억제권역, 즉 서울 및 인접 경기권 지역으로 사업자 등록을 하면 50%까지만 감면받을 수 있습니다.

이때 사업자를 낼 판매자의 거주지가 수도권 과밀억제권역이어서 소득세를 50%만 감면받는 것이 아쉽다면 지방의 사무실 주소지로 비상주 사무실을 임대해서 100% 감면 혜택을 적용받을 수도 있습니다.

질문 있어요! 제가 사는 동네도 수도권 과밀억제권역에 해당하나요?

수도권 과밀억제권역은 서울·인천·경기 일부 지역에 인구·산업이 집중된 현상을 억제하기 위해 정부가 설정한 규제 지역을 말합니다. 이 규제 범위에 속하는 지역은 다음과 같습니다.

- 서울특별시 전역
- 인천광역시(강화군, 옹진군, 서구 일부 제외)
- 경기도 의정부시, 구리시, 남양주시(호평동 등 일부), 하남시, 고양시, 수원시, 성남시, 안양시, 부천시, 광명시, 과천시, 의왕시, 군포시, 시흥시(반월 특수지역 제외)

세 번째 조건은 사업자의 업종입니다. 모든 업종이 청년창업 세액감면 제도에 해당하는 것은 아닙니다. 스마트스토어에서 사업자를 낼 때 반드시 업종코드를 [도매 및 소매업 → 525101 전자상거래 소매업]으로 창업해야 절세 혜택을 받을 수 있습니다. 실수로라도 일반 오프라인 소매 관련 업종으로 창업하면 혜택을 받을 수 없으니 주의해 주세요.

앞서 첫 창업 조건이 업종별로 적용된다고 했는데요. 이전에 카페를 운영하려고 일반 카페 업종코드로 창업한 경험이 있더라도 사업자를 [도매 및 소매업 → 525101 전자상거래 소매업] 업종코드로 새로 낸다면 첫 창업으로 인정됩니다. 그러니 기존에 가게를 운영하거나 자영업을 했더라도 스마트스토어 창업이 처음이라면 혜택을 받을 수 있습니다.

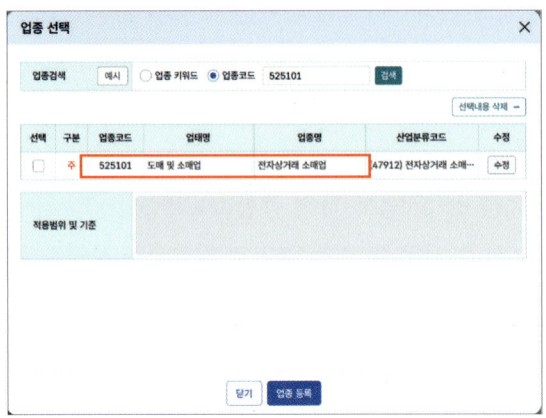

사업자 등록을 할 때 업종을 선택하는 화면

마지막 조건은 **사업자 통장을 개설**하는 것입니다. 청년창업 세액감면의 조건에 사업자 통장을 개설하라는 내용은 명시되어 있지 않은데요. 사실 사업자에게 주는 각종 감면 혜택은 사업자 통장 개설을 기본 요건으로 합니다. 그래서 세액감면 조건으로 언급되지 않았을 뿐 사업자 통장이 개설되어 있지 않은 경우 청년창업 세액감면 대상에서 제외됩니다.

사업자 통장은 카카오뱅크 등에서 비대면으로 쉽게 개설할 수 있으니 창업을 고려한다면 꼭 개설하는 걸 추천합니다. 이 4가지 조건에 해당된다면 5년 간 종합소득세를 100% 감면받을 수 있는 절호의 찬스를 놓치지 마세요!

> 🍙 **이것만 기억하세요!**
>
> 1. 사업자 명의로 수익이 발생하면 부가가치세와 종합소득세 신고를 해야 한다.
> 2. 부가세 신고는 1년에 간이 사업자 기준 1회, 일반 사업자 기준 2회 진행한다.
> 3. 종합소득세 신고는 사업자 형태와 상관없이 1년에 1회 진행한다. 한 해의 소득에 따라 이듬해 5월에 신고하면 된다.
> 4. 간이 사업자로 사업자를 내거나 청년창업 세액감면 제도를 이용하면 세금 부담을 줄일 수 있다.

08-3 단골을 유치하는 고객 관리 노하우

내 스토어의 수익을 한층 더 높이고 싶다면 신경 써야 할 것이 하나 더 있습니다. 바로 고객 관리(customer service, CS)입니다. **방문한 고객을 단골로 만드는 것은 곧 수익 증대로 이어지기 때문이죠.** 상품에 불만을 제기하는 고객을 응대하는 방법부터 재방문을 유도하는 할인 쿠폰 제공 방법까지, 고객 관리의 핵심 전략을 함께 살펴보겠습니다.

★ 악착같이 살아남을 수 있는 CS 4대 원칙

대다수의 일반인은 판매자로 활동해 본 적이 없어서 고객 관리라는 개념에 취약할 수 있는데요. 난생처음 고객에게 비속어를 듣거나 감정 섞인 불평불만을 들으면 속상하기도 하고 긴장해서 어쩔 줄 몰라 하기도 합니다.

하지만 비난받았다고 해서 덜컥 겁을 먹고 무작정 환불처리만 해주다 보면 손해가 커질 뿐 아니라 진솔한 의견을 전한 고객도 놓칠 위험이 있습니다. 무엇보다 1인 사업자 특성상 혼자 모든 업무를 책임져야 하기에 부담감이 커질 수도 있고요. 여러분의 손해는 줄이고 단골은 늘려 줄 CS 4대 원칙을 함께 배워 보겠습니다.

❶ 연락처의 공과 사 분리하기

고객센터용 연락처를 별개로 만들어 쇼핑몰과 사생활을 분리하세요. 스마트폰 번호를 공통으로 사용하면 전화나 문자가 왔을 때 개인에게 온 연락인지 스마트스토어 쇼핑몰로 들어온 문의인지 확인하기 어렵거든요.

고객센터용으로 휴대전화를 하나 더 마련하자니 부담된다면 02-2절에서 상품을 등록할 때 언급한 듀얼넘버(dual number) 서비스를 이용해 보세요. 스마트스토어 고객과의 소통을 전용으로 하는 고객센터 연락처를 간편하게 만들 수 있습니다. 기본 3사

통신사든 알뜰폰 통신사든 상관없이 한 달에 몇천 원만 지불하면 이 서비스를 이용할 수 있습니다. 통신사 고객센터 또는 앱으로 신청할 수 있으니 지금 바로 고객센터용 듀얼넘버를 개설해 보세요.

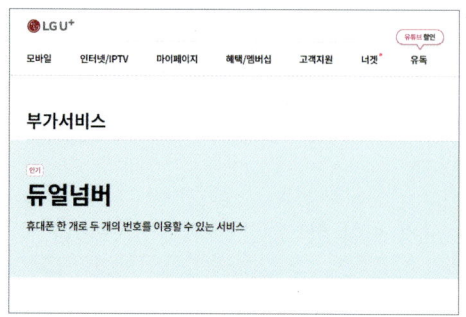

통신사별 듀얼넘버 서비스 예시

❷ 발송 안내 문자 보내기

고객 주문 건에 발송 처리를 했다면 고객에게 **상품이 출고되었다고 안내 문자를 보내 보세요.** 자신이 주문한 건에 대해 무심한 고객은 상품을 수령한 후에도 단순 변심으로 반품을 접수하는 경우가 많은데요. 발송 직후 상품의 특징이나 환불 규정을 담은 안내 문자를 보내면 고객이 사전에 자신이 주문한 상품의 이해도가 더 높아지고 단순 변심으로 생기는 환불 비율을 훨씬 낮추는 효과가 있습니다.

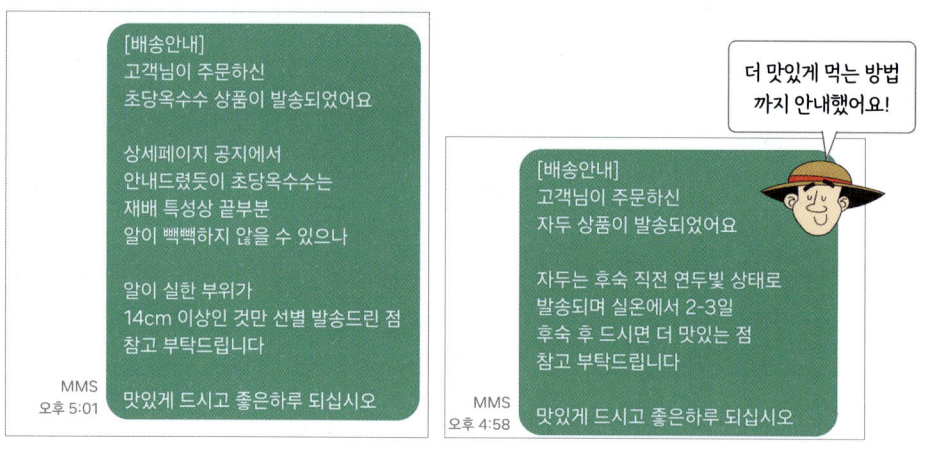

안내 문자 예시

❸ 고객과 문자로만 소통하기

고객과는 문자로만 소통하세요. 특히 진상 고객은 통화할 때 환불 사유를 바꾸거나 우기는 경우가 많아서 증거를 남기는 게 중요합니다. 따라서 전화보다 문자로 소통하는 것을 추천하는데요. 부득이하게 전화로 소통해야 한다면 통화 내용을 녹음해서 꼭 기록으로 남겨야 이후에 문제가 생겼을 때 대처할 수 있으니 참고해 주세요. 실제로 처음에는 무조건 반품과 전액 환불을 요구하던 진상 고객도 문자로 소통하면서 부분 환불 정도로 협의하는 경우가 많습니다.

 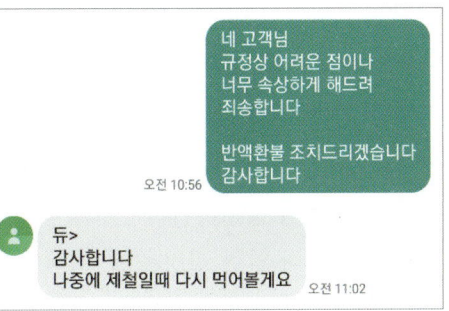

진상 고객에게 CS문자를 보내는 상황 예시

❹ 증거 사진 3장 받아 두기

마지막으로 증거 사진을 꼭 받아 두세요. 고객에게 문의를 받았을 때 가장 먼저 확인해야 하는 게 바로 상품의 사진인데요. 품질에 문제가 있거나 불량인 경우 증거 사진이 있어야 우리도 공급처에 환불받을 수 있기 때문입니다.

증거 사진은 총 3장을 받으면 됩니다. 상품이 잘 보이는 전면 사진 1장, 불량 및 문제가 발생한 부분 사진 1장, 그리고 송장이 붙어 있는 택배 상자 사진 1장입니다. 이렇게 3가지 사진을 받는 이유는 가끔 다른 업체에서 상품을 구입해 놓고 내 스토어에서 구매한 것처럼 위장해 반품 CS를 넣는 악성 고객을 걸러 내기 위해서입니다.

고객이 촬영한 상품 전면 사진   불량 문제를 확인할 수 있는 사진   송장이 붙은 택배 상자 사진

그리고 이렇게 사진을 요청하면 고객도 상품 품질에 정말 문제가 있는지 다시 한번 고려해 보게 됩니다. 정말로 상품에 불량이 발생한 것을 확인한다면 고객에게 정중히 사과의 말씀을 전하고 02-5절에 따라 반품 및 환불처리를 합니다. 그 이후에는 공급처에 증거 사진을 보내 공유하고 결제 금액을 환불받으면 되겠죠?

★ 단골 고객에게 제공하는 할인 쿠폰의 힘

CS가 고객의 리뷰와 만족도 등 정성적 가치를 채워 준다면, 특가 할인 등 서비스 할인 쿠폰을 제공해서 정량적인 가치를 높일 수 있습니다.

쿠폰의 종류는 전체 고객 대상 쿠폰, 첫 구매 고객 대상 쿠폰, 재구매 고객 대상 쿠폰, 타겟팅 쿠폰, 알림받기 쿠폰으로 총 5가지가 있습니다. 그중 내 스토어를 찾는 단골 고객을 늘리고 관리하기에 효과적인 **알림받기 쿠폰**을 적극 추천합니다. 알림받기 쿠폰은 내 상품의 상세페이지에 노출되기도 하고, 단골 고객을 늘리는 '알림받기 고객 늘리기'와 이미 알림 설정을 한 고객에게 쿠폰을 보내는 '마케팅메시지 보내기'까지 2가지 형태로 운영할 수 있어서 고객을 효율적으로 관리할 수 있습니다. 내 스토어를 알림 설정한 고객수가 1,000명이라면 그 수만큼 매달 무료로 마케팅메시지를 보낼 수 있습니다.

▶ 올바른 표기는 타기팅(targeting)이지만 이 책에서는 스마트스토어센터 화면에 맞춰 타겟팅을 사용했습니다.

스마트스토어에서 제공하는 알림받기 쿠폰

하면 된다!} 상세페이지 상단에 알림받기 쿠폰 설정하기

처음에는 단골 고객이 아예 없으므로 마케팅메시지로 할인 쿠폰을 보낼 수 없습니다. 그래서 우선 내 스토어의 소식과 함께 쿠폰을 받을 수 있는 알림받기 쿠폰을 제공하여 단골 고객을 늘려야 합니다.

01 ❶ 스마트스토어센터에 접속한 뒤 [혜택/마케팅 → 혜택 관리 → 혜택 등록]을 클릭합니다. ❷ 혜택 등록 화면이 나타나면 혜택 이름을 **단골고객 늘리기**로 입력하고 ❸ 타겟팅 대상은 [알림받기]를 선택합니다. ❹ 그다음 타겟팅 목적은 [알림받기 고객 늘리기 + 유지하기(스토어 내 혜택 노출)]를 선택하고 ❺ 혜택종류는 [쿠폰]으로 설정합니다. ❻ 쿠폰종류는 [상품중복할인]을 선택합니다.

02 ❶ 발급방법은 [다운로드]로 선택한 뒤 ❷ 쿠폰 수량이 100개 내외일 때 어느 정도 기간에 걸쳐 소진되는지 확인하기 위해 발급건수 제한을 [제한있음]으로 설정하고 ❸ 제한 수량을 **80~100개**로 입력합니다. ❹ 할인설정은 너무 높게 설정하면 고객이 늘어나도 수익성이 악화될 수 있으니 비율은 **10%**, ❺ 금액은 최대 **500~1,000원**으로 설정하는 걸 추천합니다. ❻ 최소주문금액은 모든 상품에 적용될 수 있도록 **5,000~10,000원**까지 최소 한도로 지정하세요.

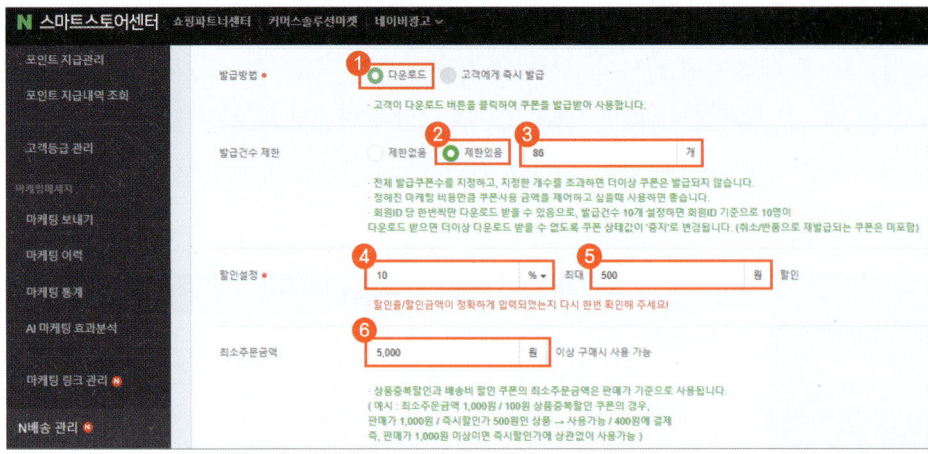

03 ① 혜택 발급기간은 넉넉히 [1개월]을 추천하며 ② 쿠폰 유효기간까지 여유 기간을 길게 주면 오히려 쿠폰 사용 확률이 낮아지므로 [발급일 기준으로 설정]을 선택한 뒤 ③ 발급일로부터 5~7일 간 유효하도록 지정하는 걸 추천합니다. ④ 상품상세 노출에서 [상품상세의 상세정보 상단에 쿠폰 전시하기]에 체크 표시하고 ⑤ 마지막으로 혜택상품지정을 [내스토어 상품전체]로 선택한 뒤 ⑥ [확인]을 눌러 쿠폰 설정을 마칩니다.

이제부터 고객이 내 스토어의 어떤 상품을 접속하든 상세페이지의 최상단에 알림받기 쿠폰이 활성화됩니다. 고객이 쿠폰을 받기만 해도 저절로 알림받기 고객으로 분류되어 추후 마케팅메시지를 보낼 수 있는 단골 고객을 형성할 수 있습니다.

상세페이지 상단에 노출되는 알림받기 쿠폰

하면 된다!} 마케팅메시지 보내기 형태로 쿠폰 생성하기

알림받기 쿠폰으로 단골 고객의 수가 100명을 넘었다면 마케팅메시지 보내기 기능을 써볼 차례입니다. 할인 쿠폰을 직접 발송하여 고객의 구매율과 충성도를 높일 수 있습니다. 알림받기 고객 늘리기 쿠폰과 달리 마케팅메시지 보내기 쿠폰은 1차로 쿠폰을 생성하고 2차로 생성한 쿠폰을 단골 고객에게 발송하는 순서로 진행합니다.

마케팅메시지로 전송되는 할인 쿠폰 예시

01 마케팅메시지 보내기 쿠폰 생성하기

❶ 스마트스토어센터에 접속한 뒤 [혜택/마케팅 → 혜택 관리 → 혜택 등록]을 클릭합니다. ❷ 혜택 등록 화면이 나타나면 혜택 이름을 단골고객 전용 할인쿠폰 보내기로 입력하고 ❸ 타겟팅 대상을 [알림받기]로 설정합니다. ❹ 타겟팅 목적을 [마케팅메시지 보내기]로 선택하고 ❺ 혜택종류를 [쿠폰]으로 설정한 뒤 ❻ 쿠폰종류는 [상품중복할인]으로 설정합니다.

02 ① 발급방법은 [다운로드]가 선택된 상태로 두고 ② 고객이 발급받을 확률이 높아지도록 발급건수 제한을 [제한있음]으로 설정한 뒤 ③ 제한 수량을 99개로 지정합니다. ④ 알림받기까지 완료한 단골 고객 전용으로 제공하는 쿠폰이므로 할인설정의 비율은 30%, ⑤ 금액은 3,000원으로 비교적 높게 설정합니다. ⑥ 이때 최소주문금액은 모든 상품에 쿠폰을 적용할 수 있도록 5,000~10,000원 등 내 상품 가격의 최소 한도로 설정합니다.

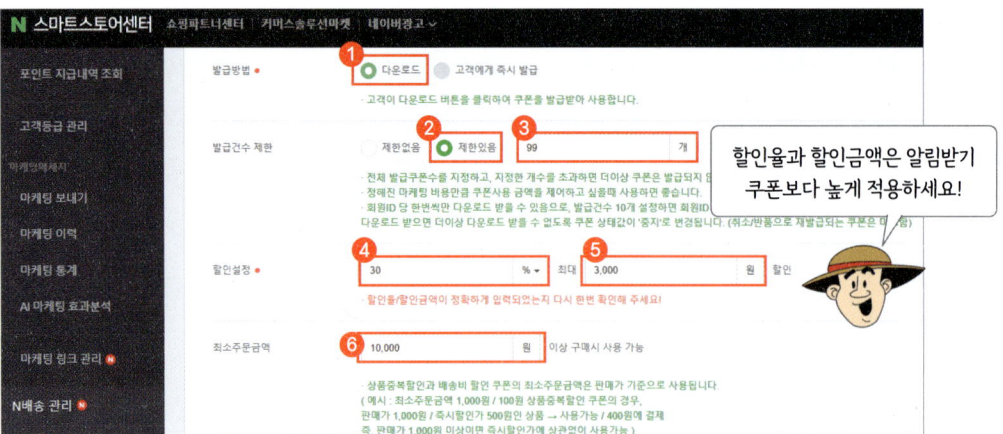

03 ❶ 할인율과 할인금액이 다소 높으므로 혜택 발급기간은 [1주일]로 설정하는 것을 추천하며 ❷ 쿠폰 유효기간 역시 [발급일 기준으로 설정]을 선택하고 ❸ 발급일로부터 5~7일 간 유효하도록 설정합니다. ❹ 특정 상품에만 쿠폰을 적용할 수 있게 하고 싶다면 혜택상품지정에서 [상품선택]을 선택한 뒤 ❺ [상품 불러오기]를 클릭해 상품을 지정할 수 있습니다. ❻ 마지막으로 [확인]을 눌러 설정을 완료합니다.

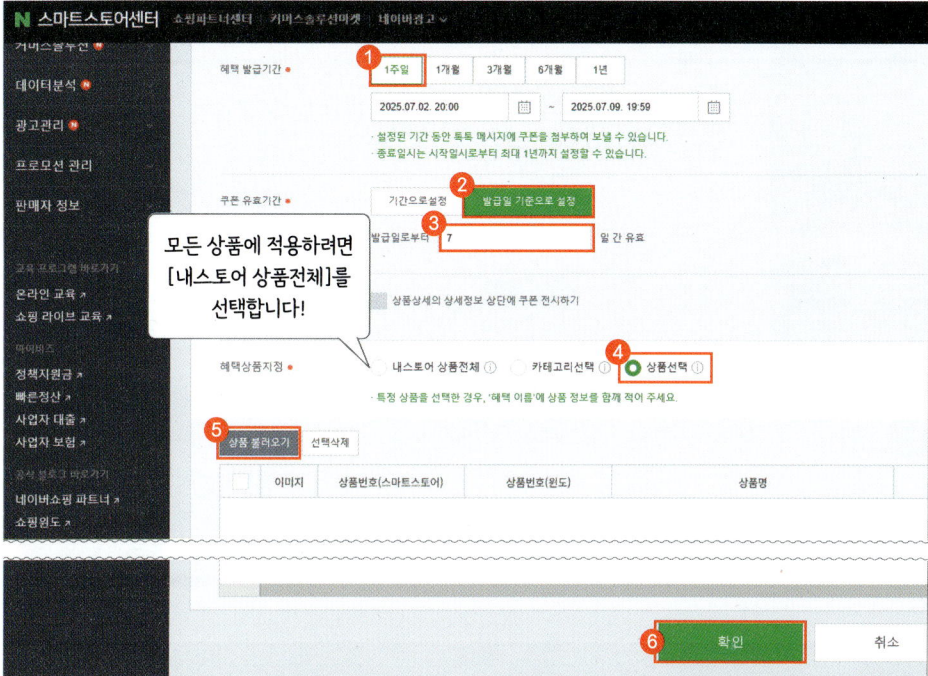

04 단골 고객에게 쿠폰 발송하기

❶ 이번에는 스마트스토어센터의 왼쪽 메뉴에서 [혜택/마케팅 → 혜택 관리 → 마케팅 보내기]를 클릭합니다. ❷ 마케팅 메세지 보내기 화면이 나타나면 [STEP 1. 발송 스토어 정하기]에서 다음과 같이 체크 표시를 하고 ❸ [스토어 확정]을 클릭합니다.

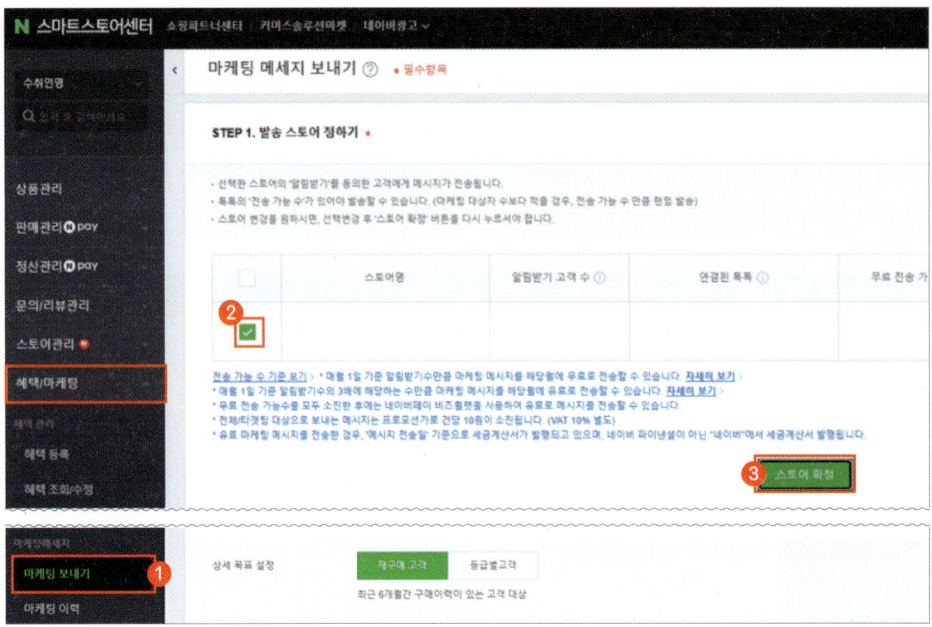

05 [STEP 2. 목표 설정하기]에서는 고객에게 어떤 행동을 유도하고 싶은지에 따라 목표를 설정할 수 있습니다. 한 번이라도 구매한 적 있는 고객에게 추가 구매를 일으키고 싶다면 ❶ [추가 구매 유도]를 선택하고 ❷ [재구매 고객]을 고르면 됩니다. ❸ [목표 확정]을 클릭해서 다음 단계로 넘어갑니다.

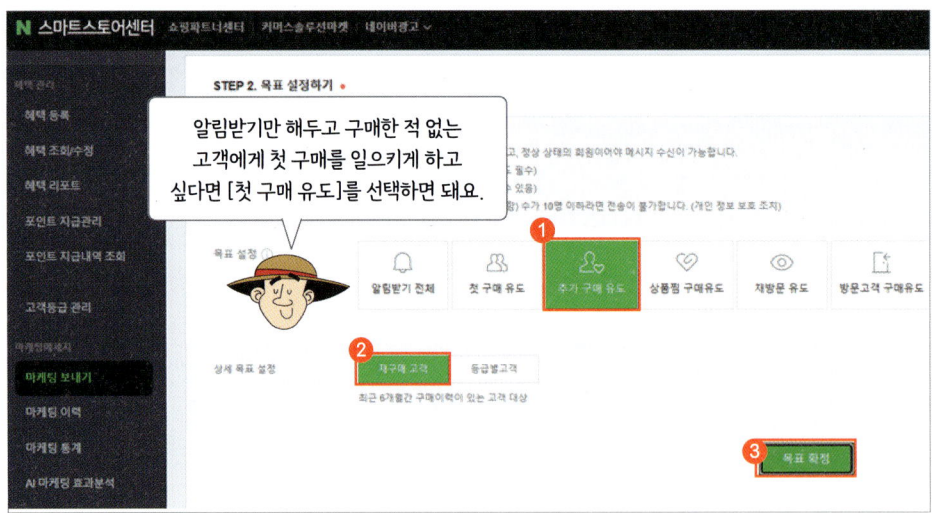

06 [STEP 3. 타겟팅 설정]에서는 STEP 2에서 선택한 것에 따라 자동으로 타겟팅 고객이 정해지므로 [타겟팅 확정]만 클릭하면 됩니다.

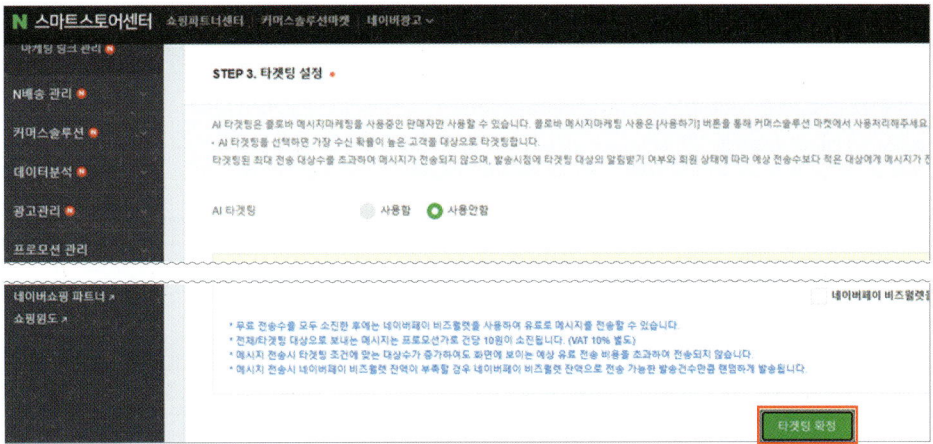

07 [STEP4. 혜택 첨부 설정]에서 ❶ 혜택첨부를 [혜택첨부함]으로 선택하면 앞서 만든 마케팅메시지 보내기용 쿠폰을 확인할 수 있습니다. ❷ 추천 쿠폰 아래에서 쿠폰을 선택하고 ❸ [혜택 확정]을 클릭합니다.

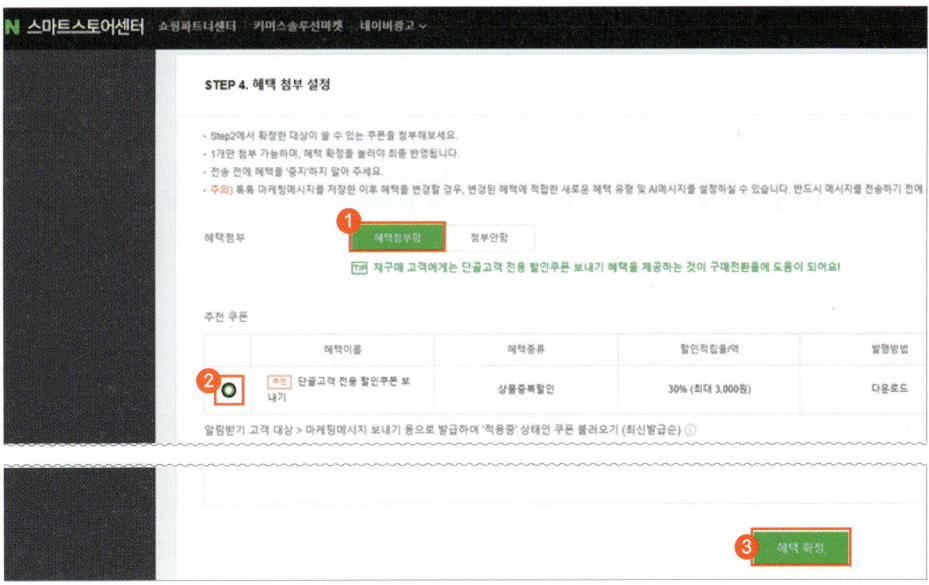

08 마지막으로 [STEP 5. 톡톡마케팅 메세지 편집]만 남았습니다. ❶ 오른쪽에서 [톡톡 마케팅 편집]을 클릭하면 나타나는 팝업 창에서 ❷ [설명형], [이미지형], [상품리스트형], [상품카드형]의 4가지 메시지 형태 가운데 선택합니다. ❸ [다음단계]를 눌러 쿠폰 메시지를 편집한 뒤 ❹ [테스트 전송]을 클릭해 쿠폰과 메시지가 잘 발송되는지 확인합니다. ❺ 마지막으로 [전송하기]를 클릭합니다.

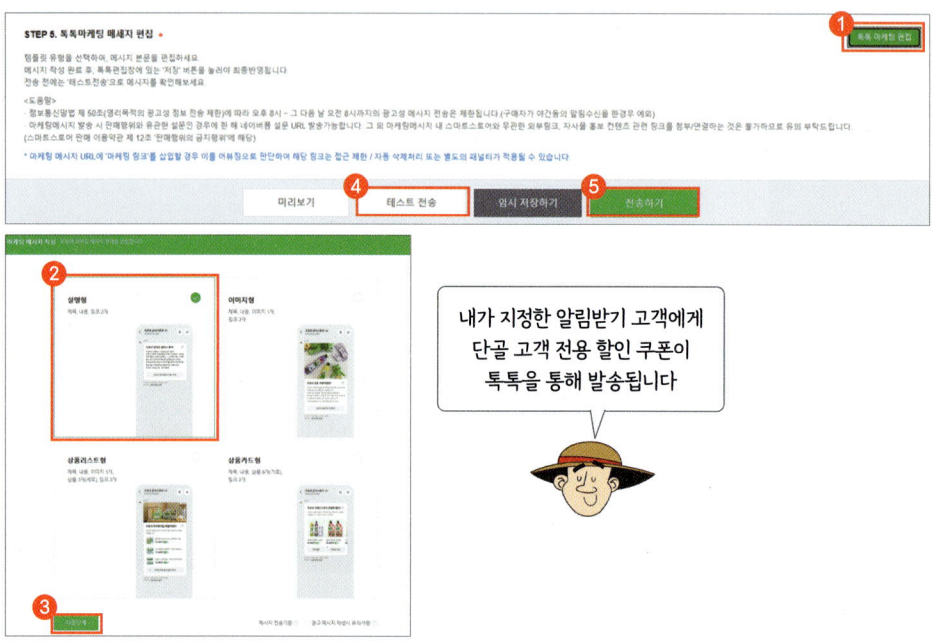

톡톡마케팅 메세지는 나의 알림받기 고객수만큼 매월 무료 전송 횟수가 제공되므로 100명 이상 알림받기 고객이 모였다면 쿠폰을 달마다 1~2회씩 꼭 발송해서 단골 고객의 충성도와 구매율을 높여 보세요.

이것만 기억하세요!

1. CS만 잘 해도 고객 관리에 큰 도움이 된다.
2. 고객이 환불을 요구할 땐 상품이 잘 보이는 전면 사진과 불량 문제가 보이는 사진, 송장이 붙은 택배 상자 사진을 받아 확인한 후 처리해야 한다.
3. 내 스토어를 찾아 준 고객에게 서비스 쿠폰을 발행하면 단골로 만드는 데 매우 효과적이다.
4. 알림받기 쿠폰은 상세페이지에 노출하거나 마케팅메시지로 전달할 수 있다.

☑ **사장님 체크리스트**

10년, 20년… 망하지 않는 스토어로 관리하기

스마트스토어를 처음 운영하다 보면 장부 정리가 습관이 되지 않아 까먹기 쉽습니다. 장부에 매출/매입을 기록할 때마다 다음 장부 정리 매일 코스 표에 체크 표시해서 빼먹은 날이 없도록 관리합니다.

장부 정리 매일 코스 [년   월]

1 ☐	2 ☐	3 ☐	4 ☐	5 ☐	6 ☐	7 ☐
8 ☐	9 ☐	10 ☐	11 ☐	12 ☐	13 ☐	14 ☐
15 ☐	16 ☐	17 ☐	18 ☐	19 ☐	20 ☐	21 ☐
22 ☐	23 ☐	24 ☐	25 ☐	26 ☐	27 ☐	28 ☐
29 ☐	30 ☐	31 ☐				

첫 달은 이곳에 꼬박꼬박 기록해요!

▶ 추가 체크리스트는 이지스퍼블리싱 홈페이지에서 내려받을 수 있습니다.

세금계산서 발행을 놓치지 않도록 요청할 때마다 월별로 체크 표시해서 한눈에 파악할 수 있도록 하고, 부가세/종합소득세를 신고했는지도 체크 표시해서 관리하세요.

세금계산서 발행 1년 코스 [년]

1월 ☐	2월 ☐	3월 ☐	4월 ☐	5월 ☐	6월 ☐
7월 ☐	8월 ☐	9월 ☐	10월 ☐	11월 ☐	12월 ☐

부가세/종합소득세 신고 확인 1년 코스 [년]

구분	부가세	종합소득세
신고 일자	☐ 7월 ( )일 ☐ 1월 ( )일	☐ 1월 ( )일

▶ 부가세 신고는 간이 사업자라면 매년 1월에 한 번만 하면 됩니다.

세금신고까지 빼먹지 않고 할 수 있다면 사장님으로 독립할 준비는 완료되었습니다. 책에서 배운 내용을 응용해서 여러분의 상품을 성실하게 판매해 보세요!

찾아보기

ㄱ
간이 사업자	27
검색광고	214
경쟁강도	108, 186
고객 관리	305
공급처	129
과세상품	294
광고	211
광고그룹	227
광고소재/키워드	231
구매 전환율	198
구매확정 후 취소처리	97

ㄴ
네이버 데이터랩	114
네이버 연동	65
네이버 폼	198
노출 개선	244
노출용 이미지	234

ㄷ
단축 링크	206
등급	160
디스플레이 광고	213

ㄹ
로고 디자인	78

ㅁ
마케팅메시지 보내기 쿠폰	311
매입, 매출	289
면세상품	294
문의/리뷰관리	73
미리캔버스	78, 163

ㅂ
반품안심케어	66
반품처리	96
발송처리	94
발주	91
배송비	62
벤치마킹	159
보라 웹 사이트	206
부가세	299
브랜드	146
브루	272
블로	272
비상주 사무실	28
비즈머니	232
빅파워	160
빠른정산	25

ㅅ
사업자 등록	27
사업자등록증	34
사업자등록증명원	34
사입 및 제조	52
사진 촬영	156
상세페이지	148, 163
상시 상품	110
상위 노출	178
상품 등록	55
상품 링크	205
상품 소싱	134
상품관리	71
상품명 SEO	182
생산자	129
섬네일	172
세금계산서 발행	293
세금신고	298
쇼핑 페널티	182
쇼핑검색 광고	222
숏클립	283
숏폼	261
수수료	24
스마트스토어	22, 37
스마트스토어 페이지 디자인	82
스마트스토어센터	70
스토어관리	73
시즌성 상품	110
신뢰도	182
신선식품	112

ㅇ

아이템스카우트	116
알림받기 쿠폰	308, 311
오픈채팅	135, 203
온라인 쇼핑몰	21
와디즈	161
원 소스 멀티 유즈	273
위탁판매	49
유입 개선	245
유통사	130
유튜브 쇼츠	274
인기도	180
인스타그램 릴스	276
일반 사업자	27
일일 장부	289
입찰가	217
입찰가중치	223

ㅈ

적합도	179
전환 개선	247
절세	302
정산 주기	25
정산관리	72
종합소득세	300
주문처리	91
주문취소	95

ㅊ

챗GPT	154
청년창업 세액감면	302
체험단 마케팅	197
최소 광고수익률	247
최신성	180, 198
최저가	145

ㅋ

카피라이팅	154
캠페인	224
캡컷	264
컷 편집	267
키워드	110, 183

ㅌ

통계	75
통신판매신고	36
틱톡	279

ㅍ

판다랭크	219
판매관리	71
판매자 정보	76
페이백	207
프로모션 관리	76
프로모션 배너	87
플러스스토어	21

ㅎ

해외구매대행	50
현금영수증 가맹	43
혜택/마케팅	74
홈택스	29
환불	97

영문/기타

1점 리뷰	150
CapCut	264
END ROAS	247
vola	206

> **함께 보면 좋은 책!**

쉽고 빠르게 고객을 후킹하는 상세페이지를 만들고 싶다면!
챗GPT로 '카피라이팅'하고 미리캔버스로 '디자인'한다!

된다!
하루 만에 끝내는 챗GPT 활용법

3년 연속 베스트셀러! 최신 버전 반영!
인공지능에게 일 시키고 시간 버는 법

프롬프트 크리에이터 지음 | 316쪽 | 20,000원

된다!
미리캔버스 & 캔바 디자인 수업

카드뉴스부터 유튜브 섬네일, 상세 이미지까지!
하루 만에 완성하고 바로 쓰자!

방구석 다람쥐(배가을) 지음 | 376쪽 | 24,000원

마케팅, 업무 활용 무엇이든
된다! 시리즈 구체적으로 도와주는 책

된다! 5가지 프로젝트로 완성하는 포토샵 2025

디자인 기초 잡고 AI 활용부터
10분 컷 카드 뉴스 만들기까지!

강아윤 지음 | 25,000원

된다! 하루 만에 준비하는 AI 학교 수업 활용법

상위 1% 에듀테크 교사의
수업 비법을 공개합니다!

정인걸, 김경수 지음 | 19,800원

된다! 하루 만에 만드는 AI 사진&이미지

챗GPT부터 미드저니까지 다 통한다!
유튜브, 블로그 어디든 활용 가능

김원석 지음 | 17,800원

된다! 하루 5분 노션 활용법

4,000명 방문 포트폴리오의 비밀 공개!
하루 5분 기록으로 인생이 바뀐다!

이다슬 지음 | 16,800원

된다! 조회수 터지는 유튜브 쇼츠 만들기

구독자 없이도 알고리즘 탄다!
AI로 빠르게 영상 만들어 수익화까지!

최지영 지음 | 22,000원

된다! 블로그 10분 작성법

상위 1% 블로거가 쓰는
생성형 AI 활용 노하우

코예커플 지음 | 18,000원